西藏民俗文化

陈立明 曹晓燕 著

中国藏学出版社

目 录

第二章　服饰文化

第三章　居住文化

第五章 生育习俗

第六章 葬俗文化

第七章　信仰习俗

第八章　节日文化

第九章　游艺习俗

绪 论

一

西藏，这个耸立于地球之巅、平均海拔 4500 米左右的雪域高原，以其恢弘的气势傲然于世，令人无限神往。千百年来，生活于这块神奇大地上的各族人民，创造了辉煌灿烂的文化，引起了世人的极大关注。19 世纪兴起 20 世纪持续不衰的“藏学”热，至今仍方兴未艾。雪域高原和西藏文化备受世人的瞩目和重视。

本书将探讨西藏民俗文化。

我们知道，民俗是生活于某一特定地域的民族或人们共同体在长期的历史发展过程中形成的习俗惯制，文化是指人类在社会历史实践过程中创造的物质财富和精神财富的总和，是人类的活动方式。显然，民俗是一种重要的社会文化现象。

民俗文化产生的历史十分久远。人类要生存，离不开基本的物质生产活动，衣、食、住、行的物质民俗行为便与人类的活动相伴相生。人类要繁衍发展，离不开生育，自身的生产即“种的繁衍”至关重要，由此产生了一系列的婚、育习俗。其他诸如信仰、礼仪、节日、游艺等精神民俗也都是在人的活动过程中逐渐出现和形成的。可以说，自从有了人的活动，便有了文化的

布达拉宫

创造，也就有了民俗活动形式。民俗文化是人类文化中最古老和最具有生命力的。

民俗文化一般分为物质民俗、社会民俗和精神民俗三大类别。物质民俗指人们日常的衣、食、住、行等生产生活方式及相关的习俗礼仪，社会民俗包含婚丧嫁娶、生育及人生礼仪等相关内容，精神民俗则以节日、信仰和游艺为其代表。西藏民俗文化囊括和涵盖着人类民俗文化的一切领域和方面，同时，又自成体系，内容极为丰富，具有浓郁的民族与地域特色。

西藏民俗文化的形成和发展经历了一个漫长的历史过程。

考古学和地理学资料表明，青藏高原是人类的故乡之一。至迟在 1 万年至 5 万年前，西藏高原便有古人类的活动足迹。发现于藏南定日县苏热、藏北申扎县珠各勒、多格则和各听、阿里日土县扎布五处地点的达 200 余件旧石器便是明证。距今四五千年前，西藏各地已普遍进入了新石器时代。阿里、那曲、拉萨、昌都、山南、林芝、墨脱等地几乎遍及全藏的大量新石器的发现，特别是昌都卡若遗址和拉萨曲贡遗址的发现和发掘，证明西藏高原的远古先民已创造了堪与中原新石器文化相媲美的西藏古文化。

如果说混沌之初人类之始以至旧石器时代民俗文化的具体情形我们还无从知晓，那么，西藏民俗文化的滥觞则有据可考于四五千年前的新石器时代。昌都卡若原始村落遗址的发掘为我们提供了一幅西藏远古先民生活的图景。卡若遗址位于西藏东部昌都西南约12公里的卡若村附近，遗址面积约10000平方米，发掘出土了大量建筑遗迹及石器、骨器、陶器和各种动物骨骼、粮食等。发掘了房屋基址28座，有圆底房屋、半地穴式房屋和地面房屋三种类型。发掘出用作生产工具的各种石器近8000件，骨器约400件。出土的生活用具中有陶片20000多片，分罐、盆、碗三种器形。装饰品共出土50件，种类有笄、璜、环、项饰、贝饰、牌饰等。[①] 卡若文化为我们展示了西藏远古先民衣、食、住、佩饰等物质和精神民俗的基本风貌。

继卡若遗址之后，拉萨曲贡遗址为我们揭示了西藏腹心地区距今三四千年前远古居民生活的情形。曲贡遗址分早期文化遗存和晚期文化遗存。在早期文化遗存中，出土了多种器形的石磨盘50件、磨石（磨棒）44件和石杵7件，这些磨盘磨石主要用于加工谷物。出土陶片50000万余片，陶器种类有罐、盂、杯、碗、豆、盘、器座等，以罐为主。出土装饰品23件，质料为骨、陶、石三种，其中有骨牌饰1件，骨笄7件。出土的动物骨骼中有牦牛、绵羊和狗等，牦牛和绵羊饲养在当时已比较普遍。在晚期文化遗存中，发掘土坑石室墓29座，墓葬形制为竖穴土坑式，平面形状有长方形和方形两种，墓坑内一般用砾石块堆垒成壁，葬式主要是二次葬和屈肢葬。曲贡土坑石室墓的绝对年代当在公元前8世纪前后，最晚不会晚于公元初年。在M203墓坑内出土1件铁柄铜镜。曲贡遗址还出土了两件网缀，在几座灰坑中还发

① 西藏自治区文物管理委员会、四川大学历史系：《昌都卡若》，文物出版社，1985年。

现了鱼骨。[①] 这一切，都为我们提供了了解当时拉萨一带土著居民生产生活的重要资料。

西藏各民族丰富的神话传说，也形象地反映了西藏高原远古先民的生活史。藏族、门巴族和珞巴族都有“猴子变人”的神话，讲述远古先民树居野处，以采集和狩猎为生，后逐渐繁衍，形成人类各支系的情形。珞巴族的许多神话，还讲述了人类如何受鸟的启发发明了弓箭，受蜘蛛活动的启迪学会了织布等。

据敦煌文献和藏文史籍载，西藏地区最初有小王 44 个，继后是“十二小邦”。十二小邦之一的雅隆悉补野部后来不断壮大。约公元前 3 世纪，聂赤赞普作为第一个赞普（王）出现于藏族历史上，当时还修建了称为雍布拉康的第一座宫堡。到第 30 代赞普达日年塞时，诸小邦的大部分领地已归于悉补野治下。松赞干布祖孙三代经过励精图治，在公元七世纪初，统一了吐蕃全境，建立了强大的吐蕃奴隶制政权。其时，“南方之‘珞’与‘门’”亦被收为属民，当时珞瑜的珞巴族和门隅的门巴族已臣属于吐蕃政权。吐蕃时代，是藏族文化大发展的时代，也是西藏民俗文化走向兴旺繁盛的时期。从历史文献和现存材料看，当时民俗文化的主要方面和形式已基本定型。如衣以毛褐，食以乳酪、牛羊肉和炒面，饮以酒浆和茶，住为“屋皆平头”的民居和“拂庐”（帐篷），信仰有自然崇拜、苯教和佛教，娱乐有歌舞、棋类、球类、抱石、赛马、摔跤等形式。此外，礼仪、婚丧等都有成文的规定和俗成的定制。在吐蕃时代就已成型的民俗生活的基本范式，一直绵延发展，影响至今。

吐蕃之后的一千多年间，随着西藏社会的发展变化和同各民族文化交流的扩大，西藏民俗文化得以不断发展和丰富，成为独具特色的西藏文化的重要组成部分。

---

① 中国社会科学院考古研究所、西藏自治区文物局：《拉萨曲贡》，中国大百科全书出版社，1999 年。

二

西藏民俗文化自成体系，源远流长，具有鲜明的特征。这些特征集中表现在以下四个方面。

1. 地域性特征

地域性特征是西藏民俗文化区别于其他民俗文化最显著的特征之一。

世界上每一个民族都生活于特定的地域范围内，其民俗文化的形成和发展与地理环境有着密切的关系。地理环境是人类生活的地理空间和赖以生存的自然基础，也是从事生产活动以及获取生产资料和生活资料的源泉。地理环境决定了人们的生产生活方式，而各地的地理环境无论是地质、地貌、气候、水文、土壤和生物等因素以及它们有机构成的自然综合体，都有着明显的地域差异。因此，各民族的民俗文化必然带着各自鲜明的地域特征。

珠穆朗玛峰远眺

即使是同一民族，由于居住于不同地域，其文化也会有一定的差异。西藏民俗文化正是如此。

西藏民俗文化产生于西藏高原这一地球上独一无二的地域范围内。西藏地处“世界屋脊”，其北部是昆仑山脉，西北部是喀喇昆仑山脉，中部是冈底斯——念青唐古拉山脉，南部是喜马拉雅山脉，东部是横断山脉。这些高大的山脉构成了高原地貌的骨架。西藏的地势和地形结构可分为藏北高原（包括阿里高原），地处昆仑山、唐古拉山和冈底斯——念青唐古拉山之间，即“羌塘”（byang-thang，意为北部高地）的广大地域。藏南谷地，位于冈底斯——念青唐古拉山和喜马拉雅山之间，包括雅鲁藏布江及其主要支流拉喀藏布、年楚河、拉萨河、尼洋河等流域。喜马拉雅山地，主要指喜马拉雅山脉南坡和东南坡。藏东高山峡谷区，即西藏最东部的怒江、澜沧江和金沙江峡谷地带，地处横断山区。

独特的自然地理环境造就了独特的西藏民俗文化。辽阔的藏北高原地势高寒，平均海拔 4500 米左右。境内有众多的湖泊和纵横的水系，是野生动物的乐园和天然的牧场。人们世代逐水草而居，创造了具有鲜明地域特色的高原游牧文化。牧民食以乳酪牛羊肉，穿、用以裘皮和毛织品，居以牛毛帐篷，行以马、牛代步和驮运。还有藏北牧民那高亢的牧歌、豪放剽悍的性格，处处展现出游牧文化的风姿。藏南谷地海拔在 2700 ~ 3700 米之间，这里土层深厚，土壤肥沃，适宜农耕。人们从《猴子变人》的神话时代开始便从事农耕活动，延续至今，创造了西藏的农业文明。人们食以糌粑，聚族居于平顶的楼屋。雅鲁藏布江中游河谷平原，是西藏远古文明的重要发祥地，相传西藏最古老的居民首先出现于此。西藏的第一块农田、第一座房屋、第一个赞普，无不与雅隆河谷相联系。正是雅隆悉补野部的崛起，经过长达数百年的攻伐兼并，到公元 7 世纪前期才由松赞干布统一了西藏高原各部，建立了统一的吐蕃政权，使西藏的文化地域最终形成。至今，雅鲁藏布江中游地区仍是西藏最主要和最富庶的农业区。藏

羌塘草原

珞巴族生活的南伊沟

东三江流域属高山峡谷区，江河切割，沟壑纵横，气候呈立体分布。人们从事半农半牧的经济活动，依山势建房聚族而居。喜马拉雅山南坡和东南坡气候温和，多雨潮湿，森林密布，动植物资源丰富，决定了人们的生产活动方式长期以采集和狩猎为主，兼事刀耕火种的传统农耕。由于多林木，人们的生产生活用具、建房盖屋多以林木为主。潮湿的气候又使人们居住于干栏式竹木楼内。正是地理环境的差异决定了人们生产生活方式的差异，并导致民俗文化地域性特征的形成。

西藏民俗文化的地域性特征是区别西藏高原以外其他民俗文化的显著标志。同时，在西藏高原内部又有许多小的地理单元，不同地区的文化又带有一定的地域色彩，它们共同构成了西藏民俗文化多姿多彩的风貌。

2. 民族性特征

西藏民俗文化是由西藏各民族共同创造的。藏族、门巴族、珞巴族以及僜人和夏尔巴人，他们共同生活于西藏高原，也都有自己的民俗文化。从语言到婚丧嫁娶，从信仰节日到衣食住行，在民俗文化的方方面面都有着浓郁的民族特色。西藏民俗文化表现出的民族性特征，又与其地域性特征有着某种一致性。藏族主要居住于雪域高原，而门巴族、珞巴族、僜人和夏尔巴人无一例外地生活于喜马拉雅山南坡和东南坡的广大地域。

藏族是西藏高原的主体民族，从分布地域和人口数量看都占绝对优势。藏族创造了辉煌灿烂的物质文明和精神文明。她的建筑、医学、天文历算、宗教典籍、文学艺术、歌舞戏剧等都达到了相当高的水平，是中华文化和人类文化的宝贵财富。藏民族的民俗文化恢弘博大，在西藏民俗文化系统结构中占据着主导地位。

门巴族和珞巴族也是西藏高原的远古居民，他们的族称源于其居住地“门隅”和“珞瑜”。在古藏文文献和碑铭石刻中，有对“门”和“珞”的记载，如公元823年立于拉萨的《唐蕃会盟碑》记载了“门”听命于吐蕃的内容：“此威德无比雍仲之王威严煊赫，是故，南若门巴、天竺，西若大食，北若突厥、拔悉蜜等，虽均可争胜于疆场，然对圣神赞普之强盛威势及公正法令，莫不畏服俯首，彼此欢忭而听命差遣也。”① 这是藏文文献中对“门”的最早记载。藏族著名学者恰白·次旦平措先生指出：“‘门’这个词，在藏文中指地势低凹，山谷狭窄，被浓密的原始森林覆盖之地”，并考证：“中印边界东段的传统界线与非法的‘麦克马洪线’之间包括门隅、珞瑜、下察隅等在内的广大地区，……在西藏的历史上，以上地区的总名称就叫‘门

① 王尧编著：《吐蕃金石录》第43页，文物出版社，1982年。

隅’。居住和生息在那里的人们，被称作‘门巴’（包括珞巴人）。”[①] 敦煌吐蕃文献中有对“珞”的记载。《敦煌本吐蕃历史文书·大事记年》第三条有如下记述：

> 及至鼠年（高宗永徽二年，壬子，公元652年），赞普驻于辗噶尔。大论东赞抚服“珞”、“赞尔夏”。是为一年。[②]

这是关于珞巴族的最早记载。后期的藏史典籍也多次记载了“门”和“珞”的情况，如成书于1363年的《红史》在讲述松赞干布的事迹时记载道：“将南面的‘珞’、‘门’，西面香雄，北面的突厥，东面草地居民和森林居民收归治下”。[③] 藏族学者巴卧·祖拉陈瓦1564年所著的《贤者喜宴》一书，除有与《红史》相同的记载外，还具体描述了“门”人和“珞”人的生活情形：“……食不种自收之谷，以树叶为衣，好似动物住在森林里，如同‘珞’和‘门’人遍布藏区。”[④] 这些史料说明，门巴族和珞巴族是自古就生息、繁衍于西藏高原的土著居民。

门巴族生活的门隅地区位于喜马拉雅山东段南坡，北依藏区，东连珞瑜，南抵印度，西邻不丹，面积约10000平方公里。这里自北部海拔4000多米逐渐向南降至海拔1000米左右，形成了一个由北向南倾斜的低地。门隅是一个相对独立的地理单元，门巴族在长期的历史发展中形成了具有民族和地域特色的民俗文化。

珞瑜位于门隅以东、雅鲁藏布江大拐弯以南，珞巴族世世代

---

① 《西藏文史资料选集》（十）第1页，民族出版社，1989年。

② 王尧、陈践译注：《敦煌本吐蕃历史文书》第101、207页，民族出版社，1980年。

③ 蔡巴·贡噶多吉著，陈庆英等译：《红史》第32页，西藏人民出版社，1988年。

④ 巴卧·祖拉陈瓦著：《贤者喜宴》（藏文版）上册，第155页，民族出版社，1986年。

代居住于此。在珞巴族生活的上珞瑜墨脱地区，多次采集到石斧、石锛、石凿和石纺轮等磨制石器，说明远在三四千年前的新石器时代，珞巴族就是喜马拉雅山林的主人。珞瑜地区山高林密，峡谷纵横，交通险阻，与外界联系极为困难。珞巴族在封闭的地理环境中发展十分缓慢，直至20世纪50年代，许多部落仍以采集和狩猎为主，辅之以刀耕火种的农耕。生产工具极为落后，以木质工具为主，铁器很少。其社会发展处于父系氏族社会阶段。原始的生产方式和社会关系结构，是珞巴族文化包括民俗文化生成的土壤，决定了珞巴族民俗文化古朴的风貌。珞巴族民俗文化在西藏民俗文化中独树一帜，特色鲜明，许多民俗现象还带有人类社会初级阶段的某些特征。

僜人和夏尔巴人也是世居西藏高原的古老居民。僜人分布在西藏高原东南部察隅一带的额曲、察隅曲、格多曲和杜莱曲流域，其境东接缅甸，南抵印度，西邻珞瑜，北依藏区。境内地势北高南低，山高谷深，气候温和，雨量充沛，物产丰富，其地素有“西藏江南”的美誉。僜人同珞巴族关系密切，其地域环境和社会发展程度与珞巴族很相似，民俗文化也有许多相通之处。夏尔巴人居住于喜马拉雅山南坡的樟木口岸和定结县陈塘一带，目前多数人生活于中尼边境和尼泊尔东北部。居住在尼泊尔的夏尔巴人多音译为谢尔巴人或谢尔巴族。① 夏尔巴人古代曾居住在西藏东部，后迁徙至现境生活。夏尔巴人的文化同藏族文化关系密切，民俗文化受藏族文化影响很深。同时，夏尔巴人的民俗文化又带有浓郁的民族与地域文化特色。

西藏各民族创造的民俗文化，共同构成了多元整一的西藏民俗文化。

---

① 参见王宏纬、鲁正华编著：《尼泊尔民族志》“谢尔巴族”部分，第129～138页，中国藏学出版社，1989年。另见罗祖栋：《当代尼泊尔》“谢尔巴人”部分，第228～229页，四川人民出版社，2000年。王宏纬：《尼泊尔》“谢尔巴族”部分，第98～105页，社会科学文献出版社，2004年。

3. 互融性特征

西藏民俗文化的互融性特征，首先表现在对外来文化的兼收并蓄、改造融合方面。

西藏高原这片广阔的地域，并非如人们所想象的那样是一片与世隔绝的孤岛。从地理位置看，西藏地处亚洲腹地，是东亚、南亚和中亚的连接带和枢纽。从文化地域看，又处于东方文化、南亚文化和中西亚文化相接触、撞击的交汇点上。自古以来，西藏就同周边地区有着交往和联系。昌都卡若遗址发掘的遗存文化表明，远在新石器时代，西藏文明便与黄河流域文明有着紧密的联系。拉萨曲贡遗址出土的铁柄铜镜，据研究可能来自中亚或南亚，证明至迟在公元前8世纪，西藏就同中亚和南亚有着文化交往。[①] 在吐蕃时期和吐蕃以后，西藏同周边地区尤其是同中原地区在政治、经济和文化上的交往进一步扩大。印度、尼泊尔佛教文化，中原儒家文化，以及汉地和印度的建筑、工艺、医学、历算等传入西藏，对西藏文化的发展产生了重大的影响。然而，西藏文化（包括民俗文化）对外来文化兼收并蓄的吸收过程，也是一个不断改造融合的过程，在吸收的新文化中不断注入本民族的文化精魂，对外来文化经过选择和取舍而融入本土文化结构中。因此，西藏文化（包括民俗文化）始终未失去自己的个性而成为独树一帜的高原文化。

其次，表现在区内各民族文化的交流互融上。

西藏各民族虽有各自相对独立的地理单元，但他们共同生活于西藏高原这一地域范围，彼此间交往的历史相当久远，政治、经济和文化的联系十分紧密。藏、门巴、珞巴都有“猴子变人”的神话，门巴族有《三兄弟河》的传说，珞巴族有《阿巴达尼和阿巴达珞》的神话，僜人有《阿加尼》的传说。这些神话传

---

① 中国社会科学院考古研究所、西藏自治区文物局：《拉萨曲贡》第216页，中国大百科全书出版社，1999年。

说的一个共同之处就是认为西藏境内的藏、门巴、珞巴、僜人祖先是同胞兄弟，反映了西藏各民族紧密的文化联系和对同一血缘祖先的认同心理。在西藏各民族的文化交流中，藏族文化始终处于强势地位，对其他少数民族文化产生的影响较大，门巴族和夏尔巴人的文化便较多地受到了藏族文化影响，在一定程度上带有藏族文化的色彩。然而，民族文化交流从来都是一个双向交互作用的过程，彼此的文化相互产生影响、融合和渗透。就门巴、藏文化交流而言，门巴族文化也曾对藏族文化产生过深远影响，如出生于门巴族的第六世达赖喇嘛仓央嘉措的诗歌《仓央嘉措情歌》、门巴族高僧罗珠嘉措的戏剧《卓娃桑姆》，便是门巴、藏人民共同喜爱的艺苑奇葩，是门巴、藏文化交流的结晶。

第三，表现于宗教文化与世俗文化的互融。

宗教，在传统西藏社会占据着重要地位，对西藏民俗文化也有着极为深刻的影响。繁多的宗教节日与仪式，日常信仰礼俗中的念经、祈祷、转经等活动，婚丧嫁娶中的种种繁缛礼俗，无不带有宗教影响的深深印迹。

然而，西藏民俗文化既有宗教性的一面，也有世俗性的一面，表现出宗教与世俗互融统一的特征。就物质民俗而言，衣、食、住、行是人类生存的基础，为获取生产和生活资料所从事的活动是最现实最功利的活动，祈求神灵保佑只是手段，使庄稼丰产、吃饱穿暖、出行平安才是目的。在社会和人生礼仪习俗领域，婚、育、丧等活动中有较多的与宗教相关的仪式，但其目的仍是关注生者的幸福与平安，或让死者早日转生找到理想的归宿。节日活动中人们虔诚地瞻佛拜神，观看宗教戏剧表演，有着神圣庄严的一面。同时，人们举行和参加节庆活动主要是追求欢乐和愉悦，节日活动中的歌舞、摔跤、射箭等游艺竞技活动更是以追求娱乐为目的。西藏民俗文化有着宗教性与世俗性、神圣性与娱乐性的互融统一的特点。

4. 时代性特征

民俗文化还具有鲜明的时代特征。

民俗文化是历史的创造物。任何民俗文化现象都积淀和熔铸着该民族千百年来创造的文化状况。民俗文化既有历史的传承性，又因社会的发展而不断发展和变化，呈现出特定时代的文化风貌。在西藏民俗文化发展史上，卡若文化、吐蕃文化和封建农奴制文化都带着鲜明的时代印迹。

在当代，西藏民俗文化的时代性特征更为明显。随着西藏社会的巨大变革和经济的发展，随着对外开放的扩大和现代化进程的推进，人们的生产生活方式、思想文化观念都发生了许多变化，这些变化，表现于民俗文化的方方面面。无论是衣食住行、婚丧嫁娶，还是节日游艺，无不表现出鲜明的时代变迁与历史进步。

三

风情习俗是民族的标识和徽记，又是最能体现民族心理、民族性格、民族精神和民族审美情趣的文化现象。西藏民俗文化，表现了西藏各族人民坚忍不拔的奋进精神、刚毅强悍的民族性格和诚信无私的道德原则，折射和展示出西藏各族人民的精神风貌。

坚忍不拔、生生不息的奋进精神，是西藏民族精神中最重要的特质。西藏高原自然环境极为严酷，或冰天雪地、高寒缺氧，或峡谷纵横、山高路险。在这样一个近乎生命禁区的严酷自然环境中，西藏各族人民以顽强的毅力，百折不挠的精神，生生不息、奋斗不止，创造了令世人为之惊叹的灿烂文化。在洪荒远古时代，食物极为匮乏，先民们或采集或狩猎，后又驯养牦牛绵羊，以肉为食，以皮为衣。狩猎、耕种缺乏工具，先民们以石以骨以木为器，一步步创造着人类的古老文明。地震、冰雹、洪水、瘟疫等天灾，攻伐、争斗、杀戮等人祸，虽然给高原人带来过种种磨难，但人们仍一以贯之，不屈不挠地顽强生存了下来。

经过长达数千年的不懈奋斗，雪域高原上出现了巍然耸峙的雍布拉康、布达拉宫和金碧辉煌的佛堂庙宇。还有汗牛充栋的典籍，独具特色的藏医，瑰丽多姿的艺术，异彩纷呈的民俗文化。正是高原人那坚忍不拔、生生不息的奋进精神，才有了如此辉煌的西藏文化的伟大创造。这种坚忍不拔的奋进精神，今天仍是建设新西藏、开创新生活的动力源泉。

西藏民族刚毅、强悍的民族性格，来自于生存环境的压力和严酷自然环境的磨砺。在生产力水平低下的时代，人在大自然面前显得渺小而无助，唯有力量、勇敢、坚毅与自强不息，才能维系生命的延续和保证民族的发展。因而，崇尚雄健、力量和勇敢成为人们普遍的审美倾向。正是由于大自然的严酷和生存环境的艰难，以及与这一特殊环境相伴相生的生产生活方式，才造就了西藏民族刚毅、强悍的民族性格。

跑马射箭是藏族人普遍喜爱的体育竞技活动，是藏民族勇敢、强悍民族性格的形象表现。赛马场上，一队队骁勇强健的骑手激烈角逐，斗勇斗智，优胜者会受到人们英雄般的崇拜。藏族男子腰挎长刀，头缠色线，身着藏袍，衣饰上缀以虎皮豹皮，处处显现出男子汉的英武阳刚之气。而珞巴族男子头戴熊皮盔帽，身挎弓箭，腰插砍刀，男女饰物均用虎、豹、熊、鹰等猛兽猛禽的爪、牙、骨和羽作装饰。在居室的屋檐和墙壁上吊挂一排排兽角兽头，这也是对力量和勇敢的崇尚和夸耀。僜人亦如此，挽弓佩刀，喜用兽角、牛头作饰。这一切是不难理解的，对于氏族和部落的人们来说，勇敢和力量是生存的保障和财富的源泉。衣饰、居住、游艺等民俗形式和活动无不表现出西藏各族人民刚强、豪放的民族性格。

诚信无私是西藏各民族普遍信守的道德原则，也是人们关于人格美的评价标准。人们以诚实为美，推崇公正无私，待人诚恳热情，极为重视友谊。这些道德原则的形成，有着深刻的社会与自然原因，与人们所处的人地关系和生产生活方式密切关联。在人与自然的关系中，当人还不足以取得对自然的支配地位时，需要全体成员的共同努力。只有公正无私、真诚信任，才能团结一致，众志成城，从而为氏族、部落和民族的发展谋得利益，尤其是在生产力水平低下的时代，个人离开了群体就等于死亡，集体力量的扩大就意味着对自然的敌人和社会的敌人的胜利。因而每一个氏族成员都有着对集体的向心力和凝聚力。古老的集体劳动、平均分配和原始民主培育了人们诚挚的无私的心灵，也强化了对朋友的友谊。这些古老的道德原则世世代代为人们所承继，已成为一种传统美德受到人们的信守和珍视。

诚信、无私与重视友谊在西藏民俗文化中有着鲜明的表现。藏族、门巴族和夏尔巴人择偶和交友时将诚实和正直作为一条重要标准。门巴族民歌唱道：

哈达并非要长，
只要洁白就好；
山势并不在高，
景色美丽就好；
朋友不必貌美，
心地诚实就好。

靴子没有靴底，
靴帮崭新何用？
朋友没有真情，
甜言蜜语何用？

诗歌表达了热爱诚实，忠于友谊的美德。

到藏族家做客，无论是否相识，主人都会捧出甘醇的青稞酒和浓香的酥油茶热情款待。当你到珞巴族、门巴族和僜人居住的喜马拉雅山区旅行，会在路旁沟畔见到一些装有物品的背篓就地摆放，背篓上压有石块或木棍，表示这是“有主之物”，任何人都不会去触动这些已有主人的东西。珞巴族谚语云：“不捡不是自己分内的东西，不收不是自己种植的庄稼。”珞巴族热情好客，家中来了客人，主人会倾其所有招待，客人吃喝越多，主人越高兴。一些部落的待客习俗尤为别致：宾客至，主人热情迎至客房，取来酒、肉、菜，由客人自行杀猪宰鸡饮酒，视同家人，给朋友以最大的信任。门巴族、僜人、夏尔巴人，他们对朋友、客人无不是真诚相待、诚信无欺。

当代社会生活日新月异，西藏民俗文化在新的时代将会更加多姿多彩。

第一章　饮食文化

俗语说，民以食为天。人类要生存繁衍，吃饭问题是必须解决的首要问题。在人类生产力水平极为落后的远古时代，饮食更是先民关注的中心，因而饮食习俗的起源和形成十分古老。一个民族饮食习俗的形成，主要受制于其居住地域特定的自然环境、气候物产以及由此伴生的特定的生产和生活方式，即所谓靠山吃山，靠水吃水。从历史记载和神话传说看，西藏各民族都经历过茹毛饮血的生食、继而熟食、进而烹饪的阶段。社会生产力的发展，人们的生存环境和生活条件得以不断改善，饮食习俗和礼仪也随之发展和丰富起来，形成了瑰丽多姿、特色鲜明的西藏饮食文化。

第一节　藏族饮食文化

西藏地处“世界屋脊”，平均海拔 4000 多米，藏族人民世代居住于雪域高原，其饮食习俗带有浓厚的高原特色。

一、饭食的类别与制作

藏族日常生活中的饭食，因农区（含半农半牧区）和牧区生产方式的不同而有较大差异，其制作方式各地亦有所不同。从总体上看，藏族传统的日常饮食主要有糌粑、面粉（冬小麦）、肉类和奶制品。

糌粑是藏族的主食。糌粑系用青藏高原高海拔地区特有的一种麦类作物——青稞（藏语称为“艿”，即 nas）经加工磨制而成的。青稞本是青藏高原生长的一类野生作物，在藏族史籍和人类起源神话中曾为藏族先民提供了“不种自收”的食粮，后经千百年的培育成为藏区农作物的主要品种。昌都卡若遗址和拉萨曲贡遗址发现的粟米类作物，说明藏族先民培育和种植以青稞为主的粮食作物至少已有数千年的历史。藏族神话《青稞种子的来历》，则把藏民族赖以生存的粮食的获取归功于神话英雄阿初王子，讲阿初王子经历了重重磨难最终从蛇王那里得到了青稞种；① 而后世成书的受佛教影响较深的一些典籍，更将青稞等粮食种子说成是观世音菩萨所赐。如《西藏王统记》（又译《王统世系明鉴》）云：圣者（指观世音菩萨）“从须弥山缝间，取出青稞、小麦、豆、荞、大麦，播于地上。”②

糌粑的磨制各地大同小异，将青稞炒熟后用水磨或手磨磨成面粉即为糌粑。炒青稞是一件技术性要求较高的活，关键是颠炒的时间和火候要恰到好处。炒青稞前需将适量的沙子在炒锅内加热烧烫，将用清水浸沥过的青稞放入炒锅内混匀颠炒，滚烫的沙子与青稞粒相碰，青稞粒噼噼啪啪爆裂成青稞花，发出诱人的香味。然后用筛将已炒熟的青稞花与沙子分离。有些地方不用筛，而是端着炒锅轻轻颠簸，炒熟的青稞轻浮于上，沙子则沉锅底，斜端炒锅轻轻抖出青稞。

炒得好的青稞粒粒像绽开的朵朵小白花，香味四溢，酥脆香甜。如颠炒过久，青稞变成粒粒黑仁，磨出的糌粑味发苦，没有香味；颠炒时间不够，浸过水的青稞未熟透，磨成的糌粑不仅香味差，还使人胀肚。

---

① 参见中央民族学院《藏族文学史》编写组编：《藏族民间故事选》，上海文艺出版社，1980 年。

② 参见索南坚赞著，刘立千译：《西藏王统记》第 32 页，民族出版社，2000 年。

在藏区磨糌粑多用水磨。水磨房通常建在有一定水流落差的河溪山涧旁，利用水力推动叶轮带动水磨。在一些水流较缓的江河地区，通过人工开挖水渠引入江水，于较大落差处修建水磨房。渠水还用于灌溉田地和人畜饮用，十分方便。一些缺水的地区，以及因季节原因河溪断流或流量不够的地区，人们需到几里甚至数十里外的地方去磨糌粑。

手磨在藏区也广泛使用，尤其在牧区手磨几乎为各户必备之物，这是因为手摇小石磨携带方便，适应牧民居无定所的游牧生活。手磨方便实用，但费时费力，束缚了人们的手脚。

除水磨和手磨外，现在西藏普遍使用上了电磨。以电作动力，把人们从繁重的手工劳动中解放了出来。然而，有些人认为电磨磨出的糌粑不香，有铁味，不如传统的水磨或手磨磨制的糌粑有滋味。

用青稞炒熟磨制的糌粑称为“艿糌”（nas-rtsam），用豌豆炒熟磨制的糌粑为“申糌”（sran-rtsam）。根据原料的质量和加工的粗细，“艿糌”和“申糌”又分为精细糌粑和普通糌粑两

西藏主要农作物青稞

种。过去，专供达赖喇嘛、班禅喇嘛等大活佛和大贵族享用的糌粑选料和磨制极为讲究，青稞炒熟后，需装进皮口袋揉搓，以去掉青稞表层薄皮，只将酥香雪白的麦仁磨成细细的糌粑。

作为一年四季的主食，糌粑的吃法很多，最常见的是称为“玛粑”（mar-spags）的抓糌粑：取一木碗或瓷碗，倒入热茶，内放一块酥油，再放入适量糌粑，根据个人口味和喜好还可加入少量碎奶渣或白砂糖，用手调和均匀后抓捏而食。“抓糌粑”的方法为左手五指托住碗底，右手食指和中指将糌粑面缓缓压入茶中，左手在右手掌的护持下轻轻转动碗，右手除拇指外的四个指头顺着碗壁边抓边捏，直到糌粑、酥油和茶水完全混匀，然后抓捏成团，即可食用。抓糌粑看似简单，实则不易，犹如中国人使用筷子得心应手，而西方人难以掌握一样。一个未曾抓过糌粑的人初次抓糌粑，可能会出很多洋相，或者是茶水与糌粑的比例不恰当，抓出的糌粑太干或太稀；或者是手指上沾满了稀糊糊；或者是糌粑粉撒落一地，很不雅观。

还有称为“汤古”（thang-khu）的专门揉制糌粑的皮口袋。“汤古”用制熟的羊皮或獐子皮做成，一般较小巧，揉制一次糌粑可供一人或数人食用。用“汤古”揉糌粑时，先装入糌粑粉，后放入酥油、茶水和其他辅料，在袋内揉搓均匀后取出糌粑坨食用。用“汤古”揉制的糌粑别有风味。

抓糌粑多是午餐或劳作时的主食。就餐时，边吃糌粑坨，边喝酥油茶，还可蘸辣椒，就着干肉、熟肉和其他菜肴一同食用。

糌粑的另一种吃法称为“觉玛达”（skyo-ma-ldags），系用酥油茶拌和糌粑粉、奶渣、白砂糖后搅成稀糊状，多在早餐或加餐时所食。与“觉玛达”吃法类似的还有在碗中半边放糌粑，半边倒酥油茶，但不搅和，而是边喝茶边用舌头舔糌粑，不断添加酥油茶直到吃饱喝足。

还有称为“糌甘”（rtsam-vgams）的吃糌粑方法：略仰脖伸出舌头，舀一小勺糌粑面置于舌面（勺不能沾舌），然后在嘴里干嚼，细细品尝糌粑酥香甘醇的原味，喝口酥油茶，干糌粑与茶

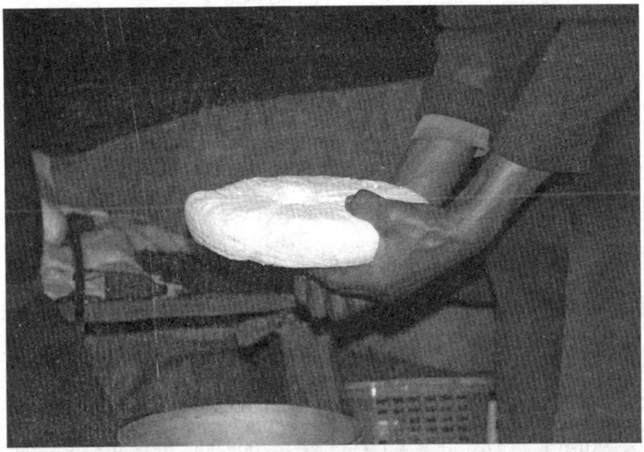

新鲜的酥油
奶酪

磨糌粑

风干肉

在嘴里搅匀后咽下。这种吃法很有特点，别具滋味，但容易被呛着、噎着，无经验者不能轻易尝试。吃“糌甘”的要领是不能说话，不能心急，甚至不能大口呼吸，不然干粉吸入气管后果不堪设想。不知天高地厚的笔者在西藏当知青时学老乡的样子吃“糌甘”，被呛后糌粑粉从嘴里喷了一地，咳嗽得七窍生烟，喘得上气不接下气，引来老乡们的同情和善意的笑声。直至今日，我对吃“糌甘”仍心有余悸。

“土巴”（thug-pa）是藏族人喜欢的食物，系用糌粑、肉丁、面块、奶渣、萝卜等煮制的粥类食品，多作晚饭。糌粑还可煮制“观颠”（bskol-Ldan）的饮品，即用青稞酒加热后放入酥油、奶渣、红糖和适量糌粑，这是过年和招待贵客亲朋时的上等佳品。

冬小麦“卓”（gro）或“衮卓”（dgun-gro）是藏族主食的又一类别。冬小麦的吃法比较单纯，多是磨成面粉后做烤饼吃。出门旅行或外出劳作，“巴勒”（bag-leb，烤饼）是常带的食物。面粉还可做藏式面条，也是做“土巴”不可或缺的原料，做“土巴”时，多搓揉成面片或搓捏成面疙瘩。

牛、羊肉是藏族日常生活的重要食品，更是广大牧区牧民生活的主要食品。肉类的吃法一般为将鲜肉或冻肉用清水煮熟，用小刀切割食用，冷热均可；也可砍成小块炖萝卜或切为肉丁煮“土巴”吃。牛羊的宰杀多集中在深秋和初冬季节，经过夏季和秋季牧养的牛羊膘肥肉满，而在寒冷的季节屠宰肉容易保存。在屠宰季节，人们还灌制血肠和肉肠。血肠在宰杀牛羊时用新鲜的牛血或羊血混合少许糌粑和切碎的牛羊肝、心、油等加上盐和调料灌入清洗过的小肠而成，肉肠则是将切碎的肉、油拌以盐等作料灌制。血肠和肉肠是人们十分喜爱的食品，需煮熟而食。

风干牛羊肉是极具特点的肉类食品，深受藏族人的喜爱。西藏各地都有制作风干牛羊肉的习惯，而以藏北草原的干肉质量最佳。在藏北冬宰季节，各家各户都做风干肉：将肉切成约尺余长、寸余宽的长条，码放于用石头或牛粪堆砌成的圆形储藏窑内。藏北的冬季天寒地冻，气候寒冷干燥，牛羊肉经数月自然风干后，味道清纯，口感酥脆，令人一食难忘。有的地方还有专门的储藏室制作和挂放风干肉，有的人家在制作风干肉时还抹盐、辣椒粉等作料，做出的干肉别有风味。

西藏是以牧业和半农半牧为主的地区，牛羊等牲畜饲养多，奶类制品是人们日常生活的主要食品之一。奶类食品主要有鲜奶、酸奶、干酪和酥油等。鲜奶是人们日常饮用的食品，人们喜欢喝牦牛奶，一般不喝羊奶尤其是山羊奶，羊奶多用于提炼酥油。酸奶人们喜欢食用，其制作方法简单，经牛奶加工发酵而成。酸奶藏语称为“雪”(zho),其中又分“俄雪”和“达雪”。用未提炼过酥油的奶制成的酸奶叫“俄雪”，味感淳厚，营养丰富，“达雪”则用提取过酥油的酪浆制成，质量和口感稍差。干酪人们又俗称奶渣，其中也分两种，一种用提炼酥油后剩下的汁水经熬煮，藏语称为“曲让”（phyur-ra），待水分蒸发锅中出现白色块状物时，倒入袋中控尽水后晾晒干，或将白色块状物加工压成饼状或切成块状晾干食用。另一种是用不提炼酥油的乳汁熬制加工而成的。根据奶渣的口味、品质、干湿等人们通常叫酸奶渣、甜奶渣、干奶渣、湿奶渣等。奶渣是人们日常饮食和外出劳作的必备食品。

酥油是藏族饮食结构中的重要组成部分，藏族人的生活几乎离不开酥油：抓糌粑离不开酥油，打茶更离不开酥油（不然就不能称其为酥油茶了），油炸食品离不开酥油，连婚丧嫁娶、年节庆典、迎来送往等场合酥油也都是不可缺少的。酥油藏语称为“玛尔”（mar），是直接从牛奶或羊奶中提炼出来的。传统提炼方法为：将奶汁倒入称为“雪董”（zho-mdong）的特制大桶里，用一下端嵌有带缺或穿孔的类似活塞的圆木片“甲洛”（木片正中固定有一根高出桶一尺左右的木棍）一提一放上下搅拌，一般需用力搅拌数百次甚至千余次才能使水乳分离。待木桶表面漂浮着淡黄色的脂肪质时，用手捞出放入盛有清水的盆或桶中，冷却后的脂肪质变硬便成为酥油。此时的酥油还含有较多水分和杂质，通过用手搓、揉、挤、拍等方法除去水分和杂质后即为人们日常食用的酥油。酥油的保存通常为：将酥油拍成扁圆或方形的坨放入用水泡软的小牛皮或牛羊肚儿中，用皮线缝合，这样可保持酥油纯正的口味并可较久存放，也利于长途运输。酥油不仅供自家食用，而且还是换取粮食、物品和交易买卖的重要商品。

酥油的质量以夏、秋季为佳。夏、秋季草场水草丰美，五颜六色的“邦锦花”（spang-rgyan-me-tog，意为“装饰草原的花”）盛开，牛羊食料丰富，长得膘肥体壮，母畜产奶量高，所提炼的酥油量多质佳。酥油营养丰富，尤以牦牛酥油质量最好，深受藏族人的喜爱。夏、秋季提炼的牦牛酥油色泽鲜黄，油香浓郁，口感绝佳，冬季酥油则呈淡黄色。羊酥油为白色，口感、色泽及营养均不及牦牛酥油。《本草纲目·兽部》云：“酥乃酪作，性与酪异。然牛酥胜羊酥，犛牛酥复胜家牛（酥）”。犛牛即牦牛，是青藏高原特有的藏族驯养的家畜。

挤奶和提炼酥油是十分枯燥而又艰苦的劳作，劳动强度很大，主要由妇女承担。产奶旺季，每日需挤奶3次：凌晨四五点挤一次，中午挤一次，晚上牛群回来再挤一次。若以每户牧养10～20头计，每日挤奶时间就需4个多小时。挤完奶仅是第一步，繁重的劳作还在后头。一般将早晨挤的奶存放好，用中午的奶做成酸奶，晚上挤完奶后将早晚的鲜奶混合酸奶后倒入“雪董”桶内提炼酥油。人们认为鲜奶混合酸奶提取的酥油多，单用鲜奶则出油少。手工提炼酥油甚为辛苦，一“雪董”桶装奶约80斤，靠人用“甲洛”搅拌器用力上下提放搅拌，提炼一桶奶需搅拌近千次，劳动强度可想而知。产奶旺季活计繁忙，提炼完酥油一般都在深夜，妇女每日从月明星稀的凌晨干到繁星闪烁的深夜，繁重的劳作沉重地压在了妇女的身上。

性格乐观、天性活泼的藏族妇女并没有被生活的困难所压倒，她们在辛劳的同时也享受到丰收的欢乐与生活的愉悦。千百年来，她们在劳动中创作了许多与劳动节奏相协调的旋律优美的歌曲，如挤奶歌、打酥油歌、放牧歌，等等，边劳动边吟唱。下面是一首流传于阿里牧区的挤奶歌：

挤奶子就要这样挤！
我挤唐桑母牛的奶子这样挤：
金奶桶朝前倾一倾，
衣袖朝上卷一卷；
奶水呵像流星一样射，
奶面呵像黄金一样亮！
我的母牛唐桑呵：
当你在山上吃草的时候，
我喊声“可可”你就回来——
从山上回到挤奶场。
母牛呵，
你不想我这挤奶员？
唐桑呵，
想你这可爱的小牛也该回来。①

该歌曲旋律舒缓优美，歌曲节奏与挤奶动作的节奏相一致，十分动听。

许多歌曲的节奏与曲调是固定的，歌词却多是即兴编唱，如有这样一首传统与现代相结合的打酥油歌：

基呷，基呷②，那边来了一个人，
尼呀，尼呀，牵着两匹马。
……

---

① 边多搜集、翻译。引自杨红建编：《西藏绝唱》，西藏音像出版社，1995 年。

② “基呷”意为“一”，指提炼酥油时用“甲洛”搅棍搅拌的次数。以下所有开头的两个音节都是计算动作次数的藏语发音。其中：“尼”为“二”；“久尼”为“十二”，“久松”为“十三”；“尼休”为“二十”，“匝基”为“二十二”；“洗阿”为“四十五”，“洗除”为“四十六”；“瑞松”为“六十三”；“瑞洗”为“六十四”，“瑞阿”为“六十五”；“瑞除”为“六十六”；“敦杰”为“七十”；“敦轱”为“七十九”；“姐究”为“八十”。

久尼，久尼，夜里来了狼呀，
久松，久松，大家打狼至天亮。
……
尼休，尼休，收音机里说卫星上了天，
匝基，匝基，卫星是个什么样。
……
洗阿，洗阿，那晚星星闪闪亮亮，
洗除，洗除，叫我如何去会情郎。
……
瑞松，瑞松，刚才孩子跌了跤，
瑞洗，瑞洗，两岁的孩子就想跑，
瑞阿，瑞阿，哪比小牛小羊羔，
瑞除，瑞除，才三天就围着妈妈跳。
……
敦杰，敦杰，恳求菩萨保佑我，
敦轱，敦轱，保佑我打出的酥油，
姐究，姐究，黄澄澄、香喷喷的像小山高。①
……

在西藏，提炼酥油的传统方法目前仍然随处可见，但随着奶油分离器等电动或机械器具的推广和使用，人们正逐渐从繁重的劳作中解放出来。

藏族日常生活的主食品种即如上述，随着经济的发展和生活条件的改善，随着对外开放的深入和民族文化交流的拓展，藏族的饮食观念、饮食结构和饮食习惯正在发生着变化，汉餐、西餐进入了城镇的寻常百姓家。就主食而言，大米饭、汉式面条（藏语称为“甲土”，即 rgya-thug）、饺子、面包等已成为城镇人们的日常食品；大米、面粉、面条（挂面）在西藏农区和牧区

① 参见吴祎：《酥油，金子般的酥油》，载《中国西藏》1992 年第 3 期。

也不鲜见，是人们日常主食的重要构成。

二、饮料的类别与制作

藏族的日常饮料有两大类，即茶和酒。茶有酥油茶、甜茶（奶茶）、清茶等，以酥油茶最为盛行；酒有青稞酒和藏白酒，以青稞酒最为著名。此外，现在无论在城市还是乡村，各种品牌的白酒、啤酒和可乐等饮品已逐渐为人们所接受和喜爱。

藏族饮茶的历史已十分久远，可追溯到吐蕃时代。据藏文史籍《汉藏史集》（rgya-bod-yig-tshang）记载，吐蕃王朝第36代王都松莽布支（又名赤都松，即khri-vdus-srong，公元676～704年在位）时，藏地出现了茶叶和瓷器。据史载，当时都松莽布支赞普身染重病于宫中静养，一天，一只美丽的小鸟嘴里衔着绿树枝落在王宫楼顶的檐墙上，小鸟在屋顶婉转鸣叫。第二天太阳刚升起时，小鸟又飞来啾啾欢唱，这引起了赞普的注意，命人将绿树枝拾来，发现这是从未见过的树枝叶，赞普将树叶的尖梢放入口中品尝其味，觉得清香提神，口内生津；加水煮沸，成为上好饮料。赞普大喜，命人在吐蕃全境找寻该树枝叶，未果。后来一大臣历尽辛苦在汉地找到了这种树枝叶，采摘回去后熬制饮料为赞普疗养病体，使赞普很快康复。① 从此，藏族有了饮茶的习俗。藏语称“茶”为“槚”（ja），显然系来自于汉土的文化借词，反映了藏汉民族源远流长的经济文化交流。

藏族饮茶之风在吐蕃时代就已兴起。李肇《国史补》下卷记有一则关于吐蕃人饮茶的故事：

> 常鲁公使西蕃；烹茶帐中，赞普问曰：“此为何物？”鲁公曰：“涤烦疗渴，所谓茶也。”赞普曰：“我此亦有。”遂命出之，以指曰：“此寿州者，此舒州者，

---

① 达仓宗巴·班觉桑布著，陈庆英译：《汉藏史集》第104～106页，西藏人民出版社，1986年。

此顾渚者，此蕲门者，此昌明者，此邕湖者。”①

其时江浙、湖广、安徽等地名茶已在吐蕃宫廷中成为常备之物，可见当时饮茶已成风气。而《汉藏史集》中，有专门的章节对茶叶进行分类，详细记载了16种茶叶的产地、特征、烹制和功用，② 足以证明藏族饮茶历史的悠久和对茶叶精深的了解。

酥油茶。当称为藏族的第一饮品，是藏族人日常生活不可或缺的重要构成。酥油茶的制作方法分两个步骤，一是熬制茶汁，二是打茶。将砖茶或沱茶加水熬煮成浓汁，滤净茶叶将汁盛入茶罐备用。打茶时，从茶罐中取部分茶汁加上适量开水和盐（浓淡随自己的口味和喜好掌握），倒入专门打制酥油茶的茶桶“董莫”（mdong-mo，意为“桶”）或“槚董”（ja-mdong，意为“茶桶”）中，③ 加入酥油，用“甲洛”搅棍（形似“雪董”的“甲洛”，只是小一些）上下打制几十回合，待水乳交融后倒入茶壶内加热，饮用时倒入茶碗。用优质新鲜酥油打制的酥油茶浓香扑鼻，味道淳厚，十分可口。藏族人的早餐其他食物可以不吃，酥油茶则必饮。有条件的人家一日三餐甚至整日都不时喝酥油茶，过去人们追求的理想生活便是每日能喝上酥油茶和青稞酒，即所谓“槚羌白玛”（ja-chang-spel-ma，意为“茶酒交替喝”）的生活，类似于今日常讲的“小康”日子。打制好的酥油茶平时盛入茶壶置于灶台上保持温热，注意不能煮沸，煮沸的酥油茶味道便大为逊色。现在在城市和有条件的农村，人们广泛使用电动搅拌机打酥油茶，用搅拌机打酥油茶不仅省力，还因搅拌速度快和次数多茶味口感更佳。有的人在打茶时还根据自己的口

① 李肇：《国史补》（卷下）第66页，上海古籍出版社，1957年新排铅印本。转引自王尧：《吐蕃文化》第187～188页，吉林教育出版社，1989年。

② 达仓宗巴·班觉桑布著，陈庆英译：《汉藏史集》第143～145页，西藏人民出版社，1986年。

③ 酥油桶通常称为“董莫”，“槚董”的称谓是相对于提炼酥油的“雪董”而言。

酥油茶筒

酿酒木桶

味在茶中添加奶粉、鸡蛋、奶渣等，这样的酥油茶更是别有风味。而打好的茶多是盛入保暖瓶中，这样饮用时方便，尤其是周末和节假日外出逛林卡时，带上几瓶打好的酥油茶十分方便。

酥油茶的制作，是藏族饮食文化的一大发明，是藏族在同汉族互通有无的经济往来（“茶马互市”极大地推动了汉藏间的经济文化交流）的基础上结合自身的环境和物产条件创造性地发明出来的，对藏族饮食结构的改善产生了重要的影响。酥油茶极富营养，酥油脂肪含量高，能产生大量热量以御寒，而茶叶中富含茶碱、维生素和微量元素，具有健胃生津、“消食解腻”的作用，正适合高原以肉奶等高脂肪高动物蛋白为主要食物的民族改善饮食结构的需要。正因为茶叶对高原民族饮食生活的重要意义，茶叶的传入被人们神话，茶叶最初被视为治病疗疾的珍稀之物，随着“茶马互市”的兴盛和发展，茶与藏族人的生活联系越来越紧密，以至难以分离，成为人们日常饮食、迎客送礼、婚庆节日的必备之物，并形成独具藏族特色的茶文化。

清茶。藏语称为“槚当”（ja-thang）。传统的清茶系用砖茶熬煮加入适量盐而成，不加酥油打制，可直接倒入碗内饮用。清茶汁多用作调和糌粑，作饮料时也可在茶碗内放入一小块酥油，待酥油融化后吹开浮油饮用，不断倒入清茶，最后将酥油和茶饮尽。现在城镇居民中有不少人已改喝不用熬煮而用开水泡的清茶。西藏能买到内地的各种名茶，而西藏林芝和错那勒布等地茶场培育生产的高原茶叶则以天然纯净无污染的优良品质成为茶中极品，享誉海内外。

甜茶（ja-mngar-mo）。也是藏族十分喜欢的饮品，尤其是卫藏地区（拉萨、山南、日喀则等地）的城镇十分盛行，甜茶馆生意兴隆。甜茶的打制方法为，用红茶熬汁，滤去茶叶后加入牛奶（可用鲜牛奶，也可用奶粉）和白糖，茶香浓郁，甜而不腻，十分可口，深受人们喜爱。由于甜茶制作方法简单，脂肪含量少，很受人们尤其是年轻人的青睐，在城镇部分人中广有市场，大有取代酥油茶之势。

饮料中另一大门类便是酒，称为“羌”（chang）的青稞酒早已是世人共知的藏族酒类饮料的代名词。藏族饮酒的历史远远早于饮茶的历史。从目前所知的最古老的吐蕃文献看，其中不乏对酿酒和饮酒的记载。在《敦煌本吐蕃历史文书》传记篇中，便有记载松赞干布时老臣韦·邦多日义策用青稞煮酒，邀请赞普至家中敬献饮宴一事：

后，韦·邦多日义策老耄，曝日闲住，适逢墀松赞赞普自辗噶尔往畿曲河谷，邦多日义策乃托请枕·聂多日祖伦转禀赞普“……请大王再盟一誓，赐一物，与我之子孙立盟，”以半克青稞煮酒，敬献饮宴……赞普乃与之盟誓。①

新疆婼羌米兰故城，即楼兰地区出土的吐蕃时期木简中，有几支关于酒的专门记载：

第418：苯教徒七人及苯教主二人，共九人，分坐两排，伙食相同，吃完晚饭前，每人一天供应十满瓢“头遍酒”，共计酒三“土”（“土”为酿酒粮食单位）。

第421：按习俗做一对替身物——朵玛供品。然后，献降神酒。午饭，连续献上迎宾青稞酒三瓢，置一盛酒大碗，顺序饮酒，苯教主讲述往昔古史。

第429：二十七名（苯教徒）每人平均五瓢酒。“二遍酒”四瓢半。一百二十二个雇工每人每天三瓢酒。合计“三遍酒”十一“土”半。②

考古资料为我们探讨藏族的饮酒历史提供了可靠的实物证

① 王尧、陈践译注：《敦煌本吐蕃历史文书》第136、137页，民族出版社，1980年。

② 王尧：《吐蕃简牍综录》第72、73页，文物出版社，1986年。

据。拉萨曲贡新石器时代遗址，首次发现了陶制酒具圈足杯。该杯为“敛口，杯壁外斜，折腹，腹内收。”① 该杯的用途可能与饮酒有关。1993 年 9 月，西藏山南文管会发掘了扎囊县结色沟吐蕃古墓群，在 M3 墓中出土陶器 10 件，其中有高足杯，高足壶各一件。高足杯系“夹砂黑陶，手制并经慢轮修整，单耳，直口，杯通高 22.5 厘米，杯身高 10 厘米，口径 1.8 厘米，高 12.5 厘米，底部凹陷成圈足，底径 14 厘米。在杯身外壁及高足底部外壁上刻有菱形纹饰”。而高足壶为“泥质红陶，轮制，火候较高，双系，壶嘴残，敞口，圆肩，鼓腹，高足，底部凹陷成圈足。残高 33 厘米，口径 9.6 厘米，腹径 13 厘米，足径 4 厘米，胎厚 0.2 厘米。壶颈部有阴线弦纹数道，弦纹中间饰以水波纹。在腹部饰有一周不规则的菱形纹，壶体的另一面中饰有附加堆纹圆形图案，图案上锥刺有小圆点，由圆点向上以及由两个向上至颈各有一条附加堆纹。正面刺刻以人面纹饰。另在高足上部有一周附加堆纹，下部为宽菱形纹，纹饰内刺有小点，位于残缺壶颈下部有一菱形纹饰。另外，在壶外壁有不规则黑色圆点”。② 据藏族文物考古专家强巴次仁介绍，高足杯和高足壶当为其时的酒具，高足杯为酒具应当确定无疑。据考，结色沟墓群为吐蕃古墓，传说是吐蕃赞普松赞干布之子芒松芒赞的墓地。

从藏语对酒和酒糟的称谓可知其饮酒的历史更为久远。早期，“酒”（或酿酒粮食）称为 stsang 或 rtsang，后来又称为 chang，据藏学专家研究，这一称谓的来源似与古汉语的称谓有渊源关系。汉地在商朝时就有叫“鬯”或“鬯酒”的高级饮料见于甲骨文。西周大盂鼎的铭文中有“锡汝鬯一卣”句。“鬯”的读音 zang，与藏酒 rtsang 或 chang 十分相近。而藏语称酒糟为“phab”，这与汉语的“粕”亦明显有关系。“粕”即“糟粕”，

① 中国社会科学院考古研究所、西藏自治区文物局：《拉萨曲贡》第 162 页，中国大百科全书出版社，1999 年。

② 四川联合大学西藏考古与历史文化研究中心、西藏自治区文物管理委员会编：《西藏考古》（第一辑）第 50 页，四川大学出版社，1994 年。

是酿酒后酒原料的废弃部分，又可用于培育作发酵的酵母使用。① 从藏族对茶、酒的称谓可以看到藏汉民族经济文化交流的悠久历史。

青稞酒的酿制方法西藏各地大同小异，为复式发酵法，其酿制过程一般为：将颗粒饱满的优质青稞用清水淘洗干净，除去石子儿、麦皮等杂质，用清水浸泡后（有的地方淘洗后不再浸泡）放入锅内，掺入适量水煮，边煮边用木片搅拌，以免青稞粘锅底烧煳。煮青稞时不能用猛火，多用中火和小火煮两小时左右，当水干青稞熟透时，将煮熟的青稞均匀摊晾于毯子或席子上，并不时翻搅使之湿度和温度均匀，待青稞酒粮变得不凉不烫即温热时拌以酒曲（拌酒曲时的温度很重要，藏族主妇大都是稔熟、高超的酿酒师，凭经验她们能准确把握煮青稞时的火候和拌酒曲时的温度）盛入陶制酒坛，然后密封坛口，用被毯或衣物包裹酒坛后置于储存饲草的房屋中，酒坛周围铺塞以干草或糠秕。包裹被毯衣物、覆盖干草等措施是为了保持坛内酒粮的温度，以利于酒粮发酵。酿酒所需时间的长短取决于温度的高低，一般夏天只需两三天，冬天为一周左右。有时为了保持温度使酒快些酿成，有的人家在发酵时将酒坛放于火塘附近或温度较高的房屋。酒粮发酵好后，加入凉开水或清水，几小时后便酿成酒香四溢的青稞酒了。每坛酒粮可加水酿制三四次，酿出的酒称为头道酒、二道酒、三道酒。头道酒浓度最高，色泽黄里泛青，味道淳厚甘甜，酒香浓郁，是敬神待客的上等佳酿。第二次加水后的酒浓度稍淡，甜里带酸，清冽甘美，饮后沁人心脾。第三道、四道酒色泽较差，甜味淡而酸味浓，人们常作为解渴的饮料，带到田间地头边劳作边饮用。为了使酒浓淡适宜，许多人家酿酒时多是将几道酒掺和调匀饮用，只留少许头道酒以作品尝或敬神招待贵客之用。

青稞酒中还有称为“达羌”的“月酒”（zla-chang）和“洛羌”（“年酒”，即 lo-chang）的陈年老酒。这是在酒粮发酵好后

---

① 王尧：《吐蕃文化》第 191 页，吉林教育出版社，1989 年。

不急于加水酿制，而是仍密封坛口放置于房屋的阴凉处，放置月余或数月后加水酿制的酒称为“月酒”，放置一年或数年再加水酿制则称作“年酒”。放置时间越长，酿出的酒越浓郁醇香。过去只有经济条件好的大户人家才酿制，现在普通人家也多有酿“达羌”甚至“洛羌”的。

藏白酒，藏语称为“博让”(bod-rag)，这是相对于“阿让”(白酒）而后起的一种称谓。过去白酒通称为“阿让”。当各种品牌的外地白酒进入藏地后，遂用“博让”专称藏白酒。藏白酒同酒精浓度低的青稞酒不同，它是采用双蒸法——即二次蒸馏获得的酒精度较高的饮料。青稞酒“羌”的浓度一般约为10度，藏白酒的酒精度可达30度左右。历史上，藏白酒多是自酿自饮或馈赠亲友，少量用于出售和交换，以藏东芒康一带和后藏亚东一带所产最为有名。藏白酒的传统酿制方法为：当青稞酒粮发酵后（青稞酒粮的煮制发酵同酿青稞酒无异)，取一生铁锅或“汉阳”铝锅，锅底铺垫几层麦秸，将发酵好的酒粮倒入锅内，掺水适量。在锅的中央支3个木杈作支架，上放一个接酒用的陶罐。然后用一口径相当的锅反扣于上，两锅结合部用密封条封严。以上程序完成后，架柴生火，所用木柴多用坚硬耐烧的青冈木，需保持均匀的火力。这样，酒粮在煮沸后蒸气往上冒，遇阻后变成蒸馏水滴落进陶罐，经一段时间的煮制蒸腾，陶罐内的蒸馏水越积越多，开锅取出陶罐，罐内便储满了清澈透明、香气四溢的藏白酒。

藏白酒酿制的质量（酒香、色泽、浓度等）受制于许多因素，如青稞原料的等级，酒粮发酵的优劣，是否已提取头道酒，以及每道程序是否到位，温度火候是否掌握恰到好处等，当然还有相伴相生的运气的好坏，缺一不可。

过去人们酿“羌”和“博让”主要是自饮自用和用于交际，如今在商品经济和市场经济大潮中，藏酒已走出家门迈出藏地甚至跨出国门，青稞酒和青稞白酒以其馥郁的芳香和至纯的品质深得人们青睐，西藏拉萨生产的“藏乡醇”系列藏酒，青海、四川和云南中甸等藏区所产的系列青稞白酒，已逐渐为人们所认识和喜爱。藏酒不仅传播了藏族的酒文化，而且正作为一种具有潜力的产业同藏族的饮食文化、旅游文化相结合，为藏区经济的发展发挥着积极的作用。

在酒类饮料中，啤酒在人们的现代生活中占据着日益重要的地位。在城镇，啤酒已成为人们日常生活中常见的饮品，更是婚丧嫁娶、团聚送别等聚会的首选饮品。在西藏，啤酒大量进入当地市场是在20世纪80年代中后期，啤酒以其口感好、饮用方便、营养丰富很快得到人们的认可。藏地自产的拉萨啤酒投产后，以其优良的品质、低廉的价格异军突起，迅速占领了西藏的主要市场。拉萨啤酒系用高天洁地纯净无染的雪域泉水酿制，泡沫丰富细腻，口感清爽幽香，已成为啤酒王国中的珍品声名远播，在内地和海外以能喝到拉萨啤酒为一大幸事。

除茶和酒类饮料外，碳酸类饮料和保健品饮料也在现代藏族人的生活中占有一席之地，像健力宝、可乐等早已为人们所熟悉和喜爱。利用藏地特有植物“红景天”（藏族称 su-lo-dmar-po）制成的保健饮料，具有明显的抗缺氧、抗衰老的作用，成为市场上的抢手货，极具开发潜力。西藏各地生产的矿泉水，尤其是“5100 天然冰川矿泉水”，以其产于藏北高原念青唐古拉山脉南麓海拔5100米处的纯净山泉而名闻遐迩，通过青藏铁路源源不断地供应内地市场，深受人们的青睐。

如同饭食和菜肴越来越丰富一样，饮料中传统的与现代的、当地的与外来的应有尽有，人们可以根据自己的喜好选取，日益丰富着人们的生活。

三、菜肴、作料与零食

与高原物产和悠久的藏族饮食文化相联系，藏式菜肴特色鲜明，自成体系。次仁曲培先生编著的《藏式菜谱（bod-zas-bdudrtsivi-bum-pa)》一书中汇编了藏式菜肴近百种,[①] 对原料的选取、作料的配制和烹饪方法都作了介绍，较为全面地展示了藏式菜肴的特色和风格。

藏式菜肴原料的选取均取自高原本地所产,如荤菜多为牛、羊肉及其内脏,也有鸡鱼、鸡蛋等菜品,素菜则有菌类、土豆、虫草以及奶酪类制品。其烹制有蒸、煮、炒、炸、炖、凉调等方式。

常见的特色菜品有:

“洛畏”(炒羊肺，即 glo-brngos)。原料：新鲜羊肺一副。配料：盐、辣椒粉、花椒粉、野蒜、香油、面粉等。制作方法：将调料加水适量调和成稀糊状的汁，取鲜宰羊肺一副将汁灌进肺中，使料汁渗透羊肺，然后放入沸水中煮至断生捞出冷却，再切成薄片放入锅中爆炒，盛盘即成。炒羊肺鲜嫩可口，风味独特。炒羊肺时，还可在出锅盛盘时在盘边码放凉拌萝卜丝，同羊肺一道食用，别具特色。

“鲁久扎玛”(油炸血肠 lug-rgyu-bkrag-ma)。原料：羊肠或牛肠和羊血或牛血。配料：夹生米饭或煮熟的青稞片、碎肉、碎油粒、面粉、盐、野山葱、茴香、胡椒、鸡蛋、食用油。烹制方法：将肠用清水翻面洗净后，用温水将配料拌匀后灌进肠内，扎紧肠体两端放入锅中煮熟后捞出，待凉透后切成小段，涂裹用鸡蛋和面粉调制的芡糊放入锅中油炸后盛盘。油炸血肠香鲜浓厚，回味悠长，是深受人们喜爱的美味佳肴。

“各夏卡察”(辣味头肉 mgo-sha-kha-tsha)。原料：绵羊头肉。配料：盐、辣椒粉、咖喱粉、茴香、羊肠浆。制作方法：将羊头去毛洗净后煮熟，剔下紧附在骨头上的肉，切成薄片或小块，用调料与肉片拌匀即可食用。辣味头肉味道纯厚，香辣可口，是藏餐著名的风味小吃。辣味头肉还可用牦牛头肉做原料，味道稍逊于绵羊头肉。

与“各夏卡察”齐名的还有“卓巴卡察”（辣味肚片

---

① 次仁曲培:《藏式菜谱》(藏文版)，西藏人民出版社，1993年。

grod-pa-kha-tsha），其制作方法相同，原料取用牦牛肚或羊肚。

“庶扎”（炸排骨 rtsib-bkrag）。原料：绵羊带肉肋骨。配料：酥油、鸡蛋、面粉、盐、大料、花椒、姜黄等。烹制方法：洗净排骨剁成小块，拌和盐、大料、花椒粉等调料，涂裹用鸡蛋和面粉调兑的芡糊，放入滚烫的酥油中炸。炸排骨色泽金黄，鲜香味厚。

“色夏玛扎”（烤蘑菇 ser-sha-mar-bkrag）。原料：新鲜蘑菇。配料：酥油、盐、糌粑少许。制作方法：鲜菇洗净抹上酥油和盐，置于文火上烘烤。当酥油渗入蘑菇时，撒少许糌粑面即可食用。烤蘑菇清香鲜嫩，味道甚为鲜美。

“夏金”（生肉酱 sha-rjen）。原料：新鲜牛肉。配料：盐、辣椒粉、花椒粉、野蒜泥。制作方法：取新鲜优质牛肉（无筋无油的精肉），用刀剁碎砸茸，拌以椒粉蒜末等调料。“夏金”风味独特，营养丰富，是吃糌粑时的佐餐上品。“夏金”多在秋季和冬季食用。此外，卫、藏一带的部分藏族还有烹制“娘金”（生鱼酱 nya-rjen）的习俗。制作“生鱼酱”多在春季。制作时将鲜鱼去骨去皮后剁碎砸茸，拌以盐、姜、蒜、辣椒等调料，用以佐餐，鲜美可口。

藏式菜肴还有很多，难以尽述，如著名的和人们常食用的有咖喱土豆、辣味土豆、炸鸡蛋、萝卜炖牛肉、虫草炖肉，等等。

过去藏族种植和食用蔬菜较少，蔬菜品种主要有萝卜、土豆和小白菜，品种单一。牧区几乎不食蔬菜，视青菜为“草”，人们日常所需的维生素主要从饮茶中获取。如今，蔬菜已在西藏广为种植，塑料大棚和温室技术的运用使西藏一年四季均有品种丰富的蔬菜供应。不仅城镇居民大量食用新鲜蔬菜，农民和牧民也习惯了食用蔬菜，“tshal”（汉语菜的译音）和“sngo-tshal”（汉语“青菜”的翻译）等新词语的广泛使用，说明了人们饮食结构的变化和改善。现在，藏式菜肴不仅吸收和融合了汉式菜肴的内容和烹调方法，而且蔬菜类菜品也成为藏式菜肴的重要构成。

藏族在口味上普遍嗜辣，辣椒和花椒是烹制菜肴时的主要作料。在《藏式菜谱》中，随手可拣出的菜肴便有“辣味头肉”、“辣味牛肠”、“辣味猪肉”、“辣味鸡肉”等十几道菜。甜也是藏族喜欢的口味，红糖、白糖是藏族人制作甜食的重要原料。盐自然是作料中不可或缺的。西藏产盐，过去人们食用的盐主要是来自藏北遥远的盐湖，藏北牧民千里迢迢历尽艰辛采回盐到城镇和农区换回他们赖以生活的粮食和物品，一首首驮盐歌记录着他们的豪迈与辛劳。藏东芒康一带也产盐，“盐井”的地名名副其实是产盐之地。藏族英雄史诗《格萨尔王传》中有《姜岭之战》（vjang-gling-g·yul-vgyed），意译为《保卫盐海》，讲述的就是古代藏族和其他民族为争夺产盐之地而进行的战争，据研究，地点就在今天的昌都芒康的上、下盐井一带。盐不仅是烹制佳肴的作料，更是人们日常生活的必需品，藏族人对盐的关注和感情远胜于其他民族，谚语中有“茶无盐难入口”之说，民间传说中有《茶和盐的故事》的凄婉的爱情悲剧，这些均与盐密切相关。藏餐的调味作料还有姜、姜黄、茴香、葱、蒜、咖喱、唐古特青蓝、小豆蔻等，根据烹制菜肴的不同各取所需。

民间还有一种烹饪方法《菜谱》中未曾介绍，这里略作记述以备参考。20 世纪 70 年代中期，笔者在西藏芒康农村插队，参加“大寨班”常在野外劳作和就餐。当时西藏农村很穷，除了糌粑清茶配以辣椒作作料外，很少有菜可吃，更何谈菜肴。然而，就是在这样清贫的日子里，我们的生产队长——一位和蔼可亲的藏族老人常常为我们几位知青像变魔术一般做出佳肴：他就地采集来蘑菇切成小块，从背包的深处摸出几小条干肉掰成碎块，放进一个木碗中，里面放入盐、辣椒和一些水，然后从临时搭建的供烧茶用的火塘中取出一块烧得通红滚烫的石块投入碗中，只听见“嗖”的一声碗内热气四起，凉水瞬间沸腾起来，肉香味也随之在空气中飘溢荡漾。老人大声招呼我们吃菜，一直站在旁边看着我们狼吞虎咽，风卷残云般把菜吃完汤蘸干（注意是用糌粑团和面饼块将汤汁蘸干而非喝干）。那菜的香味已渗入我的骨髓，没有其他山珍海味能够与之相比，直到今天我仍能清晰地记起当时的细节，还能感受到当时吃菜时的美好感觉。老人的这种烹饪法简单实用，尤其在缺锅少勺的野外。究竟这种烹饪法该冠以何名，笔者尚不可知，却实实在在享受了它的好处。

有一些食品和菜肴平时一般不做而多在年节庆典、婚嫁联欢会等特殊场合才烹制，主要有“曲退”（奶酪糕 phyur-thud）、“玛馓”（糌粑油糕 mar-zan）、“卓玛折塞”（人参果米饭 gro-ma-vbras-sel）、“观颠”（青稞酒粥 bskol-ldan）、“卡塞”（油炸点心 kha-zas）等。

与烹制藏式菜肴相对应，藏餐的主食除日常的糌粑、米饭和面饼外，还有“夏帕勒”（肉饼 sha-bag-leb）、“夏馍馍”（肉包子 sha-mog-mog）、“土巴名达”（什锦米粥或译八宝粥 thug-pa-ming-btags）、“索冈比希”（油煎肉包子 gsol-rkang-pi-shi）、“卓馓”（面粉油糕 gro-zan）、“中察”（肉汤烩饭 krum-tshags）等，品种十分丰富。

传统藏宴有“嘎卓”（素宴 dkar-spro）和“玛卓”（荤宴 dmar-spro）之分。素宴以奶酪和蔬菜类菜肴为主，荤宴则待客以各式肉类菜肴。进食方式有称为“索格”的分配式进餐和自助式进餐等形式。所谓“索格”，意为每人应得的份额，根据客人社会地位的高低，官职的大小分别设餐桌摆放食品于客人面前供其食用，有时将分配好的食物分别递至客人手中。传统的西藏社会等级森严，官场上的宴会是以客人的官职和地位区别对待的。现代藏宴仍有“索格”的配餐方式，但内容已有了根本的改变，所有客人都是平等的，均能享用同等质和量的美味佳肴，而更多的是自助进餐方式，各取所需。现代藏宴在菜品的配制、烹饪和陈设上已较多地受到了汉式筵宴的影响。

藏族零食种类多，常见的有：

“月”（炒青稞花 yos）。青稞淘洗后，在锅中翻炒，当青稞裂成青稞花时即成为香喷喷的零食。“月”脆香可口，人人喜爱，常常揣于怀中，闲暇时边聊天边食用。

“珍玛”（炒蚕豆 sran-ma）。炒蚕豆也是人们喜爱的零食。

“曲让”（奶渣　phyur-ra）。干奶渣既是做菜熬粥的原料，也是人们喜欢食用的零食。奶渣种类多，提炼过酥油后制成的奶渣颜色白，酸甜适度，入口化渣。有一种用奶皮制成的干奶渣形状为四方块，平时穿挂于细绳上，食之奶香浓郁，需在口中慢慢嚼咬，回味无穷，很受人们喜爱。

“退”（奶酪糕　thud）。“退”系用奶渣、红糖和酥油混合制成的糕点。其做法是先将干奶渣加适量水泡软，加优质新鲜酥油和红糖揉制后放入模具中做成各种形状的糕点。“退”油香浓厚，甜而不腻，多在年节庆典时制作，作为节日期间的零食。

“卡塞”（油酥点心　kha-zas）。将面粉加水揉制后擀成薄片或搓揉成其他形状，放入油锅中炸熟捞出，层层码放于盘内。做“卡塞”时需用酥油烹炸。用酥油炸制成的“卡塞”色泽美观，酥香可口，是节庆期间不可或缺的零食。

此外，零食中还有各种时鲜水果和果干。西藏南部低海拔地区产核桃、杏子、桃子等水果，当地人采摘后多制成果干以便交换和出售。有条件的人家还购买产自尼泊尔、印度等的瓜果如葡萄干等食用。

现在，藏族人的零食品种已大为丰富，遍布城乡的大小商店各种物品和食品（包括零食）应有尽有，集市上各种时令水果和果干任由选购。当然，广大农牧区传统零食仍充当着主要角色，只是像“退”、“卡塞”这些过去年节庆典时才能吃到的食品今天已不再是稀缺之物，人们可以随时制作食用。

四、炊具、餐具与饮具

藏族炊具有陶制、石制、木制和金属制等类别，其中以陶器类制品使用最为古老而普遍，至今仍广泛使用，石制和金属类炊具亦颇具特色。

藏族使用陶器的历史可上推到距今四五千年前的新石器时代。昌都卡若遗址出土陶片两万多片，能够辨认器形者有1234件，分罐、盆、碗三种。可复原的陶器共46件，其中陶罐有30

各式木碗

寺庙内盛茶的器皿

厨房灶具

件。陶罐的器形分为小口垂腹罐、小口鼓腹罐、高领罐、长颈短唇罐、大口罐、单耳罐、双体兽形罐、带流罐和带嘴罐等类型。[1] 这些陶罐均制作精致，用途广泛，主要用于烧煮食物、汲水和储藏粮食等。

从新石器时代直至近代和现代，藏族使用陶器的历史从未中断，陶制炊具品种多样。日常生活中常见的有双耳大陶罐“括玛”（khog-ma），主要用于煮粥熬茶。肚大嘴小、有把有盖的陶壶“括底”（khog-tig），用于盛放酥油茶。口大底平的陶锅“巴朗”（bag-slang），用于烙饼，还有称为“天括”的陶炉等。陶炉腹大口小，口沿上特设三个支点，以安放茶壶。腹部开几个孔以便空气进入，炉内点燃炭火或牛粪饼，不出火苗。陶茶炉作温茶之用。陶炉出现较早，后期有铜质和铁质的金属制茶炉，形制基本相同。

藏族制陶方法以手制为主，轮制次之。制陶的原料多为黏性大的黏土。制陶前，陶土需经过淘洗去除杂质，为防止陶器遇热炸裂，可加入一定数量的沙粒、木炭、石英等材料。一般小件器物用手捏制成型，大型器物则需用模具定型。制陶工具有轮盘、拍子、刮刀、竹管和牛角等，工具虽然简单，却能制作出器形各异、精致美观的各种器皿。

除陶制炊具外，石锅亦曾是人们使用的炊具。阿里扎达县古格遗址曾出土了大量的石锅和石罐。石锅系用一种特有的石头打制而成，用其炖肉做菜可保持原味。现在使用石锅者十分少见，已为其他炊具所替代。

金属类炊具有铁锅、铝锅和铜锅。称为“汉阳”（hang-yang）的铝锅在西藏十分流行，过去几乎每家每户都有几口大小不同的“汉阳”锅。铜锅“桑”（zangs）的使用也十分普遍，熬茶、烧水、做饭离不开它。铜锅造型美观，平时锅沿擦拭得光亮照人，不啻

---

① 西藏自治区文物管理委员会、四川大学历史系编：《昌都卡若》第121页，文物出版社，1985年。

于一件艺术品。铜锅有大中小各种型号，寺庙中特制的巨型大铜锅（铜釜）熬茶煮粥可供数百僧人同时进餐。

藏族人喜欢使用铜质器皿，如煮饭烧茶的铜锅、盛水的铜水缸、舀水的铜瓢、盛茶的铜茶壶，等等。铜瓢和铜水缸可谓是藏族厨房陈设中的一景，一般家庭都摆放有一排擦得光洁锃亮的铜水缸和铜水瓢，十分醒目和美观。

藏族餐具有各种质料的碗、盘、盆、钵等。陶碗陶盆可能是藏族远古先民最早使用的餐具。卡若遗址中便出土了陶器5件和陶盆11件。陶碗为敞口、平底，有直口碗和侈口碗两型，器型较小。而盆的器型较大，为敞口、平底、深腹，有折腹盆、曲腹盆、直腹盆和深腹盆四型。① 碗和盆均是当时的生活用具，碗主要作餐具，盆的用处较广，既可作盛放食物的餐具或盛器，又可作饮器。后来陶碗较少使用，陶盆陶钵使用至今。

木碗以及瓷碗、银碗往往既是餐具又是饮具，很难作严格的划分，如木碗既可揉制糌粑，装盛食物，又是饮茶的主要器皿。就其使用场合和习惯分类，木碗、瓷碗等作为饮具更为合适。木碗使用的历史亦十分久远，在敦煌文献《吐蕃羊骨卜辞》中便有使用木碗的多次记载，如“用一木碗酥油祭大本命神”；再如“去年，用木碗喝；今年，用银碗喝”；又如“端一木碗化酥油祭天”。②

木碗多产于西藏南部多林木地区，以门隅所产木碗最为有名。阿里普兰一带也产木碗。木碗系用白桦木或柞木的树瘤加工制成，工序复杂，技术要求高，制作难度大（其制作过程请参见本章门巴族部分）。木碗因质料、加工精细程度和大小等分为若干等级，价格差异悬殊，一个优等“杂雅”木碗不镶银边过去就值100多两藏银，价格昂贵且不易求购，普通木碗价格较

① 西藏自治区文物管理委员会、四川大学历史系编：《昌都卡若》第126、128页，文物出版社，1985年。

② 王尧、陈践编著：《敦煌吐蕃文书论文集》第82、90页，四川民族出版社，1984年。

低。藏族人喜欢木碗，上至达官贵人高僧大德，下到普通民众艺人乞丐，每人均有木碗，差别仅在于碗的质量等级上。外出时木碗为必携之物，往往碗不离身。普通民众常将木碗揣于怀中，而过去官员贵族们则将木碗置于缎制套鞘内同小刀一道挂于腰间，称为“甲赤布雪”，既作为饰物，又是官阶大小的标识，当参加宴会和朝拜达赖喇嘛时，可用木碗饮啜酥油茶，盛接达赖喇嘛赏赐的酥油红糖人参果米饭“卓玛折塞”。

藏族人喜爱木碗，原因有三：一是木碗经久耐用，携带方便。二是木碗盛茶酒有一种特殊的香味，盛食不变味，饮用不烫嘴。在藏族人的观念中，用木碗饮酒还会使人聪明、英俊、惹人喜爱。[①] 三是木碗大多制作精美，色泽明亮华丽，木纹别致美观，造型丰富，有的木碗还镶嵌银边，一只只木碗就是一件件精致的工艺品。正是木碗的实用性和审美性赋予了木碗神奇的品格，令藏族人格外珍视。有一首流传很广的藏族民歌道出了藏族人同木碗的密切关系：

领着情人吧害臊，
丢下情人吧心焦。
情人若是个木碗，
揣在怀中有多好。[②]

从文献上看，藏族使用瓷碗的历史同饮茶的历史是相伴产生的。《汉藏史集》在叙述完茶叶在吐蕃出现的故事后，接着讲道：

国王说：“不能用以前有的玛瑙杯、金银等珍宝制

① 群沛、诺尔布著，向红笳译：《西藏的民俗文化》，见《国外藏学研究译文集》（九）第303页，西藏人民出版社，1992年。

② 中央民族学院语文系藏族文学小组编：《藏族民歌选》第340页，民族出版社，1981年。

> 作瓢勺，需要找一种以前没有的器具。听说汉地的皇帝有一种叫做‘碗’的器具，可派人前去要来。”于是吐蕃派出使臣前往汉地。皇帝派来工匠，根据吐蕃赞普的要求，制造了碗口宽敞、碗壁很薄、腿短、颜色洁白、具有光泽的“兴寿碗”，三种上等碗分别起名为夏布策、南策、囊策，三种普通碗起名为特策、额策、朵策，并绘鸟衔树枝，鱼儿戏水，麋鹿徜徉等图案。[①]

这是藏史记载的碗最初出现在藏地的情形。

同一史书还记述道：

> 在龙朗楚吉杰波王（即赞普都松芒布支）在位之时，由技艺高超的工匠在索那唐波且地方以珍宝为原料按听说的式样烧制了上、中、下三等三十二只大小不同的碗。上等和中等的碗为白色，下等的多数为青色。[②]

这是吐蕃烧制瓷器的最早记载。

西藏的瓷器烧制与陶器制作相比显得欠发达，著名的瓷器之乡有山南扎囊的普布地方，至今瓷窑遗址尚存。普布瓷窑大约建于明代，兴盛于明代晚期和清代早、中期，于清代晚期衰败以至废弃。普布所产瓷器均为白底蓝花瓷器，胎薄质轻，主要器型有高足碗、大喇叭口碗、高足杯等，曾广泛流传于藏地和远销尼泊尔、印度等地。[③]

西藏所用瓷碗瓷器除部分为本地所产外，大量来自汉地。其来源有两大途径：一是来自汉藏民间贸易，二是来自历代中央政

---

① 达仓宗巴·班觉桑布著，陈庆英译：《汉藏史集》第104页，西藏人民出版社，1986年。

② 达仓宗巴·班觉桑布著，陈庆英译：《汉藏史集》第150页，西藏人民出版社，1986年。

③ 参见《西藏自治区文物志》（待刊稿）。

府对西藏僧俗官员的赏赐。在西藏博物馆、布达拉宫以及许多著名古寺如萨迦寺、扎什伦布寺、噶玛寺中珍藏着为数不少的元、明、清时代的瓷器精品，殊为珍贵。民间也广泛使用瓷碗，作为待客时敬茶献酒盛饭的餐具和饮具。过去瓷碗价格高，许多人家都珍藏有祖辈们传下来的瓷碗。现在瓷碗仍是藏族最喜爱的饮酒喝茶的器具。

餐具中还有各种质料的盘类餐具，从最古老的陶盘（盆）到木盘、铜盘、银盘，形制各异，种类丰富。往往大型聚会和节日婚庆时，常将各种肉和食品分门别类放置于大木盘中，供客人自助取食。此外，餐具中还有盛饭用的木勺，盛放糌粑的木盒“糌颇”等，都很有特点。

饮具与餐具密切关联，上述木碗和瓷碗在大多数场合是作为饮具使用的。专作饮具使用的目前看来最早的当属酒杯。在三四千年前的曲贡遗址就发现了酒具陶杯，吐蕃时代又发现了陶制高足杯，几千年间藏族以陶杯饮酒的历史连绵延续。待木碗和瓷碗大量使用后，陶杯作为酒具的历史才逐步终结。在藏族饮具中，各种质地的茶壶和酒壶甚多，如陶壶、铜壶、银壶、金壶、象牙壶、牛角壶、木酒壶，等等。在西藏各地，还有适应当地生活方式而带地方特色的酒具，如牧民常以皮囊作酒具，以适应居无定所的游牧生活。日喀则、江孜、白朗一带农村，有一种称为“孔姆”的鸟形彩陶酒具，“孔姆造型古朴大方，既是容器又是饮具，使用时，主人从鸟背的入口处倒酒，客人由鸟嘴喝酒，独具地方特点。”①

如同其他生产、生活用品一样，藏族的饮具、餐具和炊具在当代生活中也发生了许多新的变化，人们既使用古老的陶罐，“汉阳”锅、酥油桶、木碗等器皿，同时高压锅、电饭锅、玻璃制品、不锈钢炊具和餐具等现代工业制品也大量进入普通人家，日常生活中处处都能见到传统与现代的混融交汇。

---

① 索穷：《西藏民俗变迁随想》，载《西藏民俗》2000 年第 4 期。

五、饮食礼仪与禁忌

藏族是一个十分讲究礼仪的民族。民风淳朴，礼让谦恭、尊老爱幼、诚信无欺是自古传下来的纯良礼俗。敦煌古藏文文献中，在记述吐蕃历史上第一代赞普从天而降作天下之主时，这样描绘了藏地和民风："在天之中央，大地之中心，世界之心脏，雪山围绕一切河流之源头，山高土洁，地域美好，人知为善，心生英勇，风俗纯良……以弯腰表致敬，以顶足为礼，对上等人用敬语说话……"。[①] 敦煌古藏文文献中，有一份专门论述待人接物、处事修养的长篇伦理学文献《礼仪问答写卷》，提出了为人之道、为政之道、为友之道、为子之道的广泛伦理关系，如在阐述为人之道时，《写卷》云：

> 弟问：何为做人之道？何为非做人之道？
>
> 兄云：做人之道为公正、孝敬、和蔼、温顺、怜悯、不怒、报恩、知耻、谨慎勤奋。
>
> 虽不聪慧机智，如有这些，一切人皆能中意，亲属亦安泰。非做人之道是偏袒、暴戾、轻浮、无耻、忘恩、无同情心、易怒、骄傲、懒惰。身上若有这些毛病，一切人皆不会中意。[②]

松赞干布制定的《十六净法》中，把孝敬父母、恭敬有德、尊长敬老、诚爱亲友、正直无欺等作为重要内容，对藏族的伦理礼仪习俗的形成产生了深远的影响。

藏族的饮食礼仪深刻地反映着藏族的伦理精神。平时，家人和邻里和睦相处，尊老爱幼，诚信待人。家中酿了好酒，头道酒

---

① 王尧、陈践译注：《敦煌本吐蕃历史文书》第 162 页，民族出版社，1980 年。

② 王尧、陈践编著：《敦煌吐蕃论文集》第 130 页，四川民族出版社，1988 年。

“羌批”（酒新 chang-phud）敬献神灵后，首先由老人品尝。每年新收割粮食，“尝新”也是老人们的专利。日常家庭就餐，由主妇掌勺分发食物时，首先是为长者盛，然后全家人围聚火塘旁进餐，其乐融融。藏族人十分好客，待客热情周到，若有宾朋登门，定会倾其所有，拿出好酒好茶好菜盛情款待。

藏族饮茶和饮酒礼俗很多。平时在家喝茶各自用自己的茶碗，不能随便用他人的碗。喝茶时，碗中的茶不能随便喝干，而是喝一半或一大半，勘满后再喝，最后结束喝茶时也不能全部喝干，而要留下少许，表示茶永远喝不完，财富充足，寓意颇深。若客人到来，女主人会取出珍藏的擦拭得光亮照人的瓷碗摆放于客人面前，端起茶壶轻轻摇晃数次（壶底须低于桌面），斟满酥油茶后双手端碗躬身献给客人。客人接茶后不能急匆匆张口就饮，而是缓缓吹开浮油，饮啜数次后碗内留下约一半，将茶碗放于桌上，女主人会续满，客人不能立刻端起就饮，而是在主人一次次敦请下边同主人拉话边慢慢啜饮。客人每次饮茶后主人会很快添满，使茶碗保持盈满状态。客人至，一般需饮茶 3 碗，只喝一碗就起不吉，藏谚道：“一碗成仇！”喝茶时不能发出“唏、唏”的声音，更不能将碗里的茶全部喝光，否则会被视为没有教养。

藏族饮酒的礼仪和习俗极为丰富。每酿新酒，必先以“酒新”敬神，然后依循“长幼有序”的古训首先向家中的长者敬酒，其后家人才能畅饮。在节日婚庆或众多人聚会的场合，饮酒一般是先向德高望重的长者敬献，然后按顺时针方向依次敬酒。敬酒者一般应用双手捧酒杯举过头顶，敬献给受酒者，特别对长者更是如此。而受酒者先双手接过酒杯，然后用左手托住，再用右手的无名指轻轻地蘸上杯中的酒，向空中弹一下，如此反复三次，有的人口中还要轻声念出“扎西德勒平松措……”等吉祥的祝词，然后再饮。弹酒三次是对天、地、神的敬奉和对佛法僧三宝的祈祝。

饮酒时不能一饮而尽，而要遵循“松珍夏达”（gsum-sgron-zhobs-dag）的“三口一杯”制。在弹酒敬神后，受酒者应先饮一口，敬酒者续满酒杯，受酒者再饮一口，敬酒者又续满酒杯，受酒者第三次饮一口斟满后将杯中酒一饮而尽。滴酒不剩者，才是最有诚意的。聚会饮酒时酒器是大家共用的，能在一起饮酒者，其关系可视为一家人，亲同手足，因此饮酒时不能分用酒具，否则被视为见外或瞧不起。在过去，屠夫、铁匠、天葬师等所谓从事“下层职业”者一般不与大家共用酒杯，他们总是自带碗杯，单独饮用。

有酒就有歌，聚会饮酒时，歌是必不可少的。向他人敬酒时，敬酒人一般要唱酒歌。若不唱，受酒者可以拒绝饮用。敬酒人献上酒，受酒者接过酒杯，即可要求敬酒人唱酒歌，有时敬酒者斟满杯中酒，走到宾客前即开始唱酒歌，唱到一半时，再将酒杯敬上，唱完酒歌再履行弹酒仪式及饮酒。在卫藏地区，流行罚酒制度，一般可以分“角羌”（mgyogs-chang）、“过羌”（vgor-chang）、“替羌”（thigs-chang）等形式。“角羌”意为快酒，即在敬酒者尚未唱完酒歌之前，饮酒人提前将杯中酒过快饮干。唱酒歌时，杯中没酒认为是不礼貌的，故而还需罚酒一杯。“过羌”意为慢酒，即在敬酒人已唱完歌之后，饮酒人还未饮完杯中之酒，被视为反应迟钝，也要罚酒。“替羌”意为滴酒，即在敬酒者唱完酒歌时，饮酒人也正好将杯中酒饮掉，但在杯底还剩有一小点酒，哪怕是几滴，也要罚酒。人们认为杯中剩酒，是对敬酒者的不尊重或是无诚意，对这样的人必然要给予惩罚。不会饮酒的人，可以说明理由，一般不会强迫饮酒，而藏族社会上很少有不会饮酒之人。如果敬酒者唱过酒歌后，有人偷偷地将酒倒掉，将被视为极端无礼的行为，会招致严厉的处罚。以上罚酒是对饮酒者而言的。若敬酒人唱酒歌时将歌词唱错，或是忘记歌词等，也要罚酒一杯。有时，敬酒者唱的酒歌极其出色，饮酒人可以接过酒杯，反过来向敬酒者献酒，这杯酒则称为“勒羌”(legs-chang)，意为好酒，表示对敬酒者歌唱的赞赏，在座者会一致要求唱歌者饮下这杯好酒。饮酒接近尾声时，若将酒器中的酒倒在酒杯中，正好满了，则为大吉大利的征兆。酒器中往往还能空出几滴酒,则将其倒入手中,抹到自己的头顶上,认为会给自己带来福分与吉祥。饮酒给欢聚的人们带来无穷的乐趣。人们会想方设法制造各种机会使对方陷入圈套,让他多喝酒,或是多唱酒歌。

藏族酒歌曲调悠扬，优美动听，内容多为祝福、赞美之词。敬酒人有时边唱边舞，声情并茂，也有即兴演唱的，诙谐幽默。

要么就请喝酒，
要么就请唱歌。
饮酒唱歌之间，
任你挑选一个，
请听吧，文成公主，
请喝吧，伦波噶瓦。①

要么饮酒，要么唱歌，二者必居其一。酒歌还请出了最受藏族人敬爱的文成公主和名臣噶尔·东赞域松来劝酒，不善饮酒者也定会举杯豪饮。

我们在此相聚，
祈愿永不分离。
祝福聚会的人们，
永远无灾无疾。

这是一首流传很广的酒歌，在西藏各地都能听到。歌词简朴却饱含深情，表现了人们对欢聚的祈盼与珍视，并表达了人们对无病无灾美好生活的向往与深深祝福。

藏族的饮食禁忌集中反映在忌食某些类别的食物和对锅灶火塘的禁忌上。

---

① 伦波噶瓦，即噶尔·东赞域松，吐蕃著名大相。他作为松赞干布的请婚使臣到长安迎娶了文成公主。

在食肉方面，藏族禁忌较多。一般人只吃牛羊肉，而绝不吃马、驴、骡、狗肉，有的人连鸡肉、猪肉和鸡蛋也不食用。鱼、虾、蛇、鳝以及海鲜类食品，除部分城镇居民（大多为青年）少量食用外，广大农区和牧区的群众从不购食。兔子肉部分地方可食，但孕妇不得食用，人们认为孕妇吃兔子肉生下的孩子会是豁嘴。即使是吃牛羊肉，也不能吃当天宰杀的鲜肉，必须要过一天才食。当天宰杀的肉称为“宁夏”（意为“当日肉”nyin-sha），人们认为牲畜虽已宰杀，但其灵魂尚存，必须过一天后灵魂才会离开躯体。藏族从不捕食鸟类、山鸡，尤其如“拉恰贡姆”（lha-bya-gong-mo）这样的雪山鸡，藏族人视之为神鸟，忌讳捕猎。

在肉食禁忌中，忌食鱼肉的情况较为复杂，忌食与否与地域密切相关。在藏东地区，人们几乎不食鱼，也不能触摸蛇、蛙等动物，认为鱼、蛙这些水生动物是龙神的宠物，若伤害或触摸会染上疾病。人们一般认为藏族不食鱼是受佛教不杀生观念的影响所致，而藏东地区不食鱼却有着悠久的历史和古老的传统。昌都卡若遗址靠近澜沧江，至今鱼类丰富，却未在遗址中发现钓钩、鱼标、网坠等渔猎工具，也未发现鱼骨。这一现象是耐人寻味的。因此，考古专家们推测，卡若居民们（即藏东藏族的远古先民们）当时就有以鱼作为“禁忌食物”（Taboo Food）的习惯，[①] 不食鱼的观念和习俗在佛教传入后进一步得到强化，以至藏东居民至今普遍不食鱼。

然而，雅鲁藏布江流域同藏东三江流域的情况却大为不同。雅鲁藏布江最大支流拉萨河流域的曲贡新石器时代遗址发现了先民们从事渔猎生产的网坠，还有鱼骨。雅鲁藏布江的又一支流尼洋河流域与雅鲁藏布江交汇处的居木遗址、云星遗址、红光和加拉马等遗址和采集点均发现了捕鱼的网坠，如居木遗址采集到网坠三件。网坠“皆用扁平砾石加工而成。分两式，一式将扁平

① 西藏自治区文物管理委员会、四川大学历史系：《昌都卡若》第154页，文物出版社，1985年。

砾石两侧打成两缺口；另一式将扁平砾石四周打成四个缺口。”①这一现象说明，西藏腹心地区雅鲁藏布江流域广阔范围内的藏族先民曾从事渔猎生产活动，普遍存在食鱼习俗。

藏族食鱼、蛙的习俗是因地而异、因时而异的。诸多藏文史籍记载了吐蕃王统史上的一段有趣的史实。据史载，第29代赞普仲宁德如娶塔布之地②女子秦萨鲁杰为王妃，生一盲子名麦龙衮巴扎。王妃初来时容貌姣好，后来日渐憔悴苍老。赞普问其故，王妃说她吃不到家乡的一种美妙食物故而变丑变老。赞普让其速去备办此食物。王妃乃命心腹婢女回故乡，油炸了许多青蛙带回王宫，藏于内库，秘密取而食之，不久又容光焕发，美貌如前。赞普心想这种食物竟有如此之殊胜功效，也想取食，趁王妃不在时入府库查看，发现这些食物原来是酥油炸青蛙，足足装了几袋。赞普犯了忌讳，患了麻风病。最后赞普和王妃夫妻二人活着进入坟墓，葬于象达地方。有诗云：“仲宁王陵在象达，名为圆形活葬墓。”王和妃入墓前，叮嘱王子要供奉好“宁布桑瓦”的神异宝贝，请名医开启盲眼以掌国政。王子遵其嘱，延请名医治愈眼疾，睁眼时正看见对面虎山上獂羊在奔走，遂取名“达日宁斯”（意为“虎山见獂羊”）。达日宁斯（又译作“达日年塞”、“达日宁塞”等）便是大名鼎鼎的第三十代赞普，即松赞干布的祖父。

从这一记载看，当时藏地不同地方的风俗差异是很大的，塔布一带居民仍以鱼蛙为食，山南琼结、泽当一带则对鱼有了忌讳（至少在吐蕃王室中是如此）。不过，直到近代和现代，西藏雅鲁藏布江流域的日喀则、拉萨、山南等地一直有以打鱼为生的渔夫和渔村存在，当地居民在一定的季节也食鱼。今天，卫藏地区的城镇居民部分人吃鱼，而广大农区和牧区，尤其是藏东地区人们几乎不吃鱼、虾类食品。

在饮食禁忌中，藏族人对吃大蒜有较多的禁忌。大蒜作为调

---

① 侯石柱：《西藏考古大纲》第45页，西藏人民出版社，1991年。

② 塔布（dwags-po）系一古地名，今山南桑日以东加查和林芝朗县一带。

味品平时人们亦食用，但如果要去转经拜佛朝拜神圣之地则绝对不可食蒜，忌讳食蒜后的臭气玷污和熏脏了圣洁之地。有人说吃蒜的当天不能去佛堂庙宇，有人说需三天后才能去，还有的认为“吃大蒜之后，七天内不宜参拜庙宇、寺院和其他圣洁的地方。因为清除大蒜的恶臭是需要时间的。”① 一些信仰虔诚的群众几乎不食蒜。

藏族对火灶有神圣的敬畏之情，认为火塘中有灶神，需小心伺候，绝不能亵渎得罪灶神，否则会带来灾难。严禁跨越火灶，忌讳往火灶里吐痰、在灶中烧骨头、皮毛等物。火塘要保持干净，不能将不洁的东西放在火灶旁，坐在灶边时，不得把脚搁到灶上，清扫垃圾不能将垃圾投入火灶内烧，也忌讳直接在火上烤肉。行人外出时，需祈祷灶神以求护佑。在野外用三块灶石搭建的火灶，离开时也需清理干净，每块灶石上置放少许茶叶或食物，以示对灶神的祭奉。忌讳在灶石旁大小便、放屁，否则会激怒灶神导致违禁者生殖器上长疮甚至绝后。

第二节　门巴族饮食文化

门巴族生活于喜马拉雅山东南坡，此地气候温和、雨量充沛，盛产稻米、玉米、鸡爪谷等粮食，一年四季瓜果飘香。在门巴族的经济生产活动中，农业是主要的经济活动类型，采集和狩猎在部分地区仍是重要的生产活动形式。特殊的自然环境和气候条件，丰富的物产和独特的生产生活方式，使门巴族的饮食文化颇具特色。②

---

① 群沛、诺尔布著，向红笳译：《西藏的民俗文化》，见《国外藏学研究译文集》（九）第 273 页。

② 该书中门巴族部分所用材料，除笔者实地调查外，还部分参考引用了西藏社会历史调查资料丛刊编辑组：《门巴族社会历史调查》（1 ~ 2 集），西藏人民出版社，1988 年。

一、饭食的类别与制作

在日常生活中，门巴族的饭食主要有以下几种。

1. 荞麦饼

荞麦饼，门巴话叫“库儿古”，是门隅门巴族十分喜爱的食品，尤其是在门隅北部的勒布、邦兴一带，是当地门巴族的主食。

荞麦饼的制作颇具特点，其制作过程是：先将荞面调成糊状，然后用一块圆形的薄石板（门巴话叫“郭朗”）安放在三角灶石或三角铁架上，火要适中。待石板烧烫后，抹上野蜂蜜代油，将面糊均匀铺在圆石板上，烙好一面后，翻烙另一面，烙熟后，盛于一特制的竹筐内。面饼清香扑鼻，酥软可口，食时伴以辣椒、奶渣佐餐，味道鲜美，且营养丰富，很受人们喜爱。墨脱门巴族也喜食荞麦饼，他们称荞麦饼为“卡拉库巴”，是用叫“库巴龙”的石板烙制的，烙饼的方法同门隅门巴族的方法大致相同。

2. 玉米饭和鸡爪谷糊

由于墨脱地区是高山峡谷地带，平坦开阔地较少，耕地大都

门巴地区的鸡爪谷

是适宜种植玉米的刀耕火种地，因此玉米便成为墨脱门巴族的主食。玉米的食用方法主要有两种，一是做玉米渣饭，二是做玉米黏坨。玉米渣饭叫“卡让”，是用玉米加工后较粗的玉米渣粒做成的。玉米渣粒也可掺和大米、高粱做成混合饭。玉米黏坨叫“阿香波比”，是用磨制的玉米细面做成的。门巴族还用鲜嫩的玉米做成玉米粑吃：待玉米刚成熟时，掰下脱粒后砸碎，用“布儿波那嘎”叶包裹后埋在火塘的炭灰中烤熟，食时佐以辣椒或少许蔬菜。

鸡爪谷，谷穗形似鸡爪，故俗称鸡爪谷，产于墨脱和珞瑜地区。鸡爪谷的食用方法：一般是炒熟后磨成面，干食，或做成黏坨食用。鸡爪谷黏坨叫“贡波比”。鸡爪谷还是酿酒的优质原料，墨脱门巴族酿造的“邦羌”酒，主要是以鸡爪谷为原料酿制成的。

3. 大米饭、小麦饼和糌粑糊

在门隅北部地区和墨脱背崩乡、德兴乡等门巴村寨，可见到一片片稻花飘香的梯田和种植小麦、青稞的坡地，稻米和小麦、青稞的种植很普遍，而在门隅南部地区则盛产稻米。

大米主要是做米饭或掺和其他粮食（如玉米、鸡爪谷等）做混合饭；小麦主要是磨成粉后烙饼；青稞的吃法则异于藏区。藏区一般是将青稞炒熟后磨成粉揉成糌粑团食用，即所谓“抓糌粑”；门巴族则将炒熟的青稞面调成很稠的糊糊吃。

除上述几种用粮食做的饭食外，若遇荒年，墨脱门巴族通过采集山薯和野菜，砍伐加工“糌粑树”、“达谢”来制作饭食充饥。荒年的饭食种类有：

“达谢波比”。达谢是一种棕榈类野生植物，淀粉含量高。门巴族将达谢砍伐后去皮，用刀削成薄片，晒干后在木臼中捣碎，然后用篾筛过滤，取细面。制作时，将水烧沸，放入达谢粉，用木棍不断搅和，熟后成黏坨，取出便可食用。这是荒年的主要饭食。

“阿剂波比”。阿剂是类似于达谢的一种棕榈类植物，门巴族称“阿剂辛”，其加工方法如同达谢，亦做成黏坨吃。

“巴库巴”。是用一种称作“巴”的植物加工后做的饼。巴的加工较复杂，先将巴割后堆放一处，就地砍伐一棵树，将树干的一段弄平，凿一个圆窝，放入巴后用木棒捣碎，将捣碎后的巴平铺在垫有芭蕉叶的地上，在野外放置 15～20 天。在运回家的前一天，还需作进一步的加工，将巴放入一个藤编的长方形器皿内，下铺一块木板，上压一块大木板，木板上置放重石，将巴的水压干。第二天，将压干了水分的巴背回家。制作前，要将巴放在木盆中用力揉搓，揉时加入一点盐，这样便可烙饼吃了。

“旁当”和“觉当”。这是两种野生的块根植物，旁当类似于野山芋，挖出块茎后去掉茎上的毛，可煮食。觉当是野地瓜的一类，剥去皮后可烤食和煮食。

二、饮料的类别与制作

门巴族日常生活中饮料有以下几类。

1. “邦羌”、米酒、青稞酒

门巴族善酿酒。门隅和墨脱盛产玉米、鸡爪谷和稻米，也产小麦、青稞等作物，这些都是酿酒的好原料。用稻米酿的酒叫米酒，清亮醇香。用玉米酿的酒叫黄酒，色泽金黄而酒味浓郁。用青稞酿的酒叫青稞酒，酒色黄澈，酒味酸甜。墨脱门巴族最喜欢的一种酒叫“邦羌”，又称“育”。根据酿酒原料的不同，分作“达谢育”，即用达谢粉做原料酿制；“贡波育”，用鸡爪谷酿制；“阿香育”，用玉米酿制。“邦羌”酒的酿制过程是：

将磨碎的玉米或鸡爪谷煮熟，待温热时，加入酒曲发酵，将发酵后的酒米盛放在特制的竹编酒漏和竹筒酒漏中，吊挂在火塘的一侧。酒漏下放一大铜锅，酿好的酒液一滴滴地滴进铜锅里。然后将酒盛入竹筒或大葫芦内保存。饮酒时，将酒倒入瓢中，再倒进碗里饮用。这种酒度数低，酒味酸甜可口，人人都爱喝，系清热解乏的饮料，也是请客送礼的必备之物。

门隅门巴族善酿制米酒和青稞酒，酿制过程同“邦羌”酒相似。盛酒具多为木桶。在勒布，婚礼大典和喜庆场合要酿制一种特有的酒，门巴话称为“康波酒”。有专门的做酒人，称作“羌麦吉波”。这种酒的制作，由羌麦吉波在装满已发酵好的青稞酒米的大酒桶中插入一个竹编漏斗，与酒酿隔开，倒进清水，再用一木勺在漏斗内不断上下搅和，将过滤渣汁调和均匀，将调和均匀的酒舀入盛酒器具。这种酒甘洌醇香，十分可口。

门巴族善饮酒。大至婚丧嫁娶、宗教礼仪，小到日常杂活、谈天说地，均离不开酒。清晨，一家人斟酒劝酌，边饮边谈家事，或是商议一天的活计；入夜，一家人又要围坐在火塘边，或是请来邻里亲朋，欢聚同饮。这时，主妇要唱劝酒歌，全体应和。酒酣歌浓，不由得翩翩起舞，歌迷舞乱，酒溢飘香。在寂静的山谷里，门巴竹楼、木屋透出点点灯火，传出阵阵歌声。这是一种美，是门巴族人民追求的宁静和安适的美。

2. 清茶、酥油茶和清油茶

如果说酒与歌是门巴族形影不离的伴侣，那么，茶也是门巴族生活中不可或缺的饮料。由于气候和物产等原因，各地门巴族在饮茶习俗方面不尽相同。

在门隅北部，畜牧业较发达，牛羊饲养多，人们大都喝酥油茶。酥油茶的打制与藏区相似：将提炼的新鲜酥油放入茶筒中，倒入熬煮得滚烫的茶水，用一端装有圆盘的搅棍上下提打搅拌，使茶水与酥油交融一体，加入适量的盐便成为香喷喷的酥油茶了。打酥油茶需要砖茶，也有自产的门隅砖茶。门隅砖茶有大小两种，用树皮或竹叶包裹，品种有“江噶尔粗茶”和“门隅粗茶”，曾运到拉萨等地销售。现在勒布区有专门的茶场，生产红茶和绿茶两种，远销外地。门隅茶，品种纯正，滋味淳厚，不论是泡清茶还是打酥油茶，都香气飘溢，是人们喜爱的饮料。

在墨脱地区，由于畜牧业不发达，酥油产量少，加之气温较高，酥油不易保存。而东迁去的门巴人，虽远离故地，但他们仍怀念往昔祖辈们的生活方式，加之受邻近藏族的影响，非常渴望喝酥油茶。当没有酥油时，他们便以清茶、清油茶，甚至猪油茶

酿制邦羌酒

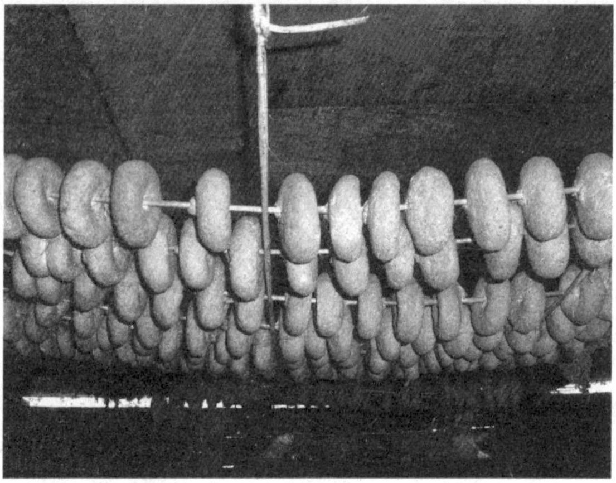

酿酒用的酒曲

代替酥油茶。清油茶的打制方法是先将清油在锅中烧熟，然后同茶叶水一道打制。用优质清油打制的茶香味浓厚，十分可口。猪油茶则色泽浑白，味道清淡，口感油腻。

墨脱门巴族除喝自制的酒或茶外，每到夏秋季节，山林中许多野生果类的果汁，成为人们的天然饮料。常见的种类有：

“科芒”。一种野果，圆形，成熟后呈黄色，汁水丰富。用小刀挖切出一个小洞就能吮吸到果汁，是人们最喜欢的天然饮料。

“巴炯玛”。一种野果，红色，去皮后汁和果肉都能吃。

“阿贡玛”。一种呈三角形的小果，绿颜色，可挤汁喝。

“多吉阿贡玛”。比“阿贡玛”稍小，挤汁喝，每年六七月成熟，数量多。

除以上几种含果汁丰富的野果外，还有“炯玛”、“斯贡”、“吐鲁斯贡”等，都是富含汁水的果类，成为人们季节性的重要饮料来源。

三、菜肴、作料与零食

在门巴族饮食结构中，常见的蔬菜品种有白菜、萝卜、圆根、土豆、黄瓜等。门隅和墨脱森林茂密，盛产蘑菇和木耳。蘑菇种类繁多，味道十分鲜美，墨脱的黑木耳更是远近闻名。这些天然食物，是门巴族饮食的一个重要补充。

在肉食方面，门隅门巴族禁忌较多（详见后文），墨脱门巴族则禁忌少，除宗教活动规定的素食日子和生孩子的某些特殊规定外，平时既吃鸡、猪、牛等家畜家禽，也吃野牛、野猪、狗熊、羚羊、獐子、鹿、野鸡等飞禽走兽，在肉食上无禁忌。值得指出的是，由于地理环境的原因，墨脱的肉食来源主要靠猎获动物，这同门隅门巴族很少打猎和不食兽肉形成鲜明的对比。

在菜肴的烹调制作上，烹制方式较简单，一般为烧烤和水煮，也用清油烹炒和油炸，烹制时加盐和一些调料，待熟后用手抓食或以竹棍当筷食之。

墨脱门巴族的食用油较丰富，既有种植的芝麻等油料作物可供榨油，又有许多野生的油料植物提供了丰富的油料来源。下面是他们常用食油的名称和加工方法。

“朗斯油”。即菜子油，是用一个叫“斯轴章”的榨油器加工的。其加工方法是：将油菜子在木臼中捣碎后放在锅内炒热，装入“孜玛”（细藤编的容器）内，压上木板和石头，放置在一个称为“玛岗”的像磨槽一样的器物上，下用葫芦或铜锅接榨出的油。

“永林油”。这是用采自永林辛树的树籽榨出的油。每年的七八月采集树籽用“斯轴章”榨油器加工。永林辛树籽含油量丰富，出油率高，是门巴族食用油的重要来源。

“唉比多”油。这是用唉比多树的树果榨出的油。这种树果大小和形状类似板栗，去壳去皮后砸碎炒热，然后用榨油器加工。

“当姆布”油。系用当姆布的果实加工的，加工方法同上。出油率不如上述几种高，但油的品质佳，香味扑鼻。

门巴族常用的作料有辣椒、花椒、生姜、葱和蒜。它们既是调味品，又是人们嗜爱的佐餐佳品。在墨脱可以见到成片的辣椒地和花椒林，人们几乎顿顿饭离不开辣椒和花椒。门隅和墨脱还生产姜、葱和蒜，它们也是人们喜爱的调味品。

门巴人日常生活中的零食可分作两类：一类是时令水果，另一类是炒货和奶制品。

门隅和墨脱水果甚丰，时令鲜果很多。常见的水果有香蕉、柠檬、蜜桃、芭蕉、柑橘、甜瓜以及核桃、甘蔗等。墨脱的香蕉品种丰富，一年四季不断，野芭蕉满山遍野，还有许多山果和甘甜可供食用的藤茎类植物。这些时令鲜果，既是招待客人的佳品，又是闲暇时的零食。

门巴人平时的零食还有多种烧炒食品，像炒蚕豆和豌豆、炒青稞花和玉米粒等。

人们日常的其他零食还有干奶制品，主要是一种称为“曲贡”的干奶渣。奶渣呈块状，平时穿成串晒干或风干。食时慢慢吸吮和咀嚼，奶香浓郁，味道鲜美。

四、炊具、餐具与饮具

1. 炊具

石锅。门巴话叫“笼多”，是门巴族特有的煮饭做菜的主要炊具，现在仍发挥着重要作用。

相传，很早的时候，门巴人做饭没有锅，粮食是装在竹筒里烧熟后吃。后来，人们发现了一种质地很软的石块，于是在石块

石　锅

上掘出了大圆窝，用它来煮食物吃。石锅就这样被发明出来了。最初的石锅式样与石臼相似，也是在石料上挖出大凹窝，凹窝较浅，周壁较薄，制作十分粗糙。而后期制作的石锅则相当考究，既是炊具，又是可供人观赏的工艺品。

墨脱和门隅均产石锅，形制上有所差别。门隅石锅主要产自达旺一带。石锅呈敞口，平沿唇，腹成筒状，壁薄均匀，平底，腹壁两侧有对称的横耳。石锅有大中小三种形制，均为圆形平底。墨脱门巴族造的石锅，亦有大中小三种，但各具特点。大石锅直径约 30 厘米，高约 20 厘米，直壁平底，器体轻薄，光滑匀称。中型的直径约 20 厘米，多圆底圆壁，在靠近口沿处有对称的两个柱状石纽。小石锅最为精致，平底平口直壁，直径不到 10 厘米，有对称的两个耳状把手，造型小巧玲珑，惹人喜爱。

石锅的用途过去是既煮饭又煮菜，现在则主要是煮菜和炖肉。由于石锅传热慢，炖出的肉汁十分鲜美，可保持食物的原味，这是金属锅所不能媲美的。因此，尽管铜锅、铝锅、铁锅已大量传入，但人们仍普遍使用石锅，尤其是逢节日和招待亲朋时少不了使用它，现在一般人家都珍藏有几口石锅。

陶锅。门巴话叫“杂玛”，产于达旺一带和珞瑜北部地区，可用于煮饭和做菜。

铜锅。系外地输入，分大小两种。小铜锅称作“多”或“达乌”（墨脱），造型有平底和尖底两类。尖底呈漏斗状，腹鼓为菱角形，用于煮饭做菜。大铜锅叫“铁博”或“桑”，形制为敞口、斜肩、鼓腹、平底，直径约60厘米，高约30厘米，专用于盛水。

铝锅和铁锅。均系外地输入。西藏和平解放后，这两种锅大量输入，开始为人们所普遍使用。

其他器具：

“勒唐”。放在火塘中支锅的铁三脚架。接触锅底的部分呈圆形，称为“康录”，有直径不同的双圈，以放置大小不同的锅；三角支架叫“勒麦”，向外斜弯，作支撑点。现在大多数人家仍是竖三块灶石作支锅架。墨脱门巴族称支锅灶石为“笼塔”。

“郭朗”。烙饼的圆石板，用于烙烤各种饼状食物。系用薄石片加工成圆形，直径一般在65厘米左右。墨脱门巴族称烙石板为“库巴龙”。

“觉吉”。圆形木盆，用于烙荞麦饼或面饼时调和面糊。

“恰窝”。菜刀，由门巴工匠打制，长方形，刀身长约35厘米，宽约5厘米，刀柄嵌一木把。

“加”。用于搅拌面坨食物的木板条，长约30厘米，宽5厘米，有一把手。墨脱门巴族称搅拌食物用的木铲为“斯布萨”。

“色姑”。木勺，用于炒菜和舀饭、舀菜等。分大小两种。做法是：用一根细木，先砍凿出一个半球形的勺，再削砍出长把。墨脱门巴族有一种称作“嘎尔波”的竹勺，专用于舀菜。

其他与炊具有关的器物还有很多，兹不赘述。

2. 餐具

门巴族居住地区多竹木，因此，门巴族的餐具主要是用竹木制作的。这些竹木制品既是实用的餐具，同时又是具有较高欣赏价值的手工艺品。

竹制餐具。门巴族擅长竹编，其竹编产品同木器制品一样，颇受外界欢迎，尤以墨脱门巴族的“邦穷”享有盛名。“邦穷”是由一底一盖组成的扁圆状竹盒，编制十分复杂而精细，需用数百根分别染有红、黄、蓝、黑等颜色的薄薄细篾编织，组成一组组绚丽的几何图案。“邦穷”编工精巧，图案色泽美观，既是实用的盛放食物或小物件的盒子，又是精美的艺术品。除“邦穷”外，门巴人还编制玲珑精巧的竹碗、竹瓢和竹勺，还有称为“贡”的长方形竹盒，用作盛饭的餐具。

木制餐具。在木制餐具中，名声最大、影响最广、使用最多的是人所共知的门巴木碗。

门巴木碗的制作工序复杂，技术要求高，难度大。一个普通木碗的制作要经过如下几道工序：

首先是选料。制作木碗选料十分考究，要选用木质坚硬的树种。主要有“结鲁”、“梭木辛”、“冲巴”、“咩隆”、“格辛”等，即岩柏、青冈、米柳、杜鹃树、桦树等树的树根和树瘤，尤以岩柏和白青冈树以及桦树的树根树瘤为佳，其木质细密，花纹别致，据说用它们制作的器皿遇上毒物即变色、爆裂，有防毒餐具之美誉。其次是制作毛坯。将树根砍成球形晒至半干，然后高温煮，晾干，用刀砍削成器形毛坯备用。第三是器具定型。利用脚踏板转动“木钻杆”，车刀挖切器具内腔，削刨外壁。这一道工序至为重要，技术要求高，关系着木碗的造型、质量和大小。第四是上色和打磨。器具定型后，开始上色，颜料是门隅及邻国不丹等地产的一种红色染料。上色后，用微火烤干，打磨光亮，其色泽鲜艳，经久不褪。最后一道工序是涂油。涂的油取自一种称为“普吉”的草的草籽，木碗经这种油涂抹后，油光锃亮，光洁照人。经过这几道工序，一个普通木碗便制作完成了。一些上等质料的木碗，还要作进一步的加工，如镶嵌银边，雕镂纹饰等，其做工更为考究精细。

门巴族木碗，不仅是日用器皿，而且是具有很高审美价值的民间艺术品。木碗以橘红色为主调，明亮、华丽，造型丰富。小型木碗，口径仅5~6厘米，高4厘米，深2.5厘米，底座收分，口沿外卷，小巧玲珑。中型木碗，口径10~12厘米，高6~7厘米，深3~4厘米，碗底圆平，碗壁外展，沉稳典雅，这是最常见的一种。还有一种大型木碗，呈罐形，有盖，底座厚约1.5厘米，直径约13厘米，罐腹圆凸，直径约20厘米，口径约15厘米，有圈槽，口沿外卷，盖如钹形，体虽大但轻巧。门巴木碗均为圆曲线组合结构，线条流畅，富有动态美。

门巴木碗因质料和做工的精细不同，可分作上中下三等。最上等为“杂雅”木碗，不仅木质优良，而且制作精细。一个“杂雅”碗，不镶银边就值100多两藏银，且不易求购，十分稀少贵重。中等的叫“锅拉”碗，一个木碗值藏银40~80两。下等木碗称“索果尔”，系普通木碗，一个也值数两藏银。虽同为木碗，但价格悬殊，可供不同阶层的人选购，各种木碗都常常供不应求。

由于木碗在藏区需求量大，极大地促进了门巴族木碗手工业的发展，使木碗业开始从农业中分离出来，出现了以制作木碗为主的家庭作坊，并出现了许多制作木碗的著名工匠，如门巴族噶尔拜白玛老人，便是达旺桑吉林村制作木碗世家的著名手工业者。他在总结祖辈们制作经验的基础上，不断摸索和实践，积累了木碗从选料到制作过程的丰富经验，技艺精湛。他制作的木碗，选料考究，做工精细，选型美观，色彩艳丽，是一件件艺术精品。

这里重点介绍几种用作餐具的木碗。

“郭波尔”。系有盖的木碗，专用于盛菜、盛饭、放辣椒等。盖状似半球形，居中留有一短圆形平顶。子母口，腹较深，弧壁，矮圆柱形足，平底。有大中小之分。

“古尔固”。系小口木碗，专用于喝酒和喝酥油茶。分缩口鼓腹和直口弧壁两种形状，为矮圆柱形足，平底。

“糌颇”。系大型有盖木盒，用于存放糌粑。盖平圆，居中稍留一短圆柱形平顶。子母口，腹深且呈筒状，平底。

3. **饮具**

门巴族的饮具也是以竹木器皿为主，当地产的葫芦也是很有特色的饮具。

墨脱和门隅产葫芦。大葫芦成了存放酒的绝好容器。小葫芦，人们将其剖为两半作瓢，即可舀水舀酒，又可直接作为饮具，甚至在接待客人时，也常常捧上一瓢酒。

门隅、墨脱多竹木，竹筒成了天然的水筒和储酒器具。每当亲朋相聚或婚丧嫁娶时，人们背着数筒或数十筒酒前往。家中酒筒的多少还常常作为是否富裕的重要标志。

木碗既是餐具，又是饮具。上面介绍的“古尔固”小口木碗便是专门用来喝茶喝酒的。现在已从汉地和藏区传入瓷碗，但人们仍以木碗为主，尽管一个普通木碗的价格比普通瓷碗高几倍甚至几十倍。

五、饮食礼仪与禁忌

一般来说，墨脱门巴族对食肉无什么禁忌，无论家禽家畜，还是飞禽走兽均可食用。而门隅门巴族由于宗教信仰的关系，在西藏民主改革以前，对肉食禁忌较多。上门隅（勒布、邦金等地）门巴族，养牛只用于耕作或挤奶，但不杀牛，不食耕牛或奶牛。对家养的牛，任其老死，并如同对待亲人一样埋葬，设墓冢，只有被狼咬死的家牛可食。他们吃牦牛和犏牛肉，但自己不宰杀，肉主要从藏区购买或交换。他们不养猪，禁食猪肉。他们养鸡，但不杀鸡，不吃鸡肉。老年人不吃鸡蛋。自家饲养的其他禽畜也不宰杀，只用作交换。如禽畜自然死亡，就请藏族进行屠宰，自己不食，把肉切成肉条晒干，运到不丹等地区交换。女性自六七岁儿童直至长大成婚以前，任何肉都禁食。与墨脱门巴男子个个都是好猎手不同，门隅门巴人较少打猎。许多人不吃兽肉，如勒布一带的门巴族，除野牛肉和野鸡肉外，其他野兽如熊、鹿、兔等都不吃。以上食肉禁忌习俗的形成，根本原因是受宗教不杀生灵观念影响和支配的结果。

门巴人喜爱喝酒，亲朋好友相聚更是少不了酒，因而饮酒习俗丰富，禁忌也多。如贵客临门，热情的主人自然要取出甘甜的美酒待客。主妇用大铜瓢舀酒站在客人面前，但在给客人敬酒之前，主人要倒出少许酒在手心喝下，以示酒无毒，自己未尝酒之前一般不敬给客人。客人喝一口，主人要立即斟满，不使碗中酒减少，表示主人热情好客。给客人敬酒时，必须用右手敬酒，切忌用左手，只有给死者上供斟酒才用左手。

第三节　珞巴族饮食文化

生活在喜马拉雅崇山峻岭和莽莽丛林中的珞巴族，直至 20 世纪 50 年代，许多部落仍以刀耕火种农业为主，辅之以采集和

墨脱门巴族火灶

狩猎的经济生活。有的部落尚不知稼穑，采集和狩猎是其主要的生产活动。有个别部落则已有较发达的农业和饲养业。从总体上看，刀耕火种的传统农业、采集和狩猎是珞巴族的主要生产活动，这就决定了珞巴族饮食文化的主要内容和特质。[①]

一、饭食的类别与制作

珞巴族的饭食主要有以下几种。

1. 玉米和鸡爪谷

玉米和鸡爪谷是珞巴族大多数部落的主食。玉米可做成干食、粥糊或烙饼。其制作方法是先将玉米用手磨磨成碎渣或粉面，碎渣往往与鸡爪谷掺和，用陶锅、竹筒做成干饭，粉面则做粥糊和烙饼。玉米糊实际上是做成黏坨。做法是先把水烧开，然后将玉米粉撒入沸水中，边撒边搅，搅均匀后成黏坨，取出即可食用。烙饼是将粉加水调成稀糊，摊在灼热的石片上烙熟。鸡爪谷的食法主要是做成黏坨。其做法是先用木杵臼舂去皮壳，在铜锅里炒熟后用手磨磨成粉面，再在石锅里熬，熬时将面撒入沸水中，边撒边搅，撒完即搅成了黏坨，佐以辣椒，即成为人们的日常饭食。

2. 稻米和荞麦

靠近平原和居住在河谷地带的珞巴族部落种植水稻，一些山地部落种植旱稻和荞麦等。稻米的一种做法是用陶锅或石锅煮食；另一种做法是用竹筒煮，即截取一节竹筒，灌进大米，加入适量的水，放在火边烧烤，待竹筒外层烧烤焦煳时，饭亦熟透，割开竹筒即能食用，荞麦一般是磨面做烙饼，其制作同玉米饼。

3. 达谢、达荠和块根

“达谢”、“达荠”是一种棕榈类野生植物，淀粉含量高，故又名木糌粑、棕心粉，是珞巴族许多部落的重要食物来源，特别

① 该书中珞巴族部分所用材料，除笔者实地调查外，还部分参考引用了西藏社会历史调查资料丛刊编辑组：《珞巴族社会历史调查》（1～2集），西藏人民出版社，1989年。

是崩如、崩尼、布瑞等部落食物的主要来源。比如布瑞部落人一年中80%的粮食靠“达谢”提供，崩如、崩尼部落以“达谢”、“达荠”为饭食亦在半年以上。

“达谢”、“达荠”的提取和制作方法如下：

到达谢林选那些长得高而粗、最好是已结果实（达谢果不能食用）的达谢，砍倒后，砍去根部和梢部各约1米长的树段，然后剥去达谢主干的外皮，将主干砍成数节，每节长1.5米左右，接着用刀子将达谢的内层护皮刮掉。清除掉达谢的皮层后，将达谢树段背运到加工场地，加工的地方必须紧靠水源，因在加工达谢的过程中需要大量的水。加工达谢，一般需三人分工合作，需要几件工具。一是需要称作“发穷”的刮削器。它是用一种叫“木曹”的硬竹的根部制成的竹刀，专门用来加工达谢。二是需要一个称作“瓦”的木槌。三是需要一个细竹篾编的竹滤槽“马”和一个细藤篾编成的滤袋“列”。加工时，一人用“发穷”刮削达谢，使其成为一片片薄片；另一人用木槌砸，将达谢砸碎；第三人将砸碎的达谢放入藤蔑滤袋，不断加入水搅和，使其淀粉下沉进入滤槽中，将残留在滤袋中的粗渣倒掉。进入滤槽中的浆汁经沉淀后，去掉水，便成为人们日常食用的达谢粉了。“达荠”的提取过程与“达谢”大致相同，但“达荠”不能当日提取食用，需将其薄片砸烂后，掺上水存放六七天，待发酵后再投入水中浸泡，过滤沉淀后取出淀粉备用。达谢和达荠的食法有两种：一是做稠糊吃，一是烙饼吃。布瑞人在做稠糊时，是将淀粉放在“格勒”（一种细密竹筐）内，用竹筒“格洛”烧开的水倒入淀粉中，边倒水边搅拌，成黏坨后即可取出食用。烙饼时先在竹筐内将淀粉调成糊状，然后把稀糊摊在火塘的三个石头支架上烙，两面焦黄时食用。崩如人在做法上有所不同：他们将达谢粉调成浆，放入大葫芦，将灼热的鹅卵石投入汁液中，利用石头的热量煮沸后，冷却成团，切成块食用。

除上述几类主要饭食外，珞瑜地区还普遍以多种植物的块根为食物，如甘薯、山芋等。这些根块食物不仅是普通人家粮食的重要补充，对一些穷户来说，还常常作为充饥维生的主要口粮。块根食物的制作，一般将其埋入火灰中烘烤，也有煮食的习惯。

二、饮料的类别与制作

饮料

珞巴族人的饮料单纯，除居住在藏区的米林县和隆子县的博嘎尔、纳、巴依等部落少数人喝少量的酥油茶外，一般不喝茶，只喝酒。酒是他们生活中不可缺少的饮料。酒分黄酒和白酒两大类。

依据做酒的不同原料，黄酒主要有以下几类：

1. 玉米、鸡爪谷酒

玉米和鸡爪谷酒是人们最常见的饮料。其制作过程是：将玉米或鸡爪谷煮熟，过滤后在筐箩中摊开散热，待其温度降至与人的体温相仿时，撒上酒曲搅拌均匀，盛入垫有树叶的筐内，加盖树叶放置火塘旁使其发酵。当酒酿溢放出酒味时，将其转入葫芦或木桶，用草和泥封口，存放时间愈长愈好。要喝酒时，将葫芦或木桶中的酒酿倒入一个漏斗状竹编容器内（先在里面衬垫芭蕉叶以密严不渗），上浇开水，滤出的液体即为黄酒，又称作“水酒”。

做酒离不开酒曲。博嘎尔部落制作酒曲的传统方法为：将鸡爪谷面（70%）、荞麦面（14%）和青稞面（14%）拌匀，用温水搓揉成面团，然后加入“热基”（锅灰1%弱），“迷布”灰（1%弱）和少量的“窝博”（即过去已做成的酒曲），搓揉均匀后，将面揉成鸡蛋大小的团，摆放于铺垫有“亿令”草的竹筐内，上盖“亿令”或“达旺”草，将竹筐挂在火塘的上方待其常温发酵（生长白毛），然后取出阴干，即做成酒曲。制作酒和酒曲的工作都由妇女承担。

2. 稻米、小米醪糟酒

用稻米或小米制作的醪糟酒，一般在节庆时才喝，醪糟酒甘甜醇香，其制作过程同鸡爪谷酒相似，将稻米煮熟凉摊至温度适宜时，拌以酒曲发酵装桶，数日即酿成。男子喜欢喝生酒，妇女一般喝煮过的酒，煮酒时还要加入酥油，营养丰富，不仅是节庆时节的佳酿，还是妇女生育时的滋补品之一。

3. “达谢”、“达荠”酒

“达谢”、“达荠”不仅是许多部落食物的主要来源，还是做酒的重要原料。达谢酒的制作方法是，将树茎去皮，用刀砍成小薄片，用杵臼舂碎，煮两小时左右，滤干晾凉后，撒拌酒曲，其后的制作过程同玉米酒。“达荠”酒的制作方法是，将“达荠”树加工取出淀粉后，风干或晒半干，然后用陶锅炒熟，洒上温水搅均匀，待凉后撒上酒曲，其后制作过程同上述。

4. 竹果酒和蜜蜡酒

珞瑜地区有一种称作“达洛木亚”的竹子，每60年左右开花结果，人们采摘竹花果做酒，其做法同玉米酒，酒味辣甜，但不能多饮。珞瑜还盛产野蜂蜜，珞巴族有采集野蜂蜜的丰富经验。取蜜后，蜜巢可用来制作蜜蜡酒。其制法是，将蜜巢撕碎在陶锅内加水煮，煮2~3个小时，待凉后撒入酒曲，再装入葫芦内，4天左右即可发酵成酒。此酒十分可口，但不宜多喝，可存放一两年时间。

以上是几种黄酒的制作。珞巴族制作白酒的方法，其过程先同于其他酒制作，当酒酿散发出酒香味时，将其倒入锅内加水煮。锅中放一个盆，锅口放一个装有冷水的盆当盖，并用布等物密封好锅口。用旺火烧煮，上升的蒸气遇冷凝聚成汁液掉入锅内的盆中，其液体即是白酒。白酒的度数一般为15°~30°，是待客的上等佳酿。

三、菜肴、作料与饮食嗜好

珞巴族日常生活中的菜肴有荤素之分。肉食的来源除饲养少量的大额牛、猪、鸡以外，主要通过狩猎获取。肉的烹制方式简单，一般为炖煮或烧烤。珞瑜地区气候湿热，又不产盐，在狩猎季节获取大量兽肉时，通过烤制肉干的方式保存肉类。有时集体围猎，通常就在猎获地点将野兽剥皮，切割成肉条，用火烤干，再背回村分给各家。烤肉干是珞巴族喜爱的食品。

在珞巴族肉类菜肴中，山鼠肉最受人喜爱，也是招待客人和送礼的上等佳品。珞瑜地区的山林地带生长着许多硕大的山鼠，有的重约一公斤。每年十月至次年五月，是捕鼠的季节。有时一次就能猎获一背筐山鼠。他们的吃法是，将山鼠毛烧掉，洗净，连同内脏切成数段煮食。猎获的多时，便烤制成鼠肉干，供待客和送礼时用。珞巴族最喜欢吃鼠肉，认为吃鼠肉是不伤人的。鼠肉通常不用作交换。

珞瑜地区江河众多，鱼类资源丰富，因而捕鱼也是珞巴族一种重要的肉食来源。

鱼肉的食用一般是放入竹筒内，或直接放在火上烧烤，或用黏泥包裹埋入火灰中焖熟；也可烤干做成鱼干，用作交换。

珞巴族的蔬菜有各种野菜，如圆根、山芋（一些人家也作为饮食）、蘑菇、木耳、竹笋等。蘑菇种类繁多，鲜美可口；木耳生长期长，一年中大部分时间都能采集到。珞瑜地区多竹林，竹笋是人们喜欢的菜蔬。每到竹笋的采集季节，人们吃住在竹林，大量采集。新鲜竹笋容易腐烂，人们在实践中创造了制酸笋以保存的方法。崩尼、崩如和布瑞人制作酸笋的方法是：

每天上午采集竹笋，背运到竹林边，用火烧烤竹笋。烧竹笋时，底层架放木柴，上面平行放置竹笋，点火烧，待竹笋外煳内熟后取下堆集在一起。砍去不能食用的硬块部分，将已软熟的竹笋剥去外皮，每根笋撕成 4 条，放在大竹筐中。这第一次加工，必须当天砍，当天加工完。接着，挖一个直径约 1 米的浅坑，用两片粗竹绕坑围搭成一个圆形的竹“房”，“房”顶用芭蕉叶苫盖，“房”顶上部留有一供人进出的小门，有木梯相通。竹房搭好后，在坑底铺垫芭蕉叶，将每天采集加工后的竹笋倒入坑内压实，一般只需半个月就能将一竹房堆满。装满后，在竹笋上遮盖芭蕉叶，压上大石块（要压实），使其发酵变酸。经过这样加工的竹笋可以保存较长时间，甚至可保存两年以上。酸笋可煮食、烧食，味道鲜美，是珞巴族众多部落的主要蔬菜。

珞巴族的调味品主要有姜、花椒、辣椒和盐。珞瑜地区不产盐，主要从藏区交换所得。如果交换不到食盐时，珞巴族靠土法提炼卤碱代替。提取土卤的方法有两种：一种叫“揪拾觉拉”，把鸡爪谷烧成灰，在锅里烤几天后，用扎了小孔的“达金”树叶包灰，然后与已发酵的酒酿一起层层码放在葫芦里密封。2~3个月后，灰包变成咸、甜的硬块，捣碎就可食用。另一种叫“麦帝”，将火塘旁年月较久的红色泥块捣碎，浸泡于水，取水煮菜。①

珞巴族最突出的饮食嗜好是嗜酒好辣。珞巴族嗜辣味，辣椒是每餐必备的佐餐佳品。珞瑜地区出产多种优良的辣椒。据说有一种辣椒特别辣，嗜辣椒成瘾的珞巴族人也不敢直接食用，食时得先放在菜里涮几下，一个辣椒可供数十人的菜肴所需。辣椒除自食外，还是供交换的重要商品。

珞巴族普遍嗜酒，男女老幼都善饮，祭祀、喜庆、婚丧等场合少不了酒，即使平常时日，也断不了酒。如休息在家，从早到晚在酒桶边，如劳动、远游、会亲访友，酒则是身边的伴侣。己之所好必祀神。珞巴族奉献给鬼灵神祇的，首先是他们虔诚的心灵，其次是酒。

在珞巴族的饮食嗜好中，辣椒与酒同样备受青睐。酒与辣椒，都有活血、去湿的作用，这是他们在湿热的自然环境中产生的特殊需要。

珞巴族还善食生姜。生姜除有活血、去湿、祛寒的作用，还可解毒。人们出猎、远行都带生姜在身，以防毒蛇和疾病。生姜也因此而成为重要祭品，以献给鬼灵。

吸烟也是珞巴族全民的嗜好。儿童长到五六岁就开始吸烟，不分男女，吸烟成癖，直到老死。巫师跳鬼，鬼灵附体，也不忌吸烟。他们说，吸烟既可驱赶毒蛇，也可防止虫咬。珞瑜盛产烤

---

① 参见《珞巴族社会历史调查》（二）第342页，西藏人民出版社，1989年。

烟，制作方法简便，用一块鹅卵石在一块平展的石板上把烟叶碾碎即可吸用。烟具多是铜制或竹制的烟斗，以火镰取火点燃。由于嗜好吸烟，所以不分男女，腰佩火镰和烟斗已成为必备的装饰。

四、炊具、餐具与饮具

珞巴族的炊具主要有竹筒、陶锅、石锅和铜锅。

竹筒，一般截取带节的竹筒长约30~40厘米，竹节在底部，自然成为筒底，另截取带节的一小段竹筒长约3~4厘米做盖，也有的用芭蕉叶封口。竹筒常用来焖饭、烤鱼，清香可口。竹筒随用随丢，不予保存。竹筒也是酒具和水具，可长期使用。葫芦也普遍用作酒具。

陶锅，博嘎尔部落称为“达干木京奇”。用它烹制的食物可口，所以各户人家必备。

珞巴族还普遍使用石锅。石锅有大中小三种，主要用于煮饭和熬粥坨，具有不粘锅的特点。

除常用的竹筒、陶锅和石锅外，一部分人还使用铜锅。铜锅主要来自同其他民族的交换，珞巴族内部个别部落如邦波、民荣等也能铸造少量的铜锅。铜锅价格较贵，一个家庭拥有铜锅的多少，往往成为这个家庭是否富有的重要标志。

珞巴族日常使用的餐具主要是竹木制作的，有竹盘、竹盒、竹碗和木碗等。

珞巴族的酒具简单，主要是竹瓢和葫芦。

五、饮食礼仪与禁忌

珞巴族一日三餐。在长房屋住的大家庭中，以火塘为标准，一个火塘是一个伙食单位，实际上多数是以小家庭为单位，因为一个火塘代表一个小家庭。吃饭时，饭菜由主妇按全家人头平均分配，一般围坐于火塘四周用餐。饭前，由主妇给每人倒水洗手，人们用手抓食，不用筷子。盛饭用竹编圆盒或半边竹筒。在米古巴部落，吃饭前主妇要先向火塘里抛撒少许饭、菜和酒，以祭供灶灵。

在珞巴族一些部落中，有每年庄稼收割开镰前的尝新习俗。希蒙、达额木等部落，在庄稼已成熟但未正式收割前，要在地里取回一些粮食，做熟后先祭奉鬼灵，然后给猪吃，最后才能自己食用。给猪先食的习俗，源于古老的猪图腾崇拜。在这些部落中盛传猪救母子繁衍人类，或谷种是猪奶奶传给人类的传说，故而有让猪先尝新的习俗。在崩尼部落中，还有一个称为“昂结”的活动（“昂”即稻子，“结”意为黄或绿色），这也是尝新习俗。每年开始收割稻时，男子上山狩猎，妇女从稻田四周手捋稻谷或小刀取穗（忌入稻田内）将新收的稻谷加工后，全部煮成干饭，先让狗吃，然后老年人吃，最后才能请村人来吃。近亲来吃新，走时各自还带走一盒米饭。“昂结”活动结束后，主人方可正式开镰收割。让狗首先尝新，是狗图腾崇拜的反映。在崩尼、崩如、博嘎尔和米古巴等部落神话和史诗中，都有关于狗的恩德的表现，反映了狗图腾崇拜的强烈情感。

酒是珞巴族必不可少的饮料。珞巴族热情好客，若家中来了客人，不论是否相识，主人都会立刻请客人入座，献上家中最好的酒，每人一大瓢，轮流喝，喝得越多主人越高兴，认为是瞧得起主人。主人还会倾其所有，拿出平时舍不得吃的山鼠肉和其他食品招待来客。在珞巴族希蒙部落中，若有客人造访，饮酒习俗另有情趣：主人请贵客和亲朋到村公房“德仁”中，人们围坐一圈，中间放一大葫芦（“阿崩”），葫芦旁，主人用一竹瓢从葫芦中舀出鸡爪谷酒，自己先喝一口，看上去是品尝酒味，实则向客人示意酒内无毒。女人将瓢中的酒倒入葫芦中，然后又舀出满满一瓢酒，先从客人敬起，一人一瓢，如此反复轮回。如果有人在某一轮中没有喝完，不能将酒倒在地上，只可倒入自己随身携带的酒葫芦，或将自己的酒敬他人。德根部落待客习俗更有意思：当客人到来后，主人热情将客人迎至专供客人居住的房屋，拿来酒、肉、菜等，由客人自行杀猪、宰鸡、饮酒，主人不陪客，一切听从客人自便。

珞巴族的饮食禁忌较多，主要表现在禁食某种食物上。珞巴族信奉原始宗教，有炽热的图腾崇拜情感，因而对图腾动物是不猎不食的，例如博嘎尔部落以虎为图腾，人们不仅不能猎获和食用，连称呼都不能直称虎，只能尊称为“哥哥”、“叔叔”或“爷爷”。如果在狩猎中无意打死老虎时，要像埋葬长辈一样举行隆重的安葬仪式。崩尼、崩如部落禁吃禁捕猴子，也与图腾崇拜有关。布瑞部落在猎获野兽后，野兽的心脏、胸脯、尾巴前端的肉和老虎肉，只允许本氏族男性吃。如在珞巴族许多部落中，男性禁吃的食物较少，女性禁吃的食物较多。崩尼和崩如部落的妇女禁吃熊、虎、狮、豹等肉，布瑞妇女禁吃鸡肉、鸡蛋、虎肉、狮子肉、豹子肉、蛇肉、野兽血以及其他猎获物的胸腔、头、蹄、心等。月经期间的妇女，禁吃一切猎获的兽肉，而男子则仅禁吃黄豆、芋头等食物。

珞巴族生活在茫茫林海的高山峡谷地区，毒蛇猛兽出入其间，给人们带来巨大威胁，引起人们的恐惧。人们赋予这些毒蛇猛兽以超自然的神秘力量，因而祭祀和禁忌纷繁复杂，在饮食习俗上也有反映。如蛇咬伤人的消息传开后，不分远近亲疏，知道的人都要停止劳动一天，禁止到藤科植物生长的地段，禁吃类似藤科状的菜果和辛辣食物等。崩尼部落对蛇的禁忌尤其突出，只要本氏族成员被蛇咬伤，全氏族在一年内禁止喝酒，禁吃芋头、南瓜、黄瓜及薯类等藤本植物；一年内禁种这些藤本植物和禁止酿酒。护理被蛇咬的人（只限一名男子，其他人禁止接近），一年内不得同家人同一个锅、碗吃喝，除可以吃牛肉、猪肉和白菜外，其他肉类和蔬菜禁吃，禁止他进入别人的家和其他村寨。

在猎人外出狩猎和收割庄稼的时间里，珞巴族在饮食上也有诸多禁忌，如收割稻类作物期间，一些部落有禁止男性吃早饭的习俗。如果因劳动需要非吃早饭不可时，男子需另找一个火塘做饭吃。人们在加工“达谢”、“达荠”粉时，忌讳有人在食物旁放屁，若出现这种犯忌情况，已加工好的淀粉不能再食用，要统统倒掉。猎人外出狩猎，在饮食上的禁忌也很多。

在各级政府的关怀和兄弟民族的帮助下，如今珞巴族的生产和生活条件得到了较大的改善。随着经济的发展和民族文化交流的广泛，珞巴族的生活习俗已发生了很大变化。今天，人们既保持着传统的生活习惯，又受到了藏、汉、门等族文化的深刻影响，如已广泛使用现代的炊具、餐具与饮具，许多人已习惯使用勺子和碗筷。人们日常食用的主、副食和饮料品种十分丰富，饮食结构更加合理，生活水平已明显提高。

第四节　僜人、夏尔巴人饮食文化

一、僜人饮食文化

僜人过去居住于深山老林，从事刀耕火种的原始农业，种植玉米、鸡爪谷、荞子、青稞等作物。由于山林中可耕地少，生产工具落后，耕作方式粗放，粮食产量很低，缺粮十分严重，采集和狩猎便成为重要的生产活动。采集的地茎野生植物、瓜果和野菜可补充粮食的不足，而狩猎则是肉食的主要来源。1950 年后，在政府的关心和兄弟民族的帮助下，僜人走出山林，定居于河谷台地，开始种植水稻，大米逐渐成为僜人的主食。

现在僜人的饭食主要有大米饭，食用时多做成干饭。玉米磨成块状可做玉米饭或同鸡爪谷一同煮食。人们还常将玉米、鸡爪谷、青稞等粮食炒熟后磨成面粉，放入碗中加水调成糊或捏成团食用。

僜人居住地区野生植物繁多，过去缺粮季节人们常采集野生植物充饥。可供采食的野菜有 20 多种，野菜多是和粮食掺和一起煮食或做饼。有的野生植物采回后需处理才能食用，如野山芋味道苦涩，必须放在水中煮一两天，吃时舌头仍发麻。野芭蕉根味苦，处理办法是埋入土中闷八九天，待其若味减少才加工食用。

肉类食品有猪肉、牛肉以及狩猎所获的各种飞禽走兽。僜人男子在肉食方面禁忌少，而僜人妇女的肉食禁忌多。

僜人吃蔬菜，种植白菜、韭菜、瓜类和辣椒等。辣椒是僜人最爱吃的蔬菜，是佐餐佳品。辣椒种植量大，产量高，不仅用于自食，还用于交换。

炊具、餐具和饮具过去十分简单，炊具在历史上曾使用自制的陶锅陶罐和石锅，后使用外部输入的金属锅。僜人的竹、木、藤制器皿很有特色。人们煮饭时喜用竹筒烧饭，其做法为：取一节竹筒，用刀削开一端，用芭蕉叶包好粮食后放入筒内，塞紧筒口后将竹筒吊挂在火上烧熟。筒烧米饭清香可口，是人们十分喜爱的食品。僜人大量使用竹和藤制作的器具，如竹碗、竹瓢、竹勺、竹筒、藤盒等。僜人用竹篾编制的碗做工极为精细，可盛稀饭而不渗漏。

僜人嗜酒，将大量的粮食用于酿酒。酒多用玉米和青稞酿制，酿酒方法与藏族和珞巴族大致相同，先发酵酒粮，然后加清

外出狩猎的僜人

水酿制。在节庆和大型宗教活动时，人们还酿玉米或青稞白酒，作为待客的上佳饮品。

在夏季，僜人还自制一种解渴提神的饮料。这种饮料用当地产的一种植物叶加粮食酵制而成，饮料呈灰白色，味道发酸微涩，清凉解渴。

僜人日常就餐，全家人围坐于火塘旁，由主妇分餐，盛给每人一份饭菜。过去人们进餐时不用筷子，多是以手抓食，现在已习惯于用勺或用筷。

饮食禁忌男性较少，男性只是在妻子生育期间和外出狩猎时饮食上禁忌较多，如妻子生育后的一段时间内，丈夫不能吃辣椒，否则对婴儿的眼睛不利；不能吃扭死的鸡，否则婴儿眼睛会长斜；全家要禁吃肉干，以免孩子将来又干又瘦，等等。僜人社会中，对男子还有一个特殊禁忌，就是女婿不能在岳父和岳父亲戚家吃肉，也不能在其他地方吃岳父家喂养的牛和猪的肉。这一特殊习俗，显然与僜人的氏族组织有关。

传统的僜人社会是一个父权制社会，妇女的地位极为低下，反映在饮食禁忌上也十分突出。妇女从少年时代起，对食肉就有严格的禁忌。除了野鸡肉、鼠肉、麻雀肉和鱼肉外，妇女终生不能吃牛、鸡、虎、豹和猴子肉。妇女只有生孩子后，甚至要在生了几个孩子后才能吃猪肉、野猪肉、野牛肉、熊肉和野山羊肉。直至今日，这些禁忌仍在一定程度上束缚着僜人妇女。①

二、夏尔巴人饮食文化

夏尔巴人生活在喜马拉雅山南坡的高山峡谷地区，境内可种植玉米、青稞、小麦和土豆等粮食作物，并以此作为主食。在同其他民族的贸易交换中，常购买大米食用，大米亦是夏尔巴人的主食之一。

---

① 该书中僜人部分所用材料，除笔者实地调查外，还参考引用了中国社会科学院民族研究所编：《僜人社会历史调查》，云南人民出版社，1990 年。

玉米的食用方法主要是磨成面粉后做成称为“贡塞”（又音译“公则”）的玉米稠糊。“贡塞”的加工方法为：将长柄锅置于火上，加水烧至将开时放入适量玉米面，用木铲搅拌以防结块和粘锅，水开后即熟。“贡塞”的稠度以手能抓食为宜，食用时盛入盘中佐以辣椒、土豆和盐。大米通常做成米饭，青稞磨制成糌粑，小麦则通常磨成面后做饼食用。

土豆产量高，人们喜欢食用。土豆在夏尔巴人饮食结构中既是主食，又充当佐餐菜品。土豆食用方法简单，作主食时只需煮熟去皮佐以辣椒粉，作为菜肴时可切成块或片炒食或同肉一道煮食。

夏尔巴人食牛羊肉，但不自己宰杀。食猪肉，但无养猪习惯。食肉方式多为煮食或炒食，较少吃生肉。

蔬菜主要有土豆、萝卜、白菜等，还食采集的蘑菇和野菜。一种称为“撒杜巴”的野生植物，人们常取其叶和花穗煮制加工后作为佐餐之用。夏尔巴人喜食辣椒，食用的作料有小茴香、大蒜、洋葱和咖喱粉，辣椒自然是作料中最重要的，几乎每日必备，每餐必食。

夏尔巴人的饮料有甜茶、酥油茶和酒类饮品。甜茶系用红茶煮制加奶和糖而成，人们喜欢饮用，酥油茶的做法同藏族相同。酒类饮品中，有用青稞酿制的“羌”，其酿制方法同藏族。由于当地青稞产量不高，因而种植量小，可用于酿酒的原料亦不多，人们平时多饮用玉米酿的“巴鲁”酒和大米酿的“寨羌”。酿制“巴鲁”和“寨羌”的方法系先煮制粮食，待其温热时拌酒曲发酵，再加入清水酿两天左右即可饮用。人们在重大喜庆活动时还酿制浓度较高的“阿让”酒。“阿让”酒的酿制方法同藏族有些不同，藏族酿制“阿让”采用蒸馏法，夏尔巴人用的是煮制法，其过程是：将小麦煮成七八成熟，待温热时加酒曲发酵，再将发酵好的酒粮放入一个底部侧面有孔的铜缸中，加水适量，放入少许称为“差”（Khre）的糜黍粒，升火煮沸后拔去铜缸底部的塞子沥出酒汁，沥干后又加水煮制，可煮三次。沥出的酒汁经沉淀后清澈透明，酒香淳厚，为待客饮用的上等佳酿。“阿让”酒第一沥最浓，第三沥酒味偏淡，一般将三次沥出的酒勾兑调匀后饮用。①

夏尔巴人传统的就餐方式是全家围坐一起抓食，不用碗筷刀叉。人们习惯上用左手干脏活，吃饭时只用右手抓食，不用左手。现在人们已经习惯使用碗筷，用上了塑料、玻璃、不锈钢等制作的饮具、餐具和其他生活用品。

夏尔巴人的饮食禁忌主要表现在不吃鱼、狗、小牛肉，也不吃自己宰杀的牛羊肉（夏尔巴人无屠宰师，宰牛杀羊主要雇用藏族），多是吃病死或摔死的牛肉或吃交换购买的肉干。夏尔巴人生活的喜马拉雅地区野生动物种类繁多，但人们不狩猎，也不食野兽肉。

夏尔巴人待客热情，性情温顺敦厚，极富吃苦耐劳和牺牲精神。夏尔巴人生活于中尼边境和尼泊尔东北部，活跃于边境贸易活动中，在蓬勃兴起的喜马拉雅登山运动中更是随时可见夏尔巴人的身影。他们天生卓越的登山才能、吃苦耐劳的精神和诚实敦厚的品质赢得了世人的尊敬和高度赞扬。昔日默默居住于峡谷深处的民族渐渐为人所了解和认识，日益繁荣的边境贸易和兴盛的登山运动使夏尔巴人走出峡谷了解了世界，也使世界认识了他们。夏尔巴人的传统社会正在发生着深刻的变化，人们生活质量的显著提高是其重大变化之一。

---

① 刘洪记：《夏尔巴人习俗述略》，载《中国藏学》1991 年第 3 期。袁超俊：《夏尔巴人概况》，载《西藏研究》1989 年第 1 期。

第二章　服饰文化

服饰，是一个民族最显著的标识和徽记。服饰文化，是民俗文化中最富直观美感、最绚丽多彩和最具魅力的文化现象。

服饰文化的形成和发展无疑经历了一个长期的历史过程，同民族的生存环境、气候条件、生产方式、经济条件以及民族文化交流都有着十分紧密的关系。西藏各民族的服饰，都有着悠久的历史和丰厚的文化内蕴，具有鲜明的民族与地域特征。

第一节　藏族服饰文化

藏族服饰文化的渊源可追溯到距今四五千年前的新石器时代。昌都卡若遗址出土的人体饰品达50件，种类有笄、璜、环、珠、项饰、镯、贝饰、牌饰和垂饰；质料有石、玉、骨、贝等。① 据史料记载，第九代赞普布带贡甲时，藏族已能纺羊毛线织氆氇以作衣，纺牛毛线以织帐篷。至吐蕃后期，藏族的衣饰唐人多有记述，敦煌壁画也有形象展示。当时藏族（各部落）夏衣毡褐，冬则羔裘，“衣则毛氎皮裘”，服装的宽腰、长袖、大襟、束腰以及以皮裘制衣早已成俗，与今天藏族的款式制作基本

---

① 西藏自治区文物管理委员会、四川大学历史系：《昌都卡若》第145页，文物出版社，1985年。

相同。唐代以来，汉、蒙古、满服饰虽然对藏族服饰产生过较大的影响，如丝绸锦缎等质料已在藏族上层人士中广泛采用，但从总体上看，藏族服饰仍较完整地保留着传统的风格，有着远古文化的遗风。成书于18世纪的《西藏志》一书，记述了其时的藏族服装："西藏衣服冠裳多用毛毼、氆氇"，着"大领无衩褚巴"，"腰束皮带或毛毼带"，"足穿香牛皮靴"或"穿布靴"。① 又以饰品为例。卡若遗址出土的装饰品中有两串项饰，其中一串由40颗长方形石珠和20颗管状骨珠相串组成，这种石珠和管状骨珠相互串联的项饰串缀法，至今仍是西藏许多地区尤其是康区藏族珠宝串联时的基本格式，与四五千年前远古先民的装饰法一脉相承。

藏族服饰既有着悠久的历史，又有着鲜明的地理区域性特征。藏族生活于辽阔的青藏高原，地处不同的地理环境，受不同区域文化的影响，其服饰习俗存在着许多差异和个性。藏北和阿里高原的牧区，与"一江两河"流域的卫藏农区、多雨潮湿的林芝林区和地处三江流域呈立体气候的昌都地区，其服饰都有着各自的特点。此外，不同职业，不同阶层，不同的社会地位也都在人们日常和特定场合服饰的穿戴上留下了深刻印记。

今天，随着西藏对外开放和现代化进程的加快，藏族传统服饰如同其他传统文化一样，正面临着来自现代社会的重大冲击。西装、牛仔、汉装以及现代时装在西藏城镇随处可见，并大有向广大农牧区拓展之势。可喜的是，一款款美观、方便、新潮的藏装已应时而出。在传统与现代的碰撞中，藏族的服饰文化将会更加多姿多彩。

一、男子服装的类别与制作

男子服装农区和牧区在质料和款式上有较大的差异。

阿里、那曲和昌都部分地区有辽阔的牧场，人们以牧业为

---

① 《西藏志·卫藏通志》（合刊）第24页，西藏人民出版社，1982年。

主。游牧的生产方式和高寒的地理环境，决定了牧民服装保暖御寒、实用方便、利于行旅的基本要求。牧民以衣皮袍为主。皮袍系用土法鞣制加工的绵羊皮缝制，既经久耐用又挡风御寒。皮袍结构肥大，袍袖宽敞，穿着自如。白天阳光充足气温升高时，可方便地脱掉右臂或双臂，以调节体温，便于劳作。夜晚解开腰带和衣而眠，皮袍兼作被褥。男式皮袍在襟、袖和下摆用黑绒镶边，边宽 10～15 厘米。富裕的牧民则用豹皮和水獭皮镶边。与皮袍相配套的是腰带，穿时，提起皮袍下部至膝盖，用腰带束紧，上部十分宽松。过去，人们外出时常在宽大的怀中放一些随身用品，携带和使用都很方便。腰带上，牧民常缀挂火镰、小刀、鼻烟壶、银元等装饰品。藏族牧区各地的服饰在服装质料和

昌都男子

款式上没有大的差异。

农区的服饰则不同，各地差异明显，尤其是林芝地区（古称工布）的服饰别具特色。

农区的服装多以黑氆氇为原料。男女的外衣称作“曲巴”，款式为长袖、宽腰、大襟。左襟大，右襟小，在右腋下钉一颗纽扣。也有的用绿色或蓝色绸布做两条宽5厘米、长20厘米的飘带，穿时结上，不用系扣。在藏袍的领子、袖口、襟和底边镶绸子或色布。山南藏族男子喜穿白色或棕色氆氇缝制的曲巴，在藏袍的领口镶宽约6厘米的“加洛”（一种间隔有十字图案的花氆氇），十分美观。日喀则一带还流行用黑氆氇制成的男式套装，上衣款式为立领、右衽，衣服上缀有几颗铜扣，下装为宽松的氆氇裤。人们在夏季还穿用氆氇制作的称为“堆通”的短上衣，其式样为立领、右衽，领口镶金边。

日喀则一带专门有一种老人服，当男性长者高寿80岁时，家人在生日那天为其祝寿，并专门制作寿星服装，称为“杰纠阔嘎”。服装的背部饰有太阳、月亮或“雍仲”纹饰，衣服颜色有红色和白色，根据老人的属相而定，通常多为白色。人们见到着“杰纠阔嘎”的老人均十分敬重。

氆氇系藏语译音，是一种手工纺织的厚毛织品，保暖性能好，且结实耐用，是藏族农区（含半农半牧区）制作衣服的主要原料。氆氇的纺织多为家庭完成。先将羊毛洗净晾干，用刷子刷松软后絮理成条状，捻成细线后在自制的简易织机上织成。织成的氆氇可染成黑色、棕色、花色等，也可不染而保持原色。氆氇幅宽约20米，以卷计，一卷氆氇一般可做一件藏袍。过去西藏还有生产氆氇和织毯的手工作坊，泽当和江孜生产的产品质量最佳。

农区男子内穿的衬衣称为“翁局”，用白绸或白布作料，有大襟和对襟等样式，多为立领。

工布地区，从地理单元上划分属于卫藏的范畴。但工布地区海拔较低，境内森林密布，多雨湿润，人们的经济活动以及农业

戴红缨帽的当雄
牧民

头戴狐皮帽的男子

工布男子

和采集狩猎业为主。为适应独特的气候环境和生产活动，工布人创造了独具特色的“古休”服装。“古休”由兽皮、山羊皮和氆氇等质料制成，其基本结构为无袖、圆领、套头，形似坎肩。制作时，用氆氇拼缝成略短于两个身长的片状物，宽与两肩齐平，中间挖一圆洞作领，备腰带。穿时，将头颈套进圆领，前后衣长提高至膝，用腰带束缚，胸背形成兜状。男装宽度以披盖臂膀为宜，女装略宽于肩，下摆垂至踝部。人们劳作时，多穿用山羊皮缝制的短“古休”，晴天毛向里，皮袍向外；雨天毛向外，可起到防雨和保护的作用。男子的一种皮“古休”，用称为“果果拉”的动物皮制作，其毛色发红，非常美观，最受工布男子喜爱。野山羊皮、熊皮也是男子制作“古休”所喜欢的面料。女子则喜欢猴皮“古休”。

城镇居民的传统服装与农区并无大的差别，只是服装的面料丰富一些。除普遍以氆氇呢作料外，哔叽、毛呢、绸缎等有条件的人家都喜欢采用。

藏族传统社会等级森严，反映在服装上贵族与平民之间差异较大，甚至达官贵人之间因官职的大小、地位的高低在其衣饰上都有严格的规定和差别。达官贵人的服饰大多富丽华贵，非平民和下层小官吏可比。《西藏志》记述了一代名王颇罗鼐（1689～1747）的衣饰：

郡王颇罗鼐冬戴元狐帽，或红狐帽，或锦或缎为胎；夏戴绵帽，制仿秋帽式，高六七寸，平顶丝缨，卷边约宽二寸，两旁有衩，以蟒缎或片锦为之面。上镶獭皮窄边。居长穿大领无衩小袖衣，名曰褚巴，皆以五色缎锦或片子为之，亦用各色皮为里。遇贺大节，则穿蟒衣貂皮披肩，不穿大褂。腰束金丝缎一幅作带，长六七尺，腰匝二道，亦带小刀荷包之类，必带碗包一个。足穿香牛皮靴，名曰项。头蓄发，左耳戴珠坠。①

郡王颇罗鼐的服装以蟒缎锦衣为之，可谓华贵，非一般人可比。然而他穿的仍是“褚巴”（即“曲巴”），束腰带，着皮靴，仍是典型的藏式风格。

二、女性服装的类别与制作

女性服装从色彩、款式到装饰均比男子的丰富，表现了女性爱美的天性。

牧区妇女服装同男子服装一样以衣皮袍为主，结构也相似，但牧区妇女的袍面装饰色彩丰富。藏北女袍有许多宽大的色带，并排饰于皮袍表面，色彩为黑、红、绿、蓝、紫五彩，彩饰有五至七条，每条宽五六厘米，还在襟、袖口和下摆镶以黑色羊绒和灯芯绒作边，十分美观。昌都妇女在闲暇和节庆时穿的一种皮袍用羊羔皮缝制，在襟沿、袖口和下摆镶缀以水獭皮。水獭皮镶缀的宽窄和多少视家境的贫富而定，窄的有三五厘米，宽的达十多厘米。上等皮袍用完整的水獭皮镶缀，最好的是称作“桑巴郭阿”的皮袍，用多达5条完整的水獭皮缀饰，水獭皮的头皮镶缀于皮袍前部。穿这种皮袍再佩戴以相应的首饰显得雍容华贵，是财富的夸耀和荣誉的象征。一件普通的镶缀有水獭皮的藏袍价值在千元至数千元之间，好的可值近万元。一般人家在女儿出嫁前都要精心准备这样一件皮袍作为女儿的嫁妆。

农区妇女的服装多以氆氇作料，分有袖和无袖两种。夏季穿无袖袍，称作“曲巴普美”，冬季寒冷时穿长袖袍，妇女的内衣色彩丰富，用各色绸布缝制，翻领，长袖。有的袖管长可及地，平时卷起，跳舞时放下，彩袖飞舞，舒缓飘逸，成为藏舞的一大特色。

农区以及城镇妇女系围裙。围裙，藏语称“邦典”，系用羊

---

① 《西藏志·卫藏通志》（合刊）第24页，西藏人民出版社，1982年。

盛装的妇女

昌都牧区姑娘

毛纺织而成，其织法独特，纺织精密，色彩艳丽。围裙的纹样为彩色横纹，分宽条横纹和细条横纹两种。宽纹色彩对比强烈，细纹则显素朴典雅。各色纹间上下不平行排列，而是交叉排列。围裙除一般的横行色纹排列外，还有的在围裙上部左右两角织称为“卓登”的三角形装饰，日喀则一带妇女喜欢在节日和喜庆场合时围系。

围系“邦典”，过去是已婚妇女的标志。尤其在城镇，姑娘不系围裙，待长大成人举行成丁礼之时可系数日，真正围系是在婚后，农村限制较少，姑娘也可系戴。现在城镇的未婚青年也喜欢系用，将“邦典”作为美饰。

据传，藏族生产“邦典”的历史已有五六百年，产地有山南、日喀则和拉萨等地，而以山南贡嘎县姐德秀镇生产的“邦典”最负盛名。姐德秀素有“围裙之乡”之称，其产品不仅畅销广大藏区，还远销尼泊尔、不丹和印度等国。

工布妇女一年四季都穿“古休”，夏天以氆氇缝制，冬天用毛皮制作。一般人家都缝制三种“古休”，供劳作穿、平时穿和节日穿。劳作时穿的“古休”用经久耐磨的小牛皮或山羊皮制成，工布妇女多在林中劳作，皮“古休”不易被树枝等挂损，背柴背物时更是实用而不易损坏。平时所穿的“古休”多用氆氇缝制，前摆、后摆和腰部用彩线织锦或用缎料作角饰，称为“卓添”美观大方。节日穿的“古休”做工最为考究。人们用优质氆氇“布囊”制作，前后、下摆用紫色锦缎镶边，腰部用黄白缎子装饰，再佩戴银、铜分节镂花腰带，十分华丽。猴皮“古休”更是工布妇女最钟爱的节日服装。它用多张猴皮缝制，以上等氆氇或缎子做衬里，边镶水獭皮，腰间用紫色缎子装饰。现在一件猴皮“古休”，价值当在三四千元以上。

历史上，贵族妇女的服饰最为华丽。成书于1733年的《颇罗鼐传》，详细记载了颇罗鼐结婚大典上新娘的服饰：

新娘贝桑吉巴要去举行婚礼，脸和手都用清水洗得干干净净。贴身穿着光滑柔软的玄青色裙子，外面罩上帝青宝色的外袍，蓝色的波纹皱褶上缀着孔雀翎花朵。上衫有如条条彩虹，这全是北京巧女精工绣成。脚上蹬的筒靴，镂花织锦。纤纤袅娜的柳腰，系这条宝石镶就的腰带，带上的丝穗婆娑起舞。冰肌玉骨的妙龄女郎，那丰润柔美的手臂上，戴着金钏和海螺镯。中指和无名指上，套着宝石镶嵌的漂亮戒指。象瓶颈一般的雪脖，佩着如红花染成的琥珀项饰。另外，珊瑚、瑰玉、琥珀的短项圈和珠玉穿成瓔珞的长项链，层次分明，一一悬在胸前。串串宝石珠鬘，犹似邬波罗花怒放。珍珠鬘束，也都佩戴得整整齐齐。油光黑亮的头发，对半分

> 开，梳在两旁，当中是珠璎顶髻，披散在身后的一股股小辫，缀满金银、珠玉、珊瑚、宝石。在这珠玉的网子上，突出那三角形的巴珠头饰，几乎遮住了半边面孔。顶髻上的松耳石，如同一轮丽日。满头的珠光宝气，灿烂夺目。穿着红艳艳的汗衫，一身华服，妩媚艳丽。①

新娘的服饰，基本上反映了当时卫藏地区贵族妇女节日盛装时的面貌，这是一般平民女子难以比拟的。

如今，城镇妇女的服装变化较快。人们在色调的选择上倾向于素雅柔和，款式追求新颖别致，用料丰富而考究。尤其是年轻人喜欢时尚，喜爱简洁、美观、穿着方便又体现个性特征的新潮藏装。近年来，拉萨、日喀则等城镇流行一种筒裙款式的藏装，左右不开襟，合缝成筒状，裙子上缝制了腰带，环过来即可束腰。这种新式藏装，线条流畅明快，穿着大方，很能展现女性婀娜多姿的身材美。

三、装饰

装饰是服饰文化的重要构成，也是最具特色的部分。藏族的传统装饰十分丰富，极具特点。

头饰。头饰包含帽饰、发型及饰物佩戴。

藏式帽子种类多，因不同季节，不同地域、不同身份、不同场合以及个人喜好，人们戴不同的帽子。

冬季，牧民喜欢戴羔皮帽或狐皮帽。狐皮帽藏语称“娃夏”，系用珍贵的藏狐皮配以织锦缎制作而成。帽高约20厘米，帽筒用缎料缝制，有圆顶筒形和尖顶袋形两种。圆顶帽筒的顶部多用数片不同色彩的绸缎叠压而成。围帽筒上卷一周，后留一开口，两边各缀一彩带。帽檐上镶缀蓬松、柔软、棕红色的藏狐

---

① 多卡夏仲·策仁旺杰著，汤池安译：《颇罗鼐传》第91～92页，西藏人民出版社，1988年。

皮。戴帽时蓬松的狐毛前遮双眉，后接皮领，掩盖双耳，既暖和又尽显牧人的英武。狐皮帽价格昂贵，一顶帽价值数百元。“娃夏”多为男子所戴。

羔皮帽用洁白的羊羔皮制作，称作“巴夏”，其形状同狐皮帽相似，亦呈筒状，但帽筒较低，帽檐有翻卷和平展的两种，保暖性亦佳，且易制作，价格远比狐皮帽低，佩戴时既实用又美观，很受人们的喜爱。“巴夏”一般是妇女戴。农区和城镇妇女在冬天也有戴羔皮帽的。

在牧区，还有一种四季均可戴的毡帽。毡帽的形状为高帽筒、宽帽檐，形似一倒扣的长喇叭，用白毡制作，帽檐镶黑布边。这种毡帽适应高原多变的气候，既能遮阳，又可挡雨，还可防寒保暖。

在农区，男女老幼均喜欢戴称为“次仁金嘎”的金花帽。金花帽以优质氆氇为帽坯，帽顶上覆上织有各种美丽图案的金丝缎，边缘饰以金线，帽翼四支，前后翼较大，左右翼较小。帽檐镶缀皮毛。男帽帽筒高于女帽，而女帽装饰更为华丽。年轻人戴时大多只展放前翼，显得英俊潇洒；老年人戴时爱四翼展开，像一只展翅欲飞的吉祥鸟。“次仁金嘎”帽民族特色浓郁，深受藏族人民喜爱。工布男子戴一种称为“甲夏”的小圆帽，用黑氆氇缝制，翻沿，帽檐镶金边。

城镇人除戴金花帽外，在节日和出门时还戴礼帽。礼帽称之为“甲嘎夏莫”，原意为“印度帽”，看来与藏印经济文化交流有关。礼帽轻便，既有遮阳避雨之功，还能显出戴帽人彬彬有礼的风度，颇得城镇人青睐。藏式礼帽颜色丰富，有米、灰、草绿、藏蓝、绛紫等色。

拉萨妇女夏天一般不戴帽，年龄稍长的妇女外出转经或在阳光下行走时戴一种称为“格桑司有”（意为“好运遮阳”）的箕形帽。它以竹条或柳枝做骨架，外裹纱布或绸缎，帽檐探出，用以遮阳。冬天戴称为“轻夏”的帽子，用毛哔叽制成，前后各

藏北妇女头饰

藏北妇女背饰

有一大帽耳，左右各有一块毛皮或长毛绒作饰。[1]

工布妇女戴的一种帽别具特色，帽由氆氇缝制，帽面饰以锦缎，以金、银线镶边，帽檐伸出，两翼似燕尾，戴帽时两尾向后，初看好似帽子戴反了，因而有人形象地称为“燕尾反向帽”。

除日常生活中的各式帽子外，在一些特定场合和从事特殊职业的人还戴着有特色的帽子，如举行赛马活动时，成年男子戴一种圆形宽大的红缨帽，帽的四周垂饰以缨络，称作“索夏”，意

① 朗顿·班觉著，丹巴拉姆译：《拉萨传统服饰》，载《中国西藏》1991年冬季号。

为蒙古王公帽。少年骑手则戴红色尖顶的白毡帽，红色象征太阳初照雪山顶，据说此帽在当雄草原象征念青唐古拉山神。格萨尔说唱艺人戴鸟羽帽，藏戏艺人戴扇形仙女帽，藏传佛教各教派的僧侣帽，乃东神巫的巨大头盔帽，不一而足。

藏族历史上，吐蕃时代的赞普戴一幅红绸在头上缠成宝塔状的“朝霞冠”，元朝时期，王公贵族曾风行戴“红缨帽”。清代以来，随着封建农奴制社会的强化，等级制度日趋森严，在戴帽的规定上也有表现。过去西藏地方政府官员，四品以上官员戴“江达”帽，五品以下官员戴一种称为“夏博”的黄色圆帽，不得乱戴。连贵妇人们的穿戴也受到等级制的限制，就头饰而言，世袭大贵族夫人戴“木第巴珠”（珍珠冠），一般的贵妇人只能戴“曲如巴珠”（珊瑚冠）。

昌都妇女头饰

藏族的发型及饰物佩戴各地差异很大，大致可分为藏北型、卫藏型和藏东型。

在藏北，已婚妇女将长发中分，两边编成许许多多细长的辫子，前额分发处，分别在两边的一根细辫上串饰以珊瑚、翡翠之类的宝石，脑后编一根粗发辫，上面缀饰大大小小的银元和其他饰物。由于草原辽阔高远，日照强烈，牧民的劳作又多在户外，人们多戴围巾或帽子以防护，因而牧民的发辫饰物多集中在下部，还有的将各种宝石饰物组合缝制在与发辫颜色近似的软布上再与发辫一起衔接。在冬季，飘逸的小辫和各种饰物常隐没于狐皮帽、羔皮帽和头巾之下，若隐若现。未婚女孩不编发辫，而是将头发编成一根或两根辫子，头上饰物少，往往在头上插几朵野花，清纯可爱。

牧区男子过去多蓄发，编成发辫盘在头上，辫稍加红色线作饰。

卫藏一带的农区妇女一般只梳两根辫子，从发辫的中段开始用一种称为“扎休”的发饰，同头发一起编成彩辫，常盘于头上，也可垂于身后。“扎休”通常是三条粗细一样颜色不同的彩线，每一条彩线又由若干根同色的线组成。用“扎休”编扎彩辫是农区妇女的主要发式。节日喜庆场合，农区妇女在头上也佩缀饰物，但饰物为独立的不同形状的组合体，戴时只需与发辫连接，取戴方便。未婚女孩习惯上多梳一根辫子，一般头上不戴饰品。

过去，卫藏妇女在盛装时戴一种称为“巴珠”（后藏称作“巴廓”）的头饰。拉萨一带的“巴珠”呈三角形或“Y”形，制作时，先用假发做成三角形的三个高耸的发髻，额前两个，脑后一个，每个发髻上镶嵌多颗又大又圆的玛瑙珠，玛瑙珠间饰以翠玉，再以珍珠精心串饰。靠脑后的那个发髻上，有的还要精心编织一条漂亮的单辫。“巴珠”造型别致，装饰华丽，戴上后尽显女人的雍容华贵。有条件的人家过去都要制作“巴珠”头饰，贫苦人家无钱买贵重珠宝，但他们在女儿成丁礼之前，会想方设法找其他代用品来制作一顶，作为女儿跨入人生重要旅程时佩戴的饰品。因戴“巴珠”头饰是成丁礼时必不可少的标志性饰品，它同围系“邦典”一样，是姑娘进入成人的标志。

因社会地位和经济条件的差异，“巴珠”的质地相差甚远。有的极为贵重，缀饰名贵珠宝无数，有的则质量稍差，珠宝少甚或有替代品。过去拉萨豪门望族家的贵夫人所戴的“巴珠”，不仅缀饰数量众多的各种宝石，而且还在上面加盖一顶用无数小珍珠镶嵌而成的圆形小帽，称作“木底巴珠”（意为“珍珠巴珠”）。戴这种“木底巴珠”是高贵身份的象征，非豪门望族的贵夫人不能佩戴，一般的贵夫人，甚至家资万贯的巨商夫人也只

昌都妇女背饰

能佩戴“曲如巴珠”（珊瑚巴珠）。

日喀则康玛、江孜一带，常见的一种妇女头饰叫“巴廓”（江孜称“卫廓”），形似弓状，用珍珠、珊瑚、玛瑙珠等缀饰而成。“巴廓”由三部分组成，即竹弓支架，用红布缠裹；“达扎”，弯弓上面的装饰，系穿缀的珍珠串链，平时可作为胸饰；“藏莫巴珠”，下部装饰，包括发式和饰品，平时可直接盘在头上。

佩戴“巴廓”头饰程序复杂，极为繁琐。农区妇女平时只梳两根发辫，而此时需提前一天将原来的两根辫子改梳成许多小辫。戴头饰时，从中间将小辫分开，左右发辫平展拉直在稍部各合成一股，然后将一根长约一米包缠红布的特制竹弓弯曲于头上，竹弓两端同左右的发梢固定扎牢，将头发向两边伸展拉平后，在竹弓上挂缀多种串链、珠宝等饰物。“巴廓”头饰是后藏妇女极具地方特色的头饰，由于制作复杂费时，人们平时不戴，多在婚庆、节日等喜庆场合才佩戴。

昌都头饰地域特色甚为浓厚。昌都男女都喜欢蓄长发。农区和城镇妇女喜欢扎辫，然后将小辫拢成一股，用红色丝线纺织成独辫垂于脑后，头上饰以由两颗深红色珊瑚中间夹一小块绿松石搭配制作的顶饰，头饰清爽、精致而简练。牧区妇女头上编织发辫，其上佩缀蜡黄色称为“博协”的琥珀。每个“博协”约有中等黄苹果般大小，穿有孔，上缀一颗深红色宝石。有的妇女在头部正中戴一颗，有的在头上戴三颗，排列成三角形。笔者1997年在昌都噶玛乡勒托村调查时，看到一位名叫曲白的妇女的服饰，其头上戴了七个“博协”。据说一个“博协”价值相当于一辆东风大卡车，足见其价格的昂贵。曲白着羊羔皮缎料藏装，在襟、前后部，下摆镶缀大量水獭皮，据当时估算至少需十张獭皮。其项链上缀九眼珠，腰带上饰各种宝石，一套服饰价值在当时至少在一百万元人民币以上，令我们大饱眼福。

牧区妇女除在头上戴“博协”外，还在发辫上缀饰大量的绿松石。未婚女子通常头上只戴一颗“博协”，喜欢在后垂的独辫上镶嵌各种珠宝、银币和贝壳等饰物。

昌都的康巴汉子喜好蓄发。他们常把头发梳成独辫，辫端用红色丝线或黑色丝线编扎，然后左向缠盘于头顶，红丝穗垂于额侧。有的为了追求发式的粗大，以显得更加魁梧，在发辫中加衬用牛毛绳编织的一种托物，与其自身的头发浑然一体，显出康巴人特有的英武彪悍之气。农区男子一般不在发辫上缀饰其他饰物，牧区男子则喜欢在发辫上缀一块精致的雕有花纹的菱形银器作为发夹，富裕的人还往往在发辫上套几只特制的大戒指或象牙圈以显示其富有。

城镇里的现代女性，穿着打扮日趋新潮。她们的发型千变万化。总的趋势为，发式追求简洁易梳，头饰讲究典雅精巧。

耳饰。藏族男女过去都戴耳环。耳环多用金、银镶嵌宝石制作。男子所戴最常见的耳环称作“阿隆”，呈圆形，有金、银和铜质，镶嵌松耳石。牧区的耳环较大，农区人所戴相对小一些。男子通常只戴一只耳环。妇女戴双耳环，质地和形状比男式耳环丰富，有金、银、宝石、珍珠耳环等。有的精致、小巧，有的体大、厚重。阿里普兰一带有一种姑娘佩戴的耳环，形似红艳的花朵，戴时从耳郭垂挂到肩上。过去贵夫人和小姐戴一种叫“埃果尔”的耳环，用金银镶嵌上等绿松石精制而成，呈长方形，体形较大，常同“巴珠”一道佩戴。贵族和有地位的男子过去多戴称为“索几”的耳饰，形状圆而细长，用金丝和上等绿松石串缀。

项饰与胸饰。脖颈上戴挂一串串由各种天然宝石串缀的珠串，是藏族男女佩饰的一大特点。在藏族人的装饰品中，有两大主要构成，一是金银器物，一是天然宝石，而对天然珠宝藏族人有着特殊的偏好。当高原大地从“特提斯”古海崛起，留给这块辽阔大地的便是石头的世界，自古以来石头就同藏族和藏族文化的发展息息相关。远至石器时代和中古时期的打磨器具、列石文化、白石崇拜到近现代随处可见的摩崖石刻、嘛呢石，无处不与石头有关。而石头越稀有便越珍贵。珍爱天然宝石是藏族的一个古老的传统。四五千年前的卡若先民就用石珠串缀后作项饰美化自身，这一人体装饰的选择和审美追求直接影响了后世的代代子孙。藏族人的饰物中离不开宝石，把各种珠宝饰品作为财富和美的象征，家境再贫，也要倾其所有设法求购或添置几颗珠宝，作为女儿们的装饰。藏族人最喜欢的天然珠宝有琥珀、猫眼石(以九眼珠最为名贵)、玛瑙、珍珠、珊瑚、绿松石等。有些妇女节日时穿戴的镶金嵌银、珠宝满身的盛装，不知是多少代人才积累起来的财富。

“噶乌”。是藏族最典型的胸饰，遍及全藏，男女均可佩带。“噶乌”系用金、银或铜为原料制成的盒状物，有八角形、菱形、圆形等多种款式，人们俗称护身盒（符）。“噶乌”的制作一般是金银錾花，表面以绿松石镶嵌，工艺精细。噶乌中一般放佛像、经书、圣物等，佩戴于胸前，既是美观的装饰品，又能满足心理上防身避邪的要求。在人们看来，佩戴“噶乌”，会得到神佛护佑，可起到压邪避灾的作用。

腰饰。藏族的腰饰饰品多而特色浓郁，具有审美和实用完美结合的特点。腰饰的饰物均佩挂于腰带上，因而腰带是重要的饰物之一。藏族的腰带非一般意义上系裤束衣之物，而是既美观又实用的锦衣玉带类的饰物。腰带除绸带、羊毛纺织的五彩带外，还有金、银雕花带，珠宝串缀的宝石带，等等。人们平时十分注意腰带的制作和装饰，把腰带视为整个服饰的重要组成部分。

男子腰饰上最重要的物品是腰刀。腰刀有长短两种。长腰刀刀长约50厘米，刀锋锐利。刀柄用牛角或硬木精心制作，有的刀柄镶有犀牛皮和宝石。刀鞘有木质和铜质等，以银质刀鞘最为华贵，刀鞘上刻有虎、狮、龙、凤等吉祥图案，并缀饰以玛瑙、松石等珠宝。腰刀平时斜插于腰间，既是生产工具，又作防身武器，还是男子汉必不可少的装饰。短刀只有数寸长，有的制作很精细，造型别致，常吊挂在腰带上。短刀多作生活用具。除佩挂长短腰刀外，火镰过去是男子常带的饰物，现在多为牧区男子所佩带。火镰制作很精美，曾是实用性很强的生活用具，过去人们外出时生火熬茶，离不开用火镰击打引火，火镰成为人们随身携带须臾不离的物件。现在人们佩带火镰其装饰性远远大于实用性。

妇女腰饰远远比男性丰富，腰部常佩带种类繁多的装饰品。日喀则妇女在腰部正面佩带一个银或白铜制作的饰物，体积较大，有的还在上面镶嵌宝石，颇具地域色彩。牧区妇女除佩带各种美饰外，还在腰上佩挂与生产生活密切相关的物品，如精致的银质针线盒、圆光、奶桶钩、钥匙、牙签等各种实用物，当然，一把精致的小腰刀是每个女子腰饰中必不可少的。这些原本是实用性很强的生产生活用具，到后来成为具有实用与装饰作用的双重品格。今天，有的饰物已完全作为一种装饰品，脱离了本来的实用意义。

手饰。主要有手镯和戒指等。戒指有金银戒和宝石钻戒两大类，也有将两者结合精雕细刻而成的戒指。过去，男子还多在大拇指上戴扳指，质料有多种，清代文献就记载了当时藏族戴骨扳指的习俗。手镯的质料较多，女子大多喜戴玉镯和海螺手镯。海螺手镯只戴一只于右腕，其他质料的手镯以副为单位戴于左右手。贵族女子有的还戴金钏。

脚饰。藏鞋本是服装的一部分，但藏鞋款式独特，色彩斑斓，制作精美，本身就是一件精致的艺术品。藏族男女所穿的鞋实际上是长筒靴，底高两厘米，腰高至小腿之上，鞋面用红绿相间的毛呢装饰，鞋腰上也有线条、花纹。藏鞋可分为两大类，即松巴鞋和嘎洛鞋。松巴鞋有多种，其中较高级的有“松巴梯呢玛”，做工精致考究。喜庆节日才拿出来穿用。松巴鞋的鞋底是牛皮做的，用粗毛线密密缝钉，厚达寸余。鞋帮色彩斑斓，分别用红、黄、绿、蓝等几种颜色的丝线绣花边和花瓣，鞋面绣很多花朵，十分艳丽。鞋帮用氆氇呢做长腰，长腰与鞋面间用红、绿毛呢相接，颜色搭配得体，长腰上端靠腿肚部位，竖开一条约十厘米长的口子，便于穿着和提携。其他几种松巴鞋，鞋底一般都是用牛毛捻的绳纳制的，宜于天气暖和的季节穿着。还有一种叫

“松巴各多”鞋，底用牛皮包裹，一般多在冬天穿。

嘎洛鞋以牛皮作底，鞋帮用三层氆氇缝制而成，鞋后跟和鞋尖缝以黑色牛皮，鞋面用染黑牛皮拉条及金丝线镶边，结实美观。嘎洛鞋的特点是鞋尖上翘，宛如木船的前端。嘎洛鞋的鞋帮用黑色氆氇和围裙料制作，黑色在下，约一尺高；彩条围裙呢料在上，约二寸，花纹竖立。后帮开五寸竖口，口边分别用红羊皮加固，便于拉携。

以上是藏族传统服饰的大致情况。

四、僧人服饰

在西藏的城镇和乡村，特别是在寺庙，可见到许多身着绛红色僧服，头戴绛红色或黄色僧帽的僧人。其装束自成一体，同世俗人迥然相异。

僧侣在西藏社会是一个特殊的阶层。传统的西藏社会宗教盛行，寺院数量多，僧侣人数众。仅就藏传佛教的情况看，西藏僧尼和寺院规模在历史上曾达到过惊人的数量：“清代雍正、乾隆年间，西藏地区共有941151人，其中僧人316231人，约占总人口的33.6%。”① 1959年西藏实行民主改革后，寺院规模和僧侣人数得到了一定的控制，1997年，西藏仍有大小寺庙1700多座，僧尼44000多人。僧人无论在藏族传统社会和现代社会都有着广泛而深刻的影响。

藏传佛教僧侣装束样式源于佛教世尊释迦牟尼穿的黄色袈裟、法衣和禅裙，因而各教派僧侣的装束样式大同小异。② 但由于西藏特殊的自然条件、生活条件以及历史文化传统的差异，西藏僧侣的服装具有自己的特点，各教派在服装的某些方面也有一

---

① 刘瑞主编：《中国人口·西藏分册》第55页，中国财政经济出版社，1988年。

② 僧人服饰部分主要参考和引自次仁白觉著，达瓦次仁译：《藏传佛教僧服概述》，载《西藏民俗》1995年第4期。央珍：《杂谈西藏僧侣的装束》，载《中国西藏》1993年夏季号。

定的差异。

根据佛教律经规定，比丘有十三件衣物，即朗袈、喇奎、夏木特、夏木特森、唐奎、委森、委森森、东其、纳森、延嘎普、扎赛、顶娃和亚奎。这十三件衣物的尺寸大小、色彩和式样都应严格按照律经选材缝制，不能随意制作。

朗袈。朗袈是把黄布剪裁成布条缝制而成的。是袈裟的一种。朗袈是比丘在礼佛、化缘、讲经、听经、参加仪轨聚会等场合所穿的上衣之一，而不是常服。朗袈大小和条数根据比丘僧人的身材来确定，大的朗袈用二十一片、二十三片或二十五片布条缝制而成。中等朗袈用十五片、十七片或十九片布条缝制。小的朗袈则是用九片、十一片或十三片布条缝制而成的。大中小类中又各分三类。朗袈须用裁布缝制，并要缝成网格状，用方形的绸布拼缝成鱼鳞状。缝制时由中间向两边一块压一块，并且留有大小一致的边头。横向边头的缝线是交错的。选用裁布意在除却贪恋之心。缝制成网状是用以区别于外道的袈裟。律经规定，比丘应把朗袈视为珍贵用品。只有比丘才可着朗袈，沙弥等没有资格

则珠寺的僧人

着朗袈。

喇奎。喇奎即上衣。是沙弥和比丘白天所穿的上衣。喇奎由布条缝制而成，大小与朗袈相同。

唐奎。唐奎即下衣。是比丘所穿的网格裙，由五条一幅半布缝制而成。

夏木特。夏木特即白天穿的下衣裙，它是用来防止唐奎染汗的。大小与唐奎相同。在藏区沙弥穿夏木特，一般比丘不穿夏木特。

夏木特森。夏木特森即夜间所穿的内裙，尺寸与唐奎相同。

委森。委森即白天所穿的内上衣。相当于汗衫。意在防止汗湿袈裟。尺寸与上衣相同。

委森森。委森森即夜间着于上衣内的内衫。尺寸与上衣相同。

东其。东其即拭面巾。是一肘见方的擦脸布。

纳森。纳森即比丘在患脓疮病时所穿的衣服。大小与喇奎相同。

延嘎普。延嘎普即覆疮衣，是比丘用以遮护疥疮的。尺寸为长六肘、宽三肘。

扎赛。扎赛即剃发布。是比丘剃发时用来装剃下来的头发的。尺寸为长三肘、宽一肘半。

顶娃。顶娃是比丘夜间睡觉时铺的垫子。长三肘、宽二肘六指。不能大于这个尺寸，否则就成为孽根。

亚奎。亚奎即比丘在夏季遮雨的布。长九肘、宽三肘八指。

僧人在使用上述这些衣物时应想到衣服只不过是用来遮体而已，一切用具都不是永恒不灭的。应意识到之所以着僧服是用以区别于外道，区别于世俗的人。也是用来提醒自己是释迦牟尼的虔诚的信徒和追随者，而衣物不是用来装饰打扮自己的奢侈品。因此，衣物绝不能华丽，不能有任何装饰物。比如，腰带上不能饰以珍宝等缀物，也不能用小铃等响动的坠子，僧人的衣物颜色选择也有严格规定，只能是红、蓝、赤黄三种颜色。

僧衣随着佛教的传入进入了西藏。吐蕃赤松德赞时期桑耶寺修成后，西藏有了称为“七试人”的第一批剃度受戒的僧人，当时他们所穿的僧服同印度僧人的服装一样。藏传佛教宁玛、噶举、噶当、萨迦等教派形成后，藏区的僧服和各教派间僧人的服装都有了一些差异。如在服装的质地上，藏区僧服多用当地所产的氆氇呢制作，以适应高原的寒冷气候。又如僧帽、僧鞋，在质地、颜色、形状等方面都带有浓厚的高原和各教派的特色。在公元10世纪至13世纪藏传佛教迅猛发展的大潮中，难免鱼龙混

“斯莫钦波”跳神节上的僧人服饰

杂、泥沙俱下。一些等高位尊的僧人不守戒律，出则上张霓伞，下坐重茵，穿则锦缎华服，珠光宝气，显出“颓废之相”，因而引发了14世纪宗喀巴大师整顿佛教的宗教改革，创立了戒律严明的格鲁派，并依照古代持律的密意，用黄帽作为重振戒律的象征。自此，格鲁派僧人戴黄帽成为其教派的显著标志。

西藏僧人的服饰可为分三个部分：一是僧服，二是僧帽，三是僧鞋。

僧服。僧人的服装大都简单庄重，主要有三种，即“堆嘎”

（坎肩）、“夏木特”（僧裙）和“查散”（袈裟）。平时僧人的着装为上身穿红色无袖的坎肩“堆嘎”，下身围紫红色僧裙“夏木特”，外披一件紫红色的袈裟“查散”（又称“朗袈”）。袈裟宽约70厘米，长是身长的两倍半，披时裹叠于上身，袒露右肩，长及脚面。诵经祈祷时，在“查散”上披一袭巨大的紫红色披风“达喀木”。

僧人服装因等级和职位高低不同而在衣料质地、颜色、式样上有所差别，如堆嘎的质地有黄绸黄缎堆嘎、赤黄缎子堆嘎、赤红或深红毛料堆嘎、金黄毛料堆嘎、氆氇堆嘎等，一般僧人只能着红氆氇或红毛料堆嘎，着黄绸缎堆嘎和披黄色绸缎袈裟的大都是活佛或高僧。藏传佛教宁玛、噶举、萨迦、格鲁等教派袈裟的样式和穿着大体一致，不同的是，噶举派和萨迦派的僧人往往穿白色僧裙。宁玛派亦有穿白僧裙者，是蓄发居家的职业宗教者而非比丘僧。

僧帽。西藏僧帽种类多，因不同教派和不同地位所戴的僧帽各不相同，常见的有贝霞、班霞、卓孜玛、卓鲁、仁昂等。

贝霞。是一种类似莲花状的帽子，故称“贝霞”（莲花帽）。宁玛派僧人多戴莲花帽。其制作以氆氇为料，帽顶尖长，帽檐向上翻前面开口，形如莲花。

班霞。意为“班智达帽”，内分“班仁”和“班同”。精通大小五明学科的班智达（大学者）才可戴“班仁”，只精通五明的学者只能戴“班同”。班仁与班同形状相似，只是班仁的延片长一些，而班同的延片短一些。班智达帽有一个高高的尖顶，象征佛法至高无上的中道观，两块延片则代表二义谛。班智达帽最早由阿底峡传入藏区。班智达帽代表最高学位。各大寺院、各教派的赤巴、堪布、上师可戴此帽，其他僧人则不能戴班智达帽。

卓孜玛和卓鲁。卓孜玛和卓鲁是藏区独有的僧帽。卓孜玛和卓鲁形似鸡冠。二者的不同之处在于卓孜玛的冠穗是拢在一起的，而卓鲁是散的。三大寺中一般僧人戴卓鲁，大小执事僧则戴卓孜玛。扎什伦布寺内密宗僧人和有学位的僧人都戴卓孜玛，其他僧人则一律戴卓鲁。布达拉宫的僧人和扎什伦布寺孜滚僧人所戴的卓孜玛其顶端略弯一些，而且冠穗也略微散一些。噶玛噶举派平时的宗教活动都戴卓孜玛或卓鲁。在举行重大仪式时必戴形状像孔雀开屏的夏查帽。其他教派与三大寺一样，在戴帽子上也讲僧位高低。

萨迦派僧人戴的“俄尔帽”，以红色氆氇为料，帽顶微呈弧形，帽檐两边左右对折至正中。呈人字形。密宗高僧在集中诵经超度或举行重大宗教仪式时，头戴“仁昂”（五佛冠），佛冠顶上有表示五种佛的装饰品顶髻，帽正面呈五山形。

僧帽的颜色主要有两种：红色和黄色。格鲁派僧人戴黄色僧帽，其他教派僧人多戴红色僧帽，而噶玛噶举僧人在夏天则戴白帽。

除上述僧帽外，历史上一些著名大德高僧还有一些特有的标志身份和地位的帽子。比如，噶玛噶举派的活佛噶玛巴所戴的金边黑帽是第二世噶玛巴时由蒙哥汗所赐。噶玛噶举红帽派的红帽也是元帝所赐。宗喀巴的弟子降钦曲杰·释迦益西担任明帝国师时，明帝赐给他一顶黑帽。莲花生所戴的帽子叫做白玛同垂帽。这种帽子里外共两层，象征密宗生园次第。这种帽子还有三个尖，象征佛的三身。帽子的五种颜色象征果五身。帽子上的日月图案象征方便智慧的结合。蓝色的帽檐象征誓言永不改。金刚顶饰象征禅定坚不可摧。鹰羽装饰象征至上的佛法。这种帽子又称萨霍尔班智达帽，据说是当年萨霍尔王献给莲花生大师的。

僧鞋。藏区的僧鞋大多是以牛皮为底的长筒靴。一般僧人所穿的“夏苏玛”靴的底和帮用一整块熟皮做成，鞋尖上翘。地位高的僧人穿厚底锦缎鞋。在经堂念经祈祷时，从普通僧侣到高僧，一律不穿鞋，以表示对佛祖的虔诚。

在整个藏族服饰文化中，僧人服饰是变化最小、保留传统最完整的。在现代文明春风的吹拂下，僧侣的服饰也在起着变化，僧人中戴手表、穿皮鞋和旅游鞋的人渐渐增多。当然，这多是年轻僧人为之。

第二节　门巴族服饰文化

千百年来，门巴族人民在生产实践和与大自然的相处中，形成了独具民族风格的服饰打扮习俗。门巴族的服饰打扮，取法于大自然的色彩、线条和律动，以色彩鲜艳、线条飘逸、形制优美为特征，显现出民族的活力和对大自然的审美情趣，是门巴族人民精神风采的形象表现。

一、男子服饰的类别与制作

门巴族男子的服饰由外套、内衣、裤、鞋帽及装饰品几类组成。由于气候等条件的差异，各地门巴族男子的服饰略有不同。

门隅男子的外衣均用氆氇制作。

外衣有两类：一类是长外套，叫“白”，用羊毛纺织的氆氇作料，衣长达膝，斜襟右衽，立领长袖，无扣和衣袋，镶蓝色滚

“巴尔霞”小红帽

边；另一类是短外套，叫“唉林普冬”，仍以羊毛织的氆氇作料，斜襟右衽，衣角开口，有袖、领和扣，无衣袋，多用银灰色布镶边。长外套以红色为主，短外套以黑色为主。穿衣时，系一条长约两米、宽五六十厘米的红氆氇腰带。腰带门巴话叫“卡金”，男女均系腰带。

男子内衣叫“旺居”，一般用白土绸作料，斜襟右衽，无领。门隅男子穿的宽大长裤，达旺话称为“唉林多玛”，用白色或红色氆氇做成。裆前有一个三寸多长的活口，类似“开裆裤”；腰、裆均宽大，穿时折围于脐前，将活口搭盖以带束紧。

墨脱成年男子的外衣有两种，一种叫“蒙安康蒙”，为棉线织的土布衣服，衣长及小腿肚，斜襟右衽，无领，长袖，用“朗曲巴”腰带束腰。另一种“蒙折曲巴”，是用红黄黑白绿五色相间织成的条纹布缝制的，亦为斜襟右衽，无领，有长袖，多在婚宴喜庆和节日活动时穿。墨脱男子的内衣称“堆通”，为立领，搭襟，三个扣，长及肚脐，均为白色。下体穿的“多玛”，系棉布缝制的开裆裤，长及小腿。

门隅门巴族男女都戴一顶别具特色的小帽，门巴语叫“巴尔霞”。“巴尔霞”的圆顶用黑氆氇呢制成，帽围是用红色氆氇或红色毡绒缝制的二寸高的筒状，翻檐部分用的是橘黄色毡绒，镶以孔雀蓝檐边，并留一楔形缺口。戴时，习惯将缺口对着右眼的上方。达旺一带的男子，戴一种用牦牛尾纺织的圆顶帽。

门巴族男子穿长筒靴。靴底与鞋帮用牛皮制作，靴筒用红氆氇缝制，靴面用黑氆氇缝制。靴筒外侧约 15 厘米处留一长“V”字形缺口，缺口边沿用布滚边，靴筒高至膝下。穿用时另扎一条用羊毛线纺织的裹带。这种靴无男女靴之别。墨脱门巴族男女过去不穿鞋，均赤足。

墨脱门巴男子在野外劳作时常绑缠裹腿。裹腿叫“比雄”，用棉线纺成，宽一拃，长约一米，可在小腿上裹缠五圈。打裹腿时，由下往上缠，缠在裤管上。由于墨脱蚂蟥和蚊虫多，绑缠裹腿可防蚊虫叮咬。妇女在野外劳作时也缠裹腿，直接缠在小腿上。

门巴族男子的佩饰物有耳饰、胸饰及手镯戒指等。门巴男子蓄长发，佩戴用两个珠子串结而成的耳饰，胸前喜戴一菱形“嘎乌”，腰挂一把叫“恰窝”的长刀，手戴银质或铜质手镯和戒指，显得十分飘逸潇洒。墨脱门巴男子喜戴称为“错”的藤手镯，腰佩长刀，挽弓挎箭，十分刚健英武。

二、女性服饰的类别与制作

门巴女性服饰绚丽多彩。门巴族妇女喜欢梳两条长长的辫子，辫子的下部直到辫梢衬以红、黄、白、绿等各色棉线或丝线，两条辫子垂落下来，像缀满了盛开的野花，而她们一般都喜欢把辫子盘在头上或缠在帽子上。

达旺一带的门巴族妇女戴一种称为“古奥洛木”的帽子。这种帽子由牦牛毛编织而成，圆顶，帽檐有五角，垂吊五根缨穗，戴时，一根穗子对准鼻梁正中，另四根在侧面和脑后，芒果一带的妇女帽形似达旺帽，但前后缨穗有十八条之多，戴者飘逸俊美。邦金妇女的帽形亦似达旺帽，虽没有飘逸的穗子，但在帽檐上插一支孔雀翎或雉鸡尾，鲜艳夺目，别致美观。

勒布一带妇女的帽子又别有一番韵味，帽形迥异于其他地方，同当地的“巴尔霞”男帽形制相同，称为“色尔霞”。“色尔”意为黄颜色。过去女帽色料全用黄色，帽檐缀有垂至眉际的五彩色线穗子，这是男女帽子的主要区别。现在男女帽大体相同，均可称为“巴尔霞”，仍有许多妇女的帽子边沿缀有色线穗子。

在衣饰穿着上，不同地区的妇女有所区别。上门隅妇女穿内衣和外罩衣，围白色氆氇裙。他们的内衣叫“布热”，有长短两种，质料是棉麻纺织的土布。短内衣有袖，无领无扣，斜襟右衽，颜色白、红或粗条花纹。长内衣长至小腿，系用长幅窄面土布折叠缝成袋状，折边中央开一圆口套头，不开襟，无领、袖、扣。外罩衣服称为“冬郭”，长及小腿。质料系羊毛织成的氆氇

门巴小姑娘

门巴族母女

门巴老人

呢，色彩为红色和黑色，式样同男衣相似，斜襟右衽，衣角开口，用孔雀蓝布压边，无领、无扣、无衣袋。穿者腰部围一条白氆氇做的围裙，叫“金玛”。

达旺一带的妇女穿一种称为“堆通江坚”的花上衣，由一种竖条纹花布做成，圆领、长袖，长及臀部。在衣服上绣缀有人、牛、太阳和各种花卉的彩色图案，色彩主要用白、蓝、黄、红四色。妇女在劳作时，在后背颈下部围一个白色圆垫肩，称为“林巴”；在腰部及臀部以下披挂一块红氆氇或氆氇围垫，围垫称“旦安金玛”。妇女穿白短内衣，下体穿“辛嘎”筒裙，筒裙由条纹花布做成。

墨脱门巴族妇女喜欢穿白色的小上衣，上衣无领、圆口、搭襟，一般不穿外罩衣服。天气较冷时，她们有时也穿一种称为“古休”的长衣。“古休”是一种无领无袖，从头上套下的宽大褂子，色彩纹饰是由红、绿、花组成的条纹。她们下身喜欢穿有竖条花纹、下边带飘穗的筒裙。筒裙的两侧各有三道褶，有的在裙上还挂缀小铃铛或“朋巴林”①，走路时叮当作响，清脆悦耳。她们系腰带，腰间佩挂小腰刀。墨脱门巴族崇尚白色，反映在服饰穿戴上男女上衣均以白色为主，甚至妇女结婚时，新娘的嫁妆一般也都是白色。

在鞋的类别上，达旺一带的妇女同勒布、邦金一带的妇女大体相似。上门隅妇女都穿藏式软筒靴，靴底用牛皮制作，靴面用黑氆氇缝制，靴筒用红氆氇缝制。腿肚以上致膝下缠扎花带，用以固牢靴筒。达旺妇女的鞋在形制上同上门隅妇女的鞋相似，但靴帮和靴面是绿色的，靴筒与靴帮连成一体，在靴筒的侧面开口处缝缀花边。

门巴族妇女的装饰品有耳环、项饰、腰带、手镯、戒指等。耳环，是取用绿松石和红玛瑙（上绿下红），用彩线串缀起来，

① “朋巴林”：芦苇塘中一种叫“朋巴林辛”的植物结的果实，每年八九月成熟，妇女采集穿缀后作为饰品。

丝线的吊穗一直垂到两肩，给人以飞动、飘逸之感。项饰，是用若干根细细的皮条，串缀着许多珍珠、玛瑙、珊瑚、翡翠，中间的一颗很大，两边的较小，色彩斑斓。腰带，有银腰带、铜腰带和铜银合金腰带多种。腰带是墨脱门巴族妇女穿戴打扮的重要饰品。

一般妇女在左胸上均戴银质菱形“嘎乌”，用银链拴套，手戴银质手镯和戒指。

三、勒布女性与小牛皮背饰

在上门隅勒布地区，妇女有一件不同于其他地区门巴族妇女的特殊装束，这就是披挂在她们后背上的那张完整的小牛皮。无论是白发苍苍的老妇，还是天真烂漫的少女或女童，背后都要披一张完完整整的小牛犊皮。女性披挂时，小牛犊皮毛向内而皮里朝外，头部向上直抵披挂者颈项，牛尾朝下，四肢向两侧伸展。每逢婚礼、节日，或迎亲会友，女性必定换一张新牛皮，就像换新装一样。

关于当地妇女披挂小牛皮的由来，有各种各样的传说。

一种流传最广的传说讲：唐文成公主入藏后，曾到门隅同门巴族妇女一块生活劳动，教门巴人耕种稼穑之术。文成公主进藏时，曾背牛犊皮避妖邪，后来文成公主将牛犊皮赐给门巴族妇女而沿袭下来，故门巴族妇女直至今天仍有背牛犊皮的习俗。

传说是美丽动人的，而上门隅妇女背牛皮的习俗，还得从她们的生产生活条件中找原因寻答案。上门隅气候潮湿，背牛犊皮可防潮护体，减少疾病。妇女多从事繁重的农牧业生产劳动，运输收割全靠肩挑背扛，牛皮成为负重时的垫物，既可护体又能保护衣服减少磨损。门巴族妇女在遥远的过去就从事牧业生产，是牧业生产的主体，在牧业生产中享有特殊的荣誉。妇女披挂小牛皮，既是对妇女在牧业生产活动中取得的历史性功绩的记录，同时又反映了门巴族对牛的原始崇拜。头戴门巴小帽，身披小牛皮，是上门隅门巴族妇女的美饰。

第三节　珞巴族服饰文化

珞巴族的服饰，包括衣帽、装饰与文身等各个方面，因部落不同而呈现出斑斓多彩、千姿百态的风貌。珞巴族的服饰习俗从一个重要的侧面表现了他们的文化特点。

一、服饰的形成

珞巴族服饰习俗的形成，经历了一个从无到有，由简单到复杂的过程。

珞巴族的神话传说，为我们展现了一幅珞巴族远古先民的生活情景。《斯金金巴巴娜达萌和金尼麦包》中讲道，天父地母孕育的孩子、珞巴族最早的祖先达萌和麦包姐弟俩，像他们的野兽同胞们一样，没有衣服，是光着身子来到这个世界上的。姐弟俩成婚后，一天，他们觉得"光着身子多害羞呀！"弟弟麦包走遍了山山岭岭，采来了各种各样的树叶和野草给达萌做了一件围身遮羞。他还采来了"染巴"草，给达萌做了一副裹腿，挖来了藤根给达萌做了一副手镯。在《创世纪》中也讲："达尼请示太阳月亮说，人口已发展，但个人都赤身裸体，怎么办？太阳、月亮说，亚麦公基①一天能织六七块布，叫他去人间向人类传授织布。达尼和亚麦公基一道到人间，人类才穿上纺织衣服。"从以上两则神话片断看，珞巴族先民同其他民族先民一样，最初是赤身露体不穿衣服的，在长期的发展过程中，才逐渐采集树叶野草以"遮羞"，后来学会了纺织，才穿上了衣服。

珞巴族服饰习俗的形成和发展，与珞巴族长期从事的采集和狩猎生产的活动方式紧密相连。博嘎尔部落妇女过去是用一两块"达谢"（棕毛）遮羞，也用猴皮或鸡爪谷秆叶纺织成裙状围挂

① 亚麦公基，即蜘蛛精灵，相传是纺织的创始人。

下身，上身则是披搭野芭蕉叶。男子也是用“达谢”纺织成毛巾或用狩猎所获的松鼠皮遮羞。直到20世纪90年代，博嘎尔男子的服饰仍是着野牛皮或山羊皮套装，头戴熊皮盔帽；男女均喜欢戴用兽骨、兽牙、兽皮制作的各种饰物。

纺织的出现和发展，给珞巴族的服饰带来了重大影响。人们在长期的采集活动中，对各种植物的特征有了了解，懂得了从野生植物中提取纤维的方法。织土布的原料是从珞瑜地区生产的“达诺”、“郎蒂”等野生植物中提取的。这种植物的表皮含有丰富的纤维，人们将其表皮剥下，晾干后用木臼舂打成丝状，掺炉灰煮若干小时（作用是除去胶质），取出纤维洗净晒干，搓成线后即可织布。有了布，人们才开始缝制衣服，从而取代了以往遮护人体的野草树枝。在近代，珞巴族的一些部落已开始在刀耕火种地上种植棉花，学会用棉花纺纱织布。不过，珞巴族的纺织技术并不发达，各部落纺织技术的发展也不均衡，许多部落做衣服所需的布料、羊毛等仍需要通过与其他民族的交换来获取。

二、服装

珞巴族居住的珞瑜各地区，在气候、物产以及与外界的联系上有所不同，表现在服饰习俗上各部落也有一定的差异。

1. 男子服装的类别与制作

过去，博嘎尔男子上身内穿自制的野牛皮、山羊皮或藏式氆氇长袍，外罩山羊毛纺织的黑色套头大坎肩。坎肩用长条窄幅氆氇制成，前后上下一样宽，不挖领，中间留一缝口套头。下身一般不穿衣物，只系遮羞布，从前面垂下，兜上后腰。头戴熊皮盔帽。这种帽子是用熊皮制作的带檐的圆形皮盔，檐上套一条带毛的熊皮圈，毛伸向四周。帽后缀一块长约30厘米、宽约15厘米带眼窝的熊头皮，垂在颈部。熊皮头盔坚硬无比，戴上它既可在狩猎和械斗时防身，又显得十分彪悍英武。

博嘎尔人制作衣服的方法简单。皮革加工的方法是，将剥下的兽皮铺平，用竹棍支撑晒干，然后用石头、木铲或刀子把皮削薄和去油脂，或两人拉着皮子在木头上来回摩擦，待皮子削薄和油脂去净后，涂上狗熊油将皮张拉直风干即制成了可供做衣服的皮张。用刀裁衣，用竹针缝纫。竹针的制作是取一年竹龄的竹子，削细如火柴杆粗细，长约60厘米，用火烤软，将一头削尖，尖长5厘米许，其余的削成丝绒状，将竹绒分成两股搓成线或与线搓合在一起，即可缝衣。缝制土布一般用麻线或叫“郎蒂”的纤维制作的线，缝纫皮革则用一种叫做“乌格”的藤皮。

崩尼和崩如部落男子的上身衣服叫“尼嘎埃济”。它用竹针将两块窄幅土布缝合而成，呈长条毯状，长为自身的二庹半，宽

博嘎尔部落猎人

米古巴部落猎人

为自身的一庹去半手臂。穿戴时将布围裹于身，具体方法和过程是：先将长条横斜披于背，衣的上边角搭置右肩，再由左到右臂内绕身一圈半至右胸前与搭肩边角相接而成右衽状，袒露右肩臂，将衣的下长往上翻折至膝，以竹签“布喜”代扣，再束藤条腰带或土布腰带。衣服多为黑色或本色。崩尼人的纺织工艺较发达，能纺织出各种花卉和鸟形图案。崩尼青年男子的上衣常用织有粗条相间的花纹布，有的还在上面用色线纺织出一只或数只（一般为四只）蝙蝠、各种鸟的图案花纹。过去，男子下身不穿裤裙，而用长条土布遮羞，有的还用藤编套子、大额牛角或野牛角、木制小槽和竹铜等物套盖生殖器。男子一般赤足，部分人在狩猎时穿一种称为“列浪”的长筒靴，靴底与帮均用棕丝绳编织而成，靴筒用山羊毛编织。

珞瑜南部的珞巴族部落，由于气候炎热和物质条件的限制等原因，人们上身一般裸露，如果穿衣服，则穿简单的无领无袖无扣的短上衣，赤脚，下体系一遮羞物。但是，大多数部落对帽子却十分讲究，一般都要戴自己编织的各种藤帽，有菱形帽、圆形帽、板瓦形帽和熊皮压制的带檐盔帽等。帽上插雉鸡或其他禽鸟的羽翎，给人以英姿飒爽之感。

珞瑜地区雨季长达数月，人们在外出劳作时要佩戴雨具。雨具有多种，一种是戴在头上的，类似内地的斗笠，用竹篾编织而成，中间夹一层树叶或芭蕉叶。另一类是披挂在上身的，像内地南方人的蓑衣，用棕丝编织而成，也有用两层竹编中间夹芭蕉叶的，呈长方形，上方有一圆缺口。还有一种雨具类似内地小孩冬天使用的斗篷，也是用竹篾编制，夹层放有树叶和芭蕉叶。

2. 女性服装的类别与制作

博嘎尔妇女穿叫“基都”的短上衣。是用野麻织成的土布缝制的，其样式为无领、短袖、对襟。下身穿用羊毛织成的粗呢紧身筒裙，称作“结邦”。小腿部绑扎裹腿，叫“涅苏木”。条件好的人家外面还要罩一件称作“阶纳布”的披肩。其制作与男子服装相同，用刀裁切和竹针缝合。

希蒙妇女穿用当地棉花织成的白色或蓝色的宽大对襟短上衣。裙子用白底带棕褐色或棕黑色的条纹布缝制而成，裙子穿在肚脐以下较低的地方。巴达姆、民荣妇女通常穿一种长袖的阔上衣，袖口上有黄色图案镶边。裙子的下摆较宽，裙子上织有黄红色与粉红色或与黄黑色相间的平行线和“之”字形与三角形的图案。米古巴妇女喜欢穿用猴子皮缝制的衣服。

崩尼部落上衣叫“尼麦埃济”，是由“达诺”、“布素”、“哈仁”等野生植物纤维织成的土布缝制的。先将两块黑色或红色的土布缝合成长条毯状，长为自身的两庹，宽为自身的一庹。穿法与男式衣服相似，即将衣的一边角搭于左肩，一端从胸前经右臂内从左绕缠一圈半于右胸前，同左肩衣边经背部绕至右臂内的衣边角相接，形成右衽状，袒露左肩臂（男子袒露右肩臂）。衣长至小腿，用竹签扣紧。腰部系一根称作“布署”的腰带。“布署”用红、黑、白、黄等染色植物纤维线织成，色彩鲜艳。多数妇女还用藤条串连十二个小铜钹状的“贺非”当腰带。妇女终年赤足。

崩尼人制作衣服的习俗，同博嘎尔部落相同。

三、装饰

珞巴族的装饰种类繁多，几乎人体的各部位都有饰品。根据饰品的佩戴部位，可分作头饰、项饰、腰饰和腕饰等。

1. 头饰

珞巴族的头饰包括发式及其饰品、耳饰和鼻饰。

发式及其饰品。各部落的发式及其饰品有所不同，有的部落男女也有差别。阿兴部落的男子蓄长发，只剪短前额至两耳之间的头发至眉际，其余的散披到肩后。妇女前额的头发梳向脑后，编辫后扎成发髻，上别玛瑙珠子作装饰。

希蒙、卡可、民荣部落男女发式相同，即沿着两耳上方2.5厘米的位置，把头部四周的头发全剪下，只留顶部的一个盖子。

崩尼部落男女均留长发。男子在前额挽一个海螺形的大发

盛装的珞巴族

髻，发髻上横插一根木签或竹签。崩如部落男子的发式与崩尼部落相似，亦挽发髻，崩如人的勇敢善战者在大发髻上要缠上数圈细藤。阿巴达能部落的男子是在头顶前部绾一发髻，发髻上横插一根约30厘米长的竹签或银签。崩尼和崩如妇女将头发扎成辫子盘在头上，发上系红蓝色线，有的则散发披肩。头上戴一种称作“嘛呢”的饰物，这是用一束束五颜六色的小串珠并排缠在头上。

博嘎尔部落男女均蓄长发，额前部分平齐眉际，其余的散披于两肩和颈后，无男女之别。

耳饰。珞巴族许多部落的男女都戴耳饰。博嘎尔妇女戴藤耳环，是用“颜巴”藤制作的。阿巴达能男子的双耳挂缀两三个圆形藤质或金属耳环，妇女耳垂穿孔很大，可以同时戴一个大耳环和数个小耳环。崩尼部落男女均戴大耳环，铜质耳环称为“阿龙”，锡耳环叫“日济”。布瑞部落耳垂上穿孔，悬挂小串珠子或戴藤、金属耳环。德根妇女和少年戴用鹿毛做成的耳环，做法是将鹿毛缠在金属丝上，各配上一个淡蓝色的珠子。

生活在珞瑜南部的部落有着精巧的耳饰。阿兴部落男女戴的耳环很大。耳环的前端有一底座，上面镶三块宝石，底座下方吊数串珠子。珠子下方还饰有一对红色的棉毛穗子。这种耳环贵重，为防丢失，便用一条双股银链固定在底座上。巴达姆和民荣部落妇女的耳饰是用6～7个银线圈卷成的螺旋体，戴在耳垂的孔内，把耳垂撑得很大。在螺旋体的耳饰内，穿有一根藤线，上挂若干珠子和小铃铛。另有一种简单的耳饰，即用一个空竹管直接插在耳垂的孔上。

鼻饰。珞巴族个别部落还有穿鼻习俗。登尼人有在鼻翼上各穿一大孔、戴金属鼻环作装饰的习俗。登尼妇女也有在鼻尖两边穿孔，塞上小木棍或戴一个小铁圈的习俗。穿鼻习俗在珞巴族中不普遍。

2. **项饰**

博嘎尔部落佩戴在颈项上的装饰叫“波阶”，多用海贝、兽骨、兽牙或玉石等磨制成珠状。佩戴时，有的缠绕颈脖数圈箍紧颈项，有的垂于胸前或垂至脐上。佩戴的项饰少则三五串，多则二三十串。崩尼部落的项饰是佩戴数串红、白、黄、黑等色的串珠项链，项链上还拴缀饰物。米古巴部落妇女是佩挂玛瑙、珊瑚、绿松石及各种珠串项链，颈上项链的多寡是米古巴妇女穷富的标志。崩如部落男女喜戴白珠子穿成的项链，有时多达几十串。

巴达姆、民荣和巴昔部落的男子，戴一种由两条串珠组成的项链。他们用项链绕颈脖三四圈，像衣领一般。前面项链上的两个白色圆骨片，看上去像对扣子。胸前挂一条更大的项链，下方吊一个四方形装饰物。饰物上串有白、黑、蓝三色珠子和红羊毛穗子。此外，还佩戴三串长及腹的珠子项链，大的两串分别为蓝色和白色，另外一串为白色小珠子。其中的一串项链上吊着一颗野猪牙。巴达姆等部落的妇女亦佩戴多种项饰，其中一种是用平整四方的藏族护身盒制成的，盒底饰有两个老虎爪子，还垂着两条较长的串珠，下端有用银链做成的穗子；另一种项饰是由两串银质或铜质组成的长项链，佩时长及上腹，上面吊两颗野猪牙。

3. **腰饰**

珞巴族对腰饰十分重视和考究。博嘎尔部落男女腰部均佩饰带。饰带用兽皮制作，带面上缀满了一排排兽牙或海贝，两端各缀接一块磨制近似方形的大螺壳。系戴时，把两端扣拢于脐部正中。饰带下悬吊数根金属链条，每根链条的一端系结于脐部正中，另一端分别系结在腰部两侧，正面看上去，就是若干个左右对称的、悬于两腿前的半圆弧，显得飘逸潇洒。腰间还佩戴火镰、鼻烟壶和珞巴弯刀。妇女在饰带上还要佩挂若干小铜铃、红石串珠和大铜勺状饰物等。男子则腰间斜插长刀，肩挎长弓和箭铜，走起路来叮当响作响，英姿凛然。

博嘎尔人的另一种腰饰是用细藤篾编制的藤圈。饰带宽约5~6厘米，编织着许多花纹图案，十分精巧，佩戴时从头部或脚部套至腰部。德根妇女也在腰间套藤编饰带。

米古巴部落妇女的腰饰是一根用银、镀银或铁制的腰带，上挂一个银制的圆环，环上穿挂铜铃、串珠、海贝、小刀等物。

希蒙、卡可、北部民荣人和巴达姆人使用的腰饰有两种。一种为皮质，上面镶以直径为四厘米左右的青铜圆片，另一种为藤条交错编织成的，背面有“之”字形花纹，其中“巴若普”是这种腰饰中最有名的。它由大小不同的圆形青铜片组成，大小铜片均有孔，大铜片与小铜片对合后将小铜片折叠，使其两面相合，再用藤条串起来即成。巴若普是当地妇女最喜爱的饰物之一。

4. **腕饰和脚饰**

珞巴族各部落均喜戴腕饰。腕饰以戴手镯为主，质地不一，有藤、银、铜、铁等多种。德根部落的男子右手腕戴一个藤手镯，手镯上绑缠野生动物的毛；妇女则戴金属手镯，在左右腕上各戴两三个。崩尼、崩如和布瑞有腕部戴银质、铜质和铁质手镯，分有纹饰和无纹饰两种。布瑞男子还戴一种用头发编织成的

"拉埃"手镯。巴达姆男子戴的一种青铜手镯，其外层有金属突柱。

博嘎尔部落的腕饰很有特点。腕饰多用猛兽（如老虎、豹子等）的牙齿嵌在湿皮条上制成。有的人佩戴腕饰从腕部排到肘部，成为护肘。人们也戴手镯，过去多戴藤镯和一种用"得令"树皮制成的手镯，现在则多改戴银、铜等质料的手镯了。

珞巴族妇女的脚饰是戴藤环或藤编织物。博嘎尔妇女每只脚上戴两个脚环，由一种称作"颜巴"的藤条做成，名叫"颜巴勒令"（意为"颜巴藤脚环"）。阿巴达能人亦戴藤编脚环。珞瑜南部的珞巴人，用十分精致的、用藤编织的宽带子把脚脖子紧紧裹着，由淡蓝色串珠组成的脚环上挂着铃铛，更显出他们特有的风采。

从珞巴族纷繁复杂、种类繁多的装饰物可以看到，珞巴族的装饰同珞巴族的服饰一样，无不是同他们的生产实践活动密切相关的。狩猎活动作为珞巴族的主要生产方式，给珞巴族的装饰习俗带来了巨大而深刻的影响。谁打到的猎物多装饰品也就愈多，于是装饰便成了勇敢、力量、技艺和智慧的象征，也表现了他们对收获和富裕的渴望。在他们看来，只有满足功利需求的对象才是美的。珞巴族人佩戴的这些装饰物，在外人看来也许太繁琐、笨拙，但对珞巴族来说，这些饰物满足了他们的功利需求，因而成为珞巴族人的美饰。

四、文身

珞巴族一些部落有文身的习俗，其中尤以文面为盛行。

关于文面的来由，在布瑞部落和阿巴达能部落神话中是这样讲的：最早太阳女神冬尼亚依带着孩子们住在天上。后来母亲揭开苍天，将马、牛、羊、虎、豹、熊等放了下来，又将汉族人、印度人、藏族人和珞巴族各部落人放了下来。当放到布瑞、阿巴达能人和松鼠斯能交利时，太阳母亲十分难过，因为这是她三个最小的爱子，为了能在以后很快辨认出来，太阳母亲在布瑞和阿巴达能人脸上打下了绿色的记号，这就是至今布瑞部落和阿巴达能部落人文面的来历。母亲在松鼠的前额上打下了一个白色的记号，这就是珞瑜地区有一种前额带有白色痕迹松鼠的原因。这则神话反映了文身习俗与图腾崇拜的关系。

布瑞部落男女都文面，称文面为“哥芒月”，“哥芒”即脸、面的意思，“月”意为花纹。一般男女在十二三岁开始文面，由青少年男女用藤刺针互相扎刺而成。文饰十分讲究对称。

男女的文面纹饰大致相同。有额纹：珞巴语称作“格亡迷沙”。“格亡”即额头，“迷沙”意为箭头花纹。这是在两眼眉毛上方的额中央扎刺的花纹，呈↓形，故称“迷沙”。眼角纹：珞巴语叫“格翁迷沙”。“格”指眼睛，“翁”意为旁边，仍刺作箭纹。左眼眼角旁呈→形，右眼角旁呈←形。嘴角纹：珞巴话叫做“谢翁迷沙”，“谢”意为嘴。嘴左角刺→纹，嘴右角呈←形。下颏纹在珞巴语中称作“固月”，“固”指下颏。下颏共刺有5条线纹，一道线纹居中垂直，在垂直线两边各刺两道斜直线。

女性脸部的纹饰除与男性相同外，在鼻梁中央还有一道竖直纹，称作“包白”，呈｜形，此外，布瑞部落男女还在靠近鼻翼两侧对称扎刺三星图案，左右分别为∴纹饰。

布瑞部落文面的工具是用一种叫“月日”的藤刺针。文面时，用刺针扎刺皮肉，以点成线，然后用一种名叫“难得日”的藤叶烤热敷在扎刺后的部位上，使其色素渗透进刺破的皮肉内。愈合后，深蓝色的刺纹就永远留在皮肤上了。

阿巴达能部落、崩如部落亦文面，纹饰与布瑞部落相似。

达哥部落除在脸颊、嘴唇和太阳穴等部位扎刺纹饰外，还在手臂和身上文十字形、斧形和须状图案纹饰。民荣、希蒙、潘奇等部落妇女的文身主要在大腿、小腿和胸部。

第四节　僜人、夏尔巴人服饰文化

一、僜人服饰文化

僜人的传统服饰多姿多彩，别具特色。

妇女服饰。上身着麻布无领对襟短衫，衣袖仅盖住肩膀，衣衫长至胸上部，无扣襻，胸腹袒露。短衫的前部和背面，用红、绿、黄色线绣着方块形图案。下身着两层筒裙，内层较长，至膝盖以下，外层校短，仅及臀部。筒裙多用彩格布制作。裙角用彩色线绣着美丽的几何图案。用彩带扎裹腿，以防蚊虫、毒蛇。赤足。

盛装的僜人妇女，头饰颇为考究。妇女留长发，并将“卡响”插于头发内，然后挽成发髻，插上银簪或铜簪。额顶贴一张椭圆形银片，脑后用一条银带紧扣银片两端，形成整个头部装饰。

“卡响”是由一根假发带和竹签组成。假发长20厘米，夹带几根彩色线，顶端用绒线紧扎一扇状小竹片，竹片长2厘米，达让语称“茶卡”，格曼语称“布坎”。使用“茶卡”时，将薄竹片插入发髻内，再把竹片尾部系着的长假发和各种色线交织一束，盘缠于发髻上。

银簪针。两根银针长约37厘米，顶端焊一块小银币，上层再焊接一块大银币。小银币下端吊几穗彩色玻璃珠，并系着一个小铃铛和一条长20厘米的绒线。

当妇女戴头饰时，先把银簪针插入发髻里，再用长绒线系着头发，以免簪针脱落，走动时，彩珠飘动，发髻上的小铃铛不时发出清脆的声响。

额饰。达让语称“格奔”，格曼语称“帕龙”。分银制和铜制两种，呈长椭圆形，器形薄，中间宽，延至两端逐渐变窄，长约10厘米，中间宽约6厘米，两端仅宽2～3厘米，近似柳叶状，戴上后正好罩住前额，两端贴近耳边，用一条银链或彩带系于格奔两端的银扣，使格奔紧固于额上。格奔的制作极为精致，银片上装饰有珍珠形或永波形花纹，片心镂刻着一朵梅花图案，十分美观。

据说僜人开始带“格奔”的年代很早，当初的“格奔”都是竹子做成的，带“格奔”的目的是为了保护皮肤和劳动的方便。因为过去人们都蓄发，带上格崩后头发不易披散，在深山密林中活动更为方便。

拴系“格奔”的银链（带）。达让语称“德勒”，长8厘米，用两排银币焊嵌在一条厚蓝布带内，布带宽3厘米，银带布条两端钉有银扣。使用时，将带内的银扣扣于格奔两端的扣内，额饰即固定。

僜人男女均有戴耳环的习俗。妇女戴的耳环有两种：一种状似喇叭筒，达让语称“英苏孙”，格曼语称“格牙”，用银质或铝质铸成，筒口用银片焊接，雕镂着精致图案。戴时，先将喇叭

僜人妇女佩戴的饰品

筒底部塞入耳穴，直到把耳筒塞紧，不使脱落为止。一种是银耳环，达让语称“银孙”，耳环呈圆圈状，直径约5厘米，下面串着小串银珠和彩珠。喇叭筒形耳环最为人们所珍爱。

个别老年人还佩戴竹筒耳环。它是用细竹节截成的，长约1厘米，截面直径约两厘米。有的还于竹筒耳环上套几个金属耳环。僜人认为，他们佩戴最早的就是竹铜耳环，金属耳环是后来才有的。

出于佩戴耳环的需要，僜人都穿耳孔，久而成俗，已成为僜人的一个显著标志，他们认为：“没有耳孔怎么算僜人?”当地藏人过去称僜人为“那哄”（即“大耳孔”），也是由于僜人有此习俗。

项链。妇女所戴项链绚丽多姿，形态各异。银筒项链，拿20颗细小银筒用一根银丝相串而成。银球项链，达让语称“保巴温·德卡”，格曼语称“阿页格”，它用十余颗小银球系在一根兽皮或帆布条上，每颗银球都雕镂着精致花纹，每球焊着一根小银棒，这些银棒插在皮带里，形成一条项链。红珠项链，达让语称“滚”，格曼语称“根”，是用红的玻璃或塑料珠做成的，珠子有小孔，用绒线串成项链。银币项链，达让语称“巴温”，格曼语称“格摆”，用银币镶嵌在一条布带上而成，有的一排订印度卢比，一排订大银元。彩珠项链，用蓝、红、白各色彩玻璃珠串成，有的要戴十余条，方觉美观；银丝项圈，用银丝或铅线制成，每次戴五十余根，始觉庄严美观，一般中年妇女喜爱佩戴。银锁胸链，有大小两种：大银锁长5~6厘米；小银锁长3~4厘米，状似灯笼，银纹雕镂细致，美观大方，用银链系于银锁两端，挂于胸前。

手镯和脚镯。男女都戴手镯，女镯较细，男镯较粗。达让语称“阿哉”，格曼语称“强”。手镯均为银制，多为扁条环状，有的为圆柱环状，雕镂着精致花纹，镯头不衔接，可随时取下。脚镯有银制和铜制两种，也有少数人戴竹条弯成的脚镯。

妇女外出时，喜背麻织挎包，达让语称“卡匝格占”，格曼语称

“唐来”,有的绣着绚丽的花纹图案。可装饮盒、烟斗、酒壶等物。

男子服饰。上身穿一件麻布长褂，达让语称“圭赛”，意思是绣着各种花纹的衣服。这种长褂，无领，无袖，亦无纽扣，前胸袒露，颇似背心，穿着方便。由四块紫红麻布拼缝，脊背两块，胸前两块，长63厘米，宽44厘米，袖肩宽10厘米。胸前绣满各种色线的图案。图案约分为四组：第一组从肩部到袖口绣波浪纹和等边三角花纹；第二组从袖口到胸部绣三角和四边形花纹；第三组从胸部到腹部绣直线和直条波浪纹；第四组从腹部至衣角，花纹与第二组同。衣背除腰部未绣花纹外，图案与胸部同。袖口和领边挂着几朵色绒穗，是用红黑毛线绣成。

下身用一条白麻布织的带状遮羞布盖住生殖器部位，达让语称“腊波”，宽10厘米，长20厘米，用彩线绣成花纹。

男子蓄长发，挽髻于脑后，戴青布或白布包头。两耳戴大耳环，耳环下吊一颗玻璃珠穗。脖颈戴银项圈。手戴银镯。右肩挂一条用银元镶嵌的银链，链部可插一把腰刀，左肩挂一个挎包，内装烟袋、烟草和打火镰等。

男子所挂挎包称为“格配”，用羊毛织成，亦用布制成。挎包长约25厘米，宽23厘米，约呈方形，采用大红、紫红、淡绿、淡黄等色线织成精美图案，挎包带用一条折叠的青布条制成，长70厘米，上镶银币，挎包两角结扎各色小绒球，各系一条银链。链下吊火镰，火镰铁片下半用兽皮套住，上半露出。火镰旁还挂有小布口袋，内装打火石和引火绒草。背包时，背带在左肩，布袋垂在前身右大腿。

还有一种熊皮挎包,它是用狗熊头皮缝制的,乌黑发亮,狗熊的两只耳朵恰巧留在皮包盖上,十分别致。在僜人中,这种挎包最为讲究,富有人家的男子外出必带,作为其身份的一种象征。

铁砍刀对于僜人男子来说不仅是重要的生产工具和防身武器，而且也兼有装饰作用。成年以上的僜人男子参加社交活动，拜会亲友及出门远行，都是刀不离身。刀似乎是男子汉的标志，而且认为，“身上不带刀就犹如缺少一样最贵重的东西，感到不光彩”。一般的铁刀通体长约 50 厘米，刀身长约 40 厘米，刀把长约 10 厘米。比较精致的铁刀，其刀把都包嵌上带有花纹的铜片。在长条形木板上刻出凹槽，每隔两厘米左右绕上数圈铜丝，即为刀鞘。刀插入凹槽内有铜丝保护，不会脱出。刀带用皮条制作，其挎法与背包相同。①

过去，僜人男女都披麻布披肩。披肩宽近 1 米，妇女披肩长 2 米，男子披肩长达 3 米，平时披挂既可遮挡风雨，夜晚睡觉时，又可作被盖使用。

僜人的传统服饰如今老人们仍普遍穿戴，年轻人则根据自己的喜好平时着汉装或其他样式的服装，民族服装多在喜庆节日或特殊的日子才穿戴。男女均已穿裤，较少赤足，喜穿皮鞋或运动鞋。挂戴遮羞布的情况境内僜人已极为鲜见。

二、夏尔巴人服饰文化

与僜人绚丽多姿的服饰相比，夏尔巴人的服饰显得简洁流畅，有一种素雅朴实的美。

夏尔巴男子衣饰分上衣下裤。上身内穿白色长袖衬衣，外罩称为“波杜巴”的无领短袖素色外衣。“波杜巴”系用未着色的羊毛织品缝制。下体着白绒布或白布制作的紧身裤，使用腰带。头戴“次仁坚阿”藏帽或黑色无檐船形帽，老人在冬天多戴毡帽或毛线织就的帽子。戴项链和戒指，腰间佩戴尼泊尔式“戈尔边”刀。刀为尼泊尔工匠打制，有不同的质地和等级。好的“戈尔边”刀做工精细考究，刀柄雕刻有精致花纹，有的还镶嵌宝石。刀鞘多为皮质和木质，也有用合金制作的雕刻精美的刀鞘。“戈尔边”刀，刀锋锐利，实用美观，很受夏尔巴人的喜爱。人们外出时作为防身的武器，在家时又可用作切菜切肉的工具，刀为每位男子所必备。

---

① 杨毓骧：《西藏察隅僜人经济文化考察》，载《民族调查研究·滇藏高原考察报告》（专刊第三集）。云南省民族研究所、中国社会科学院民族研究所编：《僜人社会历史调查》第 262～264 页，云南人民出版社，1990 年。

夏尔巴妇女上身多着花色衬衣，外罩白色无领短袖外衣“波杜巴”，下身穿白褶花布长裙。过去无穿裤习惯，现在除老人外，年轻妇女大多已经习惯穿裤。妇女喜欢戴耳环、项链和手镯等饰品。耳环有金、银、玉等质地的区别。姑娘婚前多戴小型的银、玉或铜质耳环，婚后则戴椭圆形金质大耳环，耳环上镶有各种宝石，十分珍贵。

夏尔巴妇女

第三章　居住文化

衣、食、住，是人类社会赖以生存的物质基础。自从人类从最初的构木为巢到搭建最简单的地居式住宅开始，人类的居住习俗便逐渐形成。伴随着历史的前进，人类的居住形式和居住条件不断得以拓展和改善，出现了适应特定地区地理环境和气候条件的居住形式，并形成了系统而稳定的居住习俗、礼仪和禁忌。民居作为社会历史的活化石，不仅表现了一个民族的生活空间，更重要的是表现了一种生活方式和与这种生活方式相关的经济基础和意识形态。

在广袤的西藏高原，簇立着风格多样、形式各异的民居：既有农区和半农半牧区“屋皆平头”的楼房，又有藏北牧区的帐篷世界，还有林区的木构建筑，更有珞巴、僜人的“长房”，门巴的干栏式木屋。它们以其独特的个性，直观地展示了西藏各民族和各地区居住文化的魅力。

第一节　藏族居住文化

藏族居住文化的历史十分久远。考古资料提供的确凿证据表明，远在四五千年前的新石器时代，藏族的民居建筑便有了相当的发展和较高的水平。昌都卡若遗址共发掘出房屋基址 28 座，有圆底房屋、半地穴式房屋和地面房屋三种类型。在房屋遗址晚

雍布拉康

期，其建筑材料普遍采用砾石为主的天然石块，房屋面积一般为30平方米左右，其居住面内的柱洞一般经过细致的修整，还可能出现了楼屋。①

卡若遗址房屋建筑是藏族民居建筑的滥觞。在其后几千年的演进中，藏族的民居不断得以发展、丰富和完善，并带着厚重的时代印迹。公元前2世纪藏族建筑史上出现了第一座宫堡式建筑雍布拉康，依山而建，巍然耸峙，反映了当时碉房建筑的技艺水平。赤松德赞赞普时，在贤良之臣赤桑雅拉倡导下，将山上居民迁往河谷平地，人们从过去居住于山上的石头城堡到田间地头建屋而居，组成村落，② 居住习俗发生了重大变化，出现了《唐书》记载的吐蕃“屋皆平头”的居住形式和格局。到11世纪时，西藏的民居有的已建造得十分高大豪华。从史料可知，当时玛尔巴（1012～1097）、米拉日巴（1040～1123）的家庭富有，

① 西藏自治区文物管理委员会、四川大学历史系：《昌都卡若》第50页，文物出版社，1985年。

② 达仓宗巴·班觉桑布著，陈庆英译：《汉藏史集》第137页，西藏人民出版社，1986年。

家居曾十分豪华，米拉日巴还曾修建名为“桑嘎古托”的九层碉房，① 至今该碉房仍巍然耸立。

千百年来，藏族民居的基本建筑和农区城镇“屋皆平顶”的居住形式一直延续至今。当然，社会形态、宗教观念、地理条件等社会和自然因素在民居中有着深深的烙印。今天，时代前进的脚步更为古老的藏族民居打上了鲜明的时代印迹。

一、民居的类别与特点

藏族民居的形式和结构因不同地域的地理环境、气候条件和生产方式的不同而表现出较大的差异。从总体上看，牧区传统的民居是以帐房为主，农区和城镇的住宅则是石木或土木结构的楼房。

帐房。以帐篷为屋，这是藏族牧民千百年来的居住形式。逐水草而居的游牧生产方式，决定了牧民的频繁迁徙和居无定所，帐篷这种易搭易拆、方便实用的居住形式便成为人们在长期生产生活实践中的唯一选择。

藏北牧区的帐篷主要有“黑帐”（牛毛帐篷）、“白帐”（羊毛帐篷）、“黑顶”或“花帐”（厚布帐篷）和“布帐篷”等类别，② 其中“黑帐”与人们的生产和生活关系最为密切。

牛毛帐篷。系用牦牛的长毛织成的帐篷料即称为“日雅”的粗氆氇缝制的。粗氆氇每幅宽约30厘米，长短由帐篷的大小而定。将若干幅“日雅”拼接缝合成两大片，两片相接的缝隙约有60厘米宽，放在顶部当作天窗。连接的两边镶白色帐篷料，因为以白对白、黑对黑相接是人们所忌讳的。帐篷的大小是根据经济条件和家庭人口缝制的，一般缝制一顶帐篷需“日雅”二三十幅，也有的需要四五十幅。帐篷越大，需要的“日雅”数

---

① 参见查同结布著，张天锁等译：《玛尔巴译师传》，西藏人民出版社，1989年。桑吉坚赞著，刘立千译：《米拉日巴传》，四川人民出版社，1985年。

② 中国藏学研究中心社会经济研究所编：《西藏家庭四十年变迁——西藏百户家庭调查报告》第91页，中国藏学出版社，1996年。

过“林卡”节时的花帐篷

牧人的黑帐篷

量越多。过去，三十九族的霍尔王府邸也设在一个巨大的帐篷中，称“赤堆冬雄”（意为“聚万容千”），后来帐名成为宗的名称，叫“巴青”（意为“大帐”），即今天的巴青县。由于牛毛帐篷呈黑色，故称“黑帐”。也有的人家为了美观，用羊毛“日雅”从帐篷门到篷顶，直延伸到后壁，形成一条白色的宽带。

帐篷由篷顶、四壁、横杆、撑杆、橛子等部分构成。篷顶正中是天窗。天窗起通风、采光的作用。天窗上有一块盖布，白天打开，夜晚盖上，可防雨和冷风直吹帐篷内。篷顶与四壁交接处的四角和四边的中部各缝有一根长绳，通常为八根称为“江塔”的绳，绳长七八米、十几米不等，一般是结实的牛毛绳或牛皮绳。帐篷四壁的底部还有若干小绳扣，用来牵钉橛子，一般隔三四十厘米一个。帐篷的“门”大多是左右帐“壁”重叠合拢充当（其中一端晚上用镢子固定，白天可撩起；另一端则始终固定）；有时是一道可掀开的帘子，平时合上，进出掀开。

搭建帐篷的选址很重要，一般要选水草充盈、易于放牧和生活的地方。牧民对选址的标准有形象的说明，要选“东如开放、南像堆积、西如屏障、北像垂帘”的地方，或者要选“靠山高低适中，正前或左右有一股清泉流淌”的地方。[①] 地址选好后，帐门朝东，这是遵循祖先传下来的习俗惯制。有谚云：“人合伦理，帐门朝东”。搭建时，将帐篷顶部四角的“江塔”绳拉向远处，系于钉好的木橛（也有的用铁桩或较直的羊角作橛）上，然后在帐篷中架一根木杆作横梁顶住篷顶，用两根立柱支撑横梁两端，接着调整四周拉绳的松紧即可将帐篷固定。最后用橛子钉住帐篷四壁底部的小绳扣，使帐篷四壁绷紧固定。帐篷搭建好后，为挡寒风，有的人家在帐篷内用草皮砌一圈高约一尺的矮墙，有的在帐篷外用草皮或牛粪围一圈一米多高的矮墙挡风。[②] 牛毛帐篷防雨防雪，经久耐用，一顶好的帐篷可用几十年。牛毛帐篷还可自如地加大和变小。如家庭人口增多，可将“江塔”绳下移，在帐篷底边接上一截，帐篷内的使用面积便增加，反之将“江塔”绳往上移，帐篷又可变小。“黑帐”是藏北牧民移动的家、温馨的家。

“白帐”。大多用羊毛织的帐篷料缝制。这是富裕牧户在小范围内游牧时带的。春夏之交下羔时可当作羔圈，防止羊羔被冻。还有些人去盐湖驮盐等一般外出带“白帐”，它既保暖又轻便。

“黑顶”或“花帐”。用质地厚的白布或羊毛所织的“日雅”作帐篷的“四壁”，而用牛毛“日雅”做顶，看上去黑顶白

---

① 中国藏学研究中心社会经济研究所编：《西藏家庭四十年变迁——西藏百户家庭调查报告》第 92 页，中国藏学出版社，1996 年。

② 格勒等：《藏北牧民——西藏那曲地区社会历史调查》第 345 页，中国藏学出版社，1993 年。

壁，十分漂亮。帐内还给人以光亮清新的感觉。常用于“夏乐”等节日野游，是随时可带的极方便的一种帐篷。

“布帐篷”。是藏北牧区较高档的一种帐篷。帐篷上顶还搭有一个面帐篷，是一块占面积稍大的布，用来遮阳挡雨的。帐篷门顶及两边有各种图案，如：火焰宝、八宝图、花卉、狮子、大鹏鸟等。有些还带有庭院。这种帐篷只用于公众集会的大型活动中。

牧民长期住帐房的习俗现在已经有了很大的改变。随着牧业生产的发展，群众收入有了很大的提高。特别是实行承包制后，草场基本划块经营，人们有了相对独立的草场，不像过去那样需要大的迁徙，这样为建造定居住房提供了条件和可能。从 20 世纪 80 年代开始，藏北牧区出现了一股建房热，世世代代以游牧为生的牧民终于走向定居而结束了居无定所的时代。藏北牧民修建的住房多为土木或石木结构的平房，虽然许多房屋的结构还比较简单，但居住条件已明显改善。过去住帐篷时席地而眠，如今人们已普遍用床，有木床、铁床（折叠床尤其受人喜欢）。过去住帐篷没有多少家具，现在定居后都有藏柜、饭桌等较大的家具。许多人家还购买了自行车、拖拉机甚至大卡车，人们正一天天富裕起来。

碉房、楼房与平房。西藏农区（含半农半牧区）和城镇的民居，大都是二三层的楼房或一层的平房，也有高达四五层的建筑物，“屋皆平顶”是其共同特征。

“屋皆平顶”的藏式民居建筑式样和风格从有关史料可知至少已有一千多年的历史。《旧唐书·吐蕃传》称：“其国都城号为逻些城，屋皆平头，高至数十尺。”《新唐书·吐蕃传》云：“屋皆平上，高至数丈”，由此可知吐蕃时期民居的建筑面貌。时过一千年后成书的《西藏志》，记述其时的西藏房舍：“自炉至前后藏各处，房皆平顶，砌石为之，上覆以土石，名曰碉房，有二三层至六七层者。凡稍大房屋，中堂必雕刻彩画，装饰堂外，壁上必绘一寿星图像。凡乡居之民，多傍山坡而住。”① 这些记述与西藏腹心地区民居的情况基本相合。

碉房，藏语称为“卡尔”（mkhar）或“宗卡尔”（rdzong-mkhar），原意为堡寨，多建于险峻的山石上，巍峨高耸，易守难攻。山南的雍布拉康，后藏的娘若香波，洛扎的桑嘎古托，便是此类建筑的代表。

碉房是有着特定含义的建筑，它对西藏民居的形成和发展影响很大，如土石结构、如平顶风格，但碉房并不能完全代表西藏民居。西藏腹心地区的农村和城镇居民居住的房屋称为“康巴”（khang-pa），有楼房亦有只建一层的平房。楼房多为二三层，个别富裕人家的楼房有四五层，而建一层房屋的在西藏各地随处可见。笔者多次在西藏各地考察，无论在后藏的定日、山南的措美、拉萨附近的墨竹工卡，都能见到大量的一层民居。而在藏东昌都和藏东南的林芝、波密、察隅等地则较少一层房屋，多是二

秀巴千年古堡

① 《西藏志·卫藏通志》（合刊）第32页，西藏人民出版社，1982年。

三层的楼房，主要原因在于当地多雨潮湿的气候使然。一层房屋显然不能称之为“碉房”，即使三四层的楼房也似与“碉房”无关，名称、功能和作用两者都不同，因而，“碉房”并不是藏族民居的典型形式。藏东贡觉县三岩地区，人们所居住的是真正意义上的称为“康尔”（即“卡尔”，为藏语 mkhar 的不同译音）的碉房。刘伟先生在三岩地区考察时记述了“康尔”的情况：“三岩房子‘康尔’都是土夯的，低层畜养牛羊，二三层住人，顶端晾晒农作物或其他东西。房屋高达十几米，大都修建在地势险要的山坡上。这种碉堡式的建筑是中级野蛮社会的典型居房，上面没有窗，只有枪眼。一来是帕族之间打冤家防卫用，二来作为气窗，给屋内通气，漏入些光，上楼下楼全凭一根砍出锯齿样脚蹬的圆木。”[①] 三岩地区过去乃蛮荒之地，地形险要，人剽悍骁勇，常抢掠商旅。历史上曾抢劫运送皇帝赠送给达赖喇嘛物品的商队，袭杀过赵尔丰部队，引来汉藏军队的围剿，但因山高地险，“康尔”堡寨甚为坚固，令官军十分头疼。《清实录》和《多仁班智达传》等藏汉文史料对此都有记述。三岩社会带有浓厚的父系宗族制特征，人们分属于众多的称为“帕措”的以父系血统关系为纽带的集团，各“帕措”之间互不统属，喋血械斗频繁，因而人们的住房为易守难攻的碉房。三岩人从房屋名称到建筑形式都全面继承了藏族古代的“碉房”，这在西藏是绝无仅有的。在山南地区，从措美通往洛扎的路途中，可以见到一座座高耸的称为“索孔”（意为“哨所”——碉房）的高大建筑物，大多已经坍塌或残缺不全，高的达十五米以上，碉楼四周留有许多射击孔，显然这是用于战争或防备攻击时的建筑物。林芝工布江达县巴河镇秀巴村至今还耸立着五座古碉楼，这些碉楼古堡历经千年风雨，依旧巍然屹立，充分显示了古代藏族工匠高超的建筑技艺。这是真正的碉楼而非民居。

---

① 子文（刘伟笔名）著：《苍茫西藏——神话与现实共存的高原》第 46 页，春风文艺出版社，2000 年。

定日民居

西藏农区的楼房多为二层，一般为石木结构。墙体多为石砌，一层方石叠压一层碎薄石，以泥合缝。有的地方，墙体下部为石块垒砌，上部墙体为板夯土墙。还有的地方，作墙体的材料为土坏砖，往往以石、土、砖混合使用作墙体：墙体下部为石砌，中部为土夯，上部是土坯砖。墙体逐渐向上收缩，但内壁保持垂直。在内部建筑构造上，梁和柱不直接相连，柱头上平搁短斗，短斗上搁长斗，长斗上搁大梁，两大梁的一端在长斗上自然相接。梁上铺设檩条，檩条上再铺木棍，然后捶筑“阿嘎”土①做成楼面或屋面。② 有的地方没有“阿嘎”土，则用一般的黏土夯实作顶。屋顶均为平顶，一般在屋顶四周的墙上还要加砌女儿墙，女儿墙上先铺一排短木，短木上横铺长条木，上面再铺一层藏语称为“檐巴”的薄石片，最后捶打一层阿嘎土以保护墙体。

---

① “阿嘎”系藏语，意为“硬黏土”，是风化的石灰岩或砂黏质岩。阿嘎土有黏化作用，藏族人从山上挖回来后弄碎，平铺加水长时间夯打密实和浸油磨光，干后坚硬如水泥，平滑同玻璃。“阿嘎”是藏区持有的一种建筑材料。

② 陈履生：《西藏民居》第3页，人民美术出版社，1994年。

在屋顶四角搭建约半人高的墙垛以插挂经幡。

住宅楼大多呈正方形或纵长形，底层为圈养牲畜，堆放杂物用，一般不开窗。二层为活动的主要场所，包括主室、贮藏室、经堂、楼梯间等。一般将前面较大的房屋作为主室，左右的小房间作贮藏室，楼梯间多位于主室右边的靠墙处，从这里可以通到各室及上下楼层。顶层，一般民居的顶层就是第三层，也有少数盖有四五层的。顶层多分作两部分，前为晒台，后为平顶屋，此屋既可作生产或生活性用房，又可装饰用作经堂或接待喇嘛、贵宾用。晒台则是人们晾晒作物、打晒粮食、平日劳作和休息的地方。

林周地区民居

昌都地区民居

农家的住宅多为一家一院。院墙有用柴薪堆积而成的，有夯墙的，也有土坯砖垒建的。宅院的门一般都南向而开。

昌都一带为高山峡谷地带，大面积的平地较少，民居大都依山而建，一座座楼房毗邻相接，高低错落有致，加之窗户门楣多着彩绘，画栋雕梁，气势非凡，甚为壮观。林芝、波密一带的民居住宅楼不用土石作墙体，整个建筑材料几乎全是木材，以木柱作桩、木梁做架，木板作墙和地板，屋顶也用木板，且结构为斜坡形，“屋皆平顶”在这些多林木多雨水的森林地区不适应。阿里民居也以二层楼的房屋为主，人们一般夏天居住于上层，冬天以下层为居室。有的地方还有窑洞和房窑结合的居住形式。窑洞民居仅存于阿里部分地区，在古格王朝时期曾相当盛行，现在已不多见。

城镇民居布局和结构为：四面楼房相围，中间为庭院，内院为回廊形式，独门独院。墙体用石块或土坯砌墙，墙厚窗小，门低矮。楼以二层和三层为多，屋顶为平顶。土石结构的外墙涂白粉，窗框和窗台涂黑色。院内有水井，宅院东西两侧各有公厕。一座宅院内可住近 10 户人家，每户有 2 ~4 间房屋。院门大都朝向大昭寺。八廓街民居楼群是围绕着大昭寺逐步发展起来的，是西藏城镇传统民居的典型代表。

除楼房外，西藏各地还有大量单层建筑的平房。平房的建筑材料和建筑样式与楼房建筑无异。平房的宅院一般较大，多砌高大的围墙，宅院内圈养牲畜、堆放杂物，还是人们劳作的地方。现在，仍有许多人修建单层的“退休房”，只是占地更宽，设施更完备，装饰更豪华。

庄园建筑。藏族的庄园建筑富丽堂皇。过去西藏的大贵族都有自己的庄园，其中朗赛林庄园颇具代表性。

朗赛林庄园是扎囊县境内一个封建大贵族的领地。庄园地处扎期区朗赛林乡，与著名的桑耶寺隔江相望，其主楼高达七层，为西藏最古老、最高耸的高层建筑之一。其建筑时间大约在帕竹王朝时期。

朗赛林庄园有双重围墙，外墙呈长方形，以石块为基，上部用土夯成墙，墙窄而矮。内墙的下部亦垒石为基，墙基宽约 4.5 米，上部以夯土为墙，夯墙隔层夹有石板，下宽上窄，收分较大，墙顶宽约 2 米。墙总高约 10 米，墙顶部有木檐，以此来遮雨护墙。内围墙呈方形。在墙四角各建有简单的碉楼。大门设于东墙正中，宽约 3 米，在南墙偏东处，还开有一小偏门。在西墙正中顶部，设有望楼。楼基系就围墙加宽一倍，站此可瞭望四方。在内墙与外围墙之间，挖筑有宽约 5 米的壕沟（即护城河），均用石砌而成，具有明显的防御功能。

主楼在围墙内中部偏北，坐北朝南。整座建筑墙壁皆用土、石筑成，总高 22 米。下部有 7 米多高的石墙基，其余上部全为土夯墙，隔层夹有石板，墙厚约 1.4 米。主楼东半部从底层到顶部全为石砌墙壁，石墙上刻有八宝图案。主楼大门前有一长方形高台，台前和台左各有台级可登台上。前台级宽大级差小，左台级窄小而级差大。

进主楼大门即是第三层建筑，楼内建筑形式古老。楼的底层有牧畜圈，一二层多为库房。三四楼各有一间 12 根方柱的经堂，还有几间仓库。五层有甘珠尔拉康和神殿。拉康现存的壁画还有释迦、无量寿佛、护法神像等。第六层楼东部是朗赛林庄园主的住房，西部有六根方柱的小经堂，还有甘珠尔拉康。拉康里供有一部手写《甘珠尔》，尤为珍贵。六楼房间较少，只有护法神泽玛热的神殿和卧室。神殿里供有青铜制的释迦牟尼像，用金、银等五种珍宝书写的一部《甘珠尔》，还供有一尊噶玛拔希的塑像。在庄园围墙内，除主楼外，尚存一座较矮的南楼，楼侧有马厩与牧畜棚。主楼四周还有一些低矮的小房屋。

在庄园围墙外的北侧，有一片很大的场院，是庄园每年收割后的打麦场。在庄园围墙外南侧面，有一座风景秀丽的果园，其面积不亚于庄园围墙内的面积。园内以苹果树、桃树、杏树等果树为主，在道旁、林中空间种有许多花卉，鲜艳夺目、千姿百态。在花丛中还建有一亭台，更增添了园内美丽的景色。

据说这个庄园自开始修建到最后完工，大约用了几十年时间。初建时有人还是十几岁的孩子，到庄园建成时已是白发苍苍的老人，反映了庄园的巨大规模及不断扩建的历史过程。①

二、居室陈设与装饰

牧区的帐篷室内陈设简单，装饰少。一顶帐篷室内的使用面积一般为20~30平方米，小的则只有十几平方米。帐篷正中设灶，后部为佛台，佛台用木箱（较少）或装有物品的毛皮口袋铺设织毯搭成，上供佛像、黄缎包裹的佛经或活佛的照片，放有净水碗和酥油供灯。衣物、粮食口袋和其他生产生活性杂物沿帐篷四周边角码放，这样既可有效利用室内空间，还可起到一定的挡风作用。根据门的朝向（传统帐篷搭建时门均朝东，因地形、水源等原因，门向有时偏东南或东北，藏北草原高寒风大，且常刮西北风，东面多为背风处，这是牧民长期生活经验的总结）。室内分为几个活动区。靠近门的帐内南角称为“阴帐”，是以家庭女主人为主的妇女活动的地方，也是厨房和制作酥油、奶渣等食品的地方，有的人家用土石垒架，上放日常使用的器具。帐内北角称“阳帐”，这里铺着牛皮或羊皮等垫子，是男人的居处，也是待客的地方。常常依客人、兄弟和户主的地位和辈分就座。帐篷正中火灶两边的空地则是人们白天活动吃饭、晚上睡觉的地方。睡觉时，地上铺毛毡或牛羊皮，上盖藏袍，藏被或氆氇。帐篷门槛上放有扁石头是为东方白虎盛水的容器，放在南角是为南方青龙，灶门朝西是为西方朱雀；北角和东北角放磨糌粑用的手磨石是为北方玄武，俗称“家中四护”。另外，在帐篷西角拉绳“扣究”的长支杆顶拉一条毛绳接到帐篷顶的两角，挂着经旗，每个家庭成员还挂有与自己“五行”相对应的颜色的经幡，以求好运。

现在牧民新修的定居房室内的陈设和装饰远比帐篷丰富，不

---

① 《西藏自治区文物志》（待刊稿）。

家庭佛龛

藏式客厅

仅室内有各种藏式家具，而且收音机、录音机和电视机等现代家用电器已进入了普通牧民家。有的房屋修建高大，装饰华丽，庭院宽阔，与传统的帐篷民居形成了鲜明的对比。

农区和城镇的民居因生产生活条件的差异而在居室结构和装饰上有所不同。农区民居的底层多作圈关牛羊等牲畜家禽用，一般不住人，城镇民居底层既可住人又可堆放各种杂物。二层多作为居室，根据房屋的大小，一般用木板隔成三五间不等，分别作为卧室、客厅、经堂、厨房和贮藏室等部分。房屋小的人家往往将二层靠前的较大房间作为主室，人们的日常起居、待客等均在主室，一室多用。经堂是居室结构中的重要组成部分，一般都要根据家庭条件用或大或小的专门房间作为供奉神佛的经堂。

过去一般人家日常起居不用床铺和椅凳，多是在主室内靠窗沿墙摆放一圈称为“卡垫”的铺垫，上铺毛织藏毯（亦称为“卡垫”），“卡垫”前面放一张称为“觉孜”的藏式矮桌，供家人和客人饮茶用膳之用。“卡垫”是藏族生活中不可缺少的生活用品，人们平时睡卧起坐均用“卡垫”。“卡垫”系用细帆布做包套，内装獐子毛、羊毛或干软草，四周用花氆氇作边而制成的，有各种式样的规格。其中“冲丝卡垫”纺织精密，花纹丰富，色彩鲜艳，经久耐用。人们晚上睡觉时，下铺“卡垫”，上盖藏被或藏袍。现在城镇居民睡觉早已用床，床架称为“垫架”，仍多以“卡垫”作垫。“垫架”类似于单人床，宽约一米，只能睡一人。大床称为“聂赤”，有木床、席梦思、钢丝床等。毛织“卡垫”是极富民族特点的美观实用的生活用品和手工艺品，江孜地毯厂生产的“卡垫”享誉四方。

藏族居室内摆放的家具主要有藏柜和藏桌。藏柜有“比岗”和“恰岗”等类别。“比岗”高一米多，上部对开门，内镶玻璃，可放书等物品，多放置于室内的一角。“恰岗”意为“双柜”，因此必须成对摆放，多靠墙放置于居室的正面。“恰岗”格内可放东西，佛龛多摆放于“恰岗”之上。“觉孜”为高约60厘米、面宽80厘米的方形藏桌，三面镶板，一面设两扇门，桌腿造型别致，形似狗腿。有的人家还摆放称为“甲觉”的汉式桌子。有的藏柜用料考究，精雕细刻，制作甚为精美，刷涂土漆后锃亮发光。多数藏柜是在柜的表面（靠墙的一面除外）绘各种图案，常见的有八祥徽、仙鹤、鸟兽、花卉等，色彩十分艳丽。藏桌表面也绘有人们喜欢的吉祥图案。

厨房多为单独的房间。火灶一般设在厨房的一角，也有的设在与门相对的墙的正中位置。火灶过去多是三角铁灶台，烟通过屋顶特设的天窗出去，现在城镇和农村许多地方都用设有烟道的连体灶台，人们再也不受烟熏火燎之苦。靠近灶台的墙壁上挂放水瓢等器具，人们喜欢用铜质水瓢，盛水缸也喜欢用铜缸。锅过去多是“汉阳”铝锅和铜锅，平时擦拭得锃亮整齐摆放为一排。

此外，酥油筒、酒壶酒筒、糌粑盒等生活器具都按不同的位置摆放于厨房中。厨房里，多数人家安放有餐桌供家人平时用餐，如有客人，则多在主室待客。

许多人家设有专门供家人礼佛的经堂。经堂内的陈设多是在靠墙处放一对“恰岗”，“恰岗”上面设“却雄”（佛龛），“却雄”内放置或塑家人主供的佛像。拉萨一带多供“师徒三尊”塑像，昌都、类乌齐一带多供莲花生大师塑像，也有的供三世佛、度母、观世音、金刚手等，佛像有泥塑、银质、铜质或唐卡等类别。在“却雄”前面的藏柜顶上摆放三排称为“顶”的铜制净水碗，每排 7 个，每天献供净水。佛龛下有称为“波雄”的木制长方形香炉，雕刻精美，古色古香。经堂内的墙壁则根据各自的经济条件或用色涂墙或绘壁画，也有的是在墙上贴纸唐卡

门楣装饰

佛像。富裕人家常把经堂装饰得富丽堂皇。笔者曾在昌都地区昌都县、类乌齐等地考察了十余户人家的经堂，大都装饰华丽。其中有一户人家在经堂内不仅供奉大量佛像，悬挂许多唐卡，还专门购买了全套《甘珠尔》经供于经堂。据主人介绍，仅购制佛像佛经等就已花销近10万元，一般人家的经堂从购物到装饰都要花近万元到数万元不等。经堂内一般不住人，但设有“垫架”床，如请喇嘛到家念经做法事，喇嘛可住于室内。

藏族民居的建筑装饰因各自经济条件的不同而差异很大，富者可以雕梁画栋，贫者则甚为简单。有条件的人家在柱梁斗拱上绘装饰图案，在内墙上方绘三色条纹花饰，下方涂乳黄或浅绿色颜料，色彩鲜艳，对比强烈。人们喜欢在室内悬挂诸如《和气四瑞图》、《六长寿图》等画，象征家庭的和睦祥瑞和家人的长寿健康。在宅院大门内的门廊两壁上多绘驭虎图和财神牵象图，象征禳灾纳祥、招财进宝。条件较差的人家往往用糌粑粉在内室墙上绘吉祥图案，在厨房灶台处的墙壁上涂绘蝎子形状，以此象征灶神，作为平时祭供的对象。

藏族民居注重对门的装饰。大型宅院的大门由门框、门楣、斗拱组成。门楣连着斗拱，斗拱多用蓝、红、绿三色彩绘，门楣上印烫金符咒。门楣的上方形成凸字形状，中间留有约一尺见方的空间，用木头做框，镶以玻璃作为佛龛，里面供奉主人崇奉的佛像或圣物。最顶上安放一对牦牛角。门框边的墙体用黑漆涂绘，上宽下窄。大门多为单扇，颜色朱红或乌黑。有的在门上钉三条铜或铁质的装饰片，许多是在门上绘日月形或“雍仲”符号。日喀则定日民居门楣的上方都砌有一个塔形的装饰体，下部和院墙的墙檐相接。最顶上放置一块白色的卵石，如同一个塔尖。塔形体的左右两侧分别涂有红色和黑色的色块，两色相交的中间和门楣的上方均留一条宽宽的白条，有的家庭就在这门楣上方的白条带处放置一排白色的卵石。门全部刷成黑色，上方的中间用白色画月亮，用土红色画太阳。门的两侧及门楣上均涂有一条约一尺宽的黑色条带，整个门如同一座造型粗犷的佛塔，很有特点。[1] 有的地方还在门楣的上方设一龛，中间供奉嘛呢石或其他神物，门楣的上方放置牦牛角，以示避邪。西藏各地民居多在门上绘日月形或“雍仲”图案，在门楣上方置放白石或安放牦牛角。

西藏民居的外墙颜色主要是白色，但各地在色彩的选择和搭配上又有差异。拉萨林周一带，许多民居的墙体呈当地泥土的自然土黄色。建房时，人们采用当地的细泥土抹墙，并用手指在墙体上由上往下划半圆形或弧形图案，纹饰自然美观。后藏萨迦一带的民居墙体以深蓝灰色为底色，再竖画白色和土红色的色带，十分醒目和别致。定日县的民居则为白色院墙，而在墙檐和窗户上涂饰黑色和土红色的色带。这种色彩上的变化与当地的宗教信仰和地域文化传统有关。萨迦民居风格显然是受萨迦派的影响而形成的，萨迦南寺高耸的寺墙至今仍是深蓝灰底色再涂绘白、红色带。定日一带民居以白为底色再涂抹以黑、红色带的习俗来源，据当地人解释仍同宗教信仰有关。当地人最崇奉的是观世音、文殊和金刚手，称为“日松衮波”（三怙主），三色分别代表着这三位佛：白色象征观世音，红色代表文殊，黑色为金刚手，涂绘三色以示对三位佛的供奉。

值得一提的还有藏族民居屋顶上的装饰。屋顶上的四角（有些地方是在西北角和东北角）搭建有插放旗幡的墙垛，称为“苏觉”或“勒序”。墙垛高约一米，一般不涂色，但洛扎带民居的“苏觉”从上至下涂抹红、黑、白三色，顶部放三块白石。墙垛上一般插挂旗幡或称为“塔觉”的五色经幡，从上至下用蓝、白、红、黄、绿五色，分别象征蓝天、白云、红火、黄土、绿水（各地对“红”和“黄”的解释略有不同）。旗幡上印有祈福禳灾的经文。有的“苏觉”上插挂树枝或类似长矛而顶部为日月形的法器，直指蓝天。阿里普兰县民居在屋顶四角树木杆上系绳索拴挂五色旗幡，风吹旗幡迎风飘荡。旗幡在每年新年和

---

① 陈履生：《西藏民居》第 4 页，人民美术出版社，1994 年。

重大喜庆节日还要不时更换。屋顶的“塔觉”装饰是藏族民居最富民族特色的装饰之一。

三、起居礼俗与禁忌

藏族起居礼仪从建房择基、落成到日常生活都有许多礼俗和禁忌。

修房建屋，对任何家庭来讲都是一件十分重要的大事，从选址择基到修建搬迁每一个环节都极为重要。整个建房过程中较大的仪式有六项，即选址仪式、奠基仪式、立柱仪式、封顶仪式、竣工仪式和乔迁仪式等。

藏族修房时选址择基需请喇嘛打卦卜算，以确定房屋的最佳方位和开工时间，这个仪式称为“萨都”或“土达序”。房屋的基址和朝向甚为讲究。日喀则一带建房时，门一般不能朝北，不能对准两座山的结合部，更不能对着天葬台。昌都一带建房时忌讳大门朝西，认为大门朝西不吉利。俗语讲：“百鸟的头向着东方时，唯有不吉之鸟蝙蝠的头总是朝西。”窗口忌讳对准独树、洞穴、石崖。[①] 从总体上讲，基址选择着重看以下几个方面：

如果房后有流水，如长矛直刺你房就不好。这意味着若有山洪暴发，你家将被卷走。这是第一害。

房子不能建在两山之间，若建房，远远看上去你家就像是含在阎王的獠牙里了，这是第二害。

房子不能建在离水太近的地方，远看像是戴了个马嚼子，不好，这为三害，也可说是水害。

房子前面若只有一棵树不好，好像长了个瘤子，不吉利，有许多树则好。因为一棵树孤零零的在风中摇啊摇，会把主人的希望给摇没了，此为四害，即木害。

房子前面有地下水渗出不好，被视为“底儿漏”。

---

① 李光文、杨松、格勒主编：《西藏昌都——历史·传统·现代化》第383页，重庆出版社，2000年。

房子东面的山像双扇大门一样开着，若山为白山，路为白路，那是老虎的标志，绝好。

房子的南面之山不要高，若像粮囤一样堆叠着，下有河水淌过，河为青龙，它给你守南方，绝好。

房子的西边之山像人仰卧着为好，山若为红色或者红岩石，那是大鹏鸟的象征，绝好。

房子北边的山脉若像帘幕或屏风没断开，高一些为好，这个方位若有白石头，代表白龟，绝好。

四周若有些吉祥物，他们会护佑你人丁兴旺，灾祸离你远去。具备了上面的条件，房基就择好了。①

地基选好后，择吉日举行“萨各多洛”的破土仪式，一些地方将破土仪式和奠基仪式合二为一。届时，需请喇嘛到现场诵经做法事，在宅基地前摆“五谷斗”，设祭台，置供品，燃放桑烟，向土地神和龙神赎地基为己用，并祈求人畜安康，风调雨顺。开挖第一锹土的人必须要属相相合，如果家人中无合适之人，则请一父母双全、家境富裕且五官端正的小男孩挖第一锹土，然后家人在房基的四个角落象征性地挖土，破土仪式即结束。

正式开工仪式称为“粗敦”，修房的主家要向修房工匠和参加仪式的乡邻献哈达、敬青稞酒，并在离地基不远的显眼处树立一根带杈木棍，上挂“经幡”。这个“经幡”同平时祈福的经幡不同，呈正方形，上绘巨型鬼脸和晦涩难懂的图案（有人称为“九宫八卦图”），其作用是阻止人的闲言和过分溢美之词。在藏族人看来，人言可畏，嫉妒和责难之词固然不好，但过分的赞扬与羡慕也绝非好事，它们会引来相反的效果，因而插挂此“幡”，乃是阻挡“米卡”（人言），以确保房屋的牢固和主家的幸福。如果是修建大型宅院，主人还要请喇嘛主持开工仪式，在房基的四角埋“萨居崩巴”（地气宝瓶），宝瓶（罐）呈红色，

① 张宗显：《西藏民居》，载《民俗研究》1995 年第 4 期。

内装青稞、小麦等五种粮食和五色绸缎，有条件的人家还要放一些宝石在里面。埋宝瓶（罐）的目的是为房基永固。在昌都等地，在房屋挖好基脚后，要用熊爪或羚羊角在房基四周挖几下，认为这样能使地基牢固。

房屋建造至一半，即将上梁立柱时，要举行“帕敦”仪式。立柱那天，全体亲戚到场，参加仪式。在立柱前，将茶叶、小麦、青稞、大米等粮食和珠宝（视家庭经济条件决定是否放置和放多少）等放入一个小袋中，置放于立柱的石头下，然后安放立柱。在立柱与横梁的结合部压放五色彩布，在横梁上面放一些小麦粒。需要注意的是，小袋内不能放豌豆，人们认为放了豌豆房子会斜，豌豆时间长了还会变成蝎子。柱底下放置粮食和宝物与埋“宝瓶”的作用一样是希求房屋永固，置放五色彩布是象征吉祥，五色彩布同经幡的寓意一样，代表蓝天、白云、红火、黄土和绿水。立柱放好后，人们向主家表示祝贺，并给每根立柱拴挂哈达。这天，主家要准备丰盛的饭菜酒肉犒劳建房工匠，并付给一定的酬劳。

封顶仪式称为“掩羌”，有时同竣工仪式一道进行。房屋快竣工时，屋顶留出一小块不填土，举行封顶仪式。届时，亲戚朋友都来主家，象征性地填土，表示参加了房屋的修建。来客均要带茶和酒等礼物，给主人献哈达，向主人祝贺新房落成。当日，主家准备丰盛的酒饭，在新屋主室内安置座位，请工匠师傅入座，向他们敬“三口一杯”酒，敬献哈达，并给每位参加建房的人分送酬金和礼物，感谢他们的艰苦劳动。来宾也向工匠们敬酒献哈达，还向每根立柱献哈达。人们尽情享用酒饭，分享新屋落成的欢乐。

乔迁仪式称作“康苏”。新屋落成后，何时搬迁必须请喇嘛择算。当搬家的吉日选出后，人们在正式搬家的前一日或当日早晨（各地习俗略有不同），主家带上一袋牛粪（牛粪很有讲究，必须是牛上一年拉下的、经过一个夏天的雨淋日晒后变白的，还必须保持完好无损的形状。拉萨人可以到小昭寺旁购买，农村人多是自己去山上捡拾。每一袋牛粪内装五至八块）、一桶水、一个装有茶、盐、碱等物的舂钵（sgo-ting）和一张大成就者汤东杰布像（有的是带一张“九宫八卦图”）去新屋，还要将“五谷斗”先搬过去，这些物品上都要拴挂哈达，以示吉祥。这之后才正式搬家具什物。日喀则一带在迁新居时，按择算的时间，家人带一袋牛粪，背一桶水、五谷斗、铁皮火炉、一壶酥油茶和青稞酒去新屋（每一物件上均系哈达），在屋顶上拴挂“乌觉”（经幡），安放“拉朵嘎波”（白神石）。安放白神石的习俗在农村较普遍。

搬进新屋后，要尽快搞“套卜参”仪式，这是一个祭祀灶神的仪式。由家中长者给火灶献哈达，将哈达拴系于火炉、水缸上，还要给佛像敬献哈达。

待新屋安顿妥当之后，根据主家的经济条件择吉日举行“康苏”仪式。拉萨地区的“康苏”仪式一般举行3天，日喀则一带多是5天。举行仪式时主家需准备大量的酒、肉和各种食物，需提前通知好友亲朋。

拉萨地区的“康苏”仪式第一天的活动称之为“颠遮”（rten-vbrel，意为“祝贺”），第二天活动称作“土卓当”（thugs-spro-btang，意为“欢庆”），第三天的活动叫“卓桑”（grol-bsang，意为“结束时煨桑”）。客人来参加庆贺仪式，过去多带酒、肉等礼物，现在人们多送礼金。来时，过去首先给新屋的佛龛、梁柱、水缸献哈达后再给主人献哈达，现在主要给新屋的主人献哈达。敬献哈达时，说一些祝福的话，向主人祝贺道喜。主人准备丰盛的酒肉菜肴供客人享用，人们跳舞、唱歌、打藏牌、掷骰子、打麻将（现在时兴的娱乐形式），根据自己的喜好参加各种娱乐活动。第三日则在太阳未落山之前举行“卓桑”仪式，之后整个庆祝活动结束。

“卓桑”仪式很有特点。举行时，在室外的庭院内或空地上用白粉划一道大圆圈，圈内绘各种吉祥图案，正中安放五谷斗、桑烟钵（也可将柏枝艾叶堆放于地上）和酒坛。客人们围成圆圈，主人给每位客人献哈达，敬“切玛”，每位客人都抓一些糌粑粉在手上。这时，点燃桑烟，由一人在前领舞，唱高亢的藏戏（此人系专门请来的领唱人），众人尾随其后翩翩起舞。领唱者一阵高亢激越的藏戏后，大声呼“索，索，吉吉索索”，众人齐声和合“拉杰罗”，反复三次。众人每呼一次，便举手抛撒一次糌粑粉，最后一声呼喊时将糌粑粉全部撒向空中，人们的头上、身上和地上白茫茫的一片，气氛达到高潮，仪式也就此结束。

在建房过程中，还有许多富有特色的礼俗活动。昌都一带在建房筑墙时，人们手持木舂，边舂泥土边歌舞，唱雄壮铿锵的“打墙歌”：

我爱家乡类乌齐，
青山绿水景色美。
打墙的人们快快打哟，
青山绿水景色美。

鲜花的芳香飘万里，
圣佛的加持领不完。
打墙的人们快快打哟，
圣佛的加持领不完。

宏伟的神殿多壮观，
打墙的汉子双手建。
打墙的人们快快打哟，
打墙的汉子双手建。[①]

与昌都雄浑激越的男子汉的《打墙歌》不同，卫藏地区在

① 边多搜集、翻译。引自杨红建编：《西藏绝唱》第142、143页，西藏音像出版社，1995年。

建房时妇女们要唱一种轻快嘹亮的打屋顶或地坪的《打阿嘎歌》。打阿嘎前，人们要打扮装饰一番：手腕饰以念珠及小海螺镯子，工具木柄上饰以小铃铛。打阿嘎时人们站成两队，手持叮当作响的工具，伴以轻快有序的节奏，边打阿嘎边歌舞。其中后藏康玛地区的一首歌唱道：

阿嘎不是泥土！
阿嘎不是石头！
阿嘎（是）金刚山的
一种特殊宝物。

阿嘎铺在屋顶，
暴风骤雨都不怕。
阿嘎铺在室内，
满堂处处闪光辉……

阿嘎明亮如镜，
唱歌的人儿风采传情。
猛虎般的小伙，
甜言蜜语来亲近。

右边转呀右边转，
右边地上一二三。
左边转呀左边转，
左边地上四五六……①

藏族日常生活中的起居礼俗和禁忌，我们在有关章节中分别

① 边多搜集、翻译。引自杨红建编：《西藏绝唱》第142、143页，西藏音像出版社，1995年。

有所涉及，如藏族人对灶神的供奉与敬畏，便是起居礼俗中的重要内容，我们已在饮食礼仪中作了介绍。藏族的起居礼俗和禁忌还有许多内容。牧民在离开原住地迁往他处时，忌讳马上熄灭火灶，离开前要往灶中添加牛粪让其冒烟，当走出一段路回头看见冒烟便视为吉利，反之为不吉，预示下一个居住地的日子难熬。平时在家，不能跨或踩锅碗瓢盆等器具。家人出远门或客人刚走，不能扫地或倒垃圾，中午和太阳落山后也不能干此类家务。平时不能在屋内吹口哨和大声哭叫，不能跨越或踩别人的衣服，更不能从人身上跨过去。传递扫帚和簸箕时不能直接用手传递，而是先放于地上，另一人从地上拾起。[①] 妇女平时不能从客人或男子的前面经过，多从后面经过或绕行。妇女到晚上不能梳头和洗头，也不能披着头发出门，等等。

如今，藏族的居住习俗正悄然发生着变化。不论是城镇还是农牧区，人们的居住条件都大为改善。新盖房屋使用的建材已大为丰富，钢筋水泥等现代建材在城镇居民的建房中已广为使用，过去矮小的门窗现已多变成宽大明亮的落地玻璃窗，过去只有贵族、庄园主才能住的高大华丽的楼房，现在许多普通农民、甚至过去一无所有的“朗生”都已住上。日喀则江孜县江热乡的班觉伦布村村民居住条件的变化是西藏农村民居变化的一个缩影。这个村在民主改革前属领主帕拉家族统治，村民 80% 属于“朗生”，住的是低矮昏暗的房屋，有的以牛圈马棚为“家”。而今天，班觉伦布村的新房林立，“所有这些藏式新房，墙基用石砌，土石围墙，木头作柱，上架斗拱屋梁，再架椽木于上，覆以泥土，构造结实；居住的房屋向阳处均有落地玻璃窗户，采光面广；有的房屋装修华丽，柱头房梁绘有图画，四壁刷有涂料，美观整洁；外院另建牛圈草棚，结构比较合理；家家有庭院，有的庭院内种有树木花草。如今‘朗生’们的住房与昔日的庄园楼房并肩耸立，使原来以规模庞大、富丽豪华而著称的江孜三大贵

① 曲吉卓玛：《藏族的禁忌》，载《西藏民俗》1997 年第 3 期。

族之一的帕拉庄园逊色许多”[1]。至于城镇居民，其住房条件改善的程度更为显著，单位职工多分有公寓楼房，许多人还建有宽大、华丽的“退休房”，普通居民大都建有不同规格的新房。这些新建房屋，既有着现代化的室内设施，如各种电器、液化气及许多现代新潮家具和物品，又保持着藏族民居传统的建筑风格，特别是平顶和各种装饰。藏族居住文化在传统与现代的交互影响和撞击中焕发出夺目的光彩。

第二节　门巴族居住文化

西部门隅门巴族和东部墨脱门巴族，由于生活在不同的地域，有着不同的环境、气候条件和文化氛围，其创造的居室文化与起居习俗也具有截然不同的风格和特征。

一、民居的类别与特点

综观门隅和墨脱门巴族的房屋住室，主要有以下三类：一是碉房式石楼，二是干栏式木屋，三是供临时居住的简易木棚和帐篷。

石楼。是门隅门巴族的房屋建筑。石楼的屋顶用木板苫盖，有苫檐伸出楼壁，楼顶两面坡倾成人字形。木板由刀斧劈成，有意留下木板的自然纹路。石楼基座大多为长方形，楼壁垂直高耸。基座和楼壁全用石块砌成，不用挂梁。楼屋之间铺排木板。门巴石楼一般分作三层，底层，门巴话叫“沙戎”，意为“圈”，有条形窄窗，敞门，或三面石壁，一面全敞。“沙戎”供圈养牲畜使用。中层，门巴话叫“米珠堆钦”，意为“住人的居室”，有单扇木门和方形小窗，是专供人活动、食宿、待客的地方。石楼的上层，门巴话称为“庞”，是堆放饲料和柴草的地方，上层

① 中国藏学研究中心社会经济研究所编：《西藏家庭四十年变迁——西藏百户家庭调查报告》第212页，中国藏学出版社，1996年。

两侧留有空窗，通风好，也是粮食脱粒和晾晒的场所。粮食脱粒时，楼板上要平铺一张或数张称作“能木”的竹编篾席。

在门隅北部，一些石楼的屋顶不是用木板苫盖，而是用厚薄均匀的大石片铺叠作瓦。这些石片采自山上，既经久耐用，又给人以质实浑厚之感。西藏和平解放后，人民政府十分关心门巴族人民的生活，拨专款购制铁皮，现在新修的房屋大都是以白铁皮做顶，取代了以前的木板和石片。

门巴石楼一般高度均在六七米以上，有的甚至达 10 米以上，除以石块砌墙外，几乎全是木结构，榫接处用榫不用钉，巍然高耸，结实坚固。贤村仁青次旺家的一栋石楼，据主人和乡亲们介绍，已有 70 多年的历史，房屋高度在 8 米以上，虽经几十年的风雨剥蚀，至今仍坚固如初。

错那门巴族石砌楼房

门巴族山寨——吉巴村

门隅门巴族一般选择河谷平地或高山凹地建筑房屋，集中而居，形成村寨，少数散居。

干栏式木屋。是墨脱门巴族的房屋建筑。这里的门巴族村寨，一般坐落在面向河谷的台地或山坡上，依山傍水，绿树掩映。门巴族木屋的建筑为竹木结构。建房时，先立木柱，一般需立3排木柱，每排4根。立柱是用坚硬的“古米辛”砍切的，每根高1.5~2米。在木柱上架放4根木梁，然后铺搭8~10块松木板，木板长约1.8米，宽约0.5米，厚约0.03米。木柱、木梁和木板的榫接处用刀斧砍削后自然榫接，不用铁钉，个别人家用坚硬的竹钉加固。楼层铺好后，在四壁用木板或竹作墙壁。一般人家的木屋只有两层，个别人家的木屋有三层，第三层一般用木板铺设，也有用惹秀竹搭建的。木屋顶有4种搭建方法。一是用木板层层叠压苫盖，用石片压顶，两面坡成人字形。二是用竹片苫盖。将“谢”竹剖开砸平后，竹表层在外，层层叠压，一般叠压三层，用藤绳捆绑。三是用草苫盖，将“新布”草一束束捆缚，由下而上层层叠压，再用竹棍一排排压实捆紧。四是用芭蕉叶苫盖，叠压方法同上。

门巴木屋的底层叫“派龙朗嘎”，底层无围墙，四面敞开，供拴养牲畜用。第二层叫“派巴尔嘎”，为人居住的住室。住室的外侧有外走廊，门巴语称作“彻”，外走廊宽大，兼作晒台，既可晾晒粮食，又是人们编竹器、做木活的场所。底层与外走廊相连接的是一架用粗大的圆木砍凿成的木梯。第三层叫“派通昂”，存放杂物。屋顶称“派崩朗”。

门巴族粮仓的建筑也很有特点，粮仓与木屋是分开建的，一般相距数米或十几米，亦为干栏式结构。仓房顶部为人字形草顶，四壁用木板作壁，房底用4根木柱支撑，木柱与仓房相接处，安有一块光滑的木圆盘或石圆盘，与仓房底相隔，使老鼠难以通过木柱爬入粮仓。这种装置隔潮防鼠，是门巴族人民的创造。墨脱门巴族木屋周围多有竹林或芭蕉树围绕。竹林苍翠欲滴，芭蕉树婀娜摇曳，而门巴木屋拔地凌空，轻盈精美，与大自然相映成趣，浑然一体。

木棚与帐篷。上述的石楼和木屋是门巴人固定的居室，在一些季节性的生产活动中，如庄稼成熟时期和不同季节的牧业生产、外出交换等，常需要搭建一些方便实用的简易住室，供人临时居住，以便利人们的劳作活动。这类住室常见的有木棚和帐篷。

在墨脱地区，人们会看到玉米地旁有一间间简易的小木屋或竹草棚，这是当地的门巴人为看护庄稼而搭建的。墨脱地区动物很多，猴子成群，飞禽走兽常糟蹋庄稼，兽害严重。因此每当庄稼成熟季节，人们要带上弓箭等武器守护在庄稼地旁，吃住在庄稼地，日夜看护。木棚的搭建较简单，从山上砍来竹木，用几根粗竹或小圆木作立柱，四壁围以青竹，再搭一个人字形屋顶，铺以蕉叶或木板。棚内睡卧地方铺木板隔潮，安放三块左右灶石支锅。一个供人临时居住的简易木棚便搭建成了。在上门隅地区，在离村庄较远的半山腰上，也常常能看到一间间小木屋，有的用来关圈牛羊，有的供人居住。其搭建方法与墨脱的小木屋相似，只是多以木料和石头搭建而较少用竹子。

另有一类是供人外出时使用的帐篷，主要用于牧业生产和外出从事大型的集体交换活动。门隅牧业较发达。牧场很多，随着季节的变化，放牧地点要不断迁移，不可能修建固定的居所，而需要轻便、灵活、实用、易拆易建的居所，同其他游牧民族一样，他们在生产生活实践中发明并使用帐篷。门巴族的帐篷一般用牛毛织成，颜色有黑色和红色，搭时在帐篷正中需立一立柱，四角要立桩拴牢。在门巴族民间叙事诗《太波嘎列》中，还有一章专门讲唱如何搭帐篷的。

除牧业生产活动使用帐篷外，门巴族在外出进行交换、节日期间外出演门巴戏和跳羌时也使用帐篷。

二、居室内部的结构与陈设

门巴族的石楼和木屋，建筑风格各异，或巍然耸立、浑厚坚实；或拔地凌空、轻盈精美。居室内部的结构与摆设也各有特色。

如前所述，门巴石楼分作三层，第二层“米珠堆钦”是供人食宿的居室，是居家活动的主要场所。该室的结构分作里外套间，用木板隔墙，有木门相连。里间称作“钦木能”，意为“内室”，是做酒和堆放杂物的地方，一般不住人，只是在子女多，长大结婚后才住此房。外室称作“钦木”，意为“住室”，房屋宽大，在屋中央靠窗口处设一火塘，门巴语称“汤木”。火塘里支三块灶石或三角铁架，以作锅灶。锅灶上多架石锅。火塘上方用木板搭有烘烤架，门巴语叫“仓达”。火塘是“钦木”的中心，人们吃喝、会客、睡卧均在火塘旁。围绕火塘的三方位置（火塘另一方靠墙壁）有不同的名称，由不同身份的人坐卧。靠近内室的位置称作“钦普玛嘎”，由家庭男女主人坐卧。正对火塘靠近过道的位置叫“钦木东”，由其他家庭成员坐卧，是招待客人的地方。火塘靠窗口墙壁一侧垒有灶台，门巴语称“它木拉”，是供灶神的地方。

一般人家的“米珠堆钦”仅有内外室，另有一些较富的家庭还修有一间称为“甲岗”的耳室。耳室位于第二层门前用木板搭建的晾台的靠里方向，耳室主要用于存放家什物件，也可供人居住。

门巴族居室的家具及摆设较简单。在灶台靠墙方向一般安放有一称作“布热”的橱柜，放置碗、壶等生活用具。房间四周有一排排木箱、木柜，放置粮食和衣物。在墙壁的一侧，用大木板搭有一排长长的隔架，专放各类锅，有铜锅、铝锅、石锅等，大小不等。此外，每家都少不了有几个做酒盛酒的大木桶、背水桶、酥油茶筒等生活用具。

门巴族的住房门上安有一把木锁，叫“叮布”，用一把长五六寸的木钥匙开启。木栓和钥匙是用质料坚韧的青冈木做成的，十分牢固。

墨脱门巴族木屋的居室结构不同于门隅石楼，居室内部分作三个部分：

1. “果瓦嘎”，位于进门的左侧，“果瓦嘎”内设灶，平时专门用来做酒，有亲朋做客歇息时，主人常搬进“果瓦嘎”里住，而平时不住人。在“果瓦嘎”内放置肉、酥油和炊具、餐具等物。

2. “派朗”，是人们活动的主室，占整个室内面积绝大部分，是家人食住取暖睡卧之地。火塘设在“派朗”南端靠板壁处，火塘内立三角灶石。在“派朗”西面板壁上开窗。

3. “绕塞”，是一偏房，从果瓦嘎到绕塞有一门相接。“绕塞”是亲友居住的地方，家中举行法事活动延请喇嘛念经时亦在此屋进行。一般人家在“绕塞”内都搭有祭台，祭台位于靠里的位置。

门巴族居室的布局，一般是从走廊进门后即进入“果瓦嘎”小房，经右门进入主室“派朗”，经左门入“绕塞”小室。派朗面积最大，绕塞次之，果瓦嘎最小。1 个派朗的面积约等于 3 个绕塞的面积。

在室内摆设上，做酒的器具一般放在“果瓦嘎”室内，滤酒、盛酒器具有大铜锅、木桶、竹筒和大葫芦等，竹筒吊挂在木柱上，其他物件整齐排列置放。在“派朗”主室南侧，内壁上用木板搭有长形格架，放置各类石锅、铜锅、铝锅、铝壶、木碗、瓷碗等炊具和餐具。在灶塘上方从房顶垂线吊两层木排作烘烤架，称作“仓达”，底层平时上面放置辣椒、肉、木耳等东西。上层木架平时放置一些干货，冬天将酒放在上面。

三、起居礼俗与禁忌

门巴族视火塘和锅灶为神圣之物，对火塘和锅灶的禁忌较多，如不得往火塘内扔脏物、吐痰、吐口水，严禁脚踏或跨越灶台。他们有这样的一种观念，认为火塘内有灶神，保佑着人们的福泽平安，平时恭敬供奉，绝对不能冒犯灶神。由于他们相信灶神能给人以安泰，所以当家人要出门远行时，长辈要用食指、中指和无名指蘸点锅烟灰，涂抹在出门人的鼻尖上和胸颈间，烟灰以三角支锅石上的最好。人们相信涂抹烟灰后，出门人会得到灶神的护佑，不会遇到鬼邪，不会发生意外，有时连晚上外出，也要擦点烟灰以防不测。甚至小孩夭折，母亲也要用锅烟把孩子的小臂和臀部抹黑，并对孩子说“我们不耽误你了，快去投生吧！”有的新生儿手、臂和臀上有胎记，人们认为是前生他的父母抹的锅烟所致。

门巴族修房造屋，习俗礼仪较多，从选择地基及何时开工到落成竣工，都有许多礼仪和禁忌，如每月的十、二十、三十和六、十六、二十六这几日是不能动工盖房的，连竣工之日也要尽量躲开这几个日子，不然会发生意想不到的灾难。新房竣工后，门巴族还有一个特殊的习俗，就是要举行“旺久钦波”仪式，在住房上悬挂木制男性生殖器。木制男性生殖器，墨脱门巴话称“卡让欣”，一般悬挂在房梁上或木梯两侧，斜插在木梯两旁的木制生殖器，还要涂抹红颜色，悬挂房梁上的一般不涂色；错那门巴话称“辛基白列”，悬挂在房门上方屋檐下。错那的木制生殖器长约0.5～1米，直径10～15厘米，在其根部的一侧，挂一个装有五种粮食的布袋。这五种粮食是：青稞、荞麦、小麦、鸡爪谷和玉米。根部另一侧挂一个装有青稞酒的小瓶，象征两个睾丸。根部还要缠挂柏树枝或黑牛毛，象征阴毛。人们相信悬挂男性生殖器后，能阻挡女妖进入居室害人，确保家人平安。

门巴族的起居习俗和禁忌，值得一提的还有待客礼俗。当客人来时，家人要起来让座。墨脱门巴族的正屋西侧临窗地方是客人的位置。坐定后，由男主人陪客，女主人敬酒。家人不能在客人面前走动，只能在客人身后绕行。如果妇女必须从客人面前过去时，要裹紧裙子而行。晚上客人入睡前，主人要陪坐，说话谈天，不能先于客人早睡，免失礼节。

今天，门巴族的居住条件在西藏新农村建设中已得到很大改善。安居工程是西藏开展社会主义新农村建设的重要举措。墨脱门巴族在安居工程实施后居住条件大为改观。错那县于2005年启动了勒布地区打造“山南边境第一乡”的新农村建设工程，重点抓了门巴族群众的民房改造、整修和基础设施建设。政府投入巨资对整个勒布192户门巴族群众的住房进行了新建和改造，其中新建了158户住房，整修改造了34户住房，新建房屋总面积28346. 25平方米，人均住房面积达40平方米以上。新盖房屋多为两层楼房，高大美观，室内宽敞明亮。房顶用红铁皮或蓝铁皮做顶，取代了过去的木板瓦，不仅经久耐用，在阳光照射下，彩色铁皮金光闪闪，鲜艳亮丽，成为门巴族地区一道美丽的风景。

第三节　珞巴族居住文化

珞巴族的居住习俗主要体现在居室建筑、居室装饰、起居礼仪与禁忌等方面。这些习俗的产生和形成传统，不仅源于实用的需要，同时有着经济的、道德的和宗教的更深刻的原因，在本质上是社会生产、氏族制度、家庭结构和人际关系的反映。

一、居住习俗的形成与发展

如同人类的服饰一样，居室的形成也经历了一个漫长的历史过程。在人类发展的早期阶段，为了躲避风雨、抵御寒冷和野兽的伤害，先民们以山洞作为栖息的场所，或者住在树上，即所谓“穴处巢居”。珞巴族的神话传说，为我们追寻和探究其古老的居住方式提供了线索。

珞巴族民荣部落流传着一则《麦冬海依》的神话，主要讲述麦冬海依母子婚配的过程。神话中讲道，当麦冬海依同儿子成婚后，俩人都感到很害羞，“从此再也不肯走出森林，只好像猴子那样生活在森林里”。这则神话在一定程度上反映了人类早期树居的历史。

墨脱东部地区的珞巴族在《浪错湖的来历》的神话中讲道，

在东布村西面的高山上，有一个大岩洞，很早以前，珞巴人就住在这个岩洞里。后来，人们为了见识洞外的风光，才从洞中走了出来。达额木部落的传说也讲，他们的祖先是从宫堆颇章的山洞里走出来的。这些神话传说，或多或少反映了珞巴族远古祖先住山洞的历史。直到西藏和平解放前夕，在珞巴族的个别部落中，仍有部分人居住在山洞里或架树屋而居。在珞巴族的现实生活中仍能找到穴处巢居的踪迹。

人类早期建造的简易住所是地居式住宅“风篱”。这种古老的居住形式，在珞巴族布瑞部落中还相当完整地保留着。他们的地居式住宅叫“纠塔”，“纠”意为房，“塔”是坐之意。其他部落人称之为“阿博”，意思是“不像房子的草棚”。“纠塔”是一面坡的竹木结构的住所，比人略高。搭建时，在靠近较陡的山坡坎竖两至三根带叉的木柱，然后斜放两根木梁，梁的一端搭在坡坎上，另一端架在木叉上，在两根木梁之间架上数根竹棍木条，上盖树叶茅草作顶，在其余三周搭棚和捆绑树枝、树叶和竹棍等作墙，在其中的一面墙体上留一供人进出的小门，在室内正

才召珞巴新居

中安放三块灶石作火塘。这种简陋的住房，同其他原始民族的“风篱”是极其相似的，它很适合布瑞人居无定所的采集和狩猎生活。当他们把住地附近的“达谢”、“达荠”等野生植物采集完，狩猎又无大的收获时，一家人便带着简单的炊具等物到其他地方另行搭建“纠塔”。布瑞人的这种古老的居住形式，像一块活化石，对研究人类建筑发展史具有重大的参考价值。

随着生产力水平和建筑技术的提高，人们在“风篱”的基础上建造了更为实用、坚固的住宅，以适应新的生产方式和氏族成员的生活需要。在其后的发展中，由于各民族所处的地理环境条件、生产力发展水平以及历史文化传统等原因，各民族在住宅形式和饮食起居上出现了较大的差异，形成了各具特点的居室习俗。珞巴族氏族家庭和家长制家庭居住的长房、男女公房、种类繁多的干栏式建筑、古老的地居式住宅以及独特的装饰习俗，便有着自己的鲜明特点。

二、房屋的类别与特点

珞巴族的住宅建筑与珞巴族的氏族制度、家庭结构和鬼灵信仰密切相关，是珞巴族家庭形态和宗教观念的一个重要表现。

因珞瑜地区多雨潮湿，珞巴族的住宅一般建在河溪两岸的半山坡上，既可以减轻潮湿和积水，又可避免山洪暴发的威胁。珞巴族住宅门的方向一般面向山坡，房屋不留窗户，因为怕“恶鬼”进入，但留有若干小洞，作为射箭孔和传递信息用。

珞巴族住宅的建筑结构形式有两类：一类是适应整个家庭居住的或作为公房的一字形长屋；一类是供个体小家庭居住的小栋房。

家长制家庭建筑布局。供家庭和家长制家庭居住的长屋，各部落方言有不同称呼，呈“一”字形排列，数间或数十间不等，长的可达几十米。一般长屋住着同一家庭的若干小家庭，每一小家庭占一居室，自立火塘。有的部落一个家庭住在一所长屋里。

崩尼部落家长制家庭长屋叫“南塔”，是一种竹木结构的干栏式楼居建筑，分三层：第一层称为“那贡”，作堆放柴火和圈养猪、牛之用；第二层住人，叫“郭基”；第三层即顶棚，供存放工具杂物。“南塔”的修建是先在地面竖立数十根圆木立柱作底架，在1.5~2米高处架放若干根横梁和摆放木条，用藤绳捆牢，上铺竹片和竹席等，搭建成一个长方形平台，这便是供人居住的楼层。顶棚的搭建也是架横梁和用竹木铺设地板。屋顶呈“人”字形，上盖“达热”藤叶、芭蕉叶和稻草等物，用竹篾或藤绳捆扎。一、三层无墙体，一层共用竹木捆扎成栅栏，以便圈关猪、牛。二层的墙体是用在两层竹篾中间夹芭蕉叶编成的大竹席，在房体四周围一圈（留出门的位置），用藤条捆扎于木柱上。二层的入门处另用圆木或粗竹搭建阳台，通过阳台才能进入室内。

长屋内根据家庭人口的多少分隔成若干间，供家庭成员居住。每间房均是一个独立的生活单位。墙壁用竹片或木板相隔，只隔五分之四，各间房子之间可以相通。每间房均设有火塘。火塘在屋子中央，其搭建是在屋中央留一个四方孔，孔内用藤条吊一只木板制作的箱盒，箱内糊泥，其上架放三块灶石即成。在每间房前的墙上开有一小门，墙外捆扎横木条作鸡舍。房间的后墙也开一小门，墙外搭建一个小仓库，称作“埃令”，盛放各自的粮食和衣物等。粮仓则集体盖在远离住房的村边，以免发生火灾时烧毁。

整栋长屋与外界的通道是阳台旁立的一根刻阶的独木梯子。人们经独木梯上下。长屋居室的分配是这样的：人们经阳台进入房子的走廊，紧靠阳台的第一间房由男性家长居住，第二间是客房，其余由每个妻子及其所生子女各占一间，按结婚先后排列。妻子多，房间也多。每个妻子及其所生子女构成一个生活单位。最后一间是家奴的集体居室，如有男女家奴，则另增一间，以便按性别居住。

每个房间以火塘为中心分四个不同的位置：进门方向的右边称“巴布”，是男主人坐卧的位置；“巴布”的右下方正对门的一侧叫“弱登”，平常为女主人坐卧的位置，客人来时也在此入座；进门方向的左边称“物素”，一般为家庭成员坐卧的位置；靠近门面背靠门处称“过达”，一般是家奴的座位。博嘎尔部落座位名称与此不同，但性质大致相同。

珞巴族的另一类长屋是供未婚青少年集体夜宿的公房，不同的部落有不同的称谓，如达额木人称“邦哥”，民荣人称“德雷”，巴达姆人叫“莫休普”。

莫休普是巴达姆男性青少年集体夜宿的公房。它建在村寨的中心，可以观察和守卫通往村内的各条道路。莫休普也是干栏式建筑，由村人集体修建。巴达姆等部落在一个大的村寨内，按氏族或家族划分居住区，同一居住区的单身小伙子住进莫休普，共用一个火塘。在一栋莫休普长屋内，设有很多火塘，火塘数与村内住区数相同。火塘之间一般无隔墙，偶有隔墙，其隔板也砍得十分粗糙。每个火塘都有一个出入口，另有一个平台或一个棚架，用以安放东西。火塘上方吊一个架子，上面摆放着集体行猎时捕获的动物头盖骨和牙齿等。男子从 10 岁起就开始居住在莫休普。他们白天在自己的家庭中吃饭、劳作，每天吃完晚饭后，村内各居住区的青少年就陆续来到莫休普，睡在自己的火塘边，由年龄小的负责生火，用的柴火是由使用同一火塘的全体成员集体采伐的。每个火塘都由一个年纪稍大、有威信的男子负责，以维护火塘区内的秩序，他有权惩罚那些违纪的人。各个火塘还自行安排狩猎，由经验丰富的老猎手进行指导，以培训缺乏狩猎技艺和经验的年轻人。他们在莫休普要居住到自己娶了妻子并有自己独立的新居时为止。

莫休普不仅是未婚青少年男子夜宿的场所，村内无妻子的男子、老弱男性成员和外来的男子均可住在莫休普。离青少年使用的火塘不远处设有另一附属的火塘，称作“若梭木”，这是专供老弱和其他男性成员使用的。

莫休普长屋还作为举行各类型的村落议事会的场所。凡遇重大事件，全体氏族成员集中于莫休普，共同议决。一些大型的集体祭祀仪式和节庆活动也在这里举行。平时女性不得进入莫休普，只在某些节日里才允许姑娘入内跳舞。

未婚女子（包括没有丈夫的老妇）居住的公房，邦波部落称“姆妹朗金”，巴达姆人称之为“雅胜”。女性公房有长屋和方形栋房两种。巴达姆的“雅胜”为一座方形的房屋，由村内经验丰富的男性老人帮助修建。公房的中央砌火塘，人们环绕火塘坐卧。白天，“雅胜”空着，晚饭后，村内的青少年女子才到属于自己氏族的“雅胜”中。每个“雅胜”都由一个年纪稍大、有经验的女子进行监督管理，不守纪律、不听规劝的人会受到她的处罚。“雅胜”还是姑娘同异性青年谈情说爱的场所。“雅胜”中的女子是十分自由而友好的，姑娘可以在雅胜中自由接待她相中的小伙子，其他人不会干涉和责备。

“莫休普”和“雅胜”，无异于珞巴族青少年男女的培训中心和人生的预备学校。他们在这里不仅可以学到本民族的传统文化和日后承担生活重任的本领，还培养了严密的组织纪律性和团结互助的集体主义精神，这对氏族和部落的团结和兴旺发达无疑起着重要的作用。

小家庭建筑。在珞巴族社会中，虽然存在为数不少的多妻家庭，但就其家庭形态的总体情况看，仍是以一夫一妻的个体家庭为主。因此，存在长屋的同时，各部落都建有供一夫一妻个体家庭居住的小栋房，有些部落甚至以小栋房为主。珞巴族的个体家庭住宅分两类，一类是干栏式小栋房，一类是地居式竹木屋。

小栋房呈方形或长方形，崩尼部落称“南纵”或“南纵布朵”，博嘎尔部落称“乌古”。这类房在用材和修建上与“南塔”相似，在居室分配和结构上则不尽相同。以博嘎尔部落的“乌古”为例，修建时，先在底部竖圆木立柱，二层地板处和顶棚处架设横梁，横梁上铺设木条，房顶搭建成人字形，多用木板、芭蕉叶苫盖。墙壁、地板用篾席铺搭。房屋底层堆放柴火，作猪狗圈，二层住人，顶层堆放辣椒等杂物。门一般面向山坡开，门外有一阳台，在阳台靠门的两端设有男女厕所。人口多的人家把居室隔作两三间不等，每间均设火塘，由婚后的子女或奴隶分住。一般人家在靠近房子的入口处另建一耳房圈放牛羊，在房子的附近建仓库堆放粮食。

地居式住宅以布瑞人“纠杂”的修建最为典型。“纠杂”比前述的“纠塔”的修建前进了一大步。其建筑过程是，先在两面山墙外各竖三根立柱，中间较高那根做主梁，屋顶两边低的立柱架檐梁。主梁和檐梁之间搭加若干根木棍，上铺芭蕉叶和茅草等，用藤条拴牢，呈“人”字形。四周用竹片或粗竹席搭棚，再捆上藤条，构成墙体。室内铺竹席或木块。屋中心设火塘，火塘上方吊一个木架，供烤柴和烤肉之用。它比“纠塔”坚固和宽大，是布瑞人在达谢、达荠、竹林或猎场比较集中的地方修建的住所，他们住数月或半年左右，又迁到另外的地方。当他们下次返回时，有些修建得坚固结实的“纠杂”仍能使用。

三、居室陈设与装饰

珞巴族居室内部陈设十分简单。屋子的中心是火塘，火塘上方吊有一个三层的木架。距离火塘最高的那一层一般是用木板搭成的，悬吊在顶棚上，主要用于熏干稻谷。距离火塘最近的那层用来熏烤鱼干和肉类，中层放烤制好的肉类或其他食物。火塘灶石上架陶锅或铜锅，旁边放置吃喝所必需的竹编饭盒、木勺、饮具等物。火塘四周是人们睡卧、吃饭的地方，一般地板上铺垫竹席、藤编物或兽皮，晚上靠近火塘睡卧取暖。绝大多数部落都是席地而卧。珞瑜北部靠近藏区的部分博嘎尔人已有用竹子做的矮床，床上以兽皮作垫，以氆氇呢长衣或棉毯做铺盖。居室靠墙处和屋角一般放置生产工具、竹篓竹筐、酒葫芦等物。

与门巴族简单的陈设相比，珞巴族房屋的装饰则是十分醒目和别具特色的，这就是随处可见的兽骨装饰。无论是珞巴族长屋还是小栋房，在房屋的门前、檐下，都可以看到一排排野兽的头骨和蹄甲。人们将前几辈子猎获到的虎、豹、野牛、熊、野猪等猛兽的头骨、下巴骨挂在门前檐下长廊中醒目的位置上，有的人家在门楣上方还要吊挂猴头骨。这些野兽的头骨是整栋房屋不可或缺的装饰品，每户珞巴人家都挂这样的装饰物，有的也把家养的大额牛头骨和猪的下巴骨挂在墙上。悬挂这些东西的含义是，主人向世人炫耀和显示他的勇敢、力量和高超的狩猎技艺以及富有。

四、起居礼俗与禁忌

珞巴族在修房建屋、日常起居及搬迁新居时有一系列习俗礼仪和禁忌。许多部落在建长屋或小栋房前，必须经过村落议事会的讨论和批准，尤其是外村人来本村定居时更是如此。在选择地基和筹备建筑材料的过程中，要向居住在天空、地下、林中和河里的精灵祈祷和献祭，以求得精灵的护佑。建房日期确定后，不论是建村公房还是私人住宅，届时均是全村出动，集体修建。房屋竣工后，要举行新房落成仪式，巴达姆人称这个仪式为“巴里米剂”。仪式进行时首先要杀鸡看肝向鬼灵献祭，然后村人饮酒狂欢，唱歌跳舞，欢庆数日不散。

人们日常的起居座次有较严格的规定，以火塘为中心，划分不同的位次供不同身份的人居住，平时各居其所，不得乱坐卧。一般部落都是分四个不同的位置，博嘎尔部落的四个位置为：门的对面称为“榜固”，是男主人坐卧的地方；门的左侧称为“榜宾”，是女主人和妇女的位置；右侧称为“光东”，是客人的位置；靠门的位置称“牛禄”，是“涅巴”（家奴）的坐卧处。布瑞人的位置只有三个，即“纠任”、“纠亚”和“纠朵”。“纠任”为父母坐卧处，“纠亚”是年长的子女或来客坐卧处，“纠朵”由年龄较小的孩子坐卧。家中妇女来月经期间，不能在“纠任”、“纠亚”的位置活动，晚上睡觉时，或者在“纠朵”睡，或者在住房处用达谢叶临时搭一个称为“纠博”的小棚中过夜。

布瑞部落由于过的是采集和狩猎生活，搬迁频繁，短则数日，长则数月就要搬迁一次，其习俗很有特点。搬迁时，由父亲或长子背着以往猎获的野兽头骨先出门，小孩在中间，母亲在最后。前面的人一出门就呼叫最后一个人的名字："××走啰。"最后出门的人则边走边说："走吧，大家回老家啰！"途中凡遇三岔路口，母亲或其他女性都要拾一片叶子，然后吐一口唾沫在叶子上，将叶尖朝走的方向放，遇到怪石、洞穴、湖泊、水泉时，也要拾叶片按上述方式放置。迁居时男性主要背运野兽头骨，妇女背其他家什，如果妇女背野兽头骨则忌讳从兽头骨上跨过。到了新居便将野兽头骨挂在室内，禁止任何人触摸。入新屋居住前，需先将猎获物在室内烤去毛，用毛灰在室内的墙上抹擦一遍，边抹边说："以后的猎获物会更多。"然后才搬入新居。

在起居禁忌上，除上述的座次不能乱外，最大的禁忌是对火塘和兽骨装饰的禁忌。火给珞巴族带来温暖，带来光明，因而珞巴族对火十分崇拜，视火塘为神圣之物、庄严之所。米古巴部落认为，火塘中有灶神居住，并传说灶神是由与人相依为命的狗变的。人们平时十分虔诚地祭祀灶神，每当吃饭时，家庭主妇要先向火塘抛撒些饭菜、酒肉等；猎人出猎前的头天晚上和临出发时，要杀鸡祭献，祈求灶神保佑狩猎平安和获得较多的猎物；每当盖新房时，要小心翼翼搭建好火塘，将家中所有的粮食和肉类（种类越多越好）各取一部分，在新搭的灶上开火煮，煮好后舀一点撒入火塘里，边撒边念祈祷词，以祭新灶。米古巴人对火塘的禁忌有：严禁从灶塘上方跨越或在灶塘上方挂放杂物；严禁用刀砍火塘四周的木架；严禁在火塘中烧死禽、死畜、死兽毛；严禁向灶塘方向扫地和不得背对灶塘而坐；严禁向火塘中吐痰……由此可见火塘的神圣和珞巴人对其敬奉的程度。

珞巴族的兽骨装饰也是神圣的，任何人不能随便触摸。他们舍不得将"无用"的兽骨抛弃，就连迁居也要将兽骨全部背到另一住所，悬挂在屋门前檐下，旨在祈盼获得更多的野兽。

西藏民主改革，珞巴族从氏族社会跨越了几个历史阶段进入社会主义社会。社会的深刻变革，家长制家庭的解体，珞巴族传统的长屋失去了存在的社会基础。长屋这种珞巴族传统典型的居住形式，在今天的珞巴族社会已不复存在。今天人们居住的房屋均为一夫一妻家庭居住的栋房。为了解决珞巴族住房难的问题，政府拨专款帮助珞巴族群众盖新房，因此珞巴族早在20世纪80年代就开始了“安居工程”建设。1985年，自治区人民政府拨出专款在米林南伊乡修建珞巴新村。“新村”房屋高大宽敞，设施较全，珞巴族群众第一次住上了宽敞明亮的房屋，极大地改善了珞巴族群众的居住条件。2005年，为加快珞巴族地区的社会主义新农村建设，南伊珞巴民族乡才召村优先实施整村推进计划，进行村道路改造、新修住房和村基本设施建设。新建成的才召村基本设施齐备，一栋栋住房排列有序，房屋宽敞，装饰美观，村容整洁。现在人们建房时除用传统竹木建材外，还使用钢筋、水泥、玻璃等现代建材。珞巴人修房建屋用芭蕉叶苫盖做顶早已成为历史。珞巴族传统的居室陈设及日用物品极为简单，如今则大为丰富。过去人们缺乏卧具，夜晚全家人围绕火塘就衣席地而眠。如今人们早已习惯用床和被褥。以往居室内做饭取暖均为三角灶石垒搭的火塘，现在家家户户都是铁制或垒搭的有烟道的火灶，一些人家已经使用液化气灶具。过去居室内没有家具，现在每家都有箱、柜、桌、椅等全套家具。收音机、电视机、音响等家用电器早已进入了珞巴普通人家。在装饰上，传统的兽头兽骨已较少悬挂，代之以领袖像、明星像或其他时尚宣传画，富有时代气息。珞巴族的居住习俗正发生着深刻的变化。

第四节　僜人、夏尔巴人居住文化

一、僜人居住文化

传统的僜人社会是一个以男性为中心的父权制社会，男性家长在家庭中享有绝对的权威，僜人的居住习俗处处体现出僜人残留的氏族制度和家庭形态特征。

每个僜人家庭都居住在称为“恩冬”（达让话）的长屋。长屋为干栏式建筑，分上下两层，均为竹木结构。长屋的选址无固定方向，多建于较平缓的坡地上。建房时，在地基上栽立若干根粗木桩，在桩上搭起屋架，采用榫卯工艺或藤条捆扎，不用铁钉。房屋四壁用木板或细木桩作墙，屋顶为人字形，上铺茅草或薄木板为盖。早年多铺芭蕉叶。楼层的地板用木板铺设，楼上住人，楼下圈养牲畜。

长屋两端各开一门，其中一门与晒台相接，晒台旁置木梯，连接地面。从梯子登上晒台后即可进入屋内。晒台也是晾晒粮食、辣椒的地方。夏季的傍晚，晒台也是人们歇凉聊天的场所。长屋的长度不一，一般十多米，妻子多、蓄奴多的人家的房屋则相对要长，有的长达数十米。房屋低矮、狭长，除在客厅开一个四方形小孔外，一般不开窗户，室内光线很暗。

室内设施简陋，用竹片或木板沿长屋一侧分隔成若干个无门的小间“恩拜”（达让话），为长屋内各小家庭炊事、取暖和睡卧之处。各小间相对一侧，是留出的窄长通道，与进出房屋的门相接。

长屋内的各家庭，在自己居住的小间“恩拜”中，都设有自己的灶塘。设灶方法是在木板拼成的方框内，填入泥土后，镶入地板，再于上面置三块支锅石或铁三脚架。烧柴时，因有泥土与地板相隔，可以防火。过去僜人睡觉不用床，也无被褥，夜晚都是围在火塘旁在地板上和衣而卧。

在相距长屋十余米处，另建仓库存放粮食。仓库称为“阿卡”（达让话），亦为干栏式，距地约两米，用竹木搭建而成。仓库远离主屋是为了防备火灾，还可以防鼠和避免粮食潮湿。

在僜人居室的内部陈设中，男主人卧室（多并作客厅）四壁以及走廊墙壁上挂满兽骨、兽头和平时宰牛后留下的牛头骨。悬挂兽骨兽头的地方乃神圣之地，平时妇女不能坐卧于其下，否则会冒犯管兽的鬼灵，轻者打不到猎，重者会给男主人带来灾难，狩猎时会碰上灾祸。

一夫一妻家庭中，男性家长同妻儿生活在一起，构成一个基本经济单位。儿子长大成人买到妻子后，仍可继续留在父亲的家庭中，亦可在长屋内另立火塘成为一个单独的经济单位。

一夫多妻家庭，妻子们分别住在长屋内单独分出的“恩拜”中，每一设有火塘的“恩拜”便是一个单独的生产和消费单位，她们各自种植丈夫开垦后交给的土地，各有仓库存放自己的粮食，分别抚育自己的子女。男性家长对每个妻子都享有支配的权力，他可以随意到妻子那里去食宿，只需把自己的挎包挂在某个妻子那里，即表示当晚要到其屋住宿，妻子要像招待客人那样准备酒肉招待。如果丈夫又购买了新的妻子，原屋不够分配时，可在原长屋外檐续盖一间或数间，供其居住。

20世纪60年代末，僜人走出山林定居于河谷台地，在政府的帮助下修建了新的房屋。新修的房屋仍为两层的干栏式木楼，上层住人，下层圈畜。由于社会的改革和进步，僜人的多妻家庭日趋减少，反映在房屋建筑上已很少修建供多妻居住的长屋，一般一栋房屋（仍为长方形）只分隔两间或三间，一间作为客厅（可兼做主人卧室），一间或两间作卧室，为妻儿所居。在每一栋房屋旁都有庭院，四周用木板作栅防止牲畜进入。察隅县僜人目前居住条件良好，近20年来国家已三次为其建僜人新村，人们的居住条件得到了根本改善。

二、夏尔巴人居住文化

夏尔巴人长期从事半农半牧的生产活动，为适应其农耕和牧业生产，他们的住房分为两种。一种为固定的居住房屋，修建在海拔较低，条件较好，离农田较近的地方。另一种为临时住房，分别建在夏季牧场和冬季牧场，以适应因季节变化而不断迁移的游牧生活。

夏尔巴人称夏居地为“耶尔萨”，冬居地为“贡萨”。这些在夏居地和冬居地修建的住房多为用石木、竹木搭建的窝棚，结构简单，供牧人放牧时临时居住。夏居地位于远离村庄的高山牧场上，住房为土石墙窝棚，并用石板盖顶，较少用木头，因远离村庄不易运送。冬季牧场海拔较低，有时几间甚至十多间房屋集中建于一处，室内备有贮存的粮食和饲草，房屋供人居住和圈栏牲畜，以躲避喜马拉雅山冬季气候多变带来的冰雪和风暴。

夏尔巴人的村寨建在离水源近的宽阔坡地上，房屋多为二层石木结构的楼房。建房时，用粗大的木柱搭架，第二层铺设木板。房屋四周用石块砌墙，石墙之间的缝隙用泥、沙和牛粪混合制成的厚浆填塞抹平，再涂上石灰浆刷白。屋顶为人字形，用松木板层层叠压苫盖，下雨时，雨水顺着木板的沟缝下流。为防风吹雨冲，木板上横压有几道长约两米的木条，木条上再压以石块。

房屋多为上下两层，个别富裕户也有修建三层楼房的，第三层为储藏室。底层和二层均隔成三间。底层的一间作为贮木柴、农具、篮筐和其他杂物用品之用，另一间作为圈养牲畜用，还隔有一小间，既可作仓库，亦可让新来的人临时居住，一般情况下不住人。因底层很少留窗户，黑暗潮湿。二层住人，为家人起居生活的住所。二楼与底层用楼梯相接。楼梯设于底层一侧的室内，多为独木梯，十分陡直。二层阳面每间开有一窗。三间住房实际只靠里头有一隔墙，被隔出的小屋为主人居室，外面两间相通，既是厨房、客厅又是未婚子女的居住处。睡觉多用简易单人无床头木床，高约 40 厘米，上铺有卡垫，放有棉被，旧时用木床盖棉被只是少数富裕户的事，穷困户多在房子一角用土坯围一小块，里面铺上茅草，盖藏被或茅草睡觉。睡时脱鞋帽，解开腰带，侧卧。

炉灶多设在靠后墙的中间位置的火塘内，火塘为约一米见方的方块，边缘和底部用石板与楼板隔开，边缘石块略高于地面以防火灰外延，火塘里面靠墙用土坯垒有二层台阶一个，供放锅勺等炊具。火塘中多架有一圆口铁锅架，没有铁锅架的就放三块石头架锅。火塘上方约两米的空中是一从房顶檩条垂吊下来的木棍扎成的方架，架上放一些引火用的劈柴和用于夜间外出照明的小竹竿。因雨季长期下雨非常潮湿，把这些置于火塘上方熏烤可备急需。火塘两侧多摆有餐架或餐柜，放有锅、碗、勺、盆等炊具。屋内还有水缸（罐）和粮菜之类及其他日用品。在夏尔巴所用的器皿中，以铜铁制品为多。住房紧张的家庭，屋内的四周常常搭有很多竹竿，上挂有欲风干的牛羊肉，一般家庭放在其他房子里。每个家庭都设有神位，摆有供桌，供有佛像。富裕的人家则专门隔出一间小房屋作为供佛之用。佛堂内摆放佛龛，主供古如仁波切（莲花生大师）。佛龛前设供桌，上放香炉、酥油供灯、净水铜杯等宗教用品。有的人家还摆放佛经，悬挂唐卡佛画于佛堂。

改革开放以来，居住在聂拉木县樟木口岸的夏尔巴人，居住条件改善快，许多人家新盖的楼房高大美观，室内宽敞明亮，较多使用钢筋水泥作建筑材料，房顶用白铁皮取代了木板、瓦，不仅经久耐用，而且在阳光照射下，铁皮银光闪闪，风景独特。而地处偏僻的定结县陈塘镇夏尔巴人由于交通闭塞、经济欠发达，居住条件长期较差。通过国家兴边富民行动，各级政府投入资金对陈塘镇 300 多户民房进行了改造，陈塘镇家家户户都住上了新居。如今，一排排具有夏尔巴民族风格的新民房拔地而起，令人赏心悦目。

第四章　婚俗文化

婚俗文化是民俗文化中最瑰丽多彩、富有浓郁民族特色的文化现象。作为民俗文化的重要组成部分，每一个民族的婚俗文化都与该民族的社会形态、经济结构、宗教信仰、婚姻制度息息相关，并随着社会的发展和文化的变迁而发生变化。西藏各民族的婚俗文化都有着各自鲜明的特点，在新时期社会变革和文化变迁的大潮中，传统的婚俗文化正发生着改变，呈现出传统与现代交织混融、多姿多彩的风貌。

第一节　藏族婚俗文化

藏族婚俗文化的形成有着悠久的历史渊源。早在远古时代，藏族先民就按一定的婚姻制度组建家庭，聚族而居，并形成了一套相关的礼仪习俗。吐蕃时期，藏族的婚姻仪礼已基本定型。一部名叫《择偶七善业仪轨》的苯教礼仪文献，详细描述了吐蕃婚姻的过程和各种仪式，有八个方面的内容：请神灵至新娘身边驱魔，洗去污秽与不洁不祥，为新娘铺设地毯和迎进家门，献给新娘三种奶制品，为新娘取一新名，祈求众神灵保护，招福，颂祝吉祥。[①] 其中，在洋洋洒洒的新婚庆典的祝词中，还提到新郎

① 卡尔梅著，王尧、陈观胜译：《本教历史·教派概述》。

的灵魂金，新娘的灵魂玉；新郎的登天绳，新娘的吉祥绳；新郎的生命箭，新娘的金纺锤，祝祷他们永不分离，将新郎、新娘托付给神，祈祷神灵保护新人的婚姻和生命。从《择偶七善业仪轨》一书可知当时婚俗之丰富、礼仪之繁缛、内涵之深厚。藏族古代的这一婚仪特点，在今天藏族婚俗文化中还较完整地保存着。藏族的婚恋礼俗，从择亲选偶、定亲迎娶到婚后习俗都具有鲜明的民族与地域特点。

一、通婚范围与择偶标准

民主改革前的西藏社会是等级森严的封建农奴制社会，贵族与平民被分为三等九级，社会地位悬殊，表现在婚姻的缔结上是严格的“等级内婚制”。不仅贵族与平民、庄园主同农奴之间不允许婚配，大小贵族之间、平民的不同等级之间婚配都有许多限制。择婚看重对方的血统、地位、门第和财富，追求“门当户对”的婚姻，这在城镇表现尤为明显。其实，择偶时看重财富和门第，在藏族古代就已有之。敦煌发现的藏文写卷P·T·1283号和内容相同的P·T·2111号，即《仪礼问答写卷》中，明确记有吐蕃人的择偶标准：“娶妻要选有财富与智慧者，若两者不兼备，应挑选有财富者，选婿要选有智慧而富裕者。”①

除等级的限制外，婚姻缔结中一个最大的禁忌就是近亲结婚。有父系血缘关系的人无论相隔多少代一律不得婚配，有母系亲属关系的人原则上亦不得婚配，若婚配，至少应隔五代或八九代人方可通婚，总之是婚姻双方的血缘越远越好。因此，在藏族社会上难见姑舅表婚和姨表婚等其他民族中常见的婚配现象。在藏北牧区，人们是以“骨系”（rus-pa）来确定通婚的范围。骨系多以父系的血缘来计算，同一骨系的后代属永久禁婚之列，严禁发生性关系，一旦违禁，人们视其为妖魔化身，社会舆论会给以

---

① 王尧、陈践编著：《敦煌吐蕃文书论文集》第140页，四川民族出版社，1988年。

强烈谴责，甚至予以严酷的处罚。有时也有这种情况：由于年代的久远，人们已算不清楚婚配双方是否存在亲戚关系，但只要知道过去曾是亲戚关系，不管隔了多少代，人们会自觉恪守禁婚规则，不能通婚。在人们的观念中，近亲通婚是最不吉利的事，会生下畸形婴儿，会给家庭、村庄带来灾难。在山南地区，如果四方邻居知道了某人是亲戚通婚会不依不饶，舆论会说："青草要干枯水源要枯竭，老天都不下雨"，人们还要告官惩办，近亲通婚者会被处以装入牛皮口袋沉江的死刑。[①] 在藏北牧区，人们将近亲通婚或发生性关系看得非常严重，认为这种人婚后全身会变黑，成为黑人，影子照到谁谁就会生病，平时不能让这种人坐到自己面前，这种人死了也不能送天葬场，他们生下的孩子会变成傻瓜，长成畸形，还会长尾巴。除人们的舆论谴责和歧视外，有的还会受到严厉的处罚，轻者被鞭打一顿，重的用牛皮包裹扔到河里双双淹死。[②]

婚姻是否缔结，还要看男女双方生肖的五行和纪年的十二属相的生辰是否相克相冲，人们十分忌讳生肖和属相相克相冲，认为生肖相克婚姻不会幸福，夫妻间会吵架、打架或离婚。五行中水克火、火克金、木克土、土克水。十二属相中从某支起，间隔六个，其第七支与之相冲，如十二属相中排列在第一位的鼠和排列在第七位的马相冲，其余以此类推。长期以来，人们把五行是否相合相克看得较重，婚前需通过星相观测和占卜确定男女双方是否匹配，不相合则一般不成婚。当然，这一禁婚原则并不十分严格，城镇、农村和牧区以及不同的地方在遵行时也有松和紧的差异，有时生辰属相不合还可请僧人或咒师做法事以求化解。

在不违背近亲通婚和等级内婚的前提下，藏族青年男女的婚恋有着较大的自由，人们在劳动生产和各种社交场合可以自由交

① 西藏社会历史调查资料丛刊编辑组编：《藏族社会历史调查》（二）第 98 页，西藏人民出版社，1987 年。

② 格勒等：《藏北牧民——西藏那曲地区社会历史调查》第 209 页，中国藏学出版社，1993 年。

往和谈情说爱，但这并不是说青年男女就能自主婚配。传统的藏族婚姻多是父母之命、媒妁之言的包办婚姻，贵族上层的婚嫁尤其如此，子女毫无婚恋自由可言。贵族间的联姻多是一种政治行为，考虑的是家族的利益，包括家庭的政治地位、财产继承和社会地位，借联姻扩大自己的地位和声望，因此不会也不可能考虑子女的情感。平民的情况则不同，虽然婚嫁与否的最终决定权在父母，但子女在选择配偶时有较大的自由，家长会充分尊重子女的选择。事实上，许多情况都是子女自由恋爱后，将自己的意愿告诉家长，由家长出面请人提亲和订婚，最后安排婚嫁。也有的情况是家长相中了某男或某女，事先并不告诉子女和征求意见，直到成婚前才通知子女，但这种完全由父母包办做主的情况较少，多数情况是由父母做主决定婚嫁，但事先会征求子女的意见，如果子女不同意这门婚事，家长会考虑孩子的意见。当然，藏族人对长者十分尊重，子女一般会听从父母的安排。

如果说“门当户对”是家长给子女定亲时的一个标准，那么年轻人在选择对象时更看重的是对方的个人条件，包括身体是否健康，长相是否英俊漂亮，品行是否端正以及是否能干有本事等。在牧区，男子的本事主要表现在搬迁牧场、捻绳子、打猎、屠宰和做买卖等方面，女子的本事则表现在挤奶、做酸奶、放牧、织氆氇等方面。农区的情况亦相似，在耕地、修渠、建房和做买卖等方面可看出男子的本事，女子则表现在种田、挤奶、做酒、织布等方面。配偶是否能干，成为农牧区择偶的一个重要标准。将配偶的能干和本事作为一个重要条件是不难理解的，因婚姻不仅仅是男女两个人的结合，由婚姻的缔结组建的家庭承担着人的生存、繁衍和发展的重任，“能干”和本事则是维系家庭生计的最基本因素。在气候条件差、生产力水平低的西藏农牧区，没有相当的劳动生产技能的“本事”，没有“能干”的素质，不要说发展和致富，连维持基本的生存都成问题。

如今，人们的择偶观已发生了较大的变化。伴随着社会的变革，过去严格的“等级内婚制”已不复存在，在不违背近亲婚姻禁忌的前提下，人们的婚恋更加自由，通婚范围不断扩大，藏族同其他民族、藏族同外国人的通婚不受限制。包办婚在城镇已基本绝迹，在偏远的农牧区虽不同程度地存在，但子女在婚配上有着更大的自主权。无论在城镇还是农牧区，一个人的品质和德行（尤其强调“诚实”）是人们择偶的重要条件。职业和经济条件、社会地位人们亦较看重。城镇人在今天仍关注对方家庭的地位和条件，农牧区则看重对方的本事与能干程度，呈现出城乡不同的特点。然而，无论城镇和农牧区，“恋爱自由，婚姻自主”已是西藏婚恋的主流。

二、提亲与订婚仪礼

藏族青年男女一般十六七岁便进入可谈婚论嫁的年龄，可以参加各种社交活动和谈情说爱。藏北牧区青年男女有一种称为“乞董”（khyi-rdung，意为“打狗”）的恋爱交友方式。所谓“打狗”，是指男女青年夜晚幽会时，男子骑马去女子住地，因怕狗叫而惊动姑娘家的人，男子会在赴会时带上一块肉扔给狗吃，人们形象地称之为“打狗”。当男女青年通过“打狗”接触和其他方式的谈情说爱，彼此有了感情愿意确定婚姻关系时，便会将自己的想法告诉父母，如果父母不反对，便会托亲友找媒人去女家说亲。也有的是男家父母看中了某位姑娘，便托人去女方家提亲。

说亲或提亲是整个婚姻缔结过程中第一个程式化的仪礼，各地在习俗礼仪的细节上略有不同。提亲人一般不由家人充任，而多由男家亲朋中或村中有较高威望的人充当。提亲人藏语称之为“巴米”（bar-mi，意为中间人——媒人）。如果男女青年感情好，两家关系又熟悉，也可由男方家长直接去提亲。“巴米”或男方家长择吉日带酥油茶、青稞酒和哈达去女家（多趁姑娘不在家时去），向女方家长摊牌说明来意，如果女家同意结亲，会接受男家敬献的酒、茶或哈达，反之则表示拒绝。双方同意后，便要请人卜卦择算男女的生辰属相是否相合，预测婚后祸福吉凶。吉利便确定，不吉时则有两种选择，一是就此罢休，另择佳偶，一是请喇嘛做法事驱邪消灾。

提亲之事大功告成后，双方父母便会商定择吉日良辰举行“隆羌冬”（slong-chang-gtong）的订婚礼。订婚之日，男家带来青稞酒和酥油茶，给女家父母敬献求亲酒（“隆羌”意为“求亲酒”），还给女家的每一位成员赠送礼物，礼物的大小和多少视男家的经济条件而定，大的可送衣物乃至首饰，小的送一条哈达亦可。但是，无论男家的家境如何，有一件礼物必不可少，这就是给女家母亲送的“奴仁”（nu-rin，意为“奶钱”），以感谢母亲对女儿的养育之恩。若女孩的母亲已亡故，“奶钱”仍必须送。农区和城镇赠送的“奶钱”多是一块“邦典”，牧区则送一头奶牛作为母亲的奶钱。这天，女家备酒备饭，招待男家客人和参加订婚的女方亲属。过去城镇和部分农区在订婚仪式上还要写婚约，贵族之间订婚时出示婚约更是仪式不可或缺的一部分。婚约一式两份，由证人在仪式上高声朗读，核对无误后由双方家长当众盖上家族印章，各自保管一份。订婚仪式后，男女双方不得轻易毁约，否则会受到舆论的谴责和众人的耻笑。如果男方毁约，赠送给女方的财物不得索回，同时还要追加一定的钱物，女方毁约要如数退还财物，同样还要给男方一些钱物以作补偿。订婚礼之后，双方便商定结婚日期筹办结婚事宜。

三、迎亲与婚礼

藏族迎亲和婚礼的礼俗繁缛，活动甚多，各地在礼俗上不尽相同。

婚期经男女双方商定并由喇嘛卜卦择吉日举行，过去农村结婚多安排在冬天农闲季节。婚礼前一天，男家派出迎亲人去女家迎亲。迎亲人员的组成有两人、四人、六人不等，其中一般有男家的一名至亲、一名能说会道的人（有时专门请民间说唱艺人），一名为新娘牵马的人，带上礼物，包括给新娘的全套衣饰，给新娘乘骑的打扮漂亮的马（怀有小驹的白马为佳）以及五色彩箭等到女家。日喀则一带去迎亲时，所带的物品中除给新娘的一套衣饰外，还有一只腹腔中装有羊毛的整羊、一两袋粮食，还要带一内装一块垫布的空箱。空箱是拿去索要女方嫁妆的。昌都柴维一带还要带一个称为“央吉”的吉祥袋去女家，将其供奉于女家的火塘上。迎亲人到女方家时，会受到隆重的接待。日喀则一带还有这样的习俗，当迎亲队伍到达女家时，女方亲戚在门外等候，但不让迎亲人立即进家门，故意设题刁难，迎亲人必须“道吉祥”（藏语称之为“协巴”，系一种民间吉祥颂词，多在婚礼、建房等喜庆场合唱诵），直到女方家满意才让进屋。迎亲人中能说会道的道吉祥者会海阔天空地盛赞新娘家的房屋、大门、庭院以及所见的一切。进屋后，女方家立即向客人敬献“三口一杯”酒，盛情款待迎亲人。饭毕，迎亲人会在院内打开空箱，拿出垫布铺在地上，索要女方的嫁妆，女方亲戚则要求在垫布的四角压上许多钱，欢声笑语不断。迎亲人需在女方家住一晚。现在农区的婚俗还保留在女家住一晚的习俗，城镇居民结婚只是提前一天将新娘婚礼上穿的衣饰及有关礼物送去，不再住于女家，婚礼当日直接按卜卦的时辰去迎娶。

举行婚礼的前一天晚上，女方要为即将出嫁的女儿举行送别仪式，女方的亲戚及亲朋乡邻都来参加。仪式开始时，“准新娘”坐于席位正中，伴娘紧靠其旁，左右分别坐父母、其他家庭成员及送亲人。前来迎亲者向新人敬献哈达，并将带来的“达塔儿”（五色彩箭）插在其背上，表示姑娘已是有主之人。然后由亲朋乡邻献哈达和送礼，礼品主要有一支前腿带胛骨的羊肉、糌粑油糕“麻馓”、衣服或衣料以及礼金。亲朋乡邻所送礼品的种类和数量由主人安排专人一一登记在册，以便以后回礼。登记礼品的册子称为“嘎托”（dkar-tho）。仪式结束后，人们饮酒唱歌、通宵欢庆。当天，女家通常还需将娘家的嫁妆移交给男家，也有的是迎亲后才将嫁妆送去。

第二天清晨（即婚庆大典之日），根据卜算确定的时间开始迎新娘出门。新娘穿戴着从男家带来的全套衣饰，打扮得格外漂亮，在伴娘的陪护下，缓缓走出家门。昌都柴维一带，新娘临行前，要站在屋外特设的毡垫上听母亲的教诲，新娘母亲会谆谆教导女儿今后做人的道理和规矩，并给女儿献哈达。这条哈达是拴挂在脖颈上，其他亲戚也献哈达，哈达拴挂于新娘脖颈后的哈达上。出门时，想到自己就要远嫁，再也得不到慈爱父母和亲人的关照，新娘会哭泣不已。出门时，迎亲人在前面边走边挥动手中的哈达高喊："招纳福祉啰，招纳福祉啰"，而女方家人（多是父亲或长兄）则站在自家屋顶上用右手朝迎亲队伍走过的方向挥舞哈达（有的地方手举彩箭、挤奶桶和举着羊腿在空中环绕），边挥边喊"留下福祉，留下福祉"。这个仪式藏语称之为"央固"（g·yang-bkug），意为招财引福仪式。人们认为，姑娘出嫁，往往会把家中的财运带走，为了留住家中的财气，需要举行

迎亲的队伍向新郎家走去

“央固”仪式。用彩箭和环绕羊腿举行招财引福的习俗产生年代久远，是古代苯教盛行时期举行的仪式。

迎亲队伍的顺序一般为，走在队伍最前面的领队是一个属相最好的、穿白袍、骑白马、手中举着“斯巴霍”（srid-pa-hor，即九宫八卦图）的人，这人多请星相师充任，其后依次是迎亲代表、新娘、伴娘和其他送亲人。女方送亲人之中也有一位能说会道之人。过去一般都是骑马，每匹马都精心打扮装饰。现在迎亲时路途近仍骑马，路途远则是用汽车或拖拉机。城镇的婚礼都是用装饰一新的婚车迎接新娘。

迎亲途中，遇见背满水或背东西的人视为吉祥，迎亲人会向这些人献哈达，如遇见背空筐、抬病人、倒垃圾的人则认为不吉利，这些人看到迎亲队伍过来一般都会自觉回避，如果不巧碰上，主家在婚后会请僧人念经消灾。迎亲途中，道吉祥者还会对沿途的风光即兴进行描绘和赞美。如迎亲之日天气晴朗，道吉祥者会唱道：

太阳金光映积雪，
雪峰沐日分外艳。
一时片云横遮拦，
莫非雪峰也怕羞。

路过当地的河流，作歌道：

旭日光耀村旁河，
好似银河落草原，
莫非良缘感天神，
献上银河作哈达。

当见到草原上的牛羊，作歌道：

黑白牲畜通人情，
各自排成仪仗队；
哞哞之声震草原，
对着新娘在道喜。①

道吉祥者总能将沿途见到的景物人事同迎亲的特殊日子巧妙地结合起来，增添了祥和喜庆的气氛。

婚礼之前，妇女向参加迎亲和对歌的男人们敬酒、敬茶

婚礼上承担礼宾任务的妇女向即将出行迎亲的队伍敬奉吉祥朵玛（即敬神的供品）

① 嘉措顿珠：《娶新娘道吉祥》，载《西藏民俗》1994 年第 2 期。

当迎亲队伍快到男家村口时，男家安排有敬酒人在村口迎候，人们一一下马，接受敬酒人敬献的“切玛”、酒和茶。

迎亲队伍到达男家大门外时，此时大门、院落内外已装饰一新，在大门两侧立放有黑白两种颜色的大石，安放好专为新娘准备的下马垫，其垫内装有青稞、小麦和盐巴，上铺五彩锦缎，缎上用麦粒或面粉画“卐”吉祥符号。男家的主要亲属在门前迎候。西藏各地从新娘下马、进门、入座都有一系列礼俗，大致活动为：下马后绕转祭祀象征吉祥神灵的白石，踢翻表示不吉邪魔的黑石，送亲人中能说会道者依次赞颂男家的下马垫、大门、看家狗、楼梯等，然后新娘才进门入座。各地礼俗大同小异，具有地方特点。下面是日喀则岗巴一带迎亲队伍到达男家时的礼俗活动：

迎亲队伍快到男家时，邻里乡亲在男方家门口立一块叫做“切尔朵”的白色大石和装满羊粪蛋的大袋，旁边搭个神垒，插上新娘的魂树（一根有三个树梢的树条）。迎亲队伍行至家门口，迎亲使者先下马，把马拉入马厩。一邻里或乡亲走到送亲人跟前抛下替身品（消灾物品）便立即走开，以阻拦新娘那地方的鬼神随其而来，这时，有人对送亲人连喊三声：“到我们这地方不许纵马横行，就是雄鹰也得以恭敬低位状而来。”送亲人答道：“新娘乃是播撒花种者，梳理一根发辫者，为啥不许纵马横行？”接着骑着马走到门口，从马背上提问道：“以须弥山为中心，你家有几座秀丽的山？以绵羊毛滩为中心，你家有多少大草坝？以神骑鹅黄马为主，你家有几匹善跑骏马？以岭·格萨尔为准，你家有几个骁勇之子？”对此，男方家人视家中特点作答。之后，送亲人下马，接受两个姑娘或少妇敬献的“切玛”和青稞酒，给新娘魂树粘上三片酥油花，手抓魂树连摇三下问：魂树是否牢固？答道：固若金刚岩。尔后，婆婆将新娘自马背上抱下地，下马时新娘的双脚先落于用青稞画有“卐”字永固符的藏式方桌（代垫脚马蹬）上，随即走下地。婆婆让她右手提着挤奶桶，左手拿着拴牛绳，由婆婆扶着绕大白石、羊粪袋、神垒和魂树转三圈，然后才被迎进家门。[①]

新娘进屋后，与新郎一道坐于主室的正中位置，新娘旁坐伴娘，然后是双方的亲友按辈分长幼围坐一圈。新人的坐垫上用麦粒摆放“雍仲”图案。入座后，送亲人首先起身向佛像（佛龛）、房柱、“切玛”斗及酒坛等赞颂之后献哈达，然后男家向新人及送亲人敬献“切玛”、哈达、酒和茶，男家的好友乡邻也分别向新人及婚嫁双方家人献哈达和礼品。如果亲朋多，客人多，敬哈达献礼仪式要进行很长时间，有时献礼仪式分别安排在几日内举行。此间，道吉祥者会滔滔不绝赞颂新郎、新娘及双方父母，赞颂房屋、美酒、彩箭等。有的地方是新娘入座后，先给新娘献酥油米饭、酥油人参果和牛奶这三样食品，新娘象征性地吃一些，表示新娘从此开始甜蜜的生活。新娘吃后，在婆婆的带领下，端一个木制牛奶桶，桶内装有青稞、小麦等五种粮食，上插五色彩箭，将奶桶放进装粮食的仓库，象征今后五谷丰登、六畜兴旺，家中的财富不断增多。这些活动完成后，新娘才进屋参加仪式，接受人们的祝福。许多地方还有这样一个仪式：当新郎新娘受献哈达和祝福后，在家人的带领下，一对新人走到屋顶，由喇嘛诵经，祈求家神庇护新娘。这时在屋顶的神垛上要立一根新经幡，立经幡时，新娘新郎用手摸摸经幡，表示神灵已接纳了新娘，从此新娘享有同其他男家成员同等的权利。过去结婚时，在迎亲途中和婚礼上，新娘要用称为“布热卡支”的红色氆氇或头巾遮脸，从头上一直垂至胸前。有的在婚礼后的第二日取下，有的一直戴到婚礼结束。现在农区部分地方还有这种习俗。

婚礼时间的长短视主家的经济条件而定，多的有十几天，一般的有五六天，但最少应举行三天。婚礼期间，男家准备大量酒、肉、饭、菜款待客人，亲朋乡邻也会赠送许多礼品。以日喀则江孜班村的婚礼为例，礼品的种类和数量为青稞酒（一般不少于3坛）、酥油（2～5坨）、砖茶（2～3块）、一整腔羊肉

---

① 班丹：《岗巴婚俗拾零》，载《西藏民俗》1995年第2期。

（羊腔内装 1～2 斤羊毛）、一袋青稞和一袋小麦（各 80～100 斤）、礼金以及给主人家每人一件衣服或衣料。① 城镇居民现在以送礼金为主，数量的多少视关系的亲疏而定，但哈达是客人参加婚礼时必须准备的。西藏一些地方还有“守日”的习俗。所谓“守日”，就是与男家关系密切的挚友承担婚礼期间某一天的吃喝开销等一切费用。②

举行婚礼时，最活跃和最出风头的人是道吉祥的人。他们口若悬河，赞美之词滔滔不绝，天文地理、海阔天空无所不涉，但又都与婚庆紧密相连，其赞颂词优美动听，常引得众人的阵阵喝彩。如当新娘、新郎和众人入座后，道吉祥者身着节日盛装，走到屋中央说道：今日新婚之日，白梵天王主众神，下凡来聚会。祖纳仁青龙王领地下众龙王来贺喜。地下的古拉格佐率众厉妖，前来恭贺新禧。天上地下地上的神龙妖俱驾到。今日天上耀吉星，地上出现良辰瑞相，半空和风四起，天地人和，举办××的喜事。自从天上形成六昴宿星，地上长出六谷，三界出现六道轮回以来，汉藏犹如一条白哈达，有缘共饮一碗甘露酒……

道吉祥者继续说道：为了这门婚事，事前算了卦、占了卜，卦卜均合主吉祥。新郎似仙子，新娘似仙女，一对相配的男女结了良缘，犹如一对明亮的星星闪耀于世。

今日在座的嘉宾，右排犹如日照大地，左排好似月照夜空，下首散座的宾客，就像繁星点缀空际。叔伯兄弟相聚，犹如沟内的雪山。母姨姊妹相聚，犹如沟外的碧湖。儿孙们相聚犹如草坪上的鲜花怒放。总起来说，上排犹如雄狮昂首，中排好似珍珠串，下排宛如孔雀觅食，门边的人群，犹如欢乐的黄鸭戏碧湖。

道吉祥者把婚礼场面描绘后，手持哈达，叙说哈达的来历：

哈达来源于汉地，

---

① 中国藏学研究中心社会经济研究所编：《西藏家庭四十年变迁——西藏百户家庭调查报告》第 230 页，中国藏学出版社，1996 年。

② 班丹：《岗巴婚俗拾零》，载《西藏民俗》1995 年第 4 期。

七位汉女将它织。
这条哈达名阿西，
哈达之中为上品，
边有“卐”字永固图，
中间织有八瑞相，
旁边织有右旋螺，
两头织有吉祥文。
挥向天风调雨顺，
挥向地五谷丰登，
挥向左六畜兴旺，
挥向右众生平安。

道吉祥者将哈达献给新郎新娘，然后又歌颂新婚夫妇道：

新郎好似神柏树，
四季常青不变色。
知识渊博多谋略，
权势富贵与山齐，
武艺超群且英俊。
新娘美貌赛天仙，
含笑犹如睡莲开。
两眼好似巨星明，
头发黑如乌鸦羽，
脖子就像宝瓶颈，
声若杜鹃鸟啼鸣，
细腰扭动似藤竹，
牙齿好似白螺串，
小嘴就像一点红，
启齿含笑把人迷。
从此新娘把家主，

但愿持家拢人心，
尊老爱幼勤操劳，
发家致富众人敬。

向新郎新娘献过哈达后，又向双方父母敬献哈达，并赞颂一番，祝福吉祥。然后手持彩箭，说唱道：

彩箭竹竿南谷户，
南子三兄将它砍，
汉地花绳将它捆，
藏地犏牛将它运。
彩箭装有铁箭头，
象征杀敌不遗漏。
彩箭共有三竹节，
象征济世三怙主。
彩箭箭翎上朝天，

新经幡在屋顶的四角，五彩的风马旗伸向蓝天，招来吉祥，招来福运

象征度人的三宝，
彩箭饰有五彩绸，
象征除邪招五福。
彩箭装饰小海螺，
象征儿孙多财富。
彩箭挂有银质镜，
象征光耀四大洲。
彩箭插于新娘领，
从此不得有二心。

唱毕，将彩箭插在新娘的衣领上。[①]

此外，道吉祥者还赞颂“切玛”斗、媒人、酒、茶等等。道吉祥者不仅诵唱祝词，还常常讲出一些诙谐幽默、令人捧腹的逗笑语，使婚礼气氛喜庆而热烈。

婚礼期间，最忙和最热情的是称为“羌玛”的酒女。她们负责向客人敬酒，来往穿梭于宾客盈门的房屋中。为了使客人喝得满意称心，她们唱歌跳舞，劝客人多饮酒。客人如果喝醉呕吐，酒女还要侍候。有的客人故意刁难，要同酒女对歌方才喝酒。唱歌跳舞本是酒女们的特长，客人大多占不了上风。藏族的酒歌和对歌许多是即兴而发，很有特点。班丹先生在《岗巴婚俗拾零》一文中，一口气记录了婚礼上的六十余首对歌，现摘录几首。

饮酒者：

四只古瓢挂四方，
你能一一道来否？
你若不说听我言，
此酒当由你来喝。

---

① 引自嘉措顿珠：《娶新郎道吉祥》，载《西藏民俗》1994 年第 2 期。

酒女：

要说四方四古瓢，
东头挂有古铜瓢，
象征汉地浓香茶；
南面挂有长柄瓢，
象征甜蜜甘蔗糖；
西头挂有福禄瓢，
象征藏地陈佳酿；
北面挂有短柄瓢，
象征藏北水晶盐。

饮酒者：

东有三种白色物，
你能一一道来否？
你若不说听我言，
此酒当由你来喝。

酒女：

东方三种白色物，
一是太阳暖人间，
二是月亮耀大地，
三是金星启天明。
……

饮酒者：

上下共有十二门，
你能一一道来否？
你若不说听我言，
此酒当由你来喝。

酒女：

要说上下十二门，
三扇门来圣智门，
人称那是春三门；
三扇门来禳灾门，
人称那是夏三门；
三扇门来如意门，
人称那是秋三门；
三扇门来自闭门，
人称那是冬三门；
上六门来下六门，
春夏秋冬十二门；
……

饮酒者：

沟头沟中和沟尾，
各具三种白色物。
你能一一道来否？
你若不说听我言，
此酒当由你来喝。

酒女：

沟头三种白色物，
长毛公牛蹄尖白，
黑白母牛乳头白，
哺乳牛犊鼻尖白。
沟头三种白色物，
酿酒阿妈牙齿白，
黄色铜瓢粘花白，
酒女海螺手镯白。
沟头三种白色物，
休耕田地神石白，
鹅黄神骑后跟白，
哺乳小驹鼻尖白。①

歌美酒香，人们在婚礼期间痛饮狂欢。

婚礼期间，除唱歌跳舞等娱乐活动外，人们还玩藏牌、掷骰子、打麻将等，每人根据自己的喜好参加活动。

婚礼结束那天，全体客人参加“卓桑”仪式，仪式上煨桑、唱“协钦”（意为“大歌”），抛撒糌粑粉，祈求神灵保佑，祝福主家吉祥安泰，其仪式的过程和形式同建房时的乔迁礼“康苏”相似。仪式结束后，亲朋乡邻可以陆续回家，但不能在同一时间告辞，而是分期分批离开，以免有人去楼空之嫌。客人辞别时，主人和留在家中的其他客人送到大门口，向他们敬献“切玛”和酒，并献哈达。客人离开时，边念诵吉祥的祝词，边往主人家方向抛撒青稞或糌粑。

现在农牧区举行婚礼传统色彩仍较浓，古朴、风趣、热闹而隆重，“仪式”色彩浓厚。城镇婚礼则不然，已带着较多的现代

① 班丹：《岗巴婚俗拾零》，载《西藏民俗》1995 年第 4 期。

色彩，赋予了传统婚礼以时代的特点，婚礼方式已逐渐从原来的“仪式型”向“娱乐型”转变，从“传统型”向“现代型”转变。婚礼中虽仍有请僧人择吉日、向门柱献哈达、请人唱祝词、结束时举行“卓桑”仪式等传统内容，但大都只留其仪式的象征意味，程序和内容大为简化。许多繁缛的传统礼仪已难觅踪影，而注入的是更多的现代生活内容，拍婚照、用婚车迎新、用录音机播放歌曲和颂赞词、用摄像机摄录婚礼全过程等已是屡见不鲜。更有新潮者，钟情旅游结婚，让自己的新婚蜜月在饱览异乡风情和俩人独守的美好时光中度过。当然，旅游结婚后大多还要筹办婚礼，请朋友同事吃喜酒才能过关。

四、婚后习俗

婚后习俗主要有回门和离婚等内容。

青年男女结婚后新娘何时回娘家，各地在时间上并无一致，有的是半年以后，有的需三个月，有的在婚后一月左右就可回娘家。藏族过去有一个习俗，就是婚礼期间新娘绝不能回娘家。有时同一村庄或相邻村庄的两家联姻，娘家虽近在咫尺，但新娘也不能回去，否则会遭到人们的耻笑，一般不会发生这种违禁的事，新娘回门必须由丈夫和男家家长陪同，不能一人单独回去。

回门时仍有一些礼俗活动，但较之婚礼大为宽松，没有繁缛礼节，一个主要的活动就是办回门酒宴，回请那些在新娘出嫁时曾来行礼的女方家的亲朋乡邻。款待毕，还要给他们每人分送一份羊肉、烙饼等食物，并在烙饼上搁一块酥油以示回敬。新娘在娘家住多少时日并无具体规定，住一段时间后回到婆家，开始自己人生旅程中做他人媳妇的生涯。

藏族青年男女婚前有较大的社交自由，婚后男女之间的交往则有所限制，一是社会舆论的顾忌，二是怕伤害夫妻感情影响家庭和睦。如果夫妻之间感情好，婚外情则较少发生，有的青年男女婚前就有性关系和育有孩子，如果顺利结婚一家人和睦地生活在一起。如果因种种原因没能结婚，男方应给女方一定的补偿，孩子由女方养育。在藏族社会有一定数量的非婚生子女存在，社会舆论对这些非婚生子女及其母亲并无偏见和歧视，未婚先育的女子结婚时，可将孩子带到男家，男家会接纳孩子，视同己出，享有同家庭其他成员同样的权利。

离婚是每一个民族都存在的现象，藏族社会亦如此。因婚后感情不和或其他种种原因常导致离婚，传统的离婚并无成文的法律手续，一般并不经过官府和头人，往往经亲友劝阻无效便正式分离。只有当分割财产引起纠纷时才由头人或官府出面调解和裁决，但这种情况极少发生。夫妻分手时，原则上女子的嫁妆要带走，家庭财产按当时家庭成员人数均分，孩子则多为男孩归父亲，女孩归母亲。妇女离婚和再嫁有较大的自由，并不受舆论的非议。再婚时，一般不再举行婚礼，即使举行婚礼也较简单。

五、几种特殊婚制

在传统藏族社会，除一夫一妻的单偶婚为主要婚姻形式外，还存在一定数量的一妻多夫和一夫多妻的多偶婚制。即使在一夫一妻婚的缔结过程中，招赘婚也有较大的比例，表现出与其他民族在婚姻制度方面的不同特点。

招赘婚。招赘婚即男“嫁”女家。社会舆论对“娶妻”还是“招婿”并无好坏优劣之分，视同一样。是女婿上门还是女儿出嫁由双方家庭商定，有时还要通过星相师卜算打卦确定。一般情况是招赘的人家往往没有儿子，缺乏劳动力，通过招赘解决劳动力问题。也有的是疼爱女儿，不忍心女儿远嫁而招婿上门组成家庭。招赘婚的说亲、订婚和婚礼同娶妻婚的仪礼基本一样，所不同的仅是迎送新郎去女家而已。女婿在妻家地位同其家人。

一妻多夫婚。在传统的西藏社会，这种婚姻形式占的比重较大。“据本世纪50年代初的调查，旧西藏一妻多夫家庭占24%，一夫多妻家庭约占5%,实际情况超过这个比例。”[1]一妻多夫婚在西藏各地都有但分布不均衡,昌都地区的比例较大。“据色扎部落头人泽丁扎巴回忆,民主改革前他所管辖的丁青宗色扎部落约500户,估计一妻多夫家庭超过50%”。“宁静宗巴洼村(现芒康县宗溪乡的一部分)头人泽仁顿珠回忆,当时村里一妻多夫家庭的比例大大超过一夫一妻家庭”。[2] 据西藏大学1988年的调查,西藏农牧区的一妻多夫家庭占调查家庭总数(753户)的13.3%。[3] 而昌都地区有关单位1996年对芒康县二区一镇23个乡进行了调查:“全县总户数为10875户,总人口70149人,一夫多妻家庭472户,占总户数的4.34%。1980年以后有157户,占总户数的1.44%;全县一妻多夫家庭有4597户,占总户数的42.27%,其中1980年以后形成的家庭1715户,占总户数的15.77%。”1999年4月,对贡觉县相皮、哈加、漠洛、拉脱、阿旺、则巴六乡的调查显示:“六乡共有居民4753户38515人,其中一妻多夫家庭就有3201户20245人,分别占总户数和总人口的67.3%和52.7%。”[4]一妻多夫婚在昌都的丁青一带也有较大的数量。

一妻多夫家庭绝大多数都是兄弟共妻形式,只有极少数是朋友共妻。共妻家庭中,以两兄弟共妻最为普遍,三兄弟共妻次之,四兄弟以上很少。“丁青县丁青村一妻多夫共120户,丈夫275人,平均每户2.29人。芒康县莽岭乡110户一妻多夫家庭中丈夫223人,平均每户2.03人”。[5]

一妻多夫婚的缔结方式均为娶妻婚,其婚礼习俗同一夫多妻

---

① 西藏自治区人民政府新闻办公室编印:《西藏自治区妇女境况》白皮书,第5页,1995年3月。

② 张建世:《康区藏族的一妻多夫家庭》,载《西藏研究》2000年第1期。

③ 王大奔、陈华、索朗仁青:《西藏藏族妇女的婚姻与生育》,《中国少数民族社区人口研究》,中国人口出版社,1993年。

④ 吕昌林:《浅论昌都地区一夫多妻、一妻多夫婚姻陋习的现状、成因及对策》,载《西藏研究》1999年第4期。

⑤ 李光文等:《西藏昌都——历史·传统·现代化》第340页,重庆出版社,2000年。

婚的缔结相同。当男家向女方提亲时，有的要明确告之对方是兄弟娶妻，也给儿子讲明是共娶一妻，也有的事先不作说明，以后自然形成共妻婚。举行婚礼时，有的是兄弟同时作为新郎参加婚礼，有的是兄弟中的长兄作为代表参加婚礼，以后一种情况居多，即长兄到了成婚年龄后娶妻，以后弟弟们长大后同嫂子共同生活形成共妻家庭。一妻多夫家庭的子女对父亲的称呼有两种情况，一种是称家中的长兄为爸爸，其余兄弟一律称叔叔，另一种是将几兄弟一概称之为爸爸。在人们的观念中，子女是家庭共有的，并不刻意追求子女究竟是谁的。

一妻多夫家庭的日常劳作和生活同一夫一妻家庭相比具有自己的特点。在全家的管理方面，一般是长兄当家，各兄弟间在务农、放牧或经商等生产经营活动中有大致的分工，根据每人的特点各有侧重，妻子多是操持家务，带小孩和干一些农牧活。在日常生活中，妻子处理好兄弟之间的关系是至关重要的，贤惠是对妻子最主要的要求，关键是妻子对众兄弟要一视同仁，不能偏心，要使家庭团结和睦。如果妻子能搞好兄弟间的团结，一家人和睦相处，则是贤惠的，舆论会称赞；反之，如果弟兄婚后闹分家，则认为妻子偏心，舆论会指责。在夫妻同房的问题上，一般是同房者在门口放一信物，其他兄弟看见信物便会自然回避。也有的是在长期共同生活过程中兄弟间已有一种默契，根据一些细微的举动便知其情，不用放置信物其他兄弟都会自觉回避。

藏族社会对一妻多夫家庭普遍持肯定和赞扬的态度，尤其在一妻多夫家庭盛行的地区，这种婚姻形式深受人们的称道。人们普遍认为，几兄弟娶一个妻子能使家庭兴旺和富裕，因为兄弟共妻可保证家产不分散，家里劳动力多，经商、务农、放牧都有人手，容易使家庭致富。藏族人十分注重亲情和家庭伦理，对那些兄弟不分家、亲人团聚、家人和睦的共妻家庭十分赞赏和羡慕。一妻多夫家庭至今在西藏一些地区广泛存在，除经济原因外，还有更深刻的社会文化原因，值得进一步探讨和研究。

一夫多妻婚。这种婚姻形式较少，民主改革前约占婚姻总数的5%，民主改革后则不足5%，主要存在于边远的农牧区。多妻婚在过去多是贵族、头人和富裕户的特权，他们凭借权势和财力娶多位妻子，借以扩大自己的政治影响或炫耀自己的财力，满足其奢靡的生活。平民中也有个别多妻婚存在，其形式主要是姐妹共夫，常出现于招赘家庭中，多是姐姐招赘后，妻妹后来加入其中，形成事实上姐妹共夫的一夫多妻家庭。平民中的姐妹共夫家庭同贵族头人的多妻家庭有着质的区别，前者为自然形成的无妻妾之分，地位平等；后者则多是封建包办性质的买卖婚，妻子之间地位相差较大。昌都地区贡觉县三岩地区存在着较大数量的一夫多妻婚，1999 年有关单位调查时多妻婚占家庭总户数的 13.6%。[①] 这有着当地深刻的自然、历史和社会原因。恶劣的自然环境和地理条件、落后低下的生产力水平、强大的父系血缘宗族组织“帕措”的长期存在，使三岩地区出现了畸形的一夫多妻的婚姻形式。从西藏全区来看，三岩地区的一夫多妻婚是一个特例，不具有普遍性。

第二节　门巴族婚俗文化

婚俗文化是门巴族民俗文化的重要组成部分。门巴族的婚恋习俗，妙趣横生，意蕴悠远，特点鲜明。

一、婚前习俗

门巴族青年婚前社交比较自由，一般女子在十六七岁，男子在 18 岁左右，男女之间便可自由交往。但这种自由交往，以及以后能否定亲成婚，则有如下的原则：一是父系血缘亲属之间、母系表兄弟姊妹之间严禁恋爱交往与婚配；二是姑舅表兄弟姊妹间的交往婚配享有优先权。除此之外，青年男女在生产、劳动中

---

① 吕昌林：《浅论昌都地区一夫多妻、一妻多夫婚姻陋习的现状、成因及对策》，载《西藏研究》1999 年第 4 期。

与异性自由交往，即使有了非婚生子女，亦不受社会舆论的谴责。

门巴族社会中，父系血亲与母系姨表亲戚之间的婚配严格禁止，人们认为是同一家人，“骨血一模一样”，绝对禁止交往与婚配，否则耻如猪狗，将受到社会舆论和习惯法的严厉谴责与制裁。姑舅表婚则为人们所称道，尤其认为“舅表婚”（即姑姑的儿子娶舅舅的女儿）为最好，认为这种婚姻是“一家人中的一家人”，是亲上加亲。这种单向和双向姑舅表婚，不仅在亲属制度中完整地表现了出来，在现实的婚姻关系中也大量存在。在这种婚配关系中，舅舅一方享有婚配的优先权。姑姑的孩子必须娶或嫁舅舅的孩子，人们普遍恪守这一习惯法规。倘若姑家在择偶时违背惯例而同他人开亲，舅舅有权干涉，甚至没收外甥女所有的财礼，舅舅家往往还要对其诅咒，姑家将遭不测之灾。遇到这种情况，姑家必须带上礼物来向舅舅赔罪，求得宽恕。如果舅家无合适的儿女成亲，姑家也得事先征得舅舅的同意方可向外开亲。这种习俗，正是母系氏族社会时期“舅权”的形象反映。

门巴族青年男女的婚姻，形式上要由父母做主，由媒人去说亲，但同封建包办婚姻有质的区别。婚姻的成败取决于青年男女，如果子女不同意，就是父母看中了，婚事也不会成功。有一首门巴族民歌唱道：“东北的山再高，挡不住天上的太阳；父母的权势再大，不能定子女的姻缘”，便是子女能自主婚姻的真实写照。

门巴族姑娘到十五六岁就会睡单独的房间。墨脱姑娘睡卧于“绕塞”的窗口外，门隅姑娘睡卧于“甲岗”耳室。白天，青年男女常用对歌的形式表达爱慕之情，晚上夜深人静时，小伙子们便分别去找“阿吾娜”（找姑娘，门隅）或“萨米纳每”（找姑娘，墨脱）。如果姑娘有意，便留下小伙子。如果姑娘对来者无意，便会拿出棍棒，发动母亲和姐妹们赶走来人，以此表明她的态度。当然，从此这个小伙子再也不会也不敢来找她了。墨脱小伙子在找“萨米纳每”时，有时几个男子同时找到了一个姑娘的门下，姑娘会在房中说：“唉嗯达觉阔井，岗贡唉鲁玛纳”，意为“男友你要咳一声，不然难以分辨你”，她钟情的男友会发出暗号，姑娘将男友邀至室内，其他男子只能另觅他人。

青年男女经过一段时间的交往,双方有了感情后,征得双方父母的同意,便可请媒人或由父母亲自去对方家提亲。一般是找与自家关系好、能说会道、有一定威信的人充当媒人。去时带上“巴朗”酒(竹制酒筒装的酒)和数条哈达,给对方家倒第一次“喜尔羌”(求婚酒)。对方同意就会喝“喜尔羌”,收下哈达和钱。

数月后，男方要准备好聘礼，去正式定亲。聘礼一般有：几筒白酒和一桶“羌卡颇”（木制酒桶装的酒）、铜锅、衣服、猪肉以及章嘎等。由一位与双方都没有任何亲戚关系且有一定威望的人作为“巴尔米”（证人，充当媒人角色）。到女家后，男方为女方家人倒第二次“喜尔羌”，献哈达，将礼物分别送给女方的父母、舅父、姑母、哥哥等，给女方的每个亲戚一人一个章嘎。媒人充当说客，盛赞女子的才貌和男子的英武。女方家人同意后（主要取决于女方的父母和舅父、姑母，在表态前都要同女子交换意见），回敬男方的酒，请人写下“订婚书”，定亲仪式便告结束。订婚后一般要半年或一年以上才能结婚，此间，男女各自仍有社交的自由。婚期的商定是男方去女家，去时带上酒，而婚期的最后确定则要由喇嘛依据男女的生辰来测算，喇嘛择定的婚期，不能随便更改。

二、结婚仪礼

门巴族婚礼，热闹而风趣，别具特点。为全面了解门巴族的婚俗文化，下面分别介绍墨脱和门隅的婚仪。

1. 墨脱传统婚仪

在喇嘛择定婚期后，男方便加紧做婚礼的准备，女方要将参加婚礼的主要客人的人数报知男方，以便做接待的准备。客人一般是：两个伴娘（门巴叫“巴若”，由未婚女子充任）、舅父、父母、姑母、哥、姐等。男家视经济情况杀一头牛或猪，做很多

新娘被接出家门

迎亲途中

载歌载舞喜颂吉祥

饼子，准备大量的水果。迎亲那天，由媒人和喇嘛及男家近亲去迎接。新娘穿戴整齐，罩上红巾（叫“布日玛波”），从头到脚都要遮住，只留两个眼睛在外，使对方看不清她。新娘要带上娘家的陪嫁物，其中包括亲戚们送的大牲畜、衣服、铜锅、饰品等。

迎亲队伍的顺序是：喇嘛在前，媒人随后，依次则是舅父、姑母等六七人，新娘紧随其后，两位伴娘在新娘左右相随，再后是父亲和其他亲戚，最后是背嫁妆和背酒的人。母亲不随队伍同来，需专人去接。结婚那天，娘家舅父、姑母权力很大，而措本、学本没有权，如果不邀而至，女方的舅父、姑母等娘家人要剥掉他的衣服痛打一顿，可见娘家人在此期间的赫赫权势。他们动辄挑剔，出男家的丑，男家得小心翼翼，一旦被抓住借口，娘家人便大闹不已，男家只得敬酒敬钱，请求原谅。

迎亲途中男方家要敬女家三道酒，门巴话叫“苏羌”，意为“迎接酒”。第一道酒是在离女家不远的地方，第二道是在途中，第三道是在男家村口。有专职的敬酒人恭候。酒碗边上抹上三块酥油象征吉祥（绝对不能用有缺口的碗）。敬酒时按顺序先敬喇嘛、媒人，然后敬舅父。对女方的女客人皆称“阿尼”（意为“姑母”），男性客人皆称“阿香”（意为“舅父”），而不论这些客人的辈分长幼。每次敬酒时都要谦恭地说：“你们来了，一路辛苦”，而娘家客人却置之不理，摆出高高在上、不屑一顾的架势。男家屋门口放有一口大锅，装满净水，由喇嘛用“古米辛”树的枝条蘸水洒在来客身上（有刺的树枝不能用）。

进屋后的座次是：喇嘛坐上席，其左边是媒人、舅父、父亲、哥哥及所有男宾，右边是伴娘、新娘、姑母等所有女宾。宾客坐定后，由酒女倒酒，一滴都不能洒，不然要赔罪，然后，将水果等零食端至客人面前请客人享用，每人要一份，数量和品种要一样，不多不少。男方父母、新郎尚不露面，直到敬完酒，男方母亲才出面同客人打招呼，女方客人则做出高傲的样子。当迎亲队伍进屋后，没露面的新郎肩负一筒白酒去执行重要使命——

迎接岳母。他恭迎时叫道："阿尼，请走吧！"新娘母亲由村中的几位老阿妈一块陪伴而来，男家专为其备有房间，由几位专人侍奉，特别敬重。

客人来齐后，男家要请新娘的舅父去内屋，将宰杀好的牛或猪肉以及煮熟的内脏呈放其跟前，请他查看是否为全牲，他查看后将肉交给煮饭的，还不时地监督其干活。吃饭时，每位客人面前放一大块肉（置于芭蕉叶上）、一碗内脏，心、肺、肝、肠、肚等必须要齐全，若有人发现内脏不全，男家必须向这人赔罪。

饭毕，继续喝酒，媒人这时才将新郎拉出来同新娘坐在一起，向新人献哈达、祝吉祥。男女双方的亲戚及村人都要献哈达，结束后，由喇嘛祝福。一对新人互换一碗酒，称之为"东羌"（即"交杯酒"），习惯上谁先喝完，今后谁的权就大些。

婚礼一般进行三天，此间，男女双方客人及村人皆不分辈分，地位平等，欢闹嬉戏，跳舞狂欢，通宵达旦。

第三天，娘家亲戚要回去时，提出要带女儿回去，男家不允，互相争抢，男家人多，女家没有抢走，新娘哭泣，男方要安慰她。作为新娘留在婆家的回礼，男家要将一头牛或价值一头牛的东西交给女方家，由新娘的舅父仔细查看后，男方派人将这些东西连同没吃完的酒肉送到新娘家。给喇嘛的报酬是几枚章嘎和衣物，给媒人的报酬是牛头或猪头，并给少量的钱。

三天后新娘即可回娘家一段时间，女婿到岳父家并无特殊招待。

2. 门隅婚仪

婚期确定后，男方做好各种迎亲准备，如酿酒、粉刷房屋、清理园子、选定酒女、歌女、聘请曼巴（主持人）等。结婚这天，男家派去迎亲的主要有三人，两人系男性，是男方的至亲，是能说会道之人，门巴话叫"巴萨"。一人系女性，由同新娘年龄相仿的未婚女子担任，门巴话叫"朗朗"。天刚蒙蒙亮，迎亲人便穿着节日盛装，带着哈达和青稞酒到女方家迎接新娘。快到新娘家时，迎亲人要大声呼叫“吉吉”①。迎亲人到了，由一男一女迎新娘，另一人负责迎接新娘的舅父。迎亲人对新娘父母敬酒、献哈达时说道：今天是个吉祥的日子，我们来接新娘，请你们把女儿放走，不要阻拦，这门亲事是早就定好了的，请把女儿交给我们。接着又给新娘敬酒，催促新娘启程。而这时的新娘，做出非常伤心的样子。迎亲的巴萨和朗朗左右架住新娘的胳膊，连护带拖地拉着往外走，出门时，巴萨打着呼哨，得意地向众人炫耀：新娘被我们接出家门了。

娘家送亲人有舅、姑、兄弟等亲戚，新娘父母不随队伍前往，要由男家专门派人来接。同村的乡亲在村口为新娘送行，并送钱送物，祝她幸福吉祥。

迎亲途中的三道酒同墨脱，不赘述。

在迎亲的朗朗手中，拿有一支叫塔达尔的五色彩箭，新娘一出家门，就要插在新娘的背上，表示新娘已有主了。新娘往往竭力反抗，不让插，彩箭便只能由朗朗拿着，插彩箭表示有主的风俗，藏族也有，门巴族的这个习俗可能是受藏族的影响而来的。

巴萨和朗朗迎接新娘的姿势很有意思：二人左右把新娘架护着，寸步不离，像押送一般，唯恐新娘跑掉。这迎亲架势有浓烈的抢亲意味。

到了新郎家村口，男方村寨的乡亲们自发来敬酒，欢迎远道而来的客人。到新郎家时，迎接新娘的是婆母和家人，新屋门口两侧，端立着几位姑娘恭迎新娘和客人。这批人到后，又派专人去迎请新娘的父母（不是新郎亲自去）。

新娘及客人入座后，酒女立刻献上酒，歌女唱起悠扬的萨玛酒歌。这时新郎仍未露面。新娘喝完一杯酒后，朗朗立刻带新娘入内室，将新娘从娘家穿来的衣服首饰统统去掉，里里外外换上婆家准备的一套东西。这时的新娘，穿戴整齐，头扎五色彩辫，戴巴尔霞帽，身着红氆氇袍，腰系白围裙，胸前佩挂玛瑙珍珠等

① “吉吉”，门巴语，一种表示喜悦的呼叫声。

饰品，背上披挂一张小牛皮。这一换衣习俗，表明新娘从此完完全全属于婆家新人。新娘换好衣后重新入座，新郎这时才露面。曼巴带领乡亲们向一对新人和娘家客人献哈达、敬酒，开始在婚礼上显示能言善辩的才能："美丽的姑娘、尊贵的客人，请接受这条洁白的哈达，它代表主人真诚的心；请喝下这碗醇香的美酒，里面装满主人的情意……"媒人还领头唱起了吉祥歌：

浩渺蓝天彩云飘荡，
吉祥啊，灿烂的霞光；
巍巍雪山银白闪亮，
吉祥啊，雄狮在欢唱；
美丽山村喜气洋洋，
吉祥啊，俊俏的姑娘；
酒烈情浓歌舞飞扬，
吉祥啊吉祥。

人们载歌载舞，痛饮狂欢。

婚礼进行到第二天，突然出现了戏剧性的场面，娘家以舅父为主的客人开始发难。他们借口酒不浓、肉不匀，责骂男家："这是什么酒、不甜，苦得很，难道是我家女儿心不好，才给这种酒喝！这肉切成什么样，厚薄不匀，莫非是我家女儿长得不端正，才给我们这种肉吃！酒女连个笑脸都没有，为什么这样怠慢我们！"他们挥舞着拳头，捶打着桌子，掀翻了酒碗杯盘。这场闹剧，弄得不可收拾，娘家人甚至提出不结这门亲了，要带女儿回去。这时，急坏了主人家，会急忙端上好酒好菜，向娘家人赔罪，请求原谅，这场闹剧最后以舅父接受男家的"赔罪酒"而平息。据老人讲，过去真有因发难而娘家不缔结婚事的情况，这样，男家还得再一次备酒赔罪，舅父在这种戏中是重要的角色，没有他的首肯，事情就别想了结。

热闹的婚礼持续两天。第三天上午，新郎家要为新娘的父母及亲属在一个专门的房间里设丰盛的酒宴。他们一边喝酒吃饭，一边商量新娘何时落户夫家，有的同意即日落户夫家。新娘在夫家落定的那天，娘家客人要一一给新娘送些钱或物。新娘的舅父及父母依次劝慰女儿，教训女婿，这时新娘哭得很伤心，新郎只能唯唯诺诺，点头称是。新娘母亲的话很有代表性："女儿呀，别难过了，'鸟要有窝，人要有家'，在这里你的财富多，从屋顶上的经幡到门后的扫帚都是属于你的，你要好好孝敬公婆，生儿育女。"母亲对女婿是另一副面孔："你听着，你要好好待她，不要现在把她当仙女，今后看她是魔鬼，我们不依！"临近傍晚时，新屋内传出阵阵"吉吉"声，一队身着盛装，手捧哈达，抱"羌卡颇"的男子，唱着长歌大调出现在新屋并绕屋一周，酒女和歌女手捧大碗酒，边歌边舞给娘家人敬"杂羌"（送行酒）。这时新娘的亲属们挥舞着哈达，唱起了急促的短调"回去歌"，蜂拥而上，将新娘从婚礼席上抢走。新郎的亲属们也挥舞着哈达，唱着"归来歌"，急忙追出门外去抢夺。双方在门外你争我夺，互不相让，乱成一团，最后，由曼巴出面才能解围。他让婆家为娘家人敬酒，献钱赔礼，保证今后像待亲人一样待其女儿，女方这才罢休，夺亲风波平息，这是古老的抢亲遗风在婚礼上的反映。继而，新郎新娘向所有参加婚礼的人敬酒，并互致交杯酒。人们饮酒狂歌，欢跃舞蹈，常通宵达旦。

整个婚礼高潮迭起，风趣多姿，令人目不暇接。

三、离婚、再嫁与转房

如同婚恋能够自主一样，门巴族的离婚也比较自由，只要男女感情不和，双方均可提出离婚。然而，在门巴族的社会中，真正离婚的却不多，主要是因为青年男女在婚前社交比较自由，彼此有较多的机会接触，有一定的感情基础。离婚的原因一般是婚后没有孩子或另有新欢，导致感情破裂而离婚。提出离婚的往往是女子。

离婚时，由双方父母和介绍人来解决财产分配问题。如果双方都同意离婚，财产平分；若一方提出离婚，则要赔偿对方一份婚礼费。有孩子的，一般男孩归父亲，女孩归母亲。在墨脱已开始出现对女子离婚的某些限制。若双方都同意离婚，财产平分；若女方先提出，则要付男方一匹马的婚礼费；若男方先提出，则只需赔偿女方一头牛的费用（一匹马值两头牛）。

离婚后，妇女再嫁不受限制，女子可以自由做主，不受舆论责难。寡妇再嫁亦无限制，社会舆论对寡妇再嫁持肯定态度。因为家里没有男劳动力，将无法支乌拉和进行交换，以换取食盐等生活必需品。但寡妇再嫁，需征得婆家父母的同意，不然不能带走财产和孩子。孩子带走后，仍属前夫的后代，骨头等级随原来的父亲。

在门巴族社会中，还较为普遍地存在着转房制度。所谓转房，即兄死弟继，弟可纳其亡兄之妻。转房在时间上有严格的限制，必须在夫亡一两年之后，能否实现转房，主要取决于女方的意愿，女子有选择转房或另嫁的自由，不受他人摆布和支配。

四、其他婚姻类型

西藏和平解放前的门巴族社会，经济发展落后，而婚姻的缔结和家庭的建立，又无不受制于经济状况。人们财富的多寡，能否支付聘礼和彩礼，直接影响到能否顺利成婚。因此，在门巴族社会中，便出现了一些因经济和社会原因而形成的婚姻类型。

1. 招赘婚

在门巴族家庭中，招赘婚组成的家庭约占家庭总户数的一半。在人们观念中“嫁”和“赘”不分，入赘受舆论的普遍欢迎。这是一个值得注意的现象。究其原因，可能与门巴族的历史传统和劳动力的多寡有关。从历史渊源来说，门巴族经历过母权制的繁荣时代，父权的发展并不完备，招赘婚（从妻居）便是昔日盛行的婚姻形态的残余反映。在现实生活中，青年男女订婚后，决定女嫁夫家还是男赘女家，主要根据两家的劳动力而定，女家若无男子缺乏劳动力，一般都是男到女家。

招赘婚的婚礼一般比较简单，但仍很热闹。其时新郎由一男性青年陪伴去女家，男家亲戚受到女方的热情接待。人们向新人祝福献哈达，仪礼较之出嫁要简单些。

入赘家庭男女地位平等，一般是主妇当家，赘婿可以继承岳父家的财产。赘婿往往还将妻妹纳为已有，妻姊妹婚有不少就产生在这种入赘的家庭。

2. 服役婚

门巴族青年男女尽管有恋爱的自由，但能否成婚则要看家庭的经济实力，因为无论是娶媳还是招婿，均要交一定的彩礼，以作为对方丧失劳动力的补偿。彩礼由三部分组成，即帕葛、玛葛和俄笼。帕葛意为“给父亲的身价钱”，一般为一把长刀和一口铜锅；玛葛意为“给母亲的喂奶钱”，一般为一套藏装或粗绸服装和一个嘎乌；俄笼意为“交换来的东西”，通常为一头牛，作为婚礼时招待宾客用。再加上婚礼时的其他费用，普通人家一般是难以承受的。为此，便出现了为数不少的男子到女方家劳动以支付彩礼的服役婚形式。

男到女家上门劳动，是由双方家庭共同商定的，媒人的作用至为重要。当男家无力支付彩礼而不能成婚时，媒人会从中斡旋劝女方：“××是彪汉，心灵手巧，是好后生，难找。他家除了几个藤筐外别无他物，交不起彩礼，让他上门无偿劳动几年再成亲如何?”一般女家会同意。

上门劳动期限为2~3年。此间，男子的吃穿由女方负担，并能同妻子一起生活，如生有小孩，亦能得到照顾。服役期满后，男方才能带妻子和孩子回家。多数家庭都会送女婿和女儿一些生活必需品，以帮助他们组建一个新的家庭。

3. 交换婚

由于彩礼是个沉重的负担，一些人家便以换女儿为媳的形式解决婚事，这样双方就不必缴纳彩礼，到结婚时只需举行简单的婚礼即可。这种交换婚一般是在对等的条件下进行的。如果双方孩子的年龄大小不一，经协商也能达成默契，年长的可以先嫁，待对方女儿长大成人再同自己的小儿子成婚。

4. **试婚**

试婚是一种未正式结婚先同居的婚俗形式，西藏和平解放前流行于墨脱门巴族中。试婚同青年男女婚前的自由恋爱不同，它是在青年男女相爱的基础上，经过一定的程序和仪式，如男到女家求婚，并征得双方父母的同意而结成的事实上的婚姻关系。它也不同于因无力支付彩礼而形成的服役婚。试婚期间，男子并无义务无偿为女家辛勤劳作（主动帮助是另一回事），既可住在女方家，也可住于村内的“吉康”（公房）或房屋宽敞的好友家中。如果男女经过一段时期共同生活合得来，便会商量结婚事宜，也有因性格不合或另有新欢而告吹的。男子主动提出中止关系往往要受罚，需赔偿女方一些费用。试婚在墨脱门巴族中较为普遍，这是一种远古婚姻遗风。

5. **“萨米纳每”和“阿吾娜”习俗**

“萨米纳每”（墨脱）和“阿吾娜”（门隅），为“找姑娘、结情侣”之意，这一习俗广泛存在于墨脱和门隅。门巴族青年男女社交十分自由，一般十五六岁的男女青年就开始结情侣，许多情歌便表现了情侣们幽会的情景，如：

你装上山打柴，
我装进山打猎，
柏树林中相会，
鹦鹉别把密泄。
你来装作信女，
我来扮为信男，
假装去朝古寺，
我俩幽会高山。

又如：

家里存水二十筒，
再背一筐空水筒，
假装泉边去背水，
表哥相会密林中。

这一首首优美的情歌，真切而生动地反映了门巴族男女甜蜜美好的青春生活。

门巴族男女不仅婚前社交自由，婚后也比较自由。许多人都在家庭以外又结交新朋友，一般都有相好。男子往往视情妇多为有本事的表现，女子则没有透露有多少情人的习惯。男子有情人多在树上刻记号，有的在墙板上划印记，这些印记都十分隐蔽，只有本人知道。

西藏民主改革后，随着政治经济文化的发展，全民族科学文化水平的提高，特别是由于交通条件的改善，对外联系的扩大，视野的拓展，现代文明正猛烈地冲击着古老的传统文化，传统的思想观念、道德规范正受到严重的挑战。在现代文明与传统文化的激烈撞击中，门巴族的婚恋观念和礼俗正发生着深刻的变化。这些变化主要表现在以下几个方面：

千百年一直奉行的姑舅表优先婚配的特权已不复存在。今天的门巴族青年，只要双方相爱，不再有人顾及姑舅表亲优先婚配的特权，社会舆论和家庭也不会因不是姑舅表亲而横加干涉和阻挠。

长期压在人们头上的彩礼负担基本解决，阻碍青年男女顺利成婚的障碍已根本消除。西藏民主改革后，获得解放的门巴族人民，以饱满的热情和冲天的干劲，辛勤建设自己美丽的家园，昔日贫穷落后的面貌已根本改变，“饥饿的山谷”已成为幸福的乐园，人们已逐渐走上富裕之路，随着经济的发展和生活水平的提高，人们已不再为结婚的费用而忧愁。过去由于无钱支付彩礼而出现的交换婚、服役婚现象早已消失，无论是赘婿还是娶媳，婚姻的缔结都能顺利实现，门巴族人民实现了真正的婚恋自由。

由于经济文化的发展，人们在观念上也出现了较大的变化。过去人们看重彩礼，主要原因是经济贫穷，通过收彩礼获取一定财物，为兄弟姊妹的嫁娶做物质准备。今天，人们生活已开始富裕，因而不太注重彩礼的多少，年轻人只要情投意合，一般都能成婚，在双方家庭的支持帮助下，靠自己勤劳的双手建立幸福美满的家庭。

婚礼的繁琐礼节正日趋简化。门巴族的婚礼十分热闹风趣，订婚、结婚的礼节基本如旧，但一些繁琐的礼节和如喇嘛念经择婚、驱邪以及新娘的抢夺、娘家人的发难等都趋于简化，只留其象征形式，有的习俗则已逐渐消失。

第三节　珞巴族婚俗文化

珞巴族婚俗文化，产生年代久远，文化积淀丰厚。诸如氏族外婚、部落内婚与血统等级内婚并行，买卖婚和抢婚、逃婚同时存在，在宗教观念驱动下的繁缛的结婚礼仪，这些方面构成了珞巴族婚俗文化的主要特征。

西藏和平解放后，除旧布新，婚恋习俗也发生了重大变化。婚恋自由，婚礼简朴，已在年青的一代中蔚然成风。

一、神话传说中的婚姻形态演进

人类的婚姻家庭同人类社会自身一样，经历了一个由低级向高级的发展过程。珞巴族有着十分丰富的反映原始婚姻形态的神话传说，为我们探究人类婚姻制度的演进提供了宝贵的资料。

原始人类最初还没有产生由习俗所规定的对两性关系的任何约束和限制，人们过着杂乱的性生活。这种人类祖先最古老的杂乱的两性关系，尽管离我们非常遥远，但它却在神话传说中留下了痕迹。在《麦冬海依》神话中讲到的天的女儿麦冬海依要求与自己的儿子性交，就是对曾经存在于原始人类两性关系的形象反映。

血缘婚是以同辈男女互为夫妻的第一种婚姻形态。珞巴族的神话《人的诞生》和《达萌与麦包》都讲到，在人类历史上曾有过同胞姐弟（或兄妹）结为夫妻的时期，正反映了先民在遥远的古代曾实行过血缘婚配的情形。

此外，珞巴族的亲属称谓也留下了血缘婚的痕迹。在珞巴族的亲属称谓中，祖母、外祖母同称“阿腰”，祖父、外祖父同称“阿岛”，子女、侄子、外甥子女同称“阿窝”，孙子女、外孙子女同称“阿窝窝若”。这种称谓同曾经存在过的血缘婚是相适应的。

由于自然选择原则的作用，人们在漫长的生活实践中发现和认识到血亲婚配对人类的体质和智力发育带来的危害，血缘婚便逐渐被限制，而改行以外集团的男女为配偶的族外群婚制。普那路亚婚的基本特征，是在排除了同胞兄弟姊妹的婚配的基础上，以外集团的一群兄弟为夫和一群姊妹为妻的族外群婚。这种婚姻形态，在珞巴族的神话传说、亲属制度及婚姻礼俗中都有反映。

崩尼部落的《尼英姐妹寻配偶》的神话中讲，尼英尼略姐妹俩住在全是女性的村寨里，为繁衍后代，她俩便走出村寨四处寻求配偶。而与女性外出寻夫相对的，则是布瑞部落的《垛、斯罗外出寻妻》的神话，讲的是垛与斯罗叔侄二人外出寻配偶的故事。这两则神话，反映了当时人类的婚姻状况：一个集团的成员只能到另一个集团去寻找配偶。

随着普那路亚婚的产生发展，导致了母系氏族社会的诞生。在母系氏族社会中，氏族内部禁婚是其根本原则，男子必须到相互通婚的另一集团寻找配偶，从而出现“从妻居”现象，世系由母系确定。崩尼部落米里人有“女子国”的传说。相传在北部丛山中，有一个叫米育门的地方，全是妇女居住，男子到了那里，她们就强行留宿。当男子获准离开时，她们要送极其贵重的串珠和宝剑，以吸引其他男子前往。生下孩子后，如果是女孩，就十分高兴，若是男孩，就把他弄死。这个女子国的传说，是与族外群婚相一致的。男子到女方氏族居住，女子有较高地位，世系由女系下传。这些都间接地反映了早期历史上实行族外群婚时的情形。

在珞巴族现实婚姻关系、亲属称谓以及有关的礼俗中，也残留有族外群婚的影子。如博嘎尔、米古巴、米新巴等部落，普遍实行姑舅表交错从表婚，认为姑舅表婚是最好的，有优先婚配的权利。这是普那路亚族外群婚的一种残留形式。在其亲属称谓上，存在岳父、翁父同称不分，岳母、婆母同称不分的现象，这是亲属制度对历史上这种亚血缘婚的反映。

对偶婚是在普那路亚婚基础上发展而来的新的婚姻形式。在珞巴族的系列神话《阿巴达尼》中，对这种婚姻形态有突出的反映。其中有一则《阿巴达尼试妻》的神话，讲述了阿巴达尼带着他的蜂妻子达岗到白母鸡容纳日喀崩的村庄去，让达岗同白母鸡搏斗，结果白母鸡容纳日喀崩杀死了达岗，阿巴达尼便与白母鸡结了婚。其后，他又带着白母鸡到白马的家乡，让容纳日喀崩同白马沙给崩龙战，白马杀死了白母鸡，阿巴达尼又与白马结了婚。就这样，阿巴达尼又相继同青牛、大风、木臼等结过婚。阿巴达尼的婚姻，妻子都是短时间的配偶，始终是不稳定的“一对一”的关系，反映了对偶婚的特征。

对偶婚时期的男女通婚是男子到女方氏族居住。这不仅从阿巴达尼神话可以看出，后来珞巴族婚姻习俗中残存的多种形式的“从妻居”现象也反映出这种婚姻形态的某些特征，例如在米古巴部落中，有的实行招赘婚，由男子到女家组成家庭。此外，在结婚之日迎娶新娘时，由新郎及男家亲友去女家迎亲，新郎和新娘在女家同宿数日后才回夫家，不另举行结婚仪式。这种习俗，实际上是往昔从妻居的一种残留。在许多部落中，还存在一种古老的婚姻形式，即服役婚。当男方不能支付婚价时，要上女家服劳役以作抵偿，此间男女可同居，婚价交付完后才允许带妻子孩子离开女家。这种婚姻形式显然已受制于财产关系，但男子上女家居住、劳作，仍可认为是从妻居的一种形式。对偶婚作为人类从群婚向专偶婚过渡的中间形态，在珞巴族社会中还有一些表现。尽管珞巴族社会已是父权占绝对统治地位的父系氏族社会，但舅权还未被完全摧毁，表现在婚姻礼俗上，就是嫁女时要给舅父送礼。在博嘎尔部落，出嫁一个女儿要给舅父送一把刀，出嫁三个女儿要送一头牛；米古巴部落姑舅表婚配时，舅家有优先婚配的特权，这些都是母系氏族时期舅权的残余表现。

二、通婚范围、订婚与婚价

珞巴族实行氏族外婚制，严禁本氏族的成员通婚。若发现同一氏族男女通婚时，当事者将受到习惯法的严厉制裁，一般由当事者的父亲或叔父出面惩处，其男女往往被杀死扔进河中。

谈婚论嫁

送女儿出嫁

与氏族外婚相联系的是部落内婚制，有的部落较严格，通婚仅限于同一部落的几个氏族之间进行，如果与其他部落或氏族通婚，其等级就要下降，这是受血统等级内婚制限制的结果。

在珞巴族内部，有鲜明的血统等级，即所谓“高骨头”（亦称“白骨头”）和“低骨头”（亦称“黑骨头”）等级。高骨头等级只要同其他低骨头等级的人通婚，本人及其所生子女的等级就要下降为低骨头，原等级地位永远不能恢复。这样，珞巴族婚姻的缔结又限制在同一血统等级内，不同等级的人一般是不联姻的。

在氏族外婚和部落、等级内婚的前提下，珞巴族通行姑舅表婚，然而作为一种特殊现象，也有实行姨表婚的，有的部落还认为姨表婚是最好的。只要不在同一氏族，有姻亲关系的通婚甚至可以不分辈分。有的部落则相反，不论姑舅表或姨表，只要有亲戚关系，一律不得婚配。由此可见，珞巴族的通婚规则颇为复杂，且具有某些特殊性。

珞巴族的订婚仪式举行得很早，一般孩子七八岁即订婚，有的甚至刚出生就由父母包办订婚。一般说来，男方父母看中某家姑娘，便带上礼物，去女方家向其父母求婚。如女方父母同意，便热情接待。随后男方择定吉日，托媒人“金多”带上猪肉、大米、酥油、酒等礼物去女方家。女方父母让姑娘一同接待客人。“金多”乘姑娘不备时，将事先准备好的一小块酥油抹到她的脑门上，这一仪式称为“打记号”。凡被打过记号的姑娘，表示姑娘已有主了，他人便不得插手，不然会引起纠纷。

在珞巴族社会中，曾经存在着买卖婚姻。在语词的使用上，婚价都可用买卖来替代，不讲“娶妻子”而说“买老婆”。要想讨女人，就拿财物来，把女子买过去。一个女子值多少钱，由亲生父亲像出卖其他物品一样明码标价，买卖双方还可以讨价还价，一旦婚价议定，买方必须如数付清才能成婚。

珞巴族以财物换取女子的买卖方式，同其社会上其他物品的交换（买卖）方式一样，还保留着较为原始的形式。婚价的高低因人而异，主要看女方等级的高低和家庭的贫富，如博嘎尔部落，一般麦德家的女子值6~10头犏奶牛，富裕的蓄奴户家的婚价有的高达20头牛，麦让和伍布家的女儿一般为3~5头。婚价均以牛论价，其他物品可用牛来折算。婚价议定之后，男家即筹措物品陆续送往女家。何时迎娶，主要看婚价是否付清，只要付完婚价便可立即迎娶。一些富裕人家，在订过婚后很快交清婚价，即便三四岁的女孩子也可娶回去。更多的人家则要筹办数年甚至上十年，即在15岁左右才完婚。还有的因家境贫困，在较长的时间里还付不清婚价，便会出现“子还父债”的情况，即先付部分婚价后将女子娶回去，拖欠部分陆续补交。常常是生儿育女后还未付清婚价，只得拿孩子去抵债，有的孩子就这样沦为家奴。

珞巴族对订了婚的青年男女交往有所限制。如果已订婚的女子同其他男子有关系，男家一般都会提出退婚，索要婚礼和已付的婚价，该女子则必须由与之发生关系的男子买走。

三、结婚礼仪

珞巴族各部落在婚仪习俗上各地不尽相同，现以博嘎尔部落为主，将其结婚礼仪分述于下：

博嘎尔部落迎娶时间有一定规定，通常在每年的9~12月间当月的上旬举行，其他季节和下旬一般不举行婚礼。具体的迎娶时日必须杀鸡看肝，选择吉日。珞巴族迎亲时，男方不去女家迎接新娘，由媒人“金多”和女方亲属将新娘送到男家。结婚之日，新娘身着盛装，在父母、同族亲友的护送下，带着娘家的陪嫁和自己的私房（未婚女子一般都有积蓄，结婚时允许带走）到男家。新娘离家时，母亲要唱送嫁歌，内容主要是劝女儿离开娘家不要难过，教导女儿到了男家后要好好劳动，同夫家及乡邻搞好关系，为娘家增光等。新娘则要唱哭嫁歌。下面是在博嘎尔部落流传很广的一首哭嫁歌：

我舍不得离开你们啊，
我的亲人。
我今天不得不离开你们啊，
我的亲人。
如果男家对我不好，
你们要来帮帮我；
如果男家要卖我当家奴，
你们要来救救我；
如果我病了没人管，
你们要来看看我。
如果我死在他乡，
你们把我骨头捡回家乡埋葬。

哭嫁歌悲凉哀绝，表现了妇女对未来命运的惶恐不安和绝望的心情。每当唱到动情处，新娘声泪俱下，使伴娘和送亲人无不为之动容。许多哭嫁歌的内容是新娘即兴编唱的，凌波部落的亚地为笔者唱了她出嫁时的哭嫁歌：

我要到达芒氏族去了，
我要离开祖辈生活的地方，
离开父母亲人到他乡。
布丹崩西容和布丹永巴河，
我生在这两条河的怀抱，
从小就用河水洗澡，
今天我要离开你了。
生我养我的父母双亲，
今天我要远离你们，
今后再也难见面了。
我朝夕相伴的伙伴，
我要离开你们远走他乡。

当我出生时，
我的脚、手和脖颈都要拴羊毛圈，
亲友们都来祝福，
现在我要离开乡亲们了。
我就要离开“东岗邦抗”了①，
那儿有一白神石，
能发出牛的叫声，
我不得不离开这块神地。
我离开故乡去达芒氏族，
从此没有好友亲朋。
……

亚地阿妈唱到这里，两眼已挂满泪花。

当新娘及送亲人到达新郎家时，新郎父母要迎上前去为新娘和客人敬酒洗尘，在米剂的主持下，新娘和新郎在屋外搭的名叫“邦德”的祭台前一道握刀杀鸡，看鸡肝纹路显示的吉凶如何。结婚时杀多少只鸡由米剂根据卜卦来决定。杀鸡后，将鸡血和鸡毛抹一些在“邦德”祭台上，以祭祀鬼灵。接着由新郎射箭，箭靶是立在“邦德”旁的一根削过皮的竹棍。第一箭能射中，表示吉祥如意，今后生儿育女顺利；射不中，则短期内不会有孩子，可以连射多箭。

进屋前，还要经过搭在门口的“多崩”祭台。“多崩”是用青竹削成竹花搭成的，形似彩门，正中处挂一只鸡，由新郎新娘背对背共同抓刀杀，杀后由米剂看肝，根据肝纹判断新郎新娘的寿辰。进屋时，由新郎母亲牵引新娘的右手，由村中一位生育能力强、孩子多、家庭富裕的妇女牵左手，进屋后新娘坐于巴崩位置。接着举行喝酒仪式：新郎新娘各端一碗酒，互相敬献对方。随后新郎饮过的那碗酒在男宾客中传饮，新娘饮过的那碗酒在女

① 东岗邦抗：地名，在亚地的家乡。

客人中轮流饮，以示夫妻和睦，大家欢乐。接着大家边饮酒边唱歌，由男女双方各出一人或数人对歌，主要唱珞巴族民间传说和故事。

婚礼一般进行三天，男家杀牛杀猪招待女方亲戚，男家氏族的亲友及邻居也要带酒带山鼠肉前来祝贺。男女双方客人唱歌饮酒，通宵达旦，有的还跳刀舞助兴。一些富裕人家往往借机炫耀其财富。一次婚礼要杀 20 多头小牛，几十口猪，制作大量的酒，邀请众亲朋吃喝十余天，没有吃完的酒肉还要分送给客人带回。婚礼期间，还举行摔跤、跳竹竿、扔石头、射箭等活动。

四、婚后习俗

青年男女结婚后，富裕的人家 10 天左右可回娘家住一段时间，贫穷的要半年或一年后才能回娘家。青年夫妇回门后，由娘家亲邻轮流招待，返回夫家时娘家要送给女儿腰带一条，送铜铃、长刀等礼物给女婿。

结婚后，妇女不允许与其他男子随便交往，对丈夫要保持忠贞；男子则不受限制，有条件还可多买妻。丈夫不满意妻子时，有权转卖，娘家无权干预。妻子不愿跟随丈夫，往往同相好的私奔，若此，丈夫将予以追究，索赔财产。

在财产继承方面，珞巴族实行幼子继承制。大的孩子结婚后都要分家另过，幼子同父母生活在一起，由幼子负责赡养父母、养老送终。如果夫妻亡故而无子，财产由近亲兄弟继承。丈夫死，遗妻在同胞兄弟中转房，财产由其兄弟继承，若兄弟不愿承继，可将其遗妻在氏族内优先转卖。如果遗妻要转嫁到外氏族，则必须经亡夫近亲同意，不然就会发生氏族间的纠纷甚至械斗。博嘎尔部落转房必须是辈分相同，严禁不同辈分间的转房，违者当事人将被砍杀。

珞巴族各部落在离婚习俗上，差异较大，在博嘎尔、崩尼和崩如等部落中，离婚现象极少，因妻子是丈夫用财物买来的，地位低下，无权提出离婚；丈夫对妻子不满时，往往将其卖掉或降为家奴。而在米古巴、希蒙、民荣和巴达姆等部落中，则允许男女离婚。出现下列情况，男女可提出离婚。

如果夫妻感情不和，双方都有离婚的愿望，可向部落议事会提出离婚要求，经批准后，即解除婚姻关系。这种经协商而离婚的，男女双方均不得提出财产的索赔要求。

如果是女方提出离婚，男方不同意，女方不能中止婚姻关系。如果女方坚持离婚或分居，经调解无效，允许分居，但女方从此失去向丈夫索要财物的权力，该女子名义上仍属该男子的妻子，只要女方不再结婚，无需向丈夫支付赔偿金；但女方若同其他男子发生性关系或结婚，则必须向原夫支付巨额补偿金，而且价值往往高于原夫买她时支付的婚价。

如果是男方提出离婚，不论女方是否同意均可解除婚姻关系，但男方必须向女方支付一笔赔偿金，以补偿女方名誉所受的损失。

如果女子婚后另有中意的男子，该男子愿意向原夫支付赔偿金，且赔偿金又高于当时娶女子时的婚价，这样，不论原夫是否同意离婚，均可解除婚姻关系，该女子可同中意的男子再婚。

五、几种特殊婚俗

在珞巴族社会中，除上面经“明媒正娶”的婚姻外，还存在几种特殊的婚俗，这就是配婚制、换婚制以及服役婚和抢婚。

关于配婚制。在珞巴族的一些部落，蓄养家奴的现象已经存在。低骨头等级中的涅巴阶层，便是这种家奴。他们的婚嫁，主要是由主人为其做主。涅巴的配婚有两种情况，一是主人在家奴中指定配婚。私下已有关系的男女涅巴，必须经主人同意后才能公开结合。为了奴产子的需要，主人一般不深究。另一种是蓄养的涅巴中无合适的配偶，主人专门为其买来男子或女子配婚。涅巴所生的孩子归主人，父母对孩子没有亲权，是主人的当然财产。为了获取更多的奴产子，蓄奴主一般都愿意为涅巴配婚，并作为增加财富的一种手段。亦有个别涅巴积蓄财产后自己买妻的情况，这样他的地位就可能上升为伍布而成为半自由民。

换妻婚是珞巴族社会中存在的另一种特殊的缔婚形式。由于实行买卖婚，婚价是一个沉重的负担，在中等户或较穷的人家中，如果双方都有合适的子女时，便乐意以换婚的方法解决婚嫁。其时，甲家女配乙家子，乙家女配甲家子，一般不再议定身价。如果两家子女的年龄有差异，由年龄小的一方补给对方一头牛或其他东西。

服役婚的出现仍与婚价有直接的关系。男女订婚后，到了成婚年龄时婚价还未交清，有的女方家庭便会同意先结婚，但男子必须在女家劳动一段时间，待挣够所欠婚价后，方可带领妻子离开女家。服役期间所生子女随其父亲族系联名。从博嘎尔和米古巴部落的情况看，这种服役婚为数不少。服役期限有长有短，一般是三年左右。

珞巴族的抢婚有两类，一种与婚价有关，一种无关。当男女到了成年还未付清婚价，女家又坚决不同意提前迎娶时，男家往往采用抢亲的方式解决。届时男家杀鸡卜卦挑选吉日，邀集亲朋埋伏在姑娘经过的地方（一般男女事前已有约定），采用袭击的方式抢回姑娘，举行结婚仪式。对于这种生米煮成熟饭的抢亲，女家一般默认，将准备好的陪嫁物送到男家。另一类抢婚与男家势力有关，当男子看中了某家女子而女家又不同意结亲时，有势力的人家往往用抢亲的手段强行婚配。把人抢回后，再派人送礼物疏通。这种抢亲往往会引起纠纷和氏族间的械斗。

西藏和平解放后，居住在非法的“麦克马洪线”以北的珞巴族，其婚姻形态、思想观念、男女地位已发生了根本变化，部落内婚和血统等级内婚的限制已被冲破；抢婚现象已被扫除，只作为一种娱乐性的表演保存在婚礼中；昔日婚姻中的人与物的买卖，已被今日男女之间纯洁的爱所代替，一种自由、平等、和谐的新型的婚姻家庭关系正在形成。

第四节　僜人、夏尔巴人婚俗文化

一、僜人婚俗文化

僜人的婚姻形态主要是一夫一妻制，也存在一定数量的一夫多妻婚，主要发生在富裕的家庭里。

同姓不婚是根本的婚配原则，同时还禁止姨表婚。但姑姑之子可以娶舅舅的女儿为妻，舆论认为这是最好的，在僜人的婚姻中，它具有优先权。

男女婚配年龄一般不超过 18～20 岁。按僜人的说法，一般结婚年龄以四个开荒地的年龄最合适。所谓“开荒地年龄”，指僜人从事刀耕火种时，烧荒垦地耕种一年后，丢荒三四年，然后又垦荒轮植。一个“开荒地年龄”约为四五年。缔婚者多经嘎背亚梅或“烧亚”（达让话，指妇女充任的媒人）介绍，双方父母包办决定，子女服从父母。

在通婚范围内，青年男女婚前可以自由结交朋友，谈情说爱，即使发生性关系也为社会所允许。但能否与恋人成婚，仍取决于双方家长。当女方家庭发现自己的女儿同某男青年相好并发生了性关系时，如果同意他们结婚，在男方送来女儿的身价后，即可让其将女儿领走成亲；若不同意这门亲事，即向男方索取赔偿了事。女方并不因此在今后的婚配中降低其身价。有的女方家庭借机进行敲诈，大量索取男方家钱财。

在僜人社会中盛行买卖婚，人们习惯把娶妻称为“买老婆”。牛是购买妻子的主要“货币”。女方身价视其娘家经济状况而定，一般说来，女方家越富有，其身价也就越高。买一个普通人家的女子要两三头牛，身价最高的女子需十多头牛。购买妻子除用牛外，男方还必须送给女方家一些物品，如猪、鸡、鼠干、兽肉，等等。当某人要买某家女子为妻时，便请嘎背亚梅或烧亚到女方家提亲，女方家庭应允即为定亲。当男方交够女子身价，将妻子领回自己家里就算结婚了。女方出嫁，其家要送妆奁，男方给女家的东西多，女家送的妆奁也多，反之则少。男方一次不能交清女子身价者，可以分批交付，何时交付，何时领走妻子。也可以用为岳父家劳动的方式偿还妻子身价，在此期间，男方住吃岳父家，为其劳动，并且与妻子同居，一经抵还完毕即携带妻子迁走。社会上对这样的男子看不起，认为他没本事，穷得连老婆都买不起。

僜人传统的结婚仪式简单。迎亲时，男家的亲戚陪同新郎去女家，在女家住一夜，由女家招待酒饭。新娘到夫家时，嘎背亚梅在夫家门口迎接，向新娘表示祝福，并向新娘介绍家人。婆婆则向新媳妇介绍房屋、园地、仓库和器物，向新娘表示欢迎。新娘表示要听话，好好劳动，同家人和邻居搞好关系。婚礼期间没有大的宴请和庆祝活动。

女子被买为妻后，即成为丈夫私有财产的一部分，从属于丈夫，丈夫有权将其赠送或转卖他人。丈夫去世，妻子也和其他遗产一样，可由丈夫的同姓近亲继承，成为继承者的妻子。转房只能转给丈夫的同辈兄弟或晚辈侄子，甚至是丈夫另外妻子的儿子，不能转给丈夫的父辈。从男子方面说，可以继承自己兄弟的妻子为妻，可以继承自己叔伯的妻子为妻，也可以继承父亲的妻子为妻，只要不是生母就可以继承。但不能继承儿子或侄子等晚辈的妻子为妻。按僜人的说法，“继承晚辈人的妻子就如同和自己的姐妹结婚，生不出好后代，也是最害羞的”。

男子继承同姓近亲的妻子时，也就同时继承了其他遗产、债务和对遗下的幼小子女的抚养义务以及送鬼的义务。

转房时，男方不必再付出一般婚姻所需要的婚价，只付给女子娘家较少的牛和猪。如果妇女转房时年龄比较大，男方也可以不付给任何代价，只送一次小鬼即可。转房也是促成一夫多妻的一个原因。

过去在僜人社会中不存在离婚问题。丈夫与妻子感情不睦，即不与其过婚姻生活，或将妻子转赠亲友或较低价格卖给别人。未经许可，妻子无权离开丈夫。

按僜人的习俗，严禁与已婚的女子私通。僜人把私通行为称作“抢妻子”。当丈夫发现自己的妻子有私通行为时，就会要求对方男子按习俗以钱财抵罪。有的丈夫本来就与妻子感情不好，此时，如果对方男子出够自己当初购买这个妻子所花的身价，丈夫就会答应对方把妻子领走，实际已将妻子转卖他人。①

传统的僜人家庭是典型的父权制家庭，男子居于家庭的核心地位，男性家长主宰一切，妇女地位极为低下。今天，在僜人社会中，传统的包办和买卖婚姻虽然还个别存在，但婚恋自由的风尚已逐渐形成，僜人的通婚范围除保留同姓近亲不婚外，僜人与其他民族之间的婚姻不受限制，僜人同藏、汉等民族的通婚受到人们的认可和欢迎，婚礼习俗日益丰富。同时，建立在买卖婚基础上的不平等的家庭关系正受到重大冲击，父权的残余虽还在一定程度上存在，但广大僜人妇女的地位得到了空前提高，一个平等、和睦的新型家庭关系在僜人社会中建立起来。

二、夏尔巴人婚俗文化

夏尔巴人传统的婚姻形态基本为一夫一妻婚，有少量的一夫多妻和一妻多夫婚。从一夫一妻婚的缔结过程看，既有听命父母遵从媒言订立婚约的“明媒正娶”，还有通过武力和突袭的手段抢来女子成婚的抢婚。夏尔巴人的婚俗文化多姿多彩，别具特色。

夏尔巴青年男女婚前社交活动自由，一般女子在 13 岁左右就和男青年谈情说爱，只要情投意合，即使有性行为甚至未婚先育也不受社会歧视。未婚而生的孩子夏尔巴人视为“森姆巴”，如孩子的父母因种种原因未能成婚，孩子归女方抚养，男子给予

① 中国社会科学院民族研究所编：《僜人社会历史调查》第 251 页，云南人民出版社，1990 年。

女方一定的钱财作为孩子的抚养费，社会对“森姆巴”同婚生孩子一样看待。

婚姻的缔结必须遵守祖辈们传下来的禁婚原则，这就是同姓不婚、近亲不婚，尤其是姨表婚绝对禁止，不同所谓的贱民“绒巴”（尼泊尔境内贫穷的山民）通婚，也不同外民族通婚。如果妇女同“绒巴”结婚，被视为降低身份，会受到人们的歧视。回娘家时，不能同家人同桌吃饭，不能使用家中的碗具，外出时需携带自己的餐具。她们所生的子女也受到社会的歧视。

订婚。一般人家在女儿 13 岁左右就开始为女儿寻找婆家，男方为了能娶到好媳妇总是上门求婚。

订婚前，先由男方父母或亲戚向看中的女方的父母提亲，提亲人要带一桶青稞酒到女方家，先向女方父母提出要求，然后请求姑娘伸出手（伸手表示接受婚姻建议），姑娘若有意则伸手，不伸手则表示拒绝。假如男女双方早已相爱或女方已怀孕，那做父母的就不能担任求婚人了。

求婚时如姑娘年幼或不在家，姑娘的父母要代其择婿，对求婚者有三种答复方式可选择：（1）拒绝接受青稞酒，以表示反对；（2）接受青稞酒并明告提亲人还要征求女儿的意见；（3）接受青稞酒和建议，表示完全接受求婚。完全接受求婚的情况多是发生在男女双方已经相爱或发生了性关系的情况下才采取的明智果断的措施。在接受青稞酒和建议后，除非女孩年龄小不让住一起外，男方可去女方家住宿。订婚后的青年男女同居被认为是合法的。但反对在婚前生孩子，婚前生孩子常常被认为是非法行为。如生有孩子就要在结婚前为孩子举行一个叫“代姆羌”的仪式使孩子取得合法地位，避免孩子被称为“森姆巴”。

从订婚到结婚一般要隔一年以上的时间。在订婚后结婚前可毁约，毁约不会影响双方的面子，举行婚礼的时间由男女双方父母商定，由喇嘛择出吉日如期举行，男家则做好婚礼所需物品的各种准备，主要是备酒备肉，以及粮食和其他物品，并通知亲友和村人届时参加婚礼。

婚礼。夏尔巴人的传统婚礼热闹风趣，礼仪繁多，在新郎和新娘家都有诸多活动和礼俗。结婚当日清晨，男家的亲朋便身着节日盛装，在喇嘛的带领下去女家迎亲。出发前喇嘛先把一轮回图系于新郎家门前的旗杆上，而后开始念祝福经，随着诵经声婚礼拉开序幕。新郎家的妇女开始仪式性敬酒。念经结束后，喇嘛举着轮回图，带队去迎接新娘，新郎和陪客随后，迎亲队伍到新娘家门口时，开始鸣枪、放爆竹，并点燃一堆早已准备好的杜松枝。娘家妇女把迎亲队伍迎进门并以酒相待。喇嘛在院内念一段祝福经后进屋与来宾分主次就座，喇嘛把轮回图折好放于自己的座位上。女方家的人分别向来宾敬酒后，女方一代表发言，表示对迎亲人的欢迎和感谢，男方也要发言以感谢女方的盛情款待，而后再敬酒，喝酒的同时，客人们开始唱歌并随歌起舞，女方妇女不时地敬酒以示祝福。在歌舞间隙，女方的男子向歌舞者分送称为“央吉哈达”的小白布条表示酬谢和祝贺，接受央吉哈达，新郎及陪客离开新娘家去访问在订婚时招待过新郎的女方亲戚，不论到哪一家都要喝酒、喝茶和跳舞。此间，新娘在家梳妆打扮，很少出外参加活动。在新郎及陪客访问归来前，女方家要摆一矮桌在喇嘛面前，准备好仪式所需的一切。喇嘛边念经边向其他人散发米饭做的祭品。桌前铺一张竹席或卡垫，卡垫上用面粉撒绘两个“卐”字。新郎归来稍事休息后，则被引着同新娘分男左女右面对喇嘛坐在卡垫的“卐”字上，等待喇嘛为新夫妇祝福。如等待的时间长，旁人会递上茶让两位新人喝。喇嘛的祝福经诵毕，开始“点酥油”仪式。所谓“点酥油”，是将酥油融化后掺入“阿让”酒内，倒入碗边抹有三块酥油的碗内，主持仪式的人用手指或蒿枝蘸酥油汁洒于新人头上，表示祝福并消除新人头脑中的杂念。为新娘“点酥油”多由新郎父亲担任，也可由男家一能说会道之人主持。同时新娘家也选派一德高望重口齿伶俐之人为新郎“点酥油。”男家为新娘点酥油时，会说：“从今天起，新娘将得到媳妇的地位，必须始终与我儿子一起生活，如果你与其他男人同居，是会被发现的；祝你们夫妻白头偕老！不管是什么力量也不能阻止你们共同生活；在今后的生活中，可能有许多比你丈夫富裕的人，但是你不应跟他们走，即使他们向你显示他们所有的财富；可能有比你丈夫更强壮、更健康的人，他们或许试图勾引你，但是你不应该听从他们；可能有比你丈夫更漂亮的男人，他们试图劝你跟他们，但是你不应该被他们说动心……”

新郎也要受到新娘家同样的训诫，被告知：从现在起，如果他同别的女人生活也会被发现的……

进行点酥油和训诫时，新郎家迎亲的宾客们便吹起海螺、口琴狂欢起舞，舞蹈者中有人还拿着白牦尾毛做成的拂尘随乐曲的节拍舞蹈。点酥油和训诫结束后，新郎新娘便在迎亲队伍和送亲队伍的簇拥下离开新娘家。

新娘被迎至夫家后，首先要拜见公婆和长辈，接受长辈们敬献的哈达和酒。其他亲友和村邻依亲疏远近也分别向新娘新郎献礼祝酒敬哈达。人们唱着欢快的颂歌，边唱边舞，把婚礼推向高潮。

婚庆活动通常举行三天。

夏尔巴社会过去还普遍存在抢婚习俗。抢婚中有两种情况，一种是男女双方情投意合，但因种种原因（如财产、父母意见不合等）不能结合，有情男女便约定以抢来达到婚配的目的。当男方把女方抢到家后，再去向女方父母求婚，父母对这种既成事实的婚姻虽有意见，但无可奈何，只能从经济上提出些苛刻条件作为报复。被抢的如是有夫之妇，那么就要给其丈夫送些礼品和一定数量的赎金。赎金数量没有统一规定。被抢者如生有孩子，那孩子的抚养和归属可由孩子父母双方商定。

另一情况是暴力抢婚，利用妇女软弱和女方家庭力量不强，通过武力的手段强行达到婚配的目的。这种违背妇女意愿的抢婚陋俗现在已濒于绝迹。

夏尔巴社会还有一定数量的入赘婚。入赘婚姻在结婚时，其他人送的礼品不是记在女方账上，而是记在男方账上，这样，一旦女方想提出离婚她就得离开这个家，第二个丈夫还要给赘婿一定的钱。家里的财产归入赘者所有；如入赘者想终止婚姻或双方都同意离婚，那赘婿要放弃一切财产搬出这个家。如原配妻子死了，赘婿对财产的拥有权不变，甚至还可再娶一个妻子。赘婿子女对财产的继续权有如下规定：原配妻子的孩子有继承权，二房妻子如不是原配妻子的妹妹或亲戚，在原配妻子有孩子的情况下，所生子女没有财产继承权。在夏尔巴社会中赘婿不受歧视。

不论是哪种婚姻，夫妻间都是平等的，共同劳动，共同享有劳动成果，没有谁依附谁的关系。在夏尔巴社会中没有男尊女卑的现象。

今天，夏尔巴人的婚俗既保留着古朴的礼俗，又受到了汉、藏民族和现代文化的影响，变异中的夏尔巴风俗呈现出多姿多彩的风貌。樟木一带的夏尔巴婚俗同传统婚俗相比已有许多变化，如：

婚礼不再必须由喇嘛主持；训诫先举行，而后点酥油，点酥油多由德高望重口才好的老者担任，点酥油时诵祝福颂词；主要婚礼内容改放在晚上，形式为汉藏结合式，既有藏族婚礼敬酒唱酒歌和献哈达的隆重仪式，又有汉族婚礼上司仪主持、分项进行的程序（唱酒歌祝酒均用祝酒人从自家带来的酒）。最后是所有人员联欢，直至深夜；在迎亲时还有抢婚的很多迹象，主要表现于迎亲队伍早晨很早动身和语言表达上，他们习惯用“抢亲”而很少称“迎亲”。再就是在迎亲的过程中，新娘若稍有忸怩，便会有人问是否需要背着、架着走或是由若干男青年抬着走一段，以体现抢婚的过场。①

① 刘洪记：《夏尔巴人习俗述略》，载《中国藏学》1991 年第 3 期。

第五章　生育习俗

生育，事关人类的繁衍和民族的发展。每个民族对生育都极为重视。

生育习俗的形成经历了一个漫长的过程。人类最初对怀孕和生命生产现象并不理解，由此产生了许多感生类神话来解释这一现象。当人类智力发展到足以认识自身的生育能力对人的繁衍生存的作用和意义时，出于对“两种生产”的迫切需要，崇拜生殖，祈求多产的信仰和仪式便相继产生，生育习俗也逐渐形成。

如同其他习俗文化现象一样，每个民族的生育习俗总是同其社会的历史、宗教和文化状况紧密相连，西藏各民族也不例外，均有着自己的一套生育礼仪、命名习惯和禁忌规范。

第一节　藏族生育习俗

传统的藏族社会宗教盛行。在宗教观念的影响下，妇女在经期、怀孕和生育过程中被视为不洁。加之缺乏必要的医疗卫生保健，孕妇和产妇往往得不到合理的照顾和护理，婴幼儿死亡率很高。如今，随着医疗卫生和妇幼保健事业的发展，随着人们观念的改变，藏族的生育习俗正发生着可喜的变化。

一、生育礼仪与禁忌

藏族妇女十分勤劳。婚后，她们便担负着做家务、孝敬公婆和外出劳作的重任。怀孕后，在前三四个月她们仍像平常一样干活，五六个月后才逐渐减轻劳动强度，多是干一些较轻的活。怀孕初期，普通家庭的孕妇在饮食上并无特殊照顾，有条件的人家会不时为孕妇改善伙食，补充营养。怀孕后期和临产前，各家视经济情况给孕妇增加肉、酥油等营养丰富的食物。

孕妇临产时，牧区妇女多在牛圈内或另外搭建的简易帐篷内生产，农区妇女也不能在日常睡卧居住的室内而是到牛棚羊圈内分娩。过去无专门的产婆，多是由产妇自己接生，有的人家由产妇的母亲或婆婆帮助接生。产妇分娩时，丈夫一般不在跟前，要尽可能离开。据说如果孩子父亲在分娩现场，婴儿害羞不容易生下来。如遇难产，要请僧人念经祈祷，藏北牧区还有让难产妇女喝鱼汤的习俗，认为这样孩子就会生下来。①

家有产妇，一般在门上挂系红布条或作特殊标记，告示外人不能随便进入。

产妇分娩后，家人要为产妇端上用酥油融化加红糖搅拌煮制的“玛古”饮料，趁热喝下，以利产妇恢复体力和补充营养。产妇的饮食很讲究，绵羊肉必须煮得很烂，多喝牛骨头汤和易消化的肉粥。后藏地区产妇还常吃称为“巴缀”的食品，其制作方法是在开水锅中放入糌粑调成稀糊，盛到碗内放新鲜酥油搅拌，用勺子舀食。藏北牧民对产妇食用的酥油有特殊要求，必须是上年夏季绵羊奶酥油，人们认为这种酥油极富营养，对产妇补血恢复体质很有好处。

小孩生下的第三天（女孩是第四天），要举行称为“旁色”的仪式，届时亲朋好友要前来祝贺。在藏族人的观念中，小孩出

---

① 格勒等:《藏北牧民——西藏那曲地区社会历史调查》第 348 页，中国藏学出版社，1993 年。

娘胎，会带来诸多污浊和晦气，如不消除这些晦气，将对孩子的成长不利。举行这个“旁色”仪式（“旁”藏语是“污浊”之意，“色”是“清除”的意思），也就是为孩子消除污秽，预祝其健康成长。“旁色”仪式起源很早，原是苯教盛行时举行的古老的禳灾祈福活动，至今仍流传于民间，还保留着一些古老的祭祀习俗，尤其在一些较偏僻的乡村，人们在举行“旁色”这天早上，要在生了小孩的人家门口堆上一堆小石子。如生的是男孩，便堆放白垩小石子；若生的是女孩，放什么石子都可以，并在石堆旁燃烧松柏香枝。前来祝贺的人们走到门口，首先在石堆和香堆上撒上糌粑面，然后再进入主人家门。堆放白石，燃烧香枝，以糌粑祭神，都是古老的祭祀方法。

“旁色”之日，亲朋好友带着礼物来参加活动，城镇人的礼物一般是青稞酒、酥油茶和给小孩的衣服、帽子等，也有越来越多的城里人直接送红包，根据关系的亲疏程度决定送礼金的数额。客人一进屋，先给产妇和襁褓中的婴儿献哈达，给产妇敬酒、倒茶。然后端详初生婴儿，说一些吉祥、祝福的话。

在农村，亲友除带上酒、茶以外，还要带上满满一“唐古”（羊皮小口袋）糌粑及一块新鲜的酥油。这是进门的贺礼。日喀则一带，娘家人来参加“旁色”时，如果生的是男孩带来白衣服，生女孩则带红衣服，还带一套用氆氇呢做的尿布“金垫”。客人向产妇敬酒、倒茶，用大拇指和食指捏一点糌粑，抹在初生儿的额头上，祝福孩子吉利向上。接着，再说一些吉祥如意的话，夸赞婴儿的福运。主家当天要置酒备饭款待前来贺喜的亲朋近邻。

生小孩后，产妇休息的时间各地不尽相同，十至三十日不等。农牧区妇女生产后几天便开始操持家务，一般十多天后便又开始参加生产劳动。

孩子在满月之前一般不出门，满月之后，择吉日举行名为“国敦”的出门仪式。当天，母亲和孩子在亲人的陪伴下出门（均穿新衣服），首先去寺庙朝佛，祈求佛祖菩萨保佑孩子无病无灾，健康成长。然后去有福泽（诸如儿孙满堂、家境富裕等）的朋友家串门，期盼孩子将来也会建立幸福美满的家庭。孩子第一次出门，有在孩子鼻尖上抹锅烟灰的习俗，这是为了避免孩子出门时被鬼灵发现。

如今，西藏城乡的医疗卫生条件得到了很大改善，妇幼保健事业迅速发展，藏族妇女懂得了许多妇幼保健知识，加强了孕期保健和产后护理，彻底改变了妇女儿童体弱多病、婴幼儿死亡率高的状况。城镇妇女在孕期一般都去医院做定期或不定期检查，分娩时多是去医院。广大农牧区也建有各级医院或诊疗机构，为群众提供免费医疗服务，有不少农牧区妇女就近去医院生产或请医生到家接生。一些偏僻地区条件稍差，加之受传统观念影响较深，还较多保留着传统的生育习俗。

二、命名习俗

在藏族看来，为孩子取名是非常郑重的事情，它关系到孩子的成长和一生的发展，大多要请活佛高僧或有威望的长者取名。有时父母也根据自己的意愿为孩子命名。取名的时间一般在孩子快满月之时，也有在孕期就请活佛提前取名的。

如果请活佛或高僧取名，其名字总是与宗教有关。由长者取名，多表达祝愿、赞美或纪念。由父母取名则主要表达其意愿。

藏族人名的内涵十分丰富，其取名方式多样，常见的有：

与宗教相关的名字，如丹增（bstan-vdzin）——圣法；塔巴（thar-pa）——解脱；多吉（rdo-rje）——金刚；曲珍（chos-sgron）——佛灯；雍仲（g·yung-drung）——苯教的“卍”符号，象征永恒，为苯教僧人或信徒之名，等等。与宗教相关的名字在藏族人名中占有很大比重，这一现象既反映了宗教对藏族社会的深刻影响，又体现了藏族取名的一个重要特征。

表达祝愿与赞美，如次仁（tshe-ring）——长寿；德吉（bde-skyid）——幸福；扎西（bkra-shis）——吉祥；桑珠（bsam-grub）——遂意、如愿；索朗（bsod-nams）——福泽，

等等。

纪念出生日期，如边巴（spen-ba）——星期六出生者；达娃（zla-ba）——星期一出生者；次杰（tshes-brgyad）——藏历初八出生者。民主改革以后，藏族还有以现代节日取名的，如国庆、五一等，反映了时代的变迁。

表达生育、节育愿望，如仓姆决（mtshams-gcod）——终止生育；普赤（bu-khrid）——招弟，祈求下一胎生男孩等。最常见的是这两个名字。这一类名字主要是父母所取。

以自然物命名，多表达一种祈愿，如嘉措（rgya-mtsho）——大海；噶玛（skar-ma）——星星；梅朵（me-tog）——花朵。

藏族给孩子取名的方式还有多种。如已养育的孩子多夭折，为避免新生儿遭遇不测，故意给孩子取贱名，以躲过劫难，常见的名字有：其甲（khyi-skyag）——狗屎；帕甲（phag-skyag）——猪粪；普科（bu-gog）——丑孩。如有的孩子生病或遇灾祸后大难不死，多给孩子改名为西洛（shi-log）——死里逃生。父母对最小的儿女表示爱抚和亲昵，取名有琼达（chung-dag）——毛毛；琼吉（chung-skyid）——安乐小宝，等等。①

上述名字均为两个音节，而现实中藏族人的名字多是四音节。其实这并不矛盾，因藏族人名的构成绝大多数都是两个双音节的合成词（贱名和昵称等除外）。如上述名字都可能组成四音节的藏名，如达娃次仁、巴桑罗布、索朗嘉措、边巴顿珠等。人们日常称呼时，既可称全名，更多是简称。简称有两种形式，一种是取第一和第三音节，如索朗平措，可简称为“索平”、格桑旺堆，简称为“格旺”。也有个别情况是取第二和第四音节作简称，如克珠群佩，简称为“珠佩”，这种情况似不多见。第二种形式是只叫前两个音节或后两个音节，它们均有独立的词义。如“巴桑罗布”，既可简称巴桑，也可称罗布。“丹增伦珠”，既可

① 王贵：《藏族人名研究》，民族出版社，1991 年。

叫丹增，又可称伦珠，根据平时人们的称呼约定俗成。简称中，以第一种情况居多，具有代表性。

三、成年礼

传统藏族社会，当姑娘从天真烂漫的幼女、少女长到十五六岁即将谈婚论嫁时，家长要为其举行类似成丁礼的仪式。在甘青藏区，有称为“戴天头”的成人仪式。卫藏地区，家长要择吉日为即将成人的女儿举行成年礼。

在拉萨，举行仪式那天，父母一大早就起床为女儿精心打扮，穿新衣戴各种首饰，把女儿打扮得如花似玉。还要请一位属相相合、父母双全、有福气的同龄女性给姑娘梳两条辫子（卫藏地区的少女一般梳一条发辫，成人后改梳两条辫子），最后，第一次为姑娘围上“邦典”围裙（“邦典”围裙一般为已婚妇女佩带，此时围系表示姑娘到了成婚年龄）。梳妆打扮完毕，父母和众亲友向姑娘敬献哈达表示祝贺，之后，姑娘在父母和亲友的陪伴下，到八廓街“觉雅塔钦”① 前，燃烟煨桑，供奉佛祖和吉祥天女。姑娘将哈达恭敬地献挂到塔钦上，顺时针绕塔钦转圈，倾吐自己内心的愿望，祈愿神佛护佑自己实现心愿。父母及亲朋也为姑娘祝福，祝愿姑娘在今后的人生旅途中找到一位如意郎君，幸福美满。转经朝佛结束后，家人款待众友亲朋，欢聚一天。

仪式之后，姑娘便告别了无忧无虑的少女时代，进入可谈婚论嫁的成人时期，人生旅程进入到一个新的阶段。

---

① “觉雅塔钦”，系立于拉萨八廓街上的大经幡，这样的大经幡共有四根，除“觉雅塔钦”外，还有“夏加仁塔钦”、“甘丹塔钦”、“格桑塔钦”。1986 年，在大昭寺广场北面又立了一根“扎西塔钦”。

第二节 门巴族生育习俗

一、生育礼仪与禁忌

门巴族妇女十分勤劳，在外是劳动能手，在家是理家的好手。怀孕后，一般不太注意孕期保健，除不干特别重的活外，仍从事劳作和家务。在错那门巴族中，女儿怀孕后，其母亲要带鸡蛋、肉、酥油等营养品去探望。

妇女生第一胎，过去错那门巴族的习俗是必须回娘家生，而不在婆家生，现在仍以在娘家生第一个孩子居多；墨脱门巴族妇女生第一胎无具体规定，既可在娘家，也可在婆家，由生育妇女自己决定。

妇女生产时，由有经验的老阿妈或家人接生。孩子出生后，产妇要休息若干天，由家人照料。饮食上，产妇除吃鸡蛋、野牛肉等补品外，墨脱门巴族还要给产妇喝精酿的黄酒，每天为产妇做一种滋补食品：用自制的藏白酒，加入酥油融化后，放进鸡蛋搅拌成蛋羹，再加入适量的醪糟“帕名”，门巴话称为“阿惹察尼比瓦”。这是一种高营养、易消化的食品，对产妇身体的恢复很有益处。

在门隅，无论生男生女，家人都十分高兴，人们无重男轻女思想。在墨脱门巴族中，则有程度不同的重男轻女观念。生男孩高兴，认为男子比女子高贵，男子是“九天之上”的人，女子是“九天之下”的人。若生产顺利，母子平安，要将好消息立即报知产妇的舅父或姑母家。其时，乡里四邻、亲朋好友携带蛋、肉、黄酒等前来祝贺，但来人不能进入产妇的屋子。

孩子顺产时禁忌较少，只是产妇在饮食方面有一些限制，如墨脱门巴族妇女生第一胎时，规定不能吃鲜猪肉、山羊肉等。认为吃了这些肉后身体恢复快，如果第一胎就吃，以后再生孩子就没有更好的滋补品了，不利产妇以后的健康。门巴族妇女婚龄较小，一般15岁左右就成婚，因此，妇女育龄期较长，生育频繁，孩子较多。生产后，产妇不能吃辣椒、葱、蒜等辛辣刺激性食物，也不能吃萝卜、白菜等蔬菜。3日内，外人不得进入产妇的屋子。如遇流产或死婴，则禁忌较多。过去由于缺医少药，无妇幼保健，科学水平低，碰上流产和难产，便认为是得罪了神灵鬼怪，要请巫师或喇嘛求神问鬼，杀牲祭神驱鬼。法事毕，放置树枝，外人严禁入内，产妇在饮食和言行上也有严格限制。

二、命名习俗

孩子的命名一般是在出生3日后进行，要举行简单的命名仪式。过去一般请喇嘛或扎巴取名，也可由家人自己取。门巴人取名方式有以下几种：

1. 如果请喇嘛或扎巴取名，孩子的名字大都与宗教有关。如“多吉”，意为金刚；“群佩”，意为兴佛；“丹增”，意为圣法；“乌坚仁增”，意为乌仗那持明；“卓玛”，意为度母（女神）等。请喇嘛取名时，有一定的仪式。首先，喇嘛拔掉插在门口木梯旁的“忌讳树”，手举一根燃烧的木棍，端一瓢净水，还要带一把铁质农具和一把土；婴儿则由老奶奶抱着，跟在喇嘛的身后，由左至右绕木楼三圈，转完后，喇嘛将木棍、水、农具和土都扔到地下。喇嘛解释这一仪式的含义为：孩子的肉是从大地借来的，骨头来自铁石，心脏借自天空，是天灵地祇孕育了孩子，感谢诸神的恩赐，保佑他（她）成为一名好猎手或理家能手。接着，一人举着一只用玉米面做成的孔雀模型，向婴儿点几下头，表示吉祥的孔雀能使婴儿逢凶化吉，今后婴儿不会中毒夭亡（传说孔雀能消食化毒）。仪式完成后，婴儿便可抱出户外。

2. 如果由家人取名，名字一般表现了长辈对孩子未来寄予的美好期望与意愿，如祝愿型名字，“次仁拉姆”，意为长寿仙女；“扎西罗布”，意为吉祥宝贝；“索朗金宗”，意为福泽欢聚；“其美朗杰”，意为不死、胜利等。门隅门巴族喜欢给女孩子取名“措姆”，如“仁增措姆”、“次仁措姆”、“扎西措姆”等。“措姆”意为湖泊。门隅地区多湛蓝碧绿的高山湖泊，在蓝天辉映下，湖水涟漪、碧波荡漾。女孩取名“措姆”，表现了门巴族对恬静秀美的审美追求，也形象地反映了门巴族妇女温柔贤淑的品格和美德。

由于过去门巴族生产力水平低下，医疗卫生条件极差，妇女高生育率与低成活率形成巨大反差，孩子夭折现象较多。而夭折的原因他们又归于鬼灵，认为是鬼灵作祟。为了使孩子免遭不幸，躲过鬼灵的注意，一些人家给孩子取名时便故意给男孩取女孩名字，或取一些贱名。如“拉姆”，意为仙女，一般用于女孩，但门巴族中一些男人也用此名，错那勒乡勒村的门巴族老人朗杰拉姆即是典型的一例。问他为什么取女性名字时，他说是母亲怕他发生意外，不易养活，因为他之前的哥哥姐姐都不幸夭折，母亲认为是魔鬼作祟，所以给取了女孩名以迷惑鬼灵。朗杰拉姆老人知识渊博，擅长表演门巴戏和讲民间故事，当时虽已是80多岁的高龄，仍身体健康，精力充沛，依他的说法就是母亲名字取得好，才使他有今天的健康与幸福。有的人怕孩子体弱多病，不易养活，便故意取贱名，如“其加”，意为狗屎；“帕加”，意为猪屎等。取贱名这种习俗，许多民族都有，目的只有一个，就是希望孩子能经受住磨难，得以健康成长。

3. 门巴族还有按七星曜日即“沙科尔”取名的习俗。七星曜即日、月、火、水、木、金、土，轮流一次恰好七日。这种取名实际上是标明孩子的出生日，有纪念生日的意义，且简单易行，过去人们往往多用这种取名法。如出生于日曜日，则取名“尼玛”，意为太阳；出生于月曜日，则取名“达娃”，意为月亮，以此类推。按出生日期取名往往同表达意愿取名相结合，如出生于土曜日，自然取作“边巴”，再加上表达意愿的成分，就可取名为“边巴次仁”，意为土曜日所生，长寿；“边巴顿珠”，意为土曜日所生，成就。这种按七星曜日取名的习俗是受藏族影响而产生的。

三、非婚生育

虽然人们对未婚先育的妇女及私生子并不歧视，妇女生产时也要登门贺喜，与祝贺已婚妇女生产无异，但舆论上对非婚生育妇女及私生子仍有微词。墨脱门巴话背地里称私生子为“国地”或“国莫”，意为“没有父亲的儿子或女儿”。非婚生子一般由女方家庭抚养，当能确知其生身父亲时，父亲要给一定的费用以资养育。婚后，非婚生子女可以随母亲转到新家，与婚生子女一样看待，不受家人及社会歧视。

第三节　珞巴族生育习俗

珞巴族的生育习俗是在人的自身生产活动中形成的，并与他们的物质生产活动和宗教信仰密切相关。

一、生殖崇拜及其神话

珞巴族有着丰富的生殖崇拜神话，并对其生育习俗的形成产生了深刻的影响。

生殖崇拜最早出现于母系氏族社会，最初的生殖崇拜是对女性生殖的崇拜。如在珞巴族的全部神话中都把大地“斯金”看作“伟大的母亲”。地母“斯金”的阴户，称作汇集了大地上之水的“金日冬日”那个地方。“金日冬日”在别的神话和史诗、诗歌中被称为“米地弄英”，是森林茂密的温柔之乡。

继女性生殖器神话而产生的是感生神话。所谓感生即“感于物而生”，妇女要借助一定的对象才能完成生育使命。珞巴族的《麦冬海依》神话讲到，天的女儿麦冬海依成天在天河里洗澡游玩。一天，她口干舌燥，捧起天河里的水喝了几口。从那以后，麦冬海依的肚子渐渐大了起来。又过了些日子，麦冬海依生下一个男孩。另外的一些神话如《人的诞生》中也说到，最初妇女因吃了一颗“神果”而生了孩子。

由对女性生殖器的崇拜而发展到对男女交媾的崇拜，是先民对人类自身生产认识的伟大进步。珞巴族关于男女交媾的神话十分丰富，《斯金金巴巴娜达萌和金尼麦包》神话中有对男女性器官和性活动的详细叙述。随着生产力水平的提高，男子在社会经济生活中的地位和作用越来越重要，女性逐渐丧失了对氏族生活的支配地位和权力，当男性逐渐取代女性而进入父系氏族社会时，人类生殖崇拜的对象也发生了相应的变化：由过去对女性生殖器崇拜转为对男性生殖器的崇拜，产生了男性性器神话。

在珞巴族现实生活中，还保留着古老的男性性器崇拜习俗。20 世纪 90 年代初，在希蒙、米古巴等部落，还可以看到这种景象：在竹楼前，在用作上下楼的独木梯的左右，挂有一个约 40 厘米长的木制男性性器（个别人家在木梯两边各挂一个木制男性性器），珞巴族称之为“卡让欣”，一年需要更换一次。据说挂“卡让欣”一可避邪，二可人丁兴旺。“卡让欣”的制作和安放仪式也表现出强烈的崇拜感情。做“卡让欣”只能用质地松软、燃烧时发出噼里啪啦响声的“卡拉果巴”树，将其剥皮刮光，不留节疤，削成性器状。据介绍，这种树生长快，5 年就能长成人腰粗。用这种树做“卡让欣”，本身就蕴含了“多生、快生”的祈愿。制作的日期和制作者亦有明确规定：每年的 9 月 29 日这一天，家长请村内、氏族内有威望的“居巴”制作。安放“卡让欣”的仪式十分庄重、神圣。首先将做成的“卡让欣”置放在象征女性性器的干净的藤簸箕里，用稻谷、玉米、鸡爪谷、小米、黄豆、芝麻、荞麦、青稞和小麦九种粮食一把一把反复撒在“卡让欣”上面，这大概是表示供给食物，以体现“互补性结合”的原则。边撒粮食边祈祷：“祈求你保佑家人平安、人丁兴旺”。反复祈祷三遍，然后将上述九种粮食混合后用黑布包住，用红黄蓝白黑五色线扎住布口，拴在“卡让欣”上，连射九箭。再在“卡让欣”周围排挂三根竹签，竹签上拴一个鸡蛋，然后再射箭，击中了鸡蛋才停。仪式上不断地射箭，既表示驱除邪气，也包含“注入”的意义，以赋予“卡让欣”灵气。射箭毕，将“卡让欣”斜插于门前木梯的左边，三根竹签签头朝外，这时制作者进入屋内，用一把荆条扫帚把住室、灶台、偏房内打扫洁净之后，将荆条扫帚放在门口，上压三块石头，对天连喊三声“请娘布（迫害妇女的鬼）莫入！”仪式至此完毕。①

二、生育礼仪与禁忌

在长期的历史发展过程中，珞巴族形成了富有特色的生育礼仪和禁忌。

珞巴族妇女在怀孕期间，除不干特别重的活外，仍像往常一样从事劳作。为了使孕妇能正常孕育和分娩时顺利生产，妇女在怀孕期间，夫妻间有一些禁忌必须严格遵守。博嘎尔部落妇女怀孕后，丈夫不得杀牲和参与捆绑猪、牛，也不能背尸；妇女则不能吃鸡肉、蝙蝠肉等，否则生下的小孩眼睛鼓突。崩尼、崩如部落妇女怀孕后，夫妻禁止观看别人杀牲，禁止丈夫搬动大石块和吃虎、豹等兽肉，若违禁，今后小孩眼睛要瞎或早产夭折。阿迪人在妇女怀孕后，孕妇不得吃任何生物的头部，连她的丈夫也得避免食用两个连在一起的水果，以免生出令人讨厌的双胞胎。

墨脱珞巴族妇女在怀孕三四个月后的一段时间里，要举行仪式以保证孕妇正常孕育。一是在孕妇家门口插鲜树枝，三日内禁止外村人进家，以防将鬼魂带入，危害母子。二是进行“朗拉索”仪式。仪式的过程是：砍一根约半米长的木棍，用刀削至3~4厘米厚薄，在两边刻斜纹。日出前，用箭射树，砍下中箭的树枝，捆绑在木棍上。杀一只公鸡，将鸡血涂在木棍及树枝上，竖立于室内火塘前，向灶神祈求说：“请灶神保佑不许鬼怪作祟，让她顺利生个男孩。”主人在举行“朗拉索”仪式前要告知村人，村人会带上甜酒、白酒和鸡蛋等礼物前来，主人以酒饭招待。如果外村人不了解禁忌而进了孕妇家，客人须弯腰向灶神哀

① 冀文正：《珞巴族男性生殖器崇拜》，载《雪域文化》1989年第1期。

求："请积福积德，保佑孕妇平安，顺利分娩，婴儿健康成长。"①

妇女临产时，一般安置于居室的屋角，小孩和男人离开，由有生育经验的妇女助产接生。过去低等级涅巴妇女不准在家生育，只能在外面的简易房屋或猪牛圈里生，由产妇自己用小刀割断脐带，用布将孩子包好抱回。婴儿出生后，要立即用温水洗澡，用线拴住脐带，再用锋利的竹片、石片或小刀割断，将胎盘和脐带扔到林中或埋于坑内。生产这一天，全家必须停止劳动，人们认为外出砍树割草有震动摇摆现象，会造成婴儿的脐带不易愈合。墨脱珞巴妇女生育后，要移至火塘旁休息，头向灶台，但手不得摸灶台。给产妇喝一碗浓浓的"马古"（热油茶），接着喝用白酒和鸡蛋搅拌制作的蛋羹。

若遇难产，禁忌和礼俗更多。博嘎尔人认为，难产是因孩子怕父亲而不敢出来，因此丈夫要离开家门。阿迪人遇上难产，要用猪、鸡甚至用大额牛向"尼蓬"精灵献祭。墨脱珞巴族认为，妇女难产是"尼崩"精灵作祟的结果。"尼崩"是当地珞巴人心目中数十种鬼灵中最凶恶的一种，它专门危害妇女，它的鬼魂若附在妇女身上，就会造成孕妇流产或难产。因此，产妇分娩时出现难产迹象，这家便需在门口插上"纳都欣"（"忌讳树"之意），在村口路两边插上两根树枝，向里弯曲拴牢，杀鸡，将翅膀和鸡脚拴在树枝捆绑处，鸡肉挂在树上，说："鸡肉是为你准备的，供你享用，望你让小宝贝顺产。"如果难产继续，便在村头流水处，一边各插两根竹子或树条，高两米，向里弯曲，用树皮捆牢；做一小竹篮，内放谷糖，一块火炭，挂在小溪正上方的树枝弯曲处；用一木棒横放小溪上作桥，将一木棒劈开，中间放置两枚鸡蛋，竖插于小溪中；杀鸡，将鸡血涂于树枝、桥、小竹篮上，一边挂一只翅膀，鸡肉拴在树枝上，然后，祈求道："我们为你准备了充足的肉食，请你食用，不要伤害产妇母子，让她顺利分娩，母子安康。"同时在住室门口插"纳都欣"，三天内

① 冀文正：《珞巴族妇女分娩习俗》，载《邦锦花》1989年第3、4期合刊。

禁止生人入内。

产期一般为六七天。此间产妇不能接触火塘，不能动手煮食，不能出门。在生产三天后，村人要带上酒、鸡蛋、肉等到产妇家贺喜。阿迪妇女过了产期，才能到取水的地方洗手洗脸，清洗衣物。但她要先在那里举行仪式：她的祖父、祖母、舅父、舅母围成一圈，把她围在中间，以免遭恶精灵的侵害。仪式完毕，方可沐浴洗涮。之后，她回家坐在靠近火塘的地方，开始正常的生活。

珞巴族许多部落在孩子出生的当天或一个月左右要举行仪式庆祝。博嘎尔部落则有为妇女生第一胎举行的“奥波”仪式，由巫师择定吉日举行。届时，将酥油、米饭和熟肉放在一个簸箕内，还放上象征性的弓和箭，准备就绪后，请全村生育过孩子的妇女前来，母亲用摆放着的弓箭向屋角射去，以示驱鬼，今后还会生孩子。接着，请生育孩子最多的妇女在婴儿脖子上挂串珠，祝福孩子健康成长。然后妇女们饮酒，分食簸箕内的食物，表示庆贺。

由于过去缺医少药，卫生条件差，珞巴族婴幼儿成活率低，据不完全统计，婴幼儿死亡率为40% ~70%。西藏和平解放后，党和政府十分关心珞巴族人民的卫生保健事业，在珞巴族聚居地区都建有医院和配备有医生，从根本上改变了以往高生育率低成活率的状况。

三、命名习俗

婴儿出生3 ~5 天，要给孩子命名。有的部落取名时必须举行仪式。博嘎尔部落为孩子取名时要先进行米卜：取清水一碗，每次往碗中投三粒大米，看大米在水中的沉浮排列等情况，以卜测孩子名字取得好坏。据说名字取得好，孩子晚上睡觉时不哭闹。布瑞等部落为孩子取名时要举行名叫“蒙纠责”的仪式，仪式是在男孩生下后五天，女孩生下后六天举行。仪式前，家人需准备一只叫声好听的“布另”鸟或“布则”鸟的鸟喙（没有时用其他鸟喙代替也行），母亲事先准备好一批名字。届时，以“达谢”粉当祭品，母亲持鸟喙在孩子嘴边转圈，一边默念事先准备好的名字，一边观察孩子的表情。如默念到某一名字时小孩表现出高兴的神情，则以该名命名。如果不举行“蒙纠责”仪式或小孩取名后爱哭闹，母亲月子期满参加劳动前，则以梦里印象最深的名字作为小孩的名字。

珞巴族取名通常采用父子连名制，即孩子的名字与父亲的名字相连，其首字为父名，尾字为子名。如祖父名为杜尤，父亲名为尤甫，儿子名则为甫另，即杜尤—尤甫—甫另……形成父系谱系。我们在珞巴族地区调查时，博嘎尔部落海多氏族老人东娘曾一口气背诵了他的二十代谱系：阿巴达尼（远古祖先）……海多—多让—让纳—纳儿约—约儿迦—迦嘎—嘎约—约戎—戎喀—喀波—波若—若龙—龙永—永容—容玛—玛宁—宁帕尔—帕尔凌—凌金—金东—东娘（自名）—娘玛（子名）—玛波（孙名）。然而，在实际生活中，珞巴族取名也存在多种方式，就连父子连名制实行较严格的博嘎尔部落，也有不完全按父子连名的情况。由于过去婴幼儿死亡率高，一些孩子累遭夭折的家庭，父母便请养育孩子多、存活率高的妇女取名，并与该妇女的名字连名，而不用父子连名。崩尼、崩如、纳、布瑞等部落常依据下列几种方式取名：

1. 以孩子的相貌、性格特征取名。如“亚崩”，意为不胖不瘦；“亚白”，意为肥胖；“亚仁”，意为瘦小；“亚基”，意为好哭；“得依崩”，意为翘嘴唇等。

2. 以动、植物命名。如“达非”，意为跳蚤；“达休”，意为野猫；“达德”，意为青蛙；“黑宁”，意为竹子等。

3. 以自然物、自然现象取名。这是母亲以其分娩时的气象情况为孩子取名，带有纪念性质。如“多略”，意为闪电；“多如”，意为下大雨；“多工”，意为雷声等。

4. 以出生时间、季节取名。如“勒郭”，意为黎明；“亚结”，意为绿色季节，即夏季。

5. 取贱名。父母为使孩子平安成长，能经受各种病痛和灾害的磨难，常给孩子取一些贱名。如“益博”，意为猪屎；“如益”，意为鸡屎；“崩益”，意为老鼠屎等。

一些珞巴族部落由于受藏族影响而取藏名，如米古巴、米新巴、巴依、纳等部落中格桑贡却、卓玛、扎西次仁等都是典型的藏名。

第四节　僜人、夏尔巴人生育习俗

一、僜人生育习俗

妇女怀孕后，在怀孕的初期、中期和临产时需请巫师举行送鬼仪式。送鬼仪式在晚上进行，由巫师作法，念诵祷词，内容主要是祈祷怀孕期间无病无灾，生产顺利，孩子健康聪明，无残疾等，仪式的当晚孕妇需整夜坐在室内听其念唱。妻子怀孕时如在娘家，丈夫要准备一头猪、两只鸡送到岳父家，以作祭灵送鬼之用。为了不影响胎儿的发育，丈夫在妻子怀孕期间在饮食上有一些禁忌，如不能吃刺杀的动物，只能吃砍杀的，否则会给胎儿的发育带来危害。

临产时，不论天气如何，孕妇都要走出门外，在不易被人看到的地方生育。在僜人中没有专门接生的人。接生者有的是由长辈妇女充任，有的是请邻近的妇女帮忙割断脐带扎线，有的则是由产妇自己接生。有的不允许丈夫参与，有的则让丈夫磨刀送线洗婴儿等。自己备些布或用毯子作为铺垫，以免婴儿沾上泥土。洗婴儿在室外，冬天用热水，夏天用冷水。妻子生育后，丈夫在屋旁搭一小棚供产妇暂住。

婴儿出生后，全村停止劳动一天，过四五天再停止劳动一天。人们认为如不停止劳动，会使生育的浊气冒犯鬼魂，从而使庄稼减产、谷物烂掉。丈夫更不能去劳动，生男孩要停止劳动五天或十一天，生女孩停止劳动四天或十天。生男孩五天后（女孩四天后），全村休息一天。这期间刀子和绳子不能借给外人使用，也不能杀牲，不能摸绳子、藤子和石头，只能做一些打柴背水等杂活。休息时主家在房门外插上树枝和草茎作标记，外人不能进入。

产后十天至十一天内，村里的妇女带来酒、饭探望产妇并致祝贺。送来的酒饭只要产妇没有动过，就认为不脏，全家都可以吃。这期间丈夫只能吃主食，认为吃了辣椒对小孩的眼睛不利。牛猪鸡等肉类亦以不吃为宜。认为吃了被勒死的猪或被捅死的牛对小孩不吉利；吃了扭死的鸡，小孩的眼睛会斜，等等。变通的办法就是牛要砍死，猪要割死。全家都忌吃肉干，以免小孩将来又干又瘦。更忌吃蜂糖，怕再也取不到蜂蜜。不敢吃山上的野味，怕以后难以猎获野兽。

产后十天或十一天，产妇迁入屋内居住。届时请巫师举行简单的仪式：把竹子劈成竹条，上面涂放鸡血、鸡毛，为婴儿祝福：祝愿小孩顺利成长，将来健康勤劳等。仪式后，产妇的父兄才来探视。一个月后，孕妇即可恢复劳动，解除禁忌。

如遇难产，则请巫师送鬼，杀鸡杀猪祭祀，祈求平安。

在僜人中，九个月生的婴儿不算早产。因为产妇坐月子一个月，一起计算也算足月。对七八个月的早产儿或者有缺指、不哭等现的婴儿都认为不吉利，难以养大。

过去由于卫生条件差，婴幼儿的死亡率很高。据对一个僜人聚居点的调查资料显示，僜人婴幼儿死亡率高达60%。[1] 今天，随着僜人居住环境和生活条件的改善，特别是医疗卫生事业在僜人地区的兴起和发展，僜人妇女高出生率高死亡率的历史已成为过去，一个个新生的婴幼儿正健康成长。

僜人孩子的命名有两次，一次是出生时由父母根据孩子出生

---

① 中国社会科学院民族研究所编：《僜人社会历史调查》第165页，云南人民出版社，1990年。

时的特征取的乳名，另一次是孩子长到四五岁时取正名，其时主要依据孩子的个性特征、体形、爱好以及父母的愿望等取名。

僜人社会是一个父权制社会，孩子的姓均取自父系，通常以氏族所居的村寨作为该氏族的姓。婴儿出生后，由氏族或村寨的长者或父母取名。姓名全称由姓（地名或氏族名）和名组成，日常人们只呼其名，不称姓，如“阿外龙·达崩下”，“阿外龙”为姓，表示该父系氏族所居的地名，“达崩下”才是其名，平常交往时人们只称“达崩下”。

以下是僜人取名的几种情况：

根据出生时的特征取名。“阿外龙·达帕下”，意为婴儿生下时眼睛闭得紧紧的。“阿外龙·达崩龙”，劳动时生下的孩子，故取名“达崩龙”。

根据小孩性格特征取名。“达卜荣宁·角让”，婴儿生下后，动作很灵活，故取名“角让”。

根据孩子体形特征取名。“克工木·角木央”（女），孩子长得胖，圆滚滚如萝卜一样。“哈嘎布喘·农工”，孩子长得很健壮、神气。“阿外龙·冉他”，小孩瘦弱。

根据孩子生理特点取名。“哈代灵·嘎巴龙”，婴儿出生后是一个哑巴。“达卜荣宁·邓记龙”，孩子长得丑，令人生厌。

根据孩子的爱好。“达卜荣宁·马腰赛”（女），婴儿爱用手抓糌粑吃。“阿外龙·达崩下”，婴儿爱用手扒地下之物，等等。①

二、夏尔巴人生育习俗

夏尔巴妇女在怀孕后，仍从事日常劳作，直到临产前才休息。产妇生下孩子后，需在家门入口处挂一红布条，这是禁止外人进入的信号。按夏尔巴人习惯，产妇三四天内不能见生人，不然对产妇和婴儿不利。生产后，产妇受到细心照顾，专门为产妇熬肉汤煮肉粥，还用酥油和“阿让”酒调制饮料为产妇滋补

① 云南省民族研究所编：《滇藏高原考察报告》（内部铅印本）。

身体。

婴儿出生三天以后（不能超过七天），需请喇嘛到家举行仪式，念经焚香，以消除因生育带来的污浊和晦气。在夏尔巴人的观念中，生育是一种不洁的行为，会给地方神和土地神带来污秽，需要通过宗教仪式除去污秽，使孩子健康成长。这一观念、仪式和习俗同藏族的“旁色”相似。念经焚香时，需清扫房屋，清理完毕，将一白色旗幡系在房屋附近的旗杆上，表示去污仪式完成。喇嘛还要给产妇和婴儿系一根红色或白色的护身线，保佑母子平安。

孩子的命名主要请喇嘛进行。喇嘛取名时多与宗教有关，也用一些表示吉祥的词语为孩子取名，如丹增（圣法）、群佩（佛法昌盛）、卓玛（度母）、扎西（吉祥）等。父母和家中的长者也可为孩子取名，孩子的名字多为出生时的日期，以作纪念，或表达长辈们的心愿和祝福。常见的有巴桑（星期五）、拉巴（星期三）、齐美（长生）、次仁（长寿）、德吉（幸福）等。此外，夏尔巴人的名字多为复合名字，即多为四个音节两组词结合而成的，如扎西次仁（吉祥长寿）、德吉卓嘎（幸福白度母）、索朗多吉（福泽兴旺）等。夏尔巴人的命名习俗与藏族相同。

孩子的命名对夏尔巴人来说是一件大事。命名时，亲友要携带礼品前往祝贺，主人则备酒饭盛情款待前来致贺的亲朋。新生儿在出生后一月内不见生人，满月后才可带孩子出家门。

同其他民族一样，过去由于卫生条件差，没有医疗卫生保障，孕妇缺乏保健知识，以及接生方法不当等原因，造成夏尔巴人婴儿死亡率高的现象。现在这种状况已得到了根本改变。夏尔巴人聚居地建有医院，乡村都有经过培训的医生。孕妇在怀孕期便得到卫生保健方面的关心和指导，并进行不定期的检查。生产时或者到医院或者由医生护士到家接生，产妇婴儿都得到精心而科学的护理，婴儿死亡率大为降低。生活条件的改善，科普知识的普及以及卫生保健意识的增强，夏尔巴人传统的生育习俗正发生着变化。过去孕妇怀孕期无保健，尤其是生育后一星期就下地干活的旧习惯已经改变，孕妇和产妇得到了较好的护理和休养。现代文明的春风已吹拂在偏远的喜马拉雅山谷，古老的夏尔巴社会正发生着可喜的变化。

第六章　葬俗文化

葬俗文化是人类社会特有的习俗文化现象。由于西藏各民族社会发展阶段的不同，自然环境、经济类型的差异以及宗教信仰和文化传统等原因，各民族在丧葬方式、习俗礼仪上存在着较大差异。从总的方面看，西藏葬俗文化存在着多样性和复杂性的特点。就丧葬方式而言，藏族盛行天葬，门巴族多行水葬，珞巴族则实行土葬，僜人多行火葬；即便是同一民族，因居住地域、自然条件和社会地位等原因，在丧葬方式上也不尽相同，甚至迥然相异。如盛行天葬的藏族，在藏南林芝地区有的实行林葬（亦称树葬），在藏北那曲地区有的实行野葬，在藏东昌都地区有的行水葬和火葬。在拉萨和日喀则地区，一般群众亡故后行天葬，高僧活佛圆寂后则行火葬，达赖、班禅圆寂后要保存真身建灵塔供奉。又如门巴族，门隅地区实行水葬，视土葬为低下；而墨脱门巴族则实行土葬，水葬仅用于麻风病人及凶死者。西藏各民族都是数种葬式并存。此外，在丧葬观念和葬仪上各不相同，礼仪繁缛，构成了独具特色的高原葬俗文化。

第一节 藏族葬俗文化

一、葬制概述

藏族葬俗文化的发展经历了漫长的过程。从文献史料和考古遗存看，藏族的丧葬经历过由野葬向土葬，继而向天葬的演变历程，并因而形成今天除天葬外尚有多种葬俗并存的格局。

最早记载藏族丧俗的当推敦煌吐蕃文献。在《敦煌本吐蕃历史文书》之“赞普世系”中，记载了吐蕃远古诸王从天空降世，又为人们所目睹返回天空之情形：

> 降世天神之上，天父六君之子，三兄三弟，连同赤顿祉共七位，赤顿祉之子即岱·聂赤赞普来作雅砻大地之主，降临雅砻地方，天神之子作人间之王，后又为人们目睹直接返回天空。……以上诸王大致相同，王子能骑马时父王即逝归天界。①

著名藏史古籍《西藏王统记》在叙述吐蕃早期七位赞普（王）事迹时亦记载道：

> 以上七位赞普称为天赤七王。据说他们在自己的儿子长到能骑马时，父王们就沿着登天绳上天，在空中像彩虹一样消逝。天赤七王的陵墓修建在天上虚空之中，天神之身不存遗骸，像彩虹一样消逝。②

---

① 王尧、陈践译注：《敦煌本吐蕃历史文书》第162页，民族出版社，1980年。

② 萨迦·索南坚赞著，陈庆英、仁庆扎西译：《王统世系明鉴》（又译名《西藏王统记》）第45页，辽宁人民出版社，1985年。

史籍中记述的天赤七王死后不留尸体在人间，像彩虹一样消逝在天空，实际上反映了藏族远古时代人死后“弃之中野，不封不树”的野葬习俗。

藏族在古代曾盛行土葬。据史料记载，土葬起始于第八代赞普止贡赞普。相传，止贡赞普与大臣罗昂达孜比武时，“战场上一声呐喊，红牛受惊，装灰的口袋破裂，灰尘迷住眼睛，狐狸的尸体魇退战神，狗的尸体魇退阳神，止贡赞普绕着头顶挥舞宝剑，砍断了登天绳，大臣罗昂对准赞普额头上的镜子射箭，射死了赞普”①。由于止贡赞普砍断了登天绳，不能像父辈诸王那样飞升天界将陵墓建在虚空，而将遗体留在了人间，由其子建陵于秦域达塘之地。《西藏王臣记》一书在记述止贡赞普史事时写道：“止贡以天绳被斩，死后遗尸地上……筑墓于秦域达塘，是

松赞干布墓

① 萨迦·索南坚赞著，陈庆英、仁庆扎西译：《王统世系明鉴》（又译名《西藏王统记》）第45~46页，辽宁人民出版社，1985年。

为筑墓之始。”[①] 从此，赞普亡故均实行土葬，建王陵于大地，史籍中均有详细记载。这些史料说明，至迟在止贡赞普时代，西藏已实行土葬，并已进入比较成熟的阶段。

西藏的考古发现，更为藏族在古代盛行土葬提供了确凿的证据。昌都卡若遗址和拉萨曲贡遗址的发现和发掘，表明早在新石器时代中、晚期，藏族先民就实行过土葬。在西藏各地，考古工作者还发现了数以千计的古墓葬。这些古墓葬，绝大多数建于吐蕃时期。[②] 它们不仅被大量发现于吐蕃王室活动的中心区域山南一带，在拉萨、那曲、林芝、日喀则，甚至远至阿里都有发现。各地的古墓规模和形制不一，有的数座或十余座坟墓构成小型墓群，有的数十座或百多座古墓集中建于一处，规模甚为宏大。如山南琼结藏王墓群，史载是 21 位赞普的陵墓，现有古墓 16 座。墓地东西长约 2076 米，南北宽约 1407 米，面积近 305 万平方米，其中松赞干布墓和赤松德赞墓规模最为宏伟。赤松德赞墓位于琼结县城河南的木惹山中腰，陵墓依山而建，封土形制为方形平顶。边长 180 米，残高 14.7 米，用土、木、石夯筑而成，其建筑规模为藏墓群之冠。规模最小的是末代赞普朗达玛之陵墓，方形平顶，边长 30 米。[③]

在西藏整个墓葬中，规模最大、最集中的是林芝地区朗县境内的列山墓群，共有封土墓 184 座。封土形制有梯形、方形、圆形和亚字形四种类型，其中梯形封土墓最多，共 153 座。这类封土高达 14 米，面积 2725 平方米。墓地依列山逐级而建，高大的封土宛如座座巨垒，极为壮观。[④]

在吐蕃王朝中、晚期，藏族的墓葬制度十分完善。然而 9 世

① 五世达赖喇嘛著，刘立千译注：《西藏王臣记》第 10 页，西藏人民出版社，1991 年。

② 关于吐蕃时代的时限问题目前学术界尚无一致意见，一般认为始于公元前 4 世纪左右，终于公元 9 世纪中叶。

③ 参见索朗旺堆、康乐编：《琼结县文物志》之“藏王墓”部分，西藏自治区文物管理委员会编印，1986 年。

④ 侯石柱：《西藏考古大纲》第 90 页，西藏人民出版社，1991 年。

纪中叶爆发的奴隶平民大起义，以“一鸟腾空，众鸟影从”之势席卷全藏，“在奴隶起义的第九年——火鸡年（丁酉年），以许布达则为首的起义军协议，将历代赞普陵墓分而掘毁。聂氏义军掘毁‘顿卡达’地之陵墓，许布氏捣毁‘森格坚’地之陵墓……松赞干布之陵被卓、觉二氏留了下来”[①]。吐蕃王陵多被义军掘毁，吐蕃的幕葬制度也随着吐蕃王朝的崩溃而退出了历史舞台。从此，在西藏腹心地区，土葬不再为藏族所推崇，人们逐渐选择了天葬这一新的丧葬形式。

藏族为什么会从崇尚土葬到摒弃传统而接受和选择天葬，导致这一变革的原因是什么？天葬是何时在藏区确定和广泛实行的？在土葬向天葬转化期间是否有其他葬俗形式作为过渡？对藏族天葬的起源和上述诸问题学术界至今仍众说纷纭。人们一般认为，藏族天葬确立于12世纪前后，至今已有近800年的历史。在土葬向天葬过渡期间，是多种葬俗并存，葬式无高下优劣之分。有的学者则认为此间藏族曾普遍实行火葬，认为土葬与天葬之间的缺环应由火葬来衔接。[②] 藏族葬俗变化的根本原因在于社会的变革和宗教信仰的改变，与佛教的传入和藏传佛教的形成密切相关。有的则认为藏族的天葬与古代中亚的葬俗和袄教（亦称拜火教）关系紧密。[③] 藏族天葬的起源与发展仍需深入研究。

天葬早已成为藏族的主要葬式。在西藏还存在以下几种葬式：

水葬。水葬曾是藏族古老的葬俗，现在仍在藏南、藏东南高山峡谷地区以及林芝部分地区实行。水葬仪礼较简单，将尸体背至江边激流处，投入江中。处理毕，须将葬地清理干净。

---

① 巴卧·祖拉陈瓦：《贤者喜宴》（上册，藏文版）第433页，民族出版社，1986年。

② 洛桑扎西：《藏族曾普遍实行过火葬》，载《西藏研究》1997年第2期。

③ 霍巍：《西藏天葬风俗起源辨析》，载《民族研究》1990年第5期。作者在其专著《西藏古代墓葬制度史》中对此有进一步论述。参见该书第340～346页，四川人民出版社，1995年。

土葬。土葬曾在西藏历史上十分盛行，后来随着人们丧葬观念的改变，这一曾被人们尊崇的葬式成了最低下的葬法，遭到人们的鄙弃。在西藏大部分地区，土葬用于患天花、疫病和麻风病等恶性传染病死者，也部分用于凶杀、偷盗及暴死者。葬仪简单，一般挖深坑掩埋，不留坟冢。

野葬。野葬这种“弃之中野”的古老葬俗不久前仍存在于藏北的一些边远地区。野葬分“易地葬”和“就地葬”两种形式。易地葬，是将尸体运至离家较远的山坡、山沟或草滩上，置于荒野而去。家人在一个月左右要回到原葬地看看情况，如果尸体为鹰鹫所食，视为吉利；如被狼所食，则为不吉。对未被食尽的骨头要另作处理，不让骨头长期暴露于野外。就地葬，是将尸体置于死者临终时在帐篷内所坐卧的那个位置，家人拆走帐篷，离开原住地迁徙他处。①

崖葬。在西藏部分地区有崖葬习俗，其中，吉隆县的崖葬具有代表性。人亡故后，根据死者的生辰、属相，由当地有名望的喇嘛打卦，确定采用何种安葬方式（当地同时实行水葬、火葬等葬式）。如打卦结果为崖葬，家人需用盐和酥油涂抹死者全身，然后将尸体装殓入木箱，也可用白布或无经文的经幡布包裹装殓，停殡待葬。

出殡时间及葬地的选择均由喇嘛算卦确定。在家停尸祭奠一般不超过 3 天，葬地则多选择远离人、畜活动区的自然崖洞或崖阴，这些崖洞或崖阴普遍具有通风、遮雨、干燥的特点。出殡前一天，要派人修一条专供背尸上山的简易小路。出殡时间一般在凌晨，天未亮时将尸体背出村。送至山崖洞穴后，按照喇嘛择定的方位将棺木放好，无葬具者多将尸体摆放成盘腿坐姿，在死者面前放置酥油茶、青稞酒以及死者生前喜爱的食物，安置毕，用石块封闭洞口。送葬人返回时，必须将送尸时走的小道拆毁。

---

① 格勒等：《藏北牧民——西藏那曲地区社会历史调查》第 360 页，中国藏学出版社，1993 年。

8岁以下的儿童夭折，葬具多采用大瓮，亦可用圆木桶作葬具。装殓时用盐、香料等物对尸体作防腐处理。将尸体处理装殓完后，盖上瓮口，并用泥巴封好，送至事先择定的葬地，安葬毕，亦用石块封塞洞穴。[①]

火葬。火葬系西藏部分农区和林区处理死者遗体的一种方式，在西藏腹心地区火葬则多为高僧大德圆寂时采用的葬式。

火葬通常都具有二次葬特征。人亡故或高僧圆寂后，将遗体置于柴堆上，举行一定的仪式后点火施行火葬，不时往火中添加酥油，直到遗体烧尽为止。然后，将骨灰拾起或埋于山上或投于水中。而高僧大德火化后的骨灰一般要修塔供奉，有的则做成“擦擦”[②] 存放。火葬被人视为高级葬式。

在藏东丁青一带苯教盛行的地区，人亡故后多延请苯教僧人施行火葬。苯教徒主持的火葬仪式称为“衮日录”或“勒细录”，仪式复杂，耗费巨大。举行“衮日录”仪式时，需准备大量的用金汁或银汁书写的经版，称为“每拉”。制作“每拉”的材料需要柏木板，施行火葬的全套仪式需用三千多块经版。火葬地点一般在丧家附近，首先要搭建称为“金科尔”的火葬台：在一块平整的地上放置一层沙子，用刻有“细娃”经文的经版将字拓印在沙子上，用白粉勾绘明晰后铺一张纸，上面又铺一层沙子，将刻有“结巴”经文的经版拓印在沙子上，用绿色粉末勾绘。铺纸后上面又铺一层沙子，用刻有“旺”经文的经版拓印经文于沙上，用红色粉末描绘清楚后铺一张纸和铺沙子，上面又拓印“军”经文于沙子上，用白色粉末描绘清楚。接着，上面放三块石头，将尸体置于石上，如死者是僧人则放成跏趺姿势。尸体下面安放大量的木材。点火时，由请来的7位僧人念点

① 崖葬资料引自霍巍等：《吉隆县崖葬习俗调查记略》，参见《吉隆县文物志》，西藏人民出版社，1993年。另见李永宪：《吉隆的崖葬习俗》，载《西藏民俗》1996年第2期。

② 擦擦：骨灰拌和泥石用模具做成的小泥塑佛像，一般存放于寺庙或山上的崖阴处。

火经，然后开始火葬。不时往柴火中添加酥油。

烧“每拉”经版时，主持火葬的僧人先要将版上写好的经文念诵一遍，念诵的顺序有规定，地位低的僧人先念，待地位最高的僧人念完后将经版投入火中焚烧。

火葬仪式一般举行两天。第二天下午还要烧祝祷死者早日进入极乐胜境的经版，称为“默朗欣”，一套 8 块，每块经版长约 1.5 米，宽约 0.3 米，木板两面用金粉写有祝祷词和死者的姓名等，边烧边念祝祷经。

烧完后，有条件的人家将骨灰送往位于林芝的“苯日神山”，有的还要送到苯教圣地冈底斯山。一般人家也送到当地最大的苯教寺庙“则珠寺”所在的山上供奉。

火葬仪式一般在冬天举行，由于火葬耗资巨大，需做较长时间的财物准备，因此现在不少人家是先进行天葬，留下头盖骨在七七之后或一年之后再举行火葬。

塔葬。塔葬是西藏最高级别的丧葬形式，主要用于高僧活佛圆寂时。高僧活佛圆寂后，将其肉身或火葬后的骨灰、舍利等建塔供奉，俗称“塔葬”。典型的塔葬是建造灵塔保存肉身，亦称为“肉身之制”。

塔葬最初起源于印度。印度最早埋葬尸骨的坟冢称为“窣堵波”，即梵文 Stupa 的音译，汉意为塔。相传佛陀释迦牟尼圆寂后，其弟子火化佛陀遗体时获得了许多晶莹明亮的五色珠子——舍利子。这些佛陀的舍利子被弟子们视为无价珍宝，分别建造了 8 座灵塔供奉，开佛教建塔供奉灵骨之始。佛教信徒把舍利塔视为佛身之所在，对佛塔十分膜拜。在以后的发展中，有的佛塔并未供奉舍利，只在塔中供奉经文或法器法物，成为道场佛迹的象征之物，佛塔亦与佛像、佛经一起成为佛之“三宝”。

藏式佛塔始建于松赞干布时期，公元 8 世纪中后期西藏第一座寺院——桑耶寺修成后，佛塔开始大量出现于藏土。桑耶寺乌孜大殿的东南西北四角分别建有规模宏大的白塔、红塔、黑塔和绿塔，而桑耶寺的四周围墙上则建有微型佛塔 1024 座（原来为

五世达赖喇嘛灵塔

1008 座，后几经重修，增至 1024 座）。在中古时期和近代，西藏各地都有盛大的塔群，通常是由 108 座相对独立、形制各异的佛塔排列而成。而寺院古刹周围则多建“善逝八佛塔”，分别为叠莲塔、菩提塔、和平塔、殊胜塔、神变塔、天降塔、吉祥塔、涅槃塔，这 8 种不同类型的佛塔实际上代表了佛陀一生中的 8 个不同阶段。藏式佛塔数量多，规模大，分布广，成为藏区特有的景观，也是藏族信仰文化和建筑艺术的重要组成部分。

藏式灵塔比之作为佛教象征物的佛塔出现要晚一些，最早出现于藏传佛教后弘期初始阶段，约公元 9 世纪末 10 世纪初。① 而到了 11 世纪，藏族的塔葬便有了确凿的史料记载。藏传佛教噶当派祖师阿底峡于 1054 年圆寂，其弟子仲敦巴在聂塘卓玛拉

① 洛桑群觉、陈波：《西藏的灵塔与金顶》，载《西藏研究》1997 年第 2 期。

康寺建塔供奉其骸骨；西藏阿里古格王朝首领益希沃（吐蕃末代赞普五世孙）在同伊斯兰教的争斗中遇害，其遗体被佛教徒运回后建灵塔供奉，时在公元11世纪上半叶。此后，萨迦派祖师萨班·贡噶坚赞、八思巴·洛追坚赞以及格鲁派创始人宗喀巴·洛桑扎巴等大德高僧圆寂后均建有灵塔。

在西藏难以计数的灵塔中，以历辈达赖和班禅的灵塔最为著名。达赖喇嘛的灵塔除一至四世分别建于扎什伦布寺和哲蚌寺外，从第五世开始历辈达赖喇嘛的灵塔都建于拉萨布达拉宫（六世达赖喇嘛未建灵塔），其中以五世达赖喇嘛和十三世达赖喇嘛的灵塔最为华贵壮丽。如五世达赖喇嘛灵塔建于1690年，塔高14.85米，由塔座、塔瓶、塔刹三部分组成。“塔座为方形，高6.03米、边长7.6米。中部正面相对两只狮子，正中为一高1.15米、宽1.02米的佛龛，中供吉祥天女。塔瓶连同瓶座高4.48米，塔瓶中空，正面有一门，高2.52米、宽2.5米。门内正面供奉泥塑涂金观音像，后面为经过处理、面向西南而坐的五世达赖喇嘛法体。塔刹由十三天、月盘、日盘及宝珠组成，高4.34米”①。建造灵塔共花赤金11万余两，镶嵌的稀世珍宝数以万计，该灵塔被誉为“世间之饰”。

班禅灵塔建于扎什伦布寺内。一至三世班禅的灵塔祀殿分别修于甘丹寺和安贡寺，从四世班禅开始，历辈班禅的灵塔均修建在扎寺内。四世班禅罗桑曲吉的灵塔殿建成于1666年，塔高11米，共用黄金2700余两，白银33000余两，铜78000多斤和7000多颗奇珍异宝。② 五至九世班禅的灵塔在“文革”中毁损严重，1985年，在十世班禅大师的主持下重建，历时4年，建成名为“扎什南捷”的五至九世班禅的法体合葬灵塔。1989年1月22日，十世班禅大师亲自主持灵塔的开光大典。“扎什南捷”祀殿建筑总面积为1933平方米，高33.17米，殿墙厚达

---

① 平措次旦：《布达拉宫内的五世达赖灵塔》，载《文物》1985年第9期。

② 洛桑群觉、陈波：《西藏的灵塔与金顶》，载《西藏研究》1997年第2期。

1.8米。大殿正中安放名为“拉帕曲丹”的高11.52米的巨大灵塔，塔身包裹银皮，遍镶珠宝，雕饰华美，共用黄金217.7公斤，白银3338斤，黄铜11277.5斤。五至九世班禅遗骨分装在五个檀香木匣内，安放于灵塔的宝瓶中，灵塔内还装有黄金、白银、各种经书、各种粮食、砖茶、水果和糖果等物。[①]

十世班禅大师于1989年1月28日圆寂后，国务院决定为班禅大师修建灵塔和祀殿，中央政府拨专款6400多万元、600多公斤黄金、500多公斤白银，于1990年9月20日在扎什伦布寺破土动工。在打灵塔地基时，日喀则民间工匠专为十世班禅的灵塔祀殿打制了精美彩绘的铜制“聚物宝瓶”。瓶高近1米，粗约0.3米，内装金、银、珊瑚、松耳石及珍珠等5种珍宝，47种珍贵藏药和青稞等五种谷物，还有各种香料食物。宝瓶外用各色绸缎包裹后装入一口棕色木箱，然后将木箱放于灵塔中央基石下面，据说这样可以带来福运。[②] 1993年8月30日，灵塔祀殿“释颂南捷”建成后，举行了隆重的十世班禅法体安放仪式，将十世班禅的肉身放至灵塔内永久保存，供世人朝拜瞻仰。

保存遗体的塔葬，或称“肉身之制”，对遗体的处理有一套特定的仪轨和技术手段。十世班禅大师圆寂后，西藏自治区人民政府提供了500多公斤共108种名贵药品，其中有5公斤藏红花、帕苦玛粉、白檀香粉及高级冰片等，用藏红花、檀香料、盐以及名贵的药水擦洗法体，以绸缎裹紧，吸去水分，经过几个月不断的更换直到吸尽水分，遗体才能长久保存。对遗体进行防腐处理后，再进行整容，描绘五官，涂以金粉，头戴尖顶“孜夏”法帽，身披绸缎法衣，右手持金刚杵（象征着方便和慈悲），左手持法铃（象征着方便、慈悲与智慧的结合），法体端坐于一米多高的法台上，外有玻璃护室，供奉于扎什伦布寺的孜恰殿堂内，[③] 供信徒朝拜和瞻仰。

---

① 宁世群：《后藏日喀则》第140～141页，西藏人民出版社，1994年。
② 蔡志纯、黄颢：《活佛转世》第212页，中国社会科学出版社，1992年。
③ 蔡志纯、黄颢：《活佛转世》第210页，中国社会科学出版社，1992年。

关于西藏的肉身之制，还可参见霍巍《西藏灵塔与肉身之制初探》一文，载《西藏研究》1989 年第 2 期。

藏式佛塔称为“却垫”，活佛灵塔则称为“色尔东”，意为“金灵塔”。藏式佛塔在形制上一般由三部分构成：塔座（又称须弥座）、塔瓶（又称塔腹）及塔刹（又称相轮），塔刹顶部有日、月及火焰，在塔瓶内供奉活佛遗体、舍利子及舍利骨、经卷法物等珍宝。藏式灵塔结构是佛教基本哲学思想“四界”的形象展示。所谓“四界”即土、水、火、风（空）。灵塔最下部的方形基底代表“土”；塔基上部的阶梯式束腰部分代表趣悟阶路，即心灵发展的四个阶段；塔瓶代表“水”；塔刹代表“火”——精进之火，又代表十三天（塔刹上的相轮有十三圈）；塔刹顶端有月日，月代表“风”——气息，日代表“空”——精神或灵气。这样，佛教的基本思想土、水、火、风（空）集于灵塔一身，同时，这几者的统一而又循环往复，象征着一个人从出生—生活—死亡—精神（灵气）—出生—生活—死亡—精神……的“生命之轮”中，实现永无穷尽的“转世再生”的生命轮回。因此，藏式灵塔用物化的具体可感的直观形式表现了佛教的基本思想和生命轮回的一般过程，具有浓厚神秘的宗教气氛和强烈的感染力，深受佛教信徒的膜拜。

二、天葬仪礼

天葬，是藏族特有的丧葬形式，也是西藏最常见和最为一般藏族群众接受的丧葬方式。

天葬，藏语称为“恰多尔”(bya-gtor)，意为“喂鸟（鹰鹫)”，又叫“都垂杜杰瓦”(dur-khrod-du-skyel-ba)，意为“送尸去葬场”。就名称而言，“天葬”的称谓并不能确切反映此种丧葬习俗的内涵，即送尸到葬场喂鸟（鹰），因而有人认为应更名为“鸟葬”或“鹰葬”。

西藏各地的天葬风俗大同小异，整个天葬过程礼仪繁缛，活动甚多。由于受宗教观念的影响，藏族人笃信灵魂不灭和转世再生，丧葬过程的诸多繁缛活动多与生生不灭的灵魂与再生观念密切相关。下面根据笔者在西藏昌都、日喀则和拉萨等地的实地调查和有关参考资料，[①] 将天葬习俗做一叙述。

1. **初终仪礼**

当病人经多方医治无效即将去世时，在病人头脑清楚尚能说话之际，负责照看和护理病人者唤来一名亲友询问病人的最后遗嘱，而家属和子女一般不能靠近，以免搅乱病人临终时的心境。如果病人穿有动物皮毛类衣物或铺盖有皮毛被褥床垫等则应取走，人们认为病人亡故时穿有皮毛类衣物将难以转生。同时，将已准备好的活佛加持过的珍贵药丸泡入玻璃杯或瓷碗中，在病人未咽气时灌进嘴里让其咽下，还要让病人服下两粒舍利丸，舍利丸包在牦牛奶或黄牛奶提炼的酥油中。问询遗言、喝灵汁和吞食舍利丸，是护理人员在病人临终时必办的三件事。藏族俗语说："最终之语是遗言，最终之食是舍利，最终之饮是灵汁。"

在病人临终之际，守护人贴近临终者的耳边大声呼唤病人平常所崇仰的活佛或神佛的名号，助其安然离世。如果病人临终时有喇嘛在场，则由喇嘛念诵经文。西藏有传统的超度亡灵的经书，最著名的是莲花生大师的《中阴得度》（bar-do-thos-sgrol），现译为《西藏度亡经》。该书系一部藏传佛教密宗名著，详细讲述了一个人从临终中阴阶段到转生的历程，以及为使亡灵顺利转生需念诵的经文和具体做法。"中阴"系指死亡到新生之间的中间状态，生死之间有七七四十九日的路程，一般人亡故后均需经历这个过程，亡灵见到种种境相，在诵经师的指导帮助下顺利转生。而一些生前经过修炼已具法力和悟境者则可避开部分或一切

① 该部分资料除笔者调查和观察所获外，还参考和使用了以下藏汉文资料：楚称塔杰：《简谈藏族丧俗》，载《雪域文化》（藏文版）1989 年第 4 期，1990 年第 1 期。土登桑杰著，布钢译：《藏族丧俗》，载《主人》1989 年第 4 期，1990 年第 1 期、第 2 期。次仁桑波著，班丹译：《藏族祭礼》，载《雪域文化》1990 年秋季号。阎振中：《光荣随鹰背苍茫而远去——天葬及其起源》，载《雪域文化》1993 年春季号、夏季号。

中阴境相，其肉身一旦被抛弃后，可立即进入某种天道或乘愿再来人间。《中阴得度》在临终者呼吸将停未停之时念诵的经文为：

> 尊贵的某某（称呼其名），现在，你求道的时修到了。你的气息就要停止了。你的上师已经助你入观明光了；你就要在中阴境界中体验它在实相之中的境相了：其中一切万物皆如无云的晴空，而无遮无瑕的智性，则如一种没有周边或中心的透明真空。当此之时，你应赶快了知你自己，并安住此一境界之中。我此时也在助你证入其中。①

这段话需在弥留者的耳边反复读诵多遍，直到亡者呼气或出息已停，使诵文的音义印入亡灵的心中。

亡者在临终时的姿势一般为右侧卧的“睡狮”式，这是佛陀涅槃的姿势。具体做法为：左手放在左大腿上，右手放在颚下，闭住右鼻孔；两腿伸展，稍稍弯曲。人们认为，身体右侧的某些气脉会引起无明的“业气”，采取睡狮姿势正躺在这些气脉上，加上右鼻孔闭合，便可堵住这些气脉，当死亡来临明光出现时，有助于临终者认证它。此外，“睡狮”姿势还可以帮助意识从顶轮的梵穴离开身体。②

病人亡故后，应立即通知亲友到丧家协助处理后事。亲友到来后，一般分作两组进行活动。一组前往寺庙祈请活佛或著名高僧到丧家做法事超度亡灵（拉萨当地居民亡故后通常是到下密院去延请活佛喇嘛），如活佛不能亲临死者家超度则告之活佛亡者的情况和尸首面部朝向，祈请活佛远途诵念往生法。在活佛诵念往生法之前不能触摸尸体，要保持死亡时的姿态。另一组在丧

---

① 莲花生著，徐进夫译：《西藏度亡经》第 34 页，宗教文化出版社，1995 年。

② 索甲仁波切著，郑振煌译：《西藏生死书》第 279 页，内蒙古文化出版社，1998 年。

家帮助处理各种善后事宜，如到市场去买土陶罐和藏香，举行祈愿回向礼后协助丧家安置亡者灵位，通常将死者置于死亡时屋子的角落，将其蜷曲为胎儿状，希望死者像初生胎儿一样获得转生。

亲人亡故后，死者家人不能佩戴饰物，不能穿鲜艳衣服或新衣服，不洗脸、不修饰，更不能从事唱歌跳舞等各种娱乐活动，以示哀思。

2. 殡尸习俗

人亡故后，请喇嘛根据死者的生辰、属相、卒日星相和死亡征兆算卦测算停尸的时日，一般需在丧家停尸 3～4 日，停尸期间主要有以下活动：

请僧人诵经守灵。无论城市还是农村，人亡故后请僧人诵经做法事均是十分普遍的，诵经的目的是使亡灵早日踏上转生之途。

家人每日为死者供灯和献食，供灯通常是清油灯。各地献食习俗有所不同，有的地方是在死者灵位前一日三餐摆放死者生前喜爱吃的食物，而拉萨和日喀则等地除献食外，还要在丧家门口用草绳吊挂一陶罐，称为“苏料”或“古苏”。陶罐只能用破损的烂陶罐，从市场上买来的新陶罐放在破陶罐的下面。用牛粪火炭和柏树枝叶在土罐内燃烟，罐中的火不能熄灭，放入用糌粑和血、肉、脂三荤和乳、酪、酥三素拌和的“苏孜”，一日三餐加添，以让死者（亡灵）进食。在人们的观念中，亡灵已不能像生者一样吃喝固体和液体食物，而只能吃（闻）烟（味）以进餐，藏语称之为“止剎”（dri-za，意译为“闻香”）。但直接敬献饭食也是常有的，拉萨一带在献饭时，将上次的剩饭装入一个特备的木桶，等到“头七”抛扔“苏料”时一道扔入拉萨河，日喀则一带在献饭时将上次剩的饭倒在房顶上。此外，日喀则往“古苏”中添加“苏孜”是每日在死者断气的时辰，加入糌粑料和酥油等物后，罐中冒出白烟就表明亡灵回来吃东西了。

停灵期间，需拴好猫、狗等动物，据说猫触摸死者后会引起恐怖的“诈尸”。远近的亲朋闻讯后都会到丧家慰问，并带来酒、茶、哈达和慰问金。送来的哈达通常需要卷叠起来，由专人挂在搭挂白布的绳子上，送来的线称为“嘎每香德”，意为为死者早日转生点供灯。酒和茶通常是一桶青稞酒和一大壶茶（城市多带来一个八磅水瓶盛的茶）。待送酒、茶的人返家需带回自己的酒桶和茶瓶时，按习惯，丧事时必须将茶、酒倒干净，不能将剩下的茶、酒带回自己的家；而办喜事送茶、酒时则要在瓶、桶中留下一点，称之为“羌坯”和“槚坯”，这样会给自家带来喜庆和吉祥。

停灵期间，丧家亲人和至亲好友要到附近寺院礼佛拜神，拉萨一带多到大昭寺、色拉寺和哲蚌寺礼佛，祈求死者灵魂早日进入极乐胜境转生为人。到大昭寺通常要举行“色贡杰”（gser-kong-brje）和“色意扎”（gser-yig-bsregs）仪式。“色贡杰”意为点供灯，这是专指在大昭寺内（最好是在释迦牟尼佛殿）的金灯内添加酥油点供灯，供灯有百供、千供、万供等，视各家的经济条件而定。“色意扎”意为焚烧用金汁书写的祝愿词，也是在大昭寺内进行。由丧家亲人请大德高僧用金汁书写祈愿亡灵进入极乐胜境或早日转生的祝祷词，然后在供灯上焚烧。最理想的是将写有祝祷词的纸卷入香烛中作灯芯，这样可以慢慢燃烧，从而更能有效地将祝愿带给亡灵，助其早日进入善趣之途。

“色贡杰”和“色意扎”仪式不仅在停灵期间进行，而且在整个葬礼期间都可举行。同时这两个仪式也不仅仅用于祝祷亡灵早日转生，也可以为生者举行。如希望亲人早日康复、健康长寿、外出平安，为家人带来福泽。甚至祈愿生意兴隆，财运亨通等都可举行。大昭寺内现在有专人负责发放写有祝祷词的“色意”，但现在已经不是金汁书写的字，欲求者也只需付少量的钱（通常为一元钱一张），分生和死两类，格式和内容已经程式化，只需写上生者或死者的姓名而已。但群众仍十分相信，求取的人络绎不绝。西藏其他地方的藏族在亲人亡故后也需到附近寺院点酥油灯，祈祷死者亡灵早日进入极乐胜境。

3. **出殡**

何日出殡、出殡时辰和尸体出户的方位均需喇嘛占卜测定，丧家严格遵循。习惯上，星期六和星期日一般不出殡，出殡的时辰多定在凌晨5点以前。

尸体背出丧家前，从停尸屋到房门外的院落间需用粉末划两条线，背尸人只能从线内通过，据说这是预防亡灵四处游荡。到院落外大门口，需煨桑，背着尸体绕桑烟堆左右各转三圈才离开。从屋内背出时，背尸者一般为属相相符的亲属，到屋外后则由专门经测算以后找寻的背尸人背往葬地。现在许多地方采用担架或木架抬尸，尸体置于木架上，呈坐式，上覆裹白毯。如果需运往较远的天葬台，还要用汽车运输，但仍需将死者置于木架上。

出殡的路线按事先测定的方向行进，在拉萨，送殡队伍通常都要抬着尸体绕大昭寺、小昭寺转一圈，日喀则多要经过扎什伦布寺，在经过寺庙门前时稍停一下再走。送葬的队伍顺序一般为几个朋友亲戚点燃藏香在前开道，然后是抬尸架的人，其后才是家属和其他亲朋。送葬时庄严肃穆，不能大声说话，更不得打闹嬉戏，家属也不大声哭泣呼号，送葬人一般不能回头张望。绕大昭寺转完八廓街后，将由几名好友将尸体运往事先选定的天葬台，家属一般不去葬地，其他送葬人将没有燃完的藏香投放进香炉，将“窄贡”（清油灯）放在大昭寺门口的台子上，送葬人各自返回自己的家中，当天参与送葬的人不能回到丧家，以免将死者的灵魂带回。

在出殡队伍抬走尸体的同时，立即由专人清扫屋子和清除抬尸体时划的白线，将垫放尸体的土砖、清扫的垃圾和扫把等扔到十字路口，这样亡灵便不会找到家门。

在运送尸体至天葬台期间，中途不能停歇，如路途远中途需轮流背时，不能将尸体置于地上，否则尸体所置之地将成为坟地。过去西藏交通不发达，从较远处将遗体运往桑耶、止贡等著名天葬台时需行数日，这时需派人先行在途中搭建帐篷住宿，不能歇息于村寨，还要专为安置尸体而搭土坯砖做床，不能使尸体着地。

送葬时，由1～2人带上酥油茶、糌粑等物提前去天葬台，主要是与天葬师联络并协助天葬师做一些准备，如煨桑等。在日喀则地区，人亡故后，在扎寺旁的“卡龙”天葬台天葬时，需在天亮前派1～2人带上五色经幡和煨桑的香料到“卓玛日”山、“尼色拉山”和“桂仓日”山上各立一根经幡，并在桂仓日山上煨桑。

此外，出殡送葬时，送葬人数也有讲究。送葬时前往送葬者须单数，加上死者是双数，葬毕送葬人回来是单数。据说这样可将死者（亡灵）彻底送走，亡灵想回来既无伴也无路可寻。

4. 天葬台及鹰鹫

西藏各地有难以计数的天葬台。天葬台多在远离闹市的深山野岭，且多在寺院附近。

在众多的天葬台中，西藏几座著名寺庙附近的天葬台十分有名，如桑耶寺附近的桑耶天葬台，昌都寺附近的“亚东卡”天葬台，类乌齐寺附近的“金科卡”天葬台，色拉寺附近的“帕崩卡”天葬台，扎什伦布寺附近的“卡龙”天葬台，楚布寺附近的“楚布都尔日”天葬台等。一般当地及邻近地区的人亡故后多就地选择这些天葬台作为葬地。然而，在人们心目中地位最高、最神圣的天葬台则是拉萨以东一百多公里处的墨竹工卡县止贡梯寺的“止贡典佳”止贡天葬台。

止贡天葬台据说是世界三大天葬台之一。世界三大天葬台系指印度的斯白（又名斯瓦采）天葬台、西藏桑耶寺天葬台和止贡梯寺天葬台。印度斯瓦采天葬台所见记述不多，在据称为龙树大师所著的《尸语故事》（又译《说不完的故事》，实为一部西藏民间故事集）中，龙树大师要一名叫德觉桑波的孩子到斯瓦采坟场背回一具具有神通的尸精，通过尸精之口讲述了一个个脍炙人口的故事。《尸语故事》在西藏流传很广，斯瓦采坟场也为人们所熟知。桑耶寺天葬台因桑耶寺这座西藏建立最早的佛法僧三宝俱全的寺院而著称，尤其在藏南影响很大。而止贡天葬台则是西藏影响最大、最为人们推崇的天葬台。有条件的人家，在亲人亡故后，常常会舍近求远、想方设法将死者运往止贡进行天葬。

止贡天葬台与止贡梯寺历史一样悠久，其来源和影响与止贡梯寺的创建人止贡巴·仁钦贝密切相关。止贡巴·仁钦贝本名觉巴·纪登贡布（1143～1217年），四川邓柯人，属居热氏家族。纪登贡布25岁那年拜帕木竹巴为师，取法名为仁钦贝，在帕竹噶举的主寺丹萨梯寺学法，深得帕木竹巴赏识，传授给他殊胜的密法，其名望逐渐提高。帕木竹巴圆寂后，纪登贡布曾一度任丹萨梯寺寺主，常应邀主持各地的法会。1179年纪登贡布到墨竹工卡县的止贡地方修建止贡梯寺，后逐渐扩建，成为一座著名的大寺，影响甚大。“某次努杰瓦拉朗巴迎师讲法时，听法四众就达55525人。某次安居，比丘达10万人，名声传遍四方”[①]。纪登贡布所传的教派称为止贡噶举派，他的名字也因所建的寺名而常被人称为止贡巴·仁钦贝。止贡噶举派一度势力十分强大，在西藏地方宗教和政治上都有较高的地位，元朝分封十三万户时，止贡是一个万户。在长期同其他教派和政权的政治与宗教角逐中，止贡噶举派时衰时荣，几度沉浮，一直延续至今。

据说觉巴·纪登贡布法力超常，功力无比。一日他在修炼时，用慧眼洞察得止贡山系一魔女站立的化身，魔山东面的山峰像观音菩萨站立，南面的山峰像毗卢遮那佛站立，西面的山峰像金刚佛站立，北面的山峰像妙音女神站立。举目望去，这四座山峰的周围有八个林子：东方为暴虐林，北方为密丛林，西方为经焰林，南方为锁骨林，东北为狂笑林，东南为吉祥林，西北为啾啾林，西南为幽暗林。在这八个林子之间，居住着八个神祇，如刹生女、食肉罗刹、兀鹫、骷髅鬼等。觉巴还发现八个林子间发

① 恰白·次旦平措等著，陈庆英等译：《西藏通史——松石宝串》第293页，西藏古籍出版社，1996年。

出了强光，在这片光亮中，有一块五彩缤纷的圣石竖立在那里，圣石上有自然天成的六字真经。这里，三善趣和三恶趣样样俱全，而三恶趣的门关着，如能在此天葬，死后可不进地狱，而由观音菩萨可引入天界。

觉巴·纪登贡布凭借自己的功力真切地看清了止贡山及其附近是一片适宜修建天葬台的神圣之地，他在圆寂前向世人宣布："我已得到神的启示，在梯寺修一座天葬台，送往这里的尸体可以直接进入天国而获得永生。"觉巴圆寂后，这座天葬台便建于止贡寺上方称为"达加岗"的一块宽阔平缓的坡地上，随着止贡天葬台在西藏知名度的不断提高，"达加岗"的名称为"止贡典佳"所替换，其意为永生永恒之地。止贡天葬台是目前所知西藏境内修建最早的一座天葬台，许多人把止贡天葬台的修建视为西藏已正式实行天葬的一个重要标志。

止贡天葬台有许多神奇之处。据说天葬台修好后，人们发现天葬台四周出现了四根石柱，原来这是四位仙女从印度斯瓦采天葬台运来的。仙女们得知止贡修建了天葬台后，驾着彩虹将四块巨石运来，赠送给梯寺天葬台。仙女们要返回时，经觉巴·纪登贡布灵魂挽留，答应留在天葬台当守护神，将自己的身体化入四根石柱，站立于葬场四周，专门阻挡尸体携带的病毒进入葬场。过去由于交通不便，许多从远处运往天葬台的尸体路上要费很多时日，一些尸体受病毒侵染或放得过久而变腐，致使鹰鹫不食。而止贡天葬台有仙女守护，到这个天葬台的所有尸体都会变得十分洁净，不会发生天鹰不食的事。

天葬台修好后，一位叫"热巴看"的智慧神主动前来看守。"热巴看"剥下自己的半张头皮拿在手中抖动，招引来八部鬼众、千个黑心母鬼，十万个吃肉鬼、百万个"玛母"鬼来这里为天葬台出力。据说积德行善虔心事佛之人可以看到这些鬼神出没于岩石中的形象。为使一般人也能看到这神奇的景象，人们用刻石将这些鬼神形象刻绘了出来，至今这些刻石画像仍完整地保留于止贡天葬台，有108块。[①]

止贡天葬台还有一神奇之处，就是它与印度斯瓦采天葬台有一金线相通，许多鬼神通过这条金线来往于两个天葬台之间。据说觉巴大师能看见这些景象，经过他亲传的法力高的弟子也都能清楚地看到这些奇异的景象。

止贡天葬台还有神石，其中一块石头上面有狗的脚印，清晰可见。据说这是从印度来的天狗留下的。另外，在天葬台的左面还有一神石，据说是觉巴·纪登贡布圆寂后变成的，从石头上可以看到觉巴大师的形象。

关于止贡天葬台还有许多神奇的传说。当笔者到止贡寺和天葬台进行考察时，确为天葬台的气势和威严所震撼。笔者曾多次在西藏进行文化考察，曾到过许多知名的天葬台，但所见都难以与止贡天葬台相比。而止贡天葬台则不同，它不仅建于高耸入云的梯寺的上方，规模宏大，气势非凡，而且平时有专人进行管理，措施得力而完善。

1997年11月中旬的一天，笔者在精通墨竹工卡民间文化的次仁顿珠的陪同下到止贡梯寺和天葬台考察。寺庙管理委员会成员、年轻的“聂巴”龙觉向我们介绍了止贡寺悠久的历史和现状，介绍了天葬台的种种神奇殊异之处，并带领我们参观了寺庙、天葬台和寺庙前举行灵魂升天仪式的“萨赤玛波”（红土宝座）。据龙觉讲，止贡寺要为每位送来此进行天葬的亡人举行灵魂升天仪式“颇瓦纠”，由功力非凡的喇嘛带领僧众施法，使到此安葬的亡灵早日升入极乐胜境。过去尸体一般是提前一日送来，尸体在土台上放置一晚，这样效果好。现在许多远道而来的常常是凌晨送上来，这样做完“颇瓦纠”仪式后就送到天葬台施行天葬。止贡寺和天葬台从没有闲暇，每天都要为死者做法事和天葬。我们考察的当天，止贡天葬台便在清晨天葬了3具

---

① 阎振中：《光荣随鹰背苍茫而远去——天葬及其起源》，载《雪域文化》1993春季号。

尸体。

我们出寺庙沿着一条缓坡小路朝山侧的天葬台走去，还未到天葬台，远远就看见了在风中猎猎飘舞的经幡，走到近前一看，天葬台的规模之大超出了我的想象。“止贡典住”处有一大片平地，天葬台的主体（或称中心）就建在平地上，有篱笆墙团团围住。墙内有施行天葬的坛城、觉巴时期修建的经塔和供奉鬼神刻像的小屋；墙外的山冈上修建了几座经塔，到处都搭挂着各色经幡，连离天葬台较远的山上都插立着旗幡。

经介绍，正在天葬台做清理工作的 3 位天葬师接待了我们。了解了我们的来意后，他们带我们看了用碎石堆积而成的呈圆形的称为“金科尔卡”的坛城，坛城中有一块石头，相传便是从印度飞来的神石。我们看了造型各异的鬼神画像，拜谒了觉巴·纪登贡布大师时期的经塔，还顺时针绕天葬台转了一圈。次仁顿珠告诉我，按藏族的习惯，我们到此转了天葬台，以后死在他处即使不运到这里天葬，死后灵魂仍能升天，这就是止贡天葬台所具有的神奇力量。据说觉巴大师为了普度众生曾发宏愿，众生们只要在天葬台附近撒上一滴血，就等于提前天葬了，死后尸体不送到这里，灵魂同样能进天国。

觉巴·纪登贡布大师的声望和神谕给止贡天葬台带来了无上的荣光和神圣的光环，加之止贡寺独特的灵魂升天仪式，使止贡天葬台声名远播，在西藏乃至整个藏区都影响甚大，至今仍是人们向往的人生的最后归宿。

谈到天葬台，自然会谈到天葬台的主角之一——鹰鹫。鹰鹫，藏语称为“恰贵波”（bya-rgod-po）或“唐嘎贵波”（thang-dkar-rgod-po），体大，凶猛，盘旋于蓝天之上，栖息于高山之巅，平时很难见其踪影。藏族人视鹰鹫为神鸟，在古代民间故事和苯教神话中就有关于鹰的创世神话，反映了对鹰鹫的崇拜。佛教徒认为天葬台周围的鹰鹫是“格龙”（比丘）的化身，具有通灵的神力，还能随着鹰鹫的高飞而进入天国。天葬台周围的高山上常有鹰鹫活动，只要见到天葬台上煨烧起桑烟，它们就会聚集于天葬台，桑烟就是发给鹰鹫的信号。

天葬台是与鹰鹫相联系的，但是西藏有的天葬台却并无鹰鹫光顾，这便是西藏阿里境内的冈底斯山西侧的扎炯阿加措雄天葬台。虽无鹰鹫食尸，但仍像其他天葬台一样施行天葬程序，然后让碎尸身任凭雨打风吹灰飞烟灭。[①] 随着西藏城乡人口的增长、生产生活方式的变化和环境及气候的变迁，鹰鹫生存的自然环境受到了一定的影响，一些地方的鹰鹫正逐渐减少，在有的天葬台，前往食尸的鹰鹫不如过去多。据了解，止贡天葬台之所以深受人们推崇和向往，一个重要的原因是止贡天葬台地处偏僻，鹰鹫多，每次天葬均能食尽。在人们的观念中，天葬时死者的尸体被神鹰食净是最吉祥的，预示着死者将很快进入极乐胜境或顺利进入三善趣的转生之途。反之，如果神鹰不食尸肉或不吃干净，会认为死者罪孽深重。

5. 天葬师及尸体处理

天葬师，拉萨和日喀则一带称为“多不丹”(stobs-ldan)，昌都等地则称“若夏娃”(ro-bshags-ba)。

人们对天葬师这个职业的评价是十分复杂的。一方面，他们直接把人从人间度入天堂或转生之途，具有常人所没有的力量。“多不丹”藏语意为“具力者”，他们所从事工作的神圣性和具有的特殊法力令人称奇和敬畏。另一方面，天葬师职业的特殊性又常使人对他们抱有偏见，人们平时对他们敬而远之，视若幽灵。过去天葬师的社会地位较低，其子女在恋爱婚姻时多受影响，人们不愿同其联姻。天葬师是西藏社会中奇特的人群，当他们施行天葬度人升天时，他们头上罩有神圣的光环，深得人们的尊重。而当他们像普通人一样生活劳作时，人们又嫌弃他们整天同死尸亡灵打交道。在人们的心目中，天葬师兼有天使与幽灵的双重身份。

天葬师均为男性，有僧人亦有俗人。寺院附近天葬台的天葬

---

① 塔热·次仁玉珍：《无鹰的天葬台》，载《西藏民俗》1997 年第 1 期。

师以僧人居多，一般村寨附近的天葬师以俗人为主，但许多天葬师是还俗的僧人。在一些不了解情况的人的想象中，天葬师长着恐怖的形象，有的人甚至认为天葬师是从尸体中站立起来的人，是鬼魂和幽灵的化身。其实这都是误解和毫无根据的道听途说。天葬师工作的特殊环境和职业的特殊性使人们感到神秘，没有深入了解藏族信仰和丧葬文化的外族人对天葬师又感到不解和恐惧，由此出现了对天葬师的种种臆测和误解。其实，天葬师的形象同常人无异，我所见过的天葬师（包括水葬师）的长相不仅不比普通人差，而且绝大多数都长得端庄英俊。止贡天葬台的天葬师现在是三名僧人。他们均是止贡寺的在册僧人，长得年轻英俊。据介绍，他们在当天葬师期间，除一些法会暂不参加外，其他待遇一如寺院僧人，一样受人们的尊重。我们在同这些年轻僧人兼天葬师的交谈中，丝毫没有感觉到他们的不安和自卑，他们每天兢兢业业地做好自己的工作。据说他们的收入颇丰。死者家属在天葬时除要给寺院献布施外，一般都单独给天葬师“意思”一下，希望天葬师处理得干净利落。而他们牢记作为天葬师职业世代传下来的不能贪财的古训：“人家给了不能不要；不给不能向人家要；有钱无钱给多给少都一样。”按理，这些送给他们的钱可以留给自己用，寺院不予干涉，但他们除留下一点补贴生活外，会将其余的钱如实上交寺院。

藏医是独具特色的高原医学，传统藏医的生理和解剖学比较发达，与天葬师们的贡献不无关系。可以毫不夸张地说，天葬师们都是人体解剖学方面的专家，而天葬活动给历代藏医学家提供了解剖学实地观察的场所，一些著名的藏医学家便是在天葬台通过观察实践，向天葬师们学习请教而精通人体解剖知识的。密宗大师兼藏医名医洛桑·伦巴医术高明，精于外科手术，与他年轻时向天葬师“多不丹”学习人体解剖密切相关。17 世纪末，藏医兼画家洛扎·丹增罗布在绘制《四部医典系列挂图》时，根据他对尸体解剖的实地观察，准确地绘制了心脏在胸腔正中偏左的位置，心尖朝下，纠正了以往受宗教观念影响认为心脏在胸腔正中而心尖朝上的绘图上的错误，同时对人体的食道、肝脏、六腑各部都画得更符合人体的实际。① 在17世纪便绘制彩色医学挂图，并准确绘出心脏及其他脏腑的解剖位置，这在世界医学史上都是罕见的，为医学科学的发展作出了重大贡献。

天葬师的职责是处理亡者的尸体，这是天葬的中心环节。各地在施行天葬时具体做法有所不同，但程序和过程一般为：念经；煨桑；尸体处理；清理葬地。

天葬时一般都要处理干净，不留死者的东西，但有的人家需要死者的天灵盖骨，以便以后烧成灰做“擦擦”之用。西藏还有个别地方有天葬后保留骷髅头的习俗，如藏北的达木天葬台便用天葬台的骷髅头砌墙。当生者看到狰狞恐怖的骷髅墙时，无不感到人生的短暂与世事无常，警示人们需积德行善。

三、葬后习俗

藏族在丧葬仪式结束后，有“七期荐亡”习俗，即在49日之内逢七要做佛事。西藏佛教经典认为，人的中阴身（即前身已弃而后身未得之间）能够维持的最长期限是49天，大多数人的中间身阶段不超过四个星期，因而“四七”和“七七”是最重要的时期。据藏文史料记载，“七期荐亡”习俗曾受中原汉族的影响，藏文古籍《拔协》便有金城公主将“七期荐亡”习俗带入藏地的记载。②

头七习俗。“七”的计算是以死者断气的时辰来推算的。如死者是在星期二中午之前断气，下星期一便是第一个七期；如是在星期二午后死的，则下周三才是第一个七期。

头七的活动较多，除僧人诵经超荐亡灵外，死者家属和亲朋有两个大的活动，一是“洗头”（mgo-vkhru），二是“扔陶罐”（gsur-khog-phul）。

---

① 关东升主编：《中国民族文化大观·藏族、门巴族、珞巴族》第258页，中国大百科全书出版社，1995年。

② 佟锦华、黄布凡译：《拔协》第4页，四川民族出版社，1990年。

如前所述，当死者亡故时，亲人们为表哀悼之情，不洗脸不洗头，着素装，去除首饰发髻等饰品。待死者安葬毕，死者家属第一个七期内需测吉日良辰洗头。家人洗头的顺序是按属相、年龄等生辰命相排序，洗头时必须启用新的毛巾、肥皂、头油和梳子等，把家中旧的漱洗用具全部扔掉。在一些地方，当一人洗完头后，下一个人必须在脸盆倒掉脏水盆未干之前换水洗。洗完头后，扎上新的发绳（“扎秀”），佩戴耳饰等平常戴的饰物，穿平时所穿的衣物，房顶上插上经幡，以示家人不再悲哀。藏族人认为，如果亡灵看到亲人悲伤无助、痛苦万分，便会感到不安而影响其转生。洗头习俗的时间西藏各地有所不同，拉萨一带通常是在头七之内，日喀则一带多在“四七”之日，而一些地方则是在七七之日才洗头。

扔陶罐。丧家屋门前吊挂的红色土陶罐是为亡灵供食敬神烟而备的，在头七之日需将陶罐扔进河中。头七那天，亲朋好友来到丧家，向象征死者灵位的“冲达”献哈达，亲友带来的茶或酒是献给死者的，在斟满供碗后集中存放于专门准备的酒桶和茶壶内，送走陶罐后将茶和酒拿到街上，有时送到八廓街给讨饭的人享用。

为筹备送走陶罐的仪式，丧家在前一天会用糌粑、红糖和奶渣做供品“措”，根据将到来的亲朋人数的多少确定“措”的数量。做“措”时，需做一个大型的，称为“措阿妈”。当天，先由喇嘛念经做法事。送走陶罐之前，每人要吃一点措。其时，一人一手拿“措阿妈”，一手端一空盘，亲友们每人拿一块措，掰一半吃掉，另一半放入盘中，最后需将盘中剩下的措放在丧家的房顶上。第二人端一碗放有红糖的青稞酒，碗需要上等细瓷碗，碗边抹有酥油，给每人手掌心盛一小勺酒。第三人拿一瓶酸奶，亦给每人一小勺。这一仪式结束后，亲友们才离开丧家去江边扔陶罐。

陶罐一般由“多不丹”拿走，由朋友和同事去江边，死者亲人和家属不去。到江边后，如果水深流急就在江边将陶罐放入水中，如遇枯水季节水小则需坐牛皮船（现在拉萨有摩托艇）到江心。放陶罐时，先要煨桑，同时要献“茶新”（ja-phud）、“酒新”（chang-phud），还要扔糌粑粉。其时，每人从事先准备好的袋子中抓一小把糌粑粉，口中念念有词祈祷后，几乎同时将糌粑粉撒向江中。祈祷的内容主要有：“祝早日生在贤良父母家”、“祝同神圣佛法早相见”、“祝祷再得男儿身”等。陶罐放入江中后，一般不会马上下沉，习惯认为漂得越远越好。扔完陶罐后，将一周来供奉死者的饭食全部抛进江中。

扔完后，参加仪式的人就在江边喝酒和吃饼干、糖果、措等。人们往往在江边豪饮，喝得烂醉才回自己的家。当日不能再去丧家。没有吃完的东西不能带回去，全部送给乞丐，还要准备一些小额零钞布施给乞丐。

二七和三七。此间主要由僧人定期诵经祷告，家人根据其经济实力到寺院去为死者点供灯。此外，丧家亲属要清理死者的遗物，一般只珍藏死者的一两件有纪念价值的遗物，其他的或捐给寺庙或送给他人。传统观念认为，死者的相片不能保留，一是认为亡灵会依附于相片上，另外，见相片如同晤面，会使人伤心怀旧，因此，相片大都要烧掉。尤其是农村，老人一般不愿照相，老人亡故后生前所有的相片都要烧掉。

制作“冲达”也是安葬仪式后的重要习俗。“冲达”（khrungs-rtags）为“吉达”（skyes-rtags）之藏语。“冲”和“吉”是“出生”之意，“达”是“征兆”、“象征”之意，直译为“出生征兆”。这是一个较难从字面解释得清楚的专有词语，内涵丰富，或可意译为“超度神像”。人亡故后，亡灵将在中阴阶段的转生之途游荡，为了使亡灵不至于在漫漫中阴之途迷失方向，需要神佛给他指明方向，这样，根据死者的生辰属相、性格脾气和生前喜好等，选择一神佛作为他顺利转生的保护神。家人请人测算后，由画师专为其绘一幅佛像，有时则由泥塑师塑一尊菩萨像，作为死者的“冲达”，充当死者的保护神，以期对亡灵未来的生命起到保护作用。

“冲达”必须在“四七”之前完成，有的人家在“头七”时就已制作好，有的则在二七和三七时才完成。“冲达”供于家中，在其前面摆放供灯和祭品，实际上象征着死者的灵位。

有的人为了祈盼来生获得幸福，在生前便请人算卦制作适合于自己的神佛像，这时称之为“孙达”（gson-rtags）。“孙”意为“生前”、“活着”之意，直译为“生之征兆”，如果生前已经做过“孙达”，死后无需再做“冲达”，可以用“孙达”之佛像替代。

四七。四七之日需举行较为隆重的法事活动，人们认为大多数亡灵将在这四个七期之内结束中阴期而往生于六大众生之一种。为使亡灵往生于净土，当天由僧人主持进行隆重的礼佛供神法会，亲朋好友都来参加。当日，家人要到大寺庙供灯礼佛，拉萨一带有条件的人家最好到甘丹寺、色拉寺和哲蚌寺大小佛殿为供灯添加酥油，最好是举行“百供”（brgya-mchod）或“千供”（stong-mchod）仪式。所谓“百供”，就是在寺院佛殿内献供108盏供灯，“千供”则需点一千盏供灯，个别殷实的人家还有进行五千供甚至“万供”的，并在寺院请僧人专门为其念经超度。一般人家在当日应到大昭寺和小昭寺去礼佛献供灯，并根据自己的财力给寺庙以布施，同时给乞丐施舍一定的财物。

五七、六七。除延请僧人念经和家人到寺庙礼佛供灯外无其他活动，而西藏几个经济文化较发达的大城镇几乎不搞活动。

七七。“协古”（第49日）是中阴阶段的结束期，西藏大部分地区在这一天的法事活动最为隆重。届时，需请来有名望的活佛和较多的僧人到丧家举行大型法事，亲朋好友齐聚丧家，主人准备大量的茶酒饮食盛情款待，以感谢亲友乡邻在整个丧期给予的帮助和关心。当天，丧家及其至亲还要到寺庙去供灯礼佛，给各个佛殿敬献哈达。有条件的人家要给佛像涂饰金粉，添换金灯，向寺庙进行大量布施，并给所有的乞丐广作施舍。仪式毕，主人给活佛和僧徒发放厚重的布施，向僧人献哈达，同时给每位到来的亲朋敬献哈达，至此，“七期荐亡”的各项超度善业圆满结束。

在西藏日喀则一些地方，还保留着较为传统的习俗，七七之日的一个重要活动是扔“古苏”（陶罐）和洗头。七七之前家人不能洗脸洗头和穿戴好的衣服首饰。洗头之日称为“协古扎珠”（zhe-dgu-skra-bkrus），意为“49 日洗头”。

葬后习俗的另一个重要活动是周年祭，藏语称之为“龙却”（lo-mchod）。周年祭并不一定在死者的祭日举行，而是根据历算或选择祭日或祭日前的良辰吉日。届时，除请来僧人念经祈祷举行法事外，主人设盛宴欢聚。周年祭类似于狂欢的节日，人们载歌载舞，饮酒狂欢，娱乐嬉戏，欢庆亡者已经投胎转世而开始了新的人生。周年祭之后，一般再无活动。

藏族的葬后禁忌较多，如一年内家人不参加各种娱乐活动，不着艳丽衣饰，不婚嫁等。藏族人尤其忌讳直呼死者的名字，只称亡人。如果有人在死者家属在场时直呼亡人的名字，会被视为对死者家属最大的侮辱和挑衅，会引起纠纷甚至械斗。

第二节　门巴族葬俗文化

一、葬制概述

门巴族葬俗文化的基本特征是多种葬式的并存和不同地域门巴族丧葬观念的迥然相异。

如前所述，门巴族主要居住于门隅和属上珞瑜的墨脱地区，两地在社会发展和诸多习俗礼仪上明显不同，在丧葬制度上更表现出各自的鲜明特点。综合两地门巴族的葬式看，有土葬、水葬、火葬、天葬和崖葬，还有少量的屋顶葬和屋底葬。有一次葬，也有二次或三次葬型的复合葬，如先屋顶葬后水葬的二次葬，先土葬后火葬再水葬的三次葬，墨脱门巴族实行土葬，水葬仅用于凶死者及麻风病人；门隅错那门巴族却盛行水葬，土葬只用于患传染病或其他非正常死亡者。即便是水葬，其方式也不尽相同，墨脱是整尸抛入江中，错那却相反。同一民族在对待同一葬式上观念殊异，有着深刻的历史、自然和社会原因。

葬式的选择不同，但在出殡前对尸体的处理及仪式却基本一致，如为死者设置灵位，摆放供品，停尸数日（停放期长短各地有别）。停尸期间，延请喇嘛念经做法事，择定安葬方式、出殡时辰和葬地方位，并确定背尸人和尸体出屋方向。

在多种葬式中，土葬和水葬是普遍流行的，为一般群众所采用。火葬、天葬、崖葬多为富裕户、头人、喇嘛等采用。屋顶（底）葬仅适用于夭折的未成年孩子。

火葬。尸体处理如前述。出殡时，背尸人将尸体背靠背地背运到葬地，其用意是不让死者看见背尸人，以免鬼魂作祟于人。火葬时，喇嘛在旁边念经超度亡灵。火葬毕，骨灰有三种处理方式：一是留在原处；二是撒入河中；三是将骨灰与泥土拌匀，做成若干小塔形状，再放入用石头砌成的放置尸塔的“古空”小屋中。

门巴族认为火葬是最好的葬法，尸体一经烧尽，灵魂即可升天。由于采用此法要耗费大量的木柴和油料（主要是酥油），一般是上层喇嘛、富裕户才有财力为之。就两地情况看，门隅火葬较少，墨脱较多。

天葬。这是受藏区影响而出现的葬式，仅在门隅部分地区实行。错那县的东嘎和嘎布詹山上均有固定的天葬台。门巴族无专门天葬师，该葬式为少数喇嘛和富裕人家所为，不普及。

屋顶葬和屋底葬。这主要是用于夭折的小孩的葬法。在门隅，小孩夭折后，人们用盐水洗净尸体，放入盛有干沙的木箱，封严置于房屋顶层上，放置一年或数年后，择吉日再行水葬或崖葬。

崖葬。在门隅北部也是用于喇嘛的葬式。

二、土葬仪礼

土葬，在门隅门巴族中只用于患传染病及其他非正常死亡者；而在墨脱门巴族中，是普遍实行的主要葬式，也是复合葬的第一步。墨脱门巴族从人死亡到安葬，整个过程礼仪复杂，活动繁多，下面按阶段简述。

停尸。人死后，要立即将死者铺垫的所有皮毛类物品拿走，狗和猫要拴好，据说皮毛一类东西同死者相碰，尸体便会立起来，亡者在来世将转生为动物。在死者面前放 7 个小碗，分别装水、奶、酒、肉、烟、稀饭和钱币，还要供上香蕉、桃子等水果。在死者周围，还要将耳环、手镯、戒指等首饰和日常用品、工具作为祭品供奉于前。

按门巴族风俗，村中某人去世，全村都要停工一天，不能除草、砍树和出猎，全村人都来祭吊。每家每户都送来食物，用“邦穷”盒盛放送至死者面前，同时供上一个章嘎。其时，守灵人中有专人大声道：某某人家送东西来了，饭是给你吃的，钱是给你用的，好好保佑村人吧！

尸体在家一般停放 3 天，亲属日夜守护，献酒献饭。在此期间，喇嘛念经，并根据死者的生辰属相决定采用的葬式、埋葬日期和葬地方位。据说，若不经喇嘛择定而自行安葬，会危及死者亲属和村人的安全。在人死后的次日下午，喇嘛要做名为“西冬”的法事：用一张纸，写上各种鬼灵的名字，对其念咒后烧掉，将灰调和在饭中，埋在死者家的楼梯口旁边，上压一片石头后，填平土。在村边的路口上扔“朵玛”（用米面捏成的鬼怪形象）和小石子，表示驱鬼。

出殡。出殡前，家人要给死者致礼，敬献“窄羌”（离别酒），倒酒时要反手倒，而给村人敬酒时是顺手，不能弄错。敬酒时对死者说：你已经死了，就要往死道上去了，你不要生气，到你该到的地方，保佑我们无病无灾。尸体出门的方向由喇嘛择定。若喇嘛择定尸体需由东出，而房门正好面西，则必须拆掉墙壁或地板将尸体运出而不能从门出。一般由儿子背尸，背尸姿势大多为背靠背的仰背式，也有侧背式，即将死者侧身背着。出殡队伍的顺序为：喇嘛在前，背尸人随后，死者亲属紧随，再后是乡邻。送葬人数要求单数，或 7 人，或 9 人，必须是男子，妇女不参加送葬。送葬时，一人怀中装一个鸡蛋。送葬的路上，人们不能说话。

安葬。坟地是事先由喇嘛择定的，尸体背到后，才开始挖坟坑。先由喇嘛用羚羊角在地上画一个圆，然后人们沿线挖圆形坟坑，坟坑深约 1.5 米。坟底层铺垫木板，木板上放 3 块石头，摆成三角形，上放一个叫“任”的藤条大筐。安葬人将尸体放进筐中，筐周围放上死者生前穿的所有衣服、首饰和工具。坑四周用木板圈围，坑顶铺一层木板后，垫上野芭蕉叶，然后堆土，高出地面半人许，成圆形坟冢，四周再用竹木围一圈，防止野兽进入。葬毕，全体人对着坟堆念祷：你死了，不要生气，你往死道上去吧。说完就回村，不能往回看，表示同死者断绝关系。如果谁往后看，传说死者灵魂就会跟上他，此人便会生病甚至死亡。

参加安葬的人回到死者家门前，不能马上进屋，必须先用净水（喇嘛施过法的清水）洗手、脸和脚，出殡时带鸡蛋的人也要从怀中取出鸡蛋洗一洗，再煨桑熏烟后才能入内，由死者家人好饭好菜招待。背尸人的报酬是几个章嘎，不管是挚友还是亲人背尸，报酬都必须给，也不能推辞不受，否则于死者家不利。

三、水葬仪礼

与墨脱门巴族盛行土葬，视水葬为低级葬式不同，门隅门巴族则盛行水葬，观念同墨脱截然相悖。门隅的水葬，其整个过程仪式复杂繁缛，为避免重复，凡与墨脱相同之处，尽量从略。

停尸。人在未断气前，请喇嘛念经。人一死，即停尸于生前卧处，面前摆放供品，主要有酒、饭、“措”等。停尸时间的长短由喇嘛定，一般停 2～4 天。

门隅北部的门巴族有报丧的习惯。村人知道后，停工一天，带酒和食品去死者家。出葬之日也要停工，不然会使庄稼遭灾。

出殡。何时出殡和尸体从什么方位出屋要经喇嘛测算而定。当地人最惧怕死者灵魂，有时尸体不能从门出而从窗户口出，借以迷惑死者，使其灵魂找不到回家的路。据老人们介绍，尸体从窗户运出送至葬地的比较多。

背尸人主要是死者亲属，背尸姿势是背靠背的仰背式，据说这是不让死者看见谁是背尸人，以免报复。出殡送葬的人数必须是单数，不能是双数，不然会危及死者家属和村人。对参加送葬人数的特殊要求，可能与门巴族对数字的神秘观念有关。妇女不参加送葬，不能去水葬场。

在尸体出屋的同时，家人要将供奉的“措”和称为“彭布朗旦”的荞麦饼及时分送给村人。出门分送者要走与送尸方向相反的路：尸体出门后往北，送饼人则往南（若必须往北可半道折回），每家每户都要送到，某家人不在就放在窗台上。据说这也是为了迷惑死者灵魂，使其找不到原家，灵魂便会早日离开，不至于在村里到处游荡。

安葬。门巴族无固定的水葬场，葬地的选择主要由喇嘛定，也要尊重死者生前的遗愿，一般是在水深流急的地方进行水葬。处理尸体一般是3人：水葬师、助手和一名烧火煨桑的人。

尸体背到水边后，水葬师在地上画一个×形符号，将尸体置其上，男性死者伏放，女尸仰放，并煨桑。水葬完成后，须清理水葬场，之后水葬师一行人带上死者的衣服回村（砍刀和死者的衣服归水葬师），进屋前，要用净水洗手和脸，煨桑熏烟，喇嘛洒净水后才能进屋。采取这些措施是为了阻止死者灵魂回归。

门巴族无专职水葬师，临时请人，死者亲属不能充任砍尸人。

四、复合葬仪礼

在墨脱门巴族中，有不少人家在土葬之后，还要采用火葬和水葬，从而构成二次葬或三次葬的复合葬型。典型的是三次葬，门巴话称“都尔松”，即“萨都尔”——土葬、“梅都尔”——火葬、“曲都尔”——水葬。实行复合葬的具体做法为：

土葬数月或一年后，选择吉日（如每月的十日、十五日、二十日、三十日)，请喇嘛做法事，掘坟挖出尸骨行“梅都尔”(火葬)之仪。该次的掘墓人是过去埋葬时的背尸人，若此人因故不在，另由喇嘛测算后指派。烧尸地点就在原坟地。挖坟时，人们不能对着尸骨说话。

火葬那天，由专人去山上背烧尸柴(门巴话叫“若辛”)，去多少人视死者的性别而定，男性去9人，女性去7人。柴背回后，交叉架放，尸体(骨)置其上，焚烧人用“古米辛”树叶引火焚烧，不时往火中添入酥油，同时，要放大米、豌豆等白色粮食各2斤(不能用黑色粮食)，还要依次放一种叫“扎夏”的草和“扎毒巴”、“阿木辛”树枝叶，往火中投放衣物和水果等东西。喇嘛在一旁念经，并不时说：“愿你的福泽像熊熊大火一样兴旺。”火葬一般需半天时间。

次日凌晨，由背尸人、死者的一名亲属和另一个村民共3人，用大口袋将骨灰连同柴灰一并装好，背往雅鲁藏布江行复合葬的最后一道程序——“曲都尔”。一路上，大口袋都由背尸人背，中途不能停留，不能换人。到了江边，家人慢慢将骨灰倒入

墨脱门巴族在人亡故后的“三七”之日立“潘新”

江中，边倒边说："愿你来生智慧像水一样明净，愿你来生年寿比流水还远长"。最后，将袋子绳子一并扔入江中。

行葬人回家，仍要先用净水洗手，煨桑熏烟后，方能进屋。

五、葬后习俗

门巴族因地区的不同而在葬后仪式和禁忌上繁简各异。

门隅门巴族在水葬后，死者亲属在原停尸处供奉酒饭等祭品，供七七四十九日。七七之日，亲属请喇嘛念经做法事，将一个装供品的碗扔到屋外，葬仪便结束，此后再无别的活动。

墨脱门巴族葬后仪式较繁。葬后第三天，死者亲属两三人随同喇嘛去坟地，立一根"潘新"（类似藏区的经幡），请死者灵魂回来。念经时，喇嘛用纸画出死者像，写上名字，拴在一枝箭上，箭插在装满大米的量斗中，在箭上挂一条哈达，以此作为死者灵位，在灵位前供献祭品。喇嘛说：你已经死了几天了，今天从坟墓里召回你的灵魂，你再不要生气了。有两条路：一是天堂，一是地狱，你要好好选择。亲属们都在旁边哭泣。

葬后有多次法事活动。死后第七日，即"头七"日，喇嘛要做"桑欧"法事，主要活动是念经。如果尸体在家放3天，此次法事可免。

"二七"时，喇嘛仍做一次"桑欧"法事，主要活动是念经超度死者灵魂。

"三七"时，喇嘛做"格瓦"法事，此次活动规模较大。主要活动有两个：一是焚烧画像，二是立"潘新"。是日，丧家要做许多大米面饼和称作"细措"的供品，仪式结束后分发给村人。喇嘛在画像前念一阵经后，说道：你肯定到天堂去了，这只是一张纸了，是一张没有灵魂的纸了，说着便将画像烧掉。烧完画像后，家人要在村口立"潘新"。富裕的人家，要立100根，称为"甲塔尔"，3根大的，97根小的；一般人家只立一两根。"格瓦"法事后，一般人家便无大的活动了，富裕户则还要在"七七"时做一次更大规模的"格瓦"大法事，历时3天，做大量的供品，献许多供灯。

周年时，死者亲属仍要延请喇嘛念经，为死者祈祷，使亡灵早日升天。

一年内，死者亲属不能唱歌跳舞，不得杀鸡宰猪，不能打猎，不能婚嫁。

第三节　洛巴族葬俗文化

一、葬制概述

在漫长的历史发展过程中，珞巴族形成了一套复杂的丧葬礼仪，并有多种丧葬形式和禁忌。珞巴族各部落常见的葬式有土葬、石冢葬、崖洞葬和树葬等形式。

不论采用何种葬式，珞巴族各部落都采用屈肢葬，使整个尸体像一胎儿形状。安葬时头向亦有严格规定，必须头西脚东，意为死者跟着太阳走了。珞巴族丧葬习俗的形成及其特征，与珞巴族信仰的原始宗教和祖先崇拜直接相关。屈肢葬及其头向的规定，便是灵魂转世观念的形象表现，这是祈求死者灵魂顺利进入另一世界，像胎儿一样获得再生。珞巴族丧葬习俗中的一系列习俗和禁忌，都是针对生生不灭的灵魂而设的。

土葬是珞巴族各部落普遍实行的葬式，个别部落和部分地区还有以下葬式：

石冢葬。在隆子斗玉一带的珞巴族中流行。人死之后，一般第二日出殡。出殡时，背尸人手拿一根削尖的木棍或长弓，背着尸体朝卜卦所指定的方向走，边走边用木棍往地上戳，木棍插进什么地方就在那里挖坑安葬。浅坑挖成后，将尸体放进一个筐中，头葬于外。然后把筐置于坑中。头要露出地面，面向故乡，死者生前的弓箭、衣服、碗等东西放在周围，用石块砌成一个圆形墓冢，顶部置一块稍大的石板封顶，墓冢高约半米。葬后的活动和禁忌很多，如安葬后随即在坟前杀牛祭祀，肉由村人共食；葬后3日内死者家人要在夜晚用刀和弓箭在室内敲打以震慑死者灵魂；背尸人3天后要到小河边洗头洗脸，第十天还要去大河洗，一年内还不能吃核桃、萝卜等。

崖洞葬。这是隆子斗玉珞巴族的另一种葬式，安葬前后的活动与石冢葬相似，只是安葬时对尸体的处理方式不同。它是将尸体放入崖洞中，尸体呈蹲式，外用石块砌墙，封住洞口即成。崖洞葬是当地较为特殊的一种葬式，它的出现可能与当地特殊的自然环境和人们的宗教观念有关。

树葬。在墨脱的米古巴部落实行。这种葬式同鄂伦春族的树葬（风葬）有些相似。人死后，用藤条捆缚尸体，形似胎儿。然后放入藤筐中，停尸2～3日。树葬时，过去多是选一株枝繁叶茂的大树，在树上挖一个槽，以放下尸体为限。现在常见的是找一棵分杈的树，以搁置藤筐和木箱，如果树杈放不下，就在树上用两根木头绑一个架子，将盛放尸体的木箱和藤筐放在尸架上。安放毕，在树上搭一个简易棚子，以遮阳挡雨。树葬地一般

珞巴族的崖葬

是在村庄的西面。当地的珞巴族认为，东面是“肉路”，尸体葬于东面会得罪山神，给人的直接惩罚是从此猎获不到动物；南方是“福路”，葬于该方位会阻断福泽；北方是“仇敌路”；西方是“死人路”。北和西可以葬尸，尤以西为好。有的人生前就选定了安葬的大树，家人遵嘱而行。

树葬可能是珞巴族古老的葬俗，是珞巴族先民远古游猎时代穴处巢居的产物，在珞巴族的神话传说中，有反映远古时代曾经有过树洞葬的习俗。

二、土葬仪礼

珞巴族各部落居住地地域较广，在安葬仪礼上不尽相同，下面以博嘎尔部落的葬俗为主做简要介绍。

停尸。人死后，给死者换上新衣服（米古巴部落与此相反，若死者穿了新衣服要脱下换上旧衣服），使整个尸体呈一胎儿形状，然后用粗呢片或衣服包住尸体，再用皮绳捆扎（纳、巴依、姆热等部落只能用藤条捆尸体腰部以上地方，腰部以下不能动；米古巴部落是先用藤条捆，再用布包住脸部）。尸体捆好后，别上竹签，将其坐放在屋内的“光东”位置（靠门的左侧，平时是客人坐卧的地方，治丧时意为其灵魂到“乌佑蒙”的出口处），面向西方，意为跟着太阳走了。在死者的周围放上衣饰、工具、弓箭等物，祭以酒肉饭菜。其中另腰氏族习俗，停尸时，尸体不能直接面对人们，而要在尸体前面立一块高约 1 米、宽 0.3 米的木板，每两人一组轮番向木板射箭，据说这样做是防止鬼来挖人们的眼睛。火塘一直要烧旺火，不能熄灭，不然死者的灵魂到不了鬼域。

尸体一般在家停放 3 天。村中一人亡故，全村人都要停工，送一些酒和粮食到丧家吊唁，妇女陪伴丧家女性唱哭丧歌。歌词的内容一般是称赞死者生前对家庭、氏族所作出的业绩，祈求其灵魂不要做害人的事，护佑氏族和亲人等。

出殡。出殡的日子，要由米剂（卜师）杀鸡卜卦，根据肝纹呈现的征兆择定。如果所选的日子不吉，就要杀牛或猪驱凶化吉。

出殡之日，全村人停止劳动前来送葬。谁背尸有习惯规定，一般是父尸由长子背运，母尸由次子背，无子或年幼，由夫或妻背尸，亦可请人背，但需支付一头牛的费用。背尸人将尸体装入藤编背篓内，以背靠背的仰背式背尸。背尸人一跨出门槛，需用右脚将早已备放门口的一竹筒水踢倒，巫师杀一只鸡，将鸡血在停尸时放头部的地方画一个圆圈，严禁人和家禽家畜从上跨过。丧家立即清扫屋子，将死者生前用过的破烂杂物扔到村头路口。米古巴部落还要用水洗刷地铺，再用“希日”树枝叶熏屋，砸破背水的竹筒，连同背水的筐一块扔到村外。送尸时巫师一路念咒，有的地方要杀一只狗，拿着走在背尸人的前面，人们认为死魂到鬼域去时，狗可为亡灵引路。背尸人及死者头部要用竹帽或布遮盖，不能使头部照射太阳。送葬过程中，背尸人不能停步，也禁止换人背运，直到坟地为止。

安葬。尸体背到葬地后，挖坑掩埋。各部落在具体做法上有较大的差异。

在博嘎尔部落，挖坑时先挖一个一人多高的竖井，再往西挖约半人高、一人多深的横穴。横穴挖好后，放上死者生前穿过的旧衣服，将死者放入穴内，松绑后往右侧躺（不能往左），尸体头朝西，脚向东。然后，在尸体上盖一些衣物，死者生前用过的刀放在头边，其他的工具放在侧面。一切安置妥当后，在横穴口竖插一排木桩以挡土，然后填土压实，高出地面形成墓冢。填土时，巫师和丧家的主人对死者说：“你死了，不要生气，安心去‘乌佑蒙’吧。你的房子已盖好，你所需的鸡、牛、猪和物品都给你了，你不要再回来要东西了。”接着在坟头立一根带叉的木桩，上面挂放丧葬过程中所杀牛的牛角、死者的弓箭及一个叫“阿邦”的竹篮，篮里盛放祭供的酒饭。坟上的东西任何人都不能动，否则会触犯死魂，招来横祸。

墨脱和隆子珞巴族各部落的安葬有所不同。墨脱珞巴族在土葬时，先挖一个圆形竖坑，再挖横穴。横穴挖成后，横穴四周要用木板贴封，并用香树枝叶熏烤。在安放死者前，还要铺垫木板、草、褥子，放一个枕头，使死者呈睡觉的样子，身上盖衣服。随葬物因性别而异：男性放弓箭、砍刀、烟斗等物，女性则放耳环、项链、手镯等。东西的多少视死者生前的经济状况而定。横穴口也用木板封死，填土与地面相平，不留坟堆，但要在坟地上盖一个简单的棚子，在坟前垒石烧火，将下葬时杀的鸡的翅膀和猪的四只脚挂在坟前。

隆子珞巴族的安葬又别具一格：坑挖好后，死者身穿新衣，蹲坐坑内，尸体下面放竹签和一块铁，坟与地平，无墓冢。在葬地上方用两根木棍搭架，上挂死者的刀、弓等物，当即杀一头牛，将牛角挂在木架上，送葬的村人就在木架旁分食牛肉。

尸体在土穴内，头的朝向有一定的规定。博嘎尔部落习俗，头西脚东，意为死者跟着太阳走了；隆子县珞巴族习俗，头要面向南部故乡，相传当地的居民是从南部迁来的。

据了解，在珞瑜南部地区的某些部落中还实行树洞葬，即将尸体葬于古树干的空洞中，与崖洞葬相似。

三、葬后习俗

各地的葬后习俗、禁忌较多。博嘎尔部落在葬后第三日，丧家要再清扫屋子一次（出殡时已清扫一次），把死者用过的旧东西扔到荒山野岭，届时全村需停止劳动一天。又过三天时，丧家要第三次清扫，全村人又需停工一天。死者家人到河边洗脸，上山砍香树枝回家熏烧。埋葬后的一年内，每天死者亲人要送烟酒饭菜到坟头祭奠。隆子县珞巴族各部落安葬死者后，丧家十天内不能劳动，村人三天内不劳动不狩猎。墨脱县米古巴部落在安葬死者的当天，丧家不能在屋内做饭，而只能在室外做饭请村人吃，吃剩的东西不能带回家，要全部发给村人。安葬的当晚，丧家要去坟前生火，敬一袋烟，以后每天早晚去烧火敬烟一次，持续一月或两月。

布瑞部落的葬后活动繁多，其中“达咪”和“达鲁得巴非”是死者家庭举行的两个重要仪式。

“达咪”仪式在葬后第五天（男性死者）或第六天（女性死者）进行。全氏族停止劳动一天。仪式分两个阶段进行。头天晚上，丧家在门口放置盛满水的竹筒，水上撒炭粉遮盖水面，背尸人藏在盛水的竹筒旁。待室内火塘的火熄灭，背尸人便高声呼叫死者的名字，连喊三次，然后一一观看竹筒。如能透过炭末看到水或是某一竹筒有水溢出，说明死者已回家。背尸人又高声说：“××已回家吃过饭了。”这时家里点燃火把，生火，全家人用木棍在室内四处乱敲乱打，还到墓地敲敲打打，口中说道：“你走吧，你走吧，你赶快去幸福的地方……”击打完毕，烧掉房屋，全家搬到新搭盖的棚内暂住。

次日清晨，鸡鸣第一遍即起。巫师在棚内念念有词，背尸人、挖坑人及死者亲属都到原先洗脸洗手的河边，用“达梨达嘎”草和树叶擦抹身体，死者亲属还必须洗头。洗毕，每人带一竹筒水和擦身的树叶回家，到家时再用背回的水洗一次。他们必须在太阳出来之前赶回家，路上不能跌跤，跌了跤就预示着自己的寿命不长了。太阳出来后，举行名叫“达鲁咪巴非”仪式。巫师一边念咒语，一边杀鸡看肝，将鸡血洒在用“麦谓”草捆扎的扫把上，巫师拿着扫把在背尸人身上扫几遍，再去坟地上清扫。最后巫师将扫把扔到远处，以示将邪气驱除掉了。仪式毕，丧家以酒肉饭菜招待亲朋。

另一重要的仪式叫“达鲁得巴非”，是在葬后第十天（男性死者）或第十二天（女性死者）进行。活动与“达咪”仪式相似。太阳升起后，巫师举行“梭白孟勒”仪式。“梭白孟勒”意为“杀大额牛献祭”。经此仪式后，布瑞部落祭祀死者的活动即告结束。[①]

在葬后习俗中，珞巴族的月祭和周年祭比较隆重，尤以博嘎

---

① 参见《珞巴族社会历史调查》（二）第474页，西藏人民出版社，1989年。

尔部落突出。安葬满月时，丧家的亲朋、外嫁的女儿和已分家另过的儿子，带来酒、饭、菜、鸡等齐聚丧家，在死者坟前供上祭品，献上酒饭，祭毕共食。满周年时，要举行隆重的周年祭。其时全村人停工来到丧家，各自带来一些酒肉饭食，死者离家的子女需带回猪牛等大牲，丧家请巫师念咒作法，宰杀大量的牛、猪和鸡，祭毕由村人共同分享，并将牛角挂到死者的坟头。周年祭后，整个丧葬仪式才告结束。

父母死，子女一年内不能结婚，不戴耳环和其他装饰品。丈夫死，妻子一年内不能剪发打扮，两年内不得另嫁。所有亲属一年内不能唱歌跳舞和参加娱乐性活动。

四、特殊葬制

珞巴族人相信，那些横死者的鬼魂会伺机报复生者，给人带来灾难和横祸，为了有效地制止鬼魂作祟，他们通过对尸体做某种特殊处理，举行某种特殊仪式来达此目的。在他们看来，既然灵魂与死者的躯体有关，那么毁坏尸体的某些重要器官，鬼魂就会失去某种活动能力，也就报复不了活人。因此，在过往的岁月里，20 世纪 50 年代以前，他们常将血族复仇中杀死的仇人的手、眼、舌等重要器官割下作为战利品带回，举行仪式后进行特殊处置；将一些所谓吃人的“鬼人”杀死后，肢解尸体作特殊埋葬，从而出现了一些更为特殊的葬制。如 20 世纪 40 年代博嘎尔部落有一位著名的巫师，常被人请去跳鬼治病。当多次发生为病人跳鬼而病人仍然死亡的事后，丧家怀疑是巫师作祟，说他是吃人的“鬼人”而将其杀害。杀他时，砍去了手脚，挖了双眼，肢解尸体，在他家附近挖一个深抗，将“鬼人”头放底层，依次放肉块、内脏，最后放手和脚，即头朝地脚朝天，意为赶“鬼人”入地下，永远不能出来报复活人。用猪、狗等的粪便置其上，用煮染料的大锅倒扣其上，锅的四周铺盖一层“达让木”刺树枝，然后填土。通过这样一些特殊方式的处理，人们便相信死者恶魂再也不能报复杀他的人了。这种特殊的葬制具有巫术的性质。

五、随葬品与杀牲祭

殉葬品的出现，是丧葬礼仪发展到一定阶段的产物。人们既然虚幻出一个死人的鬼灵世界，它也必然像人间一样，需要各种食物、装饰品、用具和工具。为了使死者灵魂在幽冥世界满意地生活，就要为他提供生活用品，解决一系列生产和生活上的问题，这就出现了殉葬物品的习俗。

珞巴族在安葬中也有殉葬品。树葬时，殉葬品少，有时只放死者生前用过的一把小刀。土葬时，死者若为男性，要放弓箭、砍刀、烟斗、烟袋、衣服以及死者生前所喜爱的东西；女性放弯刀、木锄、耳环、手镯、针线等物。殉葬品的多少，主要视死者生前的经济状况。有些地方，一些重要的生产工具（弓箭、长刀等）不随葬，只是象征性地挂在坟头作供物祭奠。珞巴族随葬品中多寡不一的情况，反映了珞巴族社会上私人占有财富的不均和开始出现贫富分化的现象；而从整个随葬品的不丰富看，与珞巴族低下的生产力水平是一致的。

在珞巴族的丧葬仪式礼中，有一个值得注意的现象即杀牲祭的大量存在。米古巴部落安葬和月祭时均要杀猪和鸡祭祀，并将猪脚和鸡翅膀挂于坟前；博嘎尔部落除在丧期宰杀大量的鸡、猪、牛祭奠外，周年祭时仍需宰杀大牲献祭，其他部落在丧期也都宰杀大量的牲畜以祭奠死者，可见珞巴族的杀牲祭是普遍现象。杀牲祭是珞巴族原始宗教祭祀活动在葬俗上的一种表现形式，它以供献牺牲的手段慰藉鬼灵，平息死魂的愤怒，满足鬼灵的需求。

第四节　僜人、夏尔巴人葬俗文化

一、僜人葬俗文化

僜人的丧葬方式有火葬和土葬两种形式，目前以火葬为主。然而在历史上，僜人长期实行土葬。据调查，与邻近的关系极为密切的珞巴族一样，僜人土葬是其千百年来奉行的传统葬俗。在僜人的传统观念中，人亡故后的魂灵集中在地底下，那里有如人间一样的生活社区，而且有太阳、月亮，是一个有吃有穿的好地方。约从距今三四代人前开始，僜人社会出现了火葬，原因是人们认为土葬多了会发生洪涝灾害，火葬则可以去涝灾，火葬逐渐在僜人社会盛行。今天，传统的土葬仍未放弃，采用何种葬式主要看死者死亡的季节。人们认为，火葬时焚尸的烟雾污浊，会使庄稼减产，因此，在庄稼出穗至收割期间不行火葬，只行土葬。与其他民族不同的是，僜人火葬不是使灵魂升天，乃是让灵魂入地，烧尸时尸体必须面朝地而不能面朝天便是其措施之一。正常死亡者的灵魂自然入地，而意外死亡者（如外出落水、坠崖等）其灵魂则上天。为了使亡灵同亲朋和熟人团聚，巫师还要施法术使其灵魂进入地下的冥界。

人亡故后，不论采用何种葬式，均要及时将尸体弯曲成蹲坐状；死者胸前放几粒玉米、荞麦、鸡爪谷等，表示给死者带到阴间种植；用竹席或衣服包裹尸体，再用麻绳捆缚后，停尸于死者死时的房屋内。

在室内停放一晚后，需将尸体移至专为死者搭建的称为“布荣”的小棚内。“布荣”搭于丧家正门不远处，木棚约一人多高，用茅草或稻草作顶，上插拴挂有白布条的木棍。据说魂灵在地下生活时蚊子很多，白布条随风飘动就会赶走蚊子。木棚外设一长方形的竹编栅栏门，周围还插上一些木棍或竹竿，有时还在竿上挂黑、白、红三色小旗幡，这些措施是防止鬼灵进出。木棚搭好后，将死者生前的衣服、首饰和日常使用的生产生活用具挂于棚壁上，还要挂一些粮食种子，死者为男子时挂一个牛头在棚内。如果死者亡故于播种季节，需在木棚四周撒少许粮食种子。

移尸到“布荣”时，抬尸人必须是死者的两个儿子或男性亲属，女子不能抬尸。停尸的期限过去有较严格的规定：女子死亡停放四夜，男子死亡停放五夜。现在停尸时间的长短没有严格规定，有的只在小棚内停放一夜，有的只是象征性地停放一会儿就送去安葬。

停尸期间，死者家属和亲友每晚都到小棚前哭灵和守灵，每日给死者供奉饮食和酒菜。有人亡故，村人知晓后会立即停止劳动，到丧家慰问、帮忙和陪伴。停尸和出殡期间村人均不能下地劳动，据说违禁庄稼会受灾减产甚至颗粒无收。

出殡之日，在送尸至葬地前，为了使死者的灵魂明白自己已经死去（一般认为第四日亡灵才会明白），在小棚外要烧一种竹子使其噼啪作响，男子亡故时往往还打土枪，通过这些巨大的声响提醒和催促亡灵去自己应该去的地方。巫师则施术作法，在小棚周围跳跃转圈，口中念念有词：“有的人不该死的但是死了，该死的倒没有死；你的岁数没到就死了，有的人岁数到了也没有死；本来给你送个猪鸡就可以不死”① 等等。作法毕才送尸至葬地安葬。

僜人没有固定火葬场，亦无公共墓地。火葬地多选择在无人开垦过的荒僻地方。葬地选好后略作清理，由男性亲属架放干柴，尸体俯放于柴火上（不论男女尸体均俯放而不得仰放。问及原因时，有人说这样放尸容易烧透。而笔者在察隅调查时，著名巫师空松解释说这样是为了使灵魂顺利进入冥府），死者头部盖一点草，在尸体上叉架柴薪，然后点火焚尸。火化一般需要一

① 《僜人社会历史调查》第 178 页，云南人民出版社，1990 年。

天，点火后，亲属可以离开，任其自然焚化。次日，亲属到葬地将骨灰就地掩埋，若发现未烧透时架放柴薪再烧，直至烧尽为止。掩埋骨灰后不再去葬地。

土葬时是将尸体装入棺木挖坑掩埋。过去是用大木头挖槽做成独木棺，尸体屈肢装入棺内后盖木板，现在多用四块木板钉制成的棺木。安葬时，需在死者身上拴扎一根长绳，填土时将长绳的一端引出地面，葬地除简单清理外，不留坟冢。葬后一年，死者家属到葬地查看，拉扯绳索看是否松动，松动则表明尸体已经腐烂，亦即死者已经离去。如果绳子不易拉动，表明死者仍然没有离去，需挖坑掘尸骨焚烧后埋葬，埋葬后葬地不设标记，渐渐被人遗忘。如果不重新火化后安葬，据说会连降 8 年大雨或持续阴天不出太阳，给人们带来灾难。

婴幼儿不幸夭折，由其父母找一僻静处挖坑掩埋，不在尸体上拴绳，葬地不设标记，其他人亦不参加。

僜人的葬后活动和禁忌较多，其中一个大型活动是举行称为“达洛亚”的送鬼仪式。“达洛亚”通常在尸体火化后的第十日或第十一日举行。送鬼之日，全村人停止劳作，到丧家参加活动。在巫师的主持下，丧家准备好酒、肉、食品、新衣服和一些器具等作为祭品摆放在门口，巫师用刀碰一碰祭品后说道：“吃的、穿的、用的都给你准备好了，你就吃吧、穿吧、用吧”，请求鬼灵到“有太阳、有月亮、气候适宜、吃穿不用发愁的好地方去”。祭祀毕，人们象征性地打开小木棚的竹条门，用削尖的竹竿在“布荣”棚内戳刺，并大声喊叫以驱走鬼灵。最后在人们的哭悼声中放火烧掉“布荣”木棚，将小布块做成的小衣服也一并烧掉提供给死者穿用。人们认为，烧掉了“布荣”，鬼魂就失去了安身之所，必然会离开。也有个别人家不烧小棚，而任其腐朽。①

---

① 陈景源：《僜人的原始宗教》，载《中央民族大学学报》1994 年第 4 期；《僜人社会历史调查》第 178 页，云南人民出版社，1990 年。

举行“达洛亚”仪式时，任何人都只能哀哭，不能笑，不允许唱歌跳舞。仪式结束后，亲友乡邻聚会时亦不能歌舞。丧家备酒饭招待。若有人因酒后失礼而唱歌，会引起丧家的不快而遭到众人的斥责，有时甚至给违禁者以处罚。

一些经济富裕的人家还举行“打绕亚”的送鬼仪式。“打绕亚”的规模大，举行仪式时必须杀牛，往往几户同姓家庭联合举行为死去的人送鬼，祝贺死者鬼魂到达“有太阳、有月亮、气候好、有吃有穿的地方”①。有的人家在一年甚至七八年后还为死者送大鬼，而一般人家在“达洛亚”仪式后不再举行大的活动，仅不时在房外撒点饭，让死者鬼魂吃了后离开。

在禁忌方面，村内有人亡故，从停尸至出殡安葬期间全村人停止下地劳作和上山狩猎，而同姓家庭从死者亡故之日算起，男性死亡全姓停止劳动11天，女性死亡停止劳动10天，即从死亡之日直到“达洛亚”仪式结束的11天（或10天）之内不得参加耕种、狩猎等活动。有的同姓人家住外村，从得到消息之日起停止劳动，结束日仍是死者亡故后的第十日或第十一日。如果得到消息时“达洛亚”仪式已经结束，即已经超过了死者死亡的第十天或第十一天，这时只需停止劳动一天。一定时间内禁止劳作的禁忌是十分严格的，人们自觉奉行，认为这样不会得罪鬼灵而带来风调雨顺庄稼丰收，否则将引来灾祸。

另一禁忌是忌讳在死者家属前提及死者的名字，平时人们谈论事情时，也忌讳提到死者的名字。如果违禁，当事人必须向死者家属赔礼道歉，并需杀猪杀牛摆宴方可平息纠纷。

二、夏尔巴人葬俗文化

夏尔巴人盛行火葬，也有为数不多的土葬和水葬。土葬多用于小孩夭折，水葬主要为无力承担火葬财力的贫困人家和孤寡者采用。

---

① 《僜人社会历史调查》第278页，云南人民出版社，1990年。

夏尔巴人生活在喜马拉雅山主脊南侧的高山峡谷地区，境内多山崖沟壑。土葬时，夏尔巴人不是在住地附近挖坑掩埋，而是将死者背至深山岩洞中，有的人家在洞中掘穴用土石埋尸，多数是将尸体安放在洞内后，在洞口或石壁砌石封闭，具有崖葬的性质。

人亡故后，家人用一块白布盖住死者，立即前往寺庙请喇嘛到家做法事。在喇嘛未到来之前，任何人不得触摸尸体。喇嘛来后诵经祈祷为死者超度灵魂，根据死者的年龄、生辰属相和死亡时间等占卜测算停尸的方位和可以接触尸体的人，然后将尸体捆缚成胎儿状，用白布包裹后放入一口木箱内，箱上放一轮回图，将尸体放置于室内占卜所定的位置。有的地方尸体不放入木箱，捆裹尸体后用白布和哈达盖上，盖尸的哈达要与尸体平行，从脸部直掩至脚上。[①] 在尸体前搭一祭台，点供灯，摆放酒食祭品和举行仪式时所需的“朵玛”等宗教供品，喇嘛在鼓、钹的伴奏声中念经做法事。

亲人亡故后，家属要派人通知亲戚朋友，闻讯而来的亲朋乡邻带上酒和食物到丧家慰问。他们到死者家后先给主祭喇嘛敬酒，然后给死者献酒，将酒洒祭于祭台前。死者的亲属和前来举丧的乡邻一般不会哭泣和过度悲哀，人们认为哭泣悲伤会妨碍死者亡灵顺利转生。

停尸时间的长短由喇嘛占卜确定，通常停尸三日，第四日清晨出殡。出殡前，由亲友向死者献哈达，唱称为“觉鲁”（意为悲歌）的告别歌。送葬队伍的顺序为：主祭喇嘛念经开路，后随拿鼓钹的僧人，其后是手擎经幡的儿子，再后是背尸人，队伍最后是背送火化时所需物品的人及其他送葬的亲朋乡邻。背尸姿势为背靠背，儿子手擎的经幡系用木棍或竹竿作杆，顶端扎有开花的香蒿或松枝，系一条下端拖地的长哈达。[②]

---

① 袁超俊：《夏尔巴人概况》，载《西藏研究》1989 年第 1 期。

② 刘洪记：《夏尔巴人习俗述略》，载《中国藏学》1991 年第 3 期。

下葬时亲属一般不到场，送葬途中亲属会被乡邻亲朋劝回。下葬仪式由喇嘛主持，由众乡邻亲朋具体实施火葬的各项工作。

火葬地一般选在远离村庄的僻静处。到葬地后众人架设柴火堆，将尸体脱去衣服平放于木柴上。喇嘛在柴堆旁搭一简易祭台，念经祷告，然后点火焚烧。火化期间，喇嘛一边念诵经文，一边将祭品丢进火中一并焚烧，同时劝慰死者不要再留恋世间的生活，高高兴兴到另一个世界去。

尸体火化后的次日，喇嘛在丧家要举行“纳布尔”仪式。仪式时，将整理好的死者生前所用的衣服首饰等物放在一个架子上作为祭台，在祭台前摆放供品，喇嘛一边念经一边发出呸呸的声音以驱赶鬼魂。举行该仪式的目的是劝导亡灵到属于自己的地方去，祈求神灵保佑死者顺利往生。仪式时将写有死者名字的纸烧掉，表示死者的名字从此消失，忌讳再有人提及。仪式毕，将烧尸时的骨灰、烧死者名字的纸灰连同糌粑拌和泥巴制成的泥坯或“擦擦”放入寺庙、石崖或山洞中。[1]

夏尔巴人还有七七祭祀的习俗，即逢七之时延请喇嘛念经祈祷。

---

① 刘洪记：《夏尔巴人习俗述略》，载《中国藏学》1991 年第 3 期。

第七章　信仰习俗

信仰习俗涉及三个方面，一是信仰观念，二是崇拜对象，三是信仰行为与方式。

最早的信仰观念是对精灵和灵魂的信仰。而崇拜对象则有自然崇拜、图腾崇拜和祖先、英雄崇拜等。信仰行为与方式主要有预知、祭祀和巫术活动。信仰习俗的特征集中表现在功利性、神秘性和兼容性方面。

西藏的信仰习俗是最富有鲜明民族与地域特色的习俗文化之一。

第一节　藏族信仰习俗

一、民间宗教与信仰

藏族民间宗教与信仰历史悠久，其源头可追溯到“万物有灵”的古老观念。原始信仰作为远古先民的“哲学”和思想文化体系，在藏族信仰流变史上留下了厚重的文化积淀。苯教的产生和发展，佛教的传入和藏化，虽然对藏族原始信仰冲击很大，但是作为民族深层文化积淀的古老信仰保存了下来，仍然与人们的生产生活有着密切联系。藏族的民间信仰兼容并蓄着以自然崇拜为特征的古老信仰，已系统化、制度化的苯教和佛教的信仰内容与形式。

藏族民间宗教与信仰集中表现于对大自然、灵魂、图腾、祖先的信仰和崇拜上。

1. **自然崇拜**

在藏族的自然崇拜中，对与人们生产生活密切相关的山、水、火的崇拜十分突出，对日月星辰等自然现象以及“天”的崇拜也值得关注。

地处“世界屋脊”的西藏高原，有着世界上最雄奇、最高大、最壮观的山脉，有着难以计数的巍峨的山峰。雪域高原北部的昆仑山脉，中部的冈底斯—念青唐古拉山脉，南部的喜马拉雅山脉，东部的横断山脉，这些高大山脉绵延不绝的或突兀高耸或秀丽俊美的群峰构成了西藏特有的景观，为生于斯长于斯的藏民族提供了山神崇拜的现实基础。

在藏族的观念中，雪域高原上的任何一座山峰都有神灵居住或本身就是神灵的化身。藏族对山神的崇拜最初有着浓厚的地域性色彩。由于人们生活在不同山系的群山怀抱中，更由于人们生活在不同的氏族部落社会中，因而在不同地方生活的人们崇信的是各自地域内的神灵，不同地区的神灵之间并没有大小高低之分。随着部落联盟的出现，等级和阶级的划分以及民族的形成，山神的地位有了高低和大小之分，这样便有了念青唐拉（gnyan-chen-tang-lha）山神统属300多小山神的传说和记载；而有的当初仅是地域性的部落神灵则演变成为大的区域甚至是整个西藏的大山神，这就是有名的藏南的雅拉香波（yar-lha-sham-po）山神。雅拉香波山神本是古代藏南雅隆河谷悉勃野部落的保护神，后来由于悉勃野部落的强盛，成为部落联盟的首领，兼并统辖了其他部落，直至建立了统一强大的吐蕃政权。这样，原本仅是悉勃野部落崇信的地域性的雅拉香波山神便成了西藏最著名的也是地位最高的神灵。在敦煌藏文文献中有如下记载：“在众多树木之中，以松树最为高大，在大江大河之中以雅鲁藏布江碧水最为流长，而雅拉香波（山神）乃最高之神也。”①

西藏有庞大的山神体系。根据藏文史料记载，西藏有四大山神：雅拉香波（yar-lha-sham-po）山神，其居地位于东方；库拉卡日（sku-la-mkhav-ri）山神，其居地位于南方；诺吉康桑，也就是诺吉康娃桑布（gnod-sbyin-gang-ba-bzang-po），其居地位于西方；念青唐拉（gnyan-chen-tang-lha）山神，其居地位于北方。② 这四座神山和另外五座著名神山构成藏族山神体系的核心，称为“世界形成之九神”。九大山神分别是沃德巩甲（vod-de-gung-rgyal）、雅拉香波、念青唐拉、觉娃觉卿（jo-ba-vgyog-chen）、玛卿伯姆热（rma-chen-spom-ra，即阿尼玛卿山）、觉沃月甲（jo-bo-g·yul-rgyal）、西乌卡日（shevu-mkhav-ri）、吉雪旬拉曲保（skyid-shod-zhog-lha-phyug-po）、诺吉康娃桑布。③ 此外，西藏和其他藏区都有自己特定的神山，如青海果洛地区藏族崇拜的大山神年保玉载匝日，西藏西部的神山冈底斯，定日地区的长寿五姊妹神山，等等。

下面是具有代表性的几大神山：

雅拉香波。雅拉香波又叫斯巴大神雅拉香波，简称大神香波。雅拉香波山神的居住地在雅隆河谷的雅拉香波山上，它是雅隆河谷所有本地神和土地神的首领，后为莲花生大师收为佛教的护法神。传说它常以一个大白牦牛的身形现身，从嘴里不断喷出雪暴，是一个躯体白如海螺，穿白衣服并化身兽形的神灵。它在“世界形成之九山神”中排在第二位，仅次于沃德巩甲山神。敦煌古藏文写卷中多次提到雅拉香波为“最高之神”。雅拉香波山神有无比的法力，可以摧毁岩石，引发洪水，甚至可以化身为白人与人交合生子，吐蕃历史上著名的七贤臣之一的茹拉杰相传就是他化身为白牦牛同止贡赞普妃子交合后生的。作为最高神灵，

---

① 王尧、陈践：《敦煌本吐蕃历史文书》第162页，民族出版社，1980年。

② ［奥地利］勒内·德·内贝斯基·沃杰科维茨著，谢继胜译：《西藏的神灵和鬼怪》第233页，西藏人民出版社，1993年。

③ 同上，第240页。

雅拉香波神山

神山冈仁波切

山神统领雅隆所有地方的保护神和土地神，甚至有“十亿战神都归雅拉香波管辖”的说法。① 雅拉香波山神有妻子儿女。山神的妻子叫朗勉托杰普玉(gnam-sman-thog-gi-bu-yug),是天界女神的首领,一身淡红色,右手持闪电,左手握冰雹,骑着闪电飞行。

念青唐拉。念青唐拉又叫唐拉雅秀（thang-lha-yar-shur）、唐拉耶秀（thang-lha-yas-shur）或雅秀念之神（yar-shur-gnyan-gyi-lha），他是藏北念青唐古拉山脉的统治者，相传他是统领唐古拉

① ［奥地利］勒内·德·内贝斯基·沃杰科维茨著，谢继胜译：《西藏的神灵和鬼怪》第234页，西藏人民出版社，1993年。

山脉 360 个山峰的主神。念青唐古拉山脉横亘于西藏中部，绵延 1600 余公里，穿过罕无人迹的藏北地区。念青唐古拉山神是“十八掌雹神”成员之一，在不同的场合有多种身相，最常见的身相是穿白丝衣白棉布服，骑四蹄踏雪神马，右手持藤杖，左手持水晶念珠，由众多随从簇拥着驰骋于三界。此外还有另外三种身相：第一种是身穿白衣、头戴白巾的白人，右手持马鞭，左手持一短剑，坐骑是一匹白马。第二种是身穿精玉做成的铠甲，缠上黑熊皮，头戴精玉做成、有白沃（dpav-bo）图案的头盔，佩带寒光闪闪的铁剑，面色威严深沉。第三种是戴着头盔和穿着水晶护胸甲，挥舞一支白水晶长矛。① 在神话中，念青唐古拉山神还被认为是财宝的保护神。在一份藏文山神祈愿颂文中说，念青唐古拉山神是沃德巩甲山神与一只玉鸟所生之子。山神所住的地方叫达姆秀那姆，如同绿玉一般的鹰在上空飞翔，那儿充满了光明，就是冬天也如同春天一样翠绿。念青唐古拉山神的妻子便是其山下著名的湖泊纳木错。

沃德巩甲。沃德巩甲山神被誉为雪域山神之父，位居“世界形成之九神”之首，连最负盛名的雅拉香波和念青唐拉山神都是沃德巩甲的孩子。人们这样描绘沃德巩甲的形貌和居地：“巍巍高山美丽的地方，陡峭的雪峰之上，用奇异的宝石镶成的宫殿出现了。斯巴老神（srid-pavi-lha-rgan）沃德巩甲，戴着丝巾和丝斗篷，戴大绿松石的手镯。他挥舞缚有旗帜的长矛、藤枝，骑着品质纯优的好马。一大群由祖宗所传的神灵、玛桑神（ma-sangs）和战神围绕在他的周围。”②

冈底斯。冈底斯（gang-de-se）是西藏最著名的神山之一，既受到藏族的崇拜，也是克什米尔和印度的印度教、耆那教、苯教、佛教等信徒共同崇拜的圣山。冈底斯山坐落在西藏阿里普兰县境内，其主峰冈仁波切呈金字塔式的形貌，一年四季白雪覆

---

① ［奥地利］勒内·德·内贝斯基·沃杰科维茨著，谢继胜译：《西藏的神灵和鬼怪》第 238 页，西藏人民出版社，1993 年。

② 同上，第 240 页。

盖，显得巍峨、奇特而神秘，历来为人们所敬仰。在人们的古老观念中，冈底斯雪山是大赞神的居地，苯教则将其视作“九重雍仲山”。佛教传入后，冈底斯山被看做世界的中心，是胜乐佛的圣地，冈仁波切峰被视作无量宫的宫殿。冈底斯山同时被原始宗教、苯教和佛教所崇信，佛教和苯教曾为争夺圣山而斗法斗智斗勇，至今仍有许多传说和圣迹流传。今天，每当藏历马年，成千上万来自雪域不同地方的人们会到冈底斯转山朝圣，成为马年的一大奇观。

与神山崇拜相对应的是藏族的圣水信仰。西藏有世界上最高的江河湖泊，作为藏族母亲河的雅鲁藏布江等江河滋养孕育着藏民族，从“大江大河之中以雅鲁藏布江碧水最为流长”的记载足以看到古代藏族先民对雅江的崇敬与信仰。西藏高原拥有大小湖泊 1500 多个，是我国乃至世界上湖泊最多的地区之一。这些碧绿晶莹的湖泊像一颗颗镶嵌在高原上的蓝宝石，深受人们的信仰与膜拜。

以下是西藏最著名的三大神湖：

纳木错湖。纳木错（gnam-mtsho）意为天湖，位于今拉萨市当雄县和那曲地区的班戈县之间。湖面海拔 4718 米，长约 70 公里，宽约 30 公里，面积 1920 平方公里，是西藏境内最大的湖泊，也是我国第二大咸水湖，素以海拔高、面积大、景色美而著称。纳木错湖中有 5 个小岛，另有 5 个半岛与湖相接，其中扎西半岛达 10 平方公里，岛上有石林、溶洞等自然景观。藏族民间信仰认为，纳木错是神山念青唐拉的伴侣。藏传佛教认为纳木错是佛母金刚亥母仰卧的化身，身语意俱全，是藏传佛教的著名圣地。转湖朝圣能获无量之功德，并能消除恶习和一切烦恼痛苦。因此，每逢藏历羊年，无数的信徒香客不惜长途跋涉来转湖朝圣，寺庙也要举行各种法会祭奉供养。

羊卓雍错湖。羊卓雍错（yar-vbrog-g·yu-mtsho）意为“上部牧场的碧玉湖”，位于山南地区浪卡子县境内。羊卓雍错湖东西长 130 公里，南北宽 70 公里，湖岸线总长 250 公里，湖水面积

638平方公里，湖面海拔4441米，是喜马拉雅山北麓最大的内陆湖泊，湛蓝清澈，绚丽多姿。藏族民歌赞美道“天上的仙境，人间的羊卓”。

玛旁雍错湖。玛旁雍错（ma-pham-g·yu-mtsho）即“永恒不败碧玉湖”之意，地处今阿里地区普兰县境内，位于冈底斯神山冈仁波切峰东南面。玛旁雍错湖面海拔4587米，面积为412平方公里，是世界上海拔最高的淡水湖之一。唐朝高僧玄奘在《大唐西域记》里把玛旁雍错称为“西天瑶池”。作为西藏最著名的神湖，玛旁雍错与冈底斯山一道同为原始信仰和苯教、佛教以及印度教、耆那教所崇拜。而不同宗教对于玛旁雍错又有不同的解释和描述，赋予它不同的功能。

苯教尊玛旁雍错为生命湖或命根湖，是生命之源，具有无穷财富和功德，认为用其沐浴能清洁所有污垢，消除灾难恶缘，成就一切事业，延年益寿。转湖朝圣、饮用湖水亦是功德无量。苯教认为它是苯教女神本姆达韦利韦赐施甘露玉液聚集而成的，故称之为玛垂斯钦即玛垂大甘露。传说湖中有玛垂龙王等的360座龙宫，从色究竟天的宫殿内，一年四季春夏秋冬不停地流出一根马尾般细长的甘露水，融汇于该湖中，因而玛旁雍错最为殊胜。

藏传佛教则认为玛旁雍错是胜乐大尊赐给人们的甘露，湖水具有8种功德，饮用沐浴可涤除各种妄念、烦恼和罪孽，可达大乐空行界，转湖朝圣可获正觉果。它被藏传佛教各派所崇拜，玛旁雍错周围有8座寺庙，正好分布在湖的四面八方。东有止贡派的色瓦龙寺，东南有萨迦派的聂过寺，南有格鲁派的楚古寺，西南有主巴噶举派的果足寺，西北是以五百罗汉修行的山洞为基础建立的迦吉寺，西有齐悟寺，北有主巴噶举派的朗那寺，东北有格鲁派的本日寺。①

印度人称玛旁雍错为“马拿·萨诺瓦湖”，认为这里是大神湿婆和他的妻子乌玛女神的浴池。印度一经典说，凡是身体触到

① 格勒：《玛旁雍错——世界江河之母》，载《中国西藏》2004年第3期。

纳木错

暮色中的玛旁雍错

鬼湖拉昂错

马拿·萨诺瓦湖的土地，或在它的浪潮中沐浴过的人，将走进勃拉马的天堂；饮过它的水，则将升上西瓦的天宫，并免去百次轮回之苦，即便是牲畜，只要踏过马拿·萨诺瓦湖的土地，喝过马拿·萨诺瓦湖水，也同样可以升入勃拉马的天堂。"没有比得上喜马哈拉（喜马拉雅）的山脉的，因为开拉斯山（冈底斯山）和马拿·萨诺瓦湖都在喜马哈拉里。正如露水为朝霞所消逝一样，人类的罪孽也就因着喜马哈拉山的瞻望而涤荡。"① 正因为如此，每年都有一批批印度教徒翻越喜马拉雅山口，历尽千辛万苦到冈底斯山和玛旁雍错朝圣，到圣湖边沐浴。同藏族朝圣者一样，许多人还要用器皿盛上圣水带回去送给不能前来的亲朋。

除以上三大神湖外，在西藏还有许多有影响的湖泊，如玛旁雍错不远处的鬼湖"拉昂错"（意为"有毒的黑湖"）、浪卡子县境内的普莫雍错、藏北西部苯教著名神湖当惹雍错。还有一些湖泊与藏传佛教关系密切，如藏北安多的错那湖相传是藏传佛教大活佛热振活佛的"魂湖"，而山南加查县境内的拉姆拉错湖（lha-mo-bla-mtsho，意为"仙女魂湖"）更为神秘和特殊，这个在群山环抱中的面积仅约 1 平方公里的高原湖泊有着殊胜的灵性，每当寻访达赖喇嘛、班禅额尔德尼等藏传佛教大活佛转世灵童时，必须到此观湖，根据湖水显示的影像以确定转世灵童的寻访方向和基本特征。据说，虔诚的朝圣者能从湖水呈现的幻影中看到自己的命运和来生。

藏族先民对天体和天象的崇拜由来已久。"天"在人们的观念中最初并没有特定的所指，既有浩渺苍穹中日月星辰等天体，也指风雨雷电流星日食等天象，没有像山神崇拜那样有明晰的天神的形象，然而"天"在人们的心目中却占有很高的位置。根据古老的观念，"赞"神就是居住于天界虚空的，而后期产生的苯教神话，更明确提到西藏的第一位赞普聂赤赞普便是作为天神之子入主人间的。聂赤赞普连同以后的六代赞普，亦即"天赤七

---

① 格勒：《玛旁雍错——世界江河之母》，载《中国西藏》2004 年第 3 期。

祭奉山神

哲古祭坛上的立石

火祭

王”均是以“天神之子作人间之王”，当他们完成了在人间的使命后又“逝归天界”，“为人们目睹直接返回天宫”。[1]

藏族对“天”的崇拜表现在许多方面。藏族英雄史诗《格萨尔王传》中的格萨尔王便是天神为拯救人世间的黎民百姓而从天界到派到人间来的。藏区许多民居的门上和帐篷上绘制日月图案，民居的房檐或墙上、房顶上放置白石，在房顶四角称为“拉秀”的土台上插挂名叫“塔尔觉”的五色旗幡，从上至下依次为蓝、白、红、绿、黄五色，分别代表蓝天、白云、红山、绿水和黄土（各地的解释略有差异）。这些文化现象，大都是原始天体与天象崇拜与信仰的遗留。

藏族对火的崇拜集中反映在灶神信仰及其对炉灶的相关禁忌礼俗上。藏族称灶神为“套布拉”（thab-lha），需小心伺候，绝不能亵渎得罪灶神，否则会带来灾难。对炉灶的禁忌很多，我们在饮食礼仪的相关章节中已有介绍，如严禁脚踏或跨越炉灶，忌讳往炉灶里吐痰，忌讳在灶中烧骨头、皮毛等物。清扫垃圾时不能对着炉灶的方向扫，更不能将垃圾投入炉灶内烧，也忌讳直接在火上烤肉。在野外临时用三块石头搭建的炉灶，用完后也需清理干净，每块灶石上放置少许茶叶或食物以示对灶神的祭奉。行人外出时，要向灶神祈祷以求其护佑保平安。总之，人们对灶神有着神圣的敬畏之情。在藏北地区，牧民很尊奉灶神。平时，不允许把吃剩的骨头、肉渣和毛发等东西丢在炉灶里。烧茶煮肉时不允许把锅里的东西溢在火上。在盛大的婚礼上，牧民一边向灶神奉献哈达，一边用颂歌向灶神表达自己的祝愿：

呵，这炉灶是八龙的中央，
外看是个普通火灶，
里面却是龙的宫殿；

---

① 王尧、陈践译注：《敦煌本吐蕃历史文书》第162页，民族出版社，1980年。

灶上方如狮子抬头，
炊烟如狮鬃缠绕；
灶下方如老虎显威，
火舌如微笑的闪电；
灶中间如大象挺立，
铜锅盆勺像摆列的宝贝；
……
愿鲜红的炊火不间断，
祝茶的颜色更好看。①

2. 精灵信仰

藏族民间信仰中，与神山崇拜和圣水信仰相关的是藏族古老的“年”(gnyan)神、“赞”(btsan)神和“鲁”(klu)神信仰。

“年”、“赞”和“鲁”都是藏族先民崇信的精灵。年神、赞神和鲁神分别住在地上、天界和地下，只是早期这三界神灵的居地并不是绝对和固定的，如赞神既可以居住于虚空，也可居住于山峰和石崖。

“年”是一种在山林沟谷中游荡，在山峰、石缝、森林中安家的精灵。在人们的古老观念中，年神与山神关系密切，“念青唐拉”就是“大年唐古拉神”的意思，在藏族先民心中具有崇高地位。

“赞”是一种以猛兽为基本特征的勇猛凶悍的精灵，“赞神是一种以天空为基地的更为凶悍的神，形体如牛、马、猪等”②。在人们的观念中，赞神和年神有时指同一类神灵，人们习惯合称为“年赞”。赞神与山神也有着密切的关系，文献中记载冈底斯山就是大赞神的居地。③ 莲花生大师在藏地降妖伏魔的过程中，

---

① 格勒等：《藏北牧民》第271页，中国藏学出版社，1993年。

② 丹珠昂奔：《藏族神灵论》第23页，中国社会科学出版社，1990年。

③ ［奥地利］勒内·德·内贝斯基·沃杰科维茨著，谢继胜译：《西藏的神灵和鬼怪》第257页，西藏人民出版社，1993年。

包括像念青唐拉这样的大年神都被降服而成为佛教的护法神。《新唐书·吐蕃传》载："其俗谓雄强曰赞，丈夫曰普，故号其君长曰赞普"，盖源于古代人们认为"赞"精灵身上那种异于人的神秘而超强的力量，继而引申至人中的雄强者。

"鲁"是一种生活在地下的精灵。有人认为藏文中的"klu"就是汉文中的"龙"，其实不然。汉文中的龙是有具体形体的，而藏文中的龙所指较为模糊，泛指地下尤其是水中的生物，诸如鱼、蛙、蛇、蟹、蝌蚪等。早期的"鲁"不但形象模糊，居地也很纷乱，它们不仅住在河和湖中，而且超出了与水有联系的处所。它们是一种可以随时附身或者变为鱼、蛙、蛇、蟹的精灵，并且无时无处不在。它威胁着人类的生命，相传是人间424种疾病之源，瘟疫、伤寒、天花、麻风病无不与之有关，① 人们时时谨慎敬奉。鲁神对人类的强大威慑，也决定了人类对其崇拜的形式。对鲁神的祭祀活动一般都在河、井、池、江、渠、湖泊处进行，挂放经幡和供祭食物是鲁类精灵所喜欢的形式。

年神、赞神和鲁神都是原始神灵。苯教产生之后，这些原始神灵大都被归入苯教神灵家族；而佛教传入后，有的再次被纳入佛教神灵系统。

3. **动物崇拜**

藏族先民对鹰鹫、犬、"拉洽贡姆"（藏雪鸡）、羱羝、牦牛等动物都有过崇拜的历史。

羱羝崇拜。羱羝为大角牡羊。《旧唐书·吐蕃传》记载："其俗重鬼右巫，事羱羝为大神。"在卡若遗址发现的动物骨骼中有青羊和鬣羊的骨头，在西藏各地发现的岩画中有羊形纹饰和羊的完整形象，可见藏族对羊的崇拜历史久远。今天，我们还能在现实生活中找到羊崇拜的痕迹，比如过藏历年时，人们除了供设"切玛"外，还要摆放一个羊头，以表祥瑞和预祝来年风调雨顺。

---

① 丹珠昂奔：《藏族文化发展史》（上）第203页，甘肃教育出版社，2001年。

牦牛崇拜。在《什巴宰牛歌》中，牦牛是世界形成之源。在藏族的民间神话传说中，牦牛肢体化身万物。正是由于牦牛在藏民族的生产生活中的极端重要性而备受人们的关注和崇拜。今天，人们仍可看到山顶、河畔嘛呢堆上和房屋门楣上的牦牛角，可看到令人捧腹的赛牦牛和憨态可掬、温馨吉祥的牦牛舞，这些都是古老牦牛信仰在今天的真实再现。

狮子崇拜。藏族所谓的狮，大都在前加一个“雪”字，称“雪狮”（gangs-seng）。有一则古老的传说讲，很久以前，雪域西藏有很多动物，由于经受不住冰雪严寒的袭击，纷纷迁徙，只有雄狮经受住了寒冷的考验，仍然在雪山上生活繁衍。对于雄狮，藏族人有广泛的尊崇心理，在脍炙人口的《格萨尔王传》中，格萨尔的另一个尊号便是“雄狮大王”，因为雄狮这一形象代表着勇敢、威严、无坚不摧和无往不胜。

4. **图腾崇拜**

在藏族图腾崇拜问题上存在较多的争论。有人认为藏族历史上不仅有猕猴图腾，还曾有过牦牛图腾和犬图腾。然而在大多数人看来，牦牛和犬可能属于藏族祖先的动物崇拜范畴，而猕猴才真正是藏族的图腾崇拜。图腾与动物崇拜最大的区别之一是：“原始民族的社会集团，采取某种动物为名称，又相信其为集团的祖先，或与之有血缘关系。”猕猴变人的神话传说便是藏族猕猴图腾崇拜的典型反映。

藏族猴子变人的神话讲道：相传，在很久很久以前，西藏山南地区雅隆河谷，气候温暖，山深林密。在山上住着一只猴子。后来，这只猴子同岩魔女（即“扎森姆”）结为夫妻，生下了6只小猴。老猴把这6只小猴送到水草丰茂的树林中去生活。过了3年，老猴再去看时，6只小猴已经繁衍到500多只了。由于吃食不够，猴子饿得饥肠辘辘，吱吱悲啼。老猴看到这种情景，便把群猴领到一处长满野生谷物的山坡。众猴吃了不种而收的野谷后，身上的毛慢慢变短，尾巴也渐渐消失，后来又学会了说话，逐渐变成了人。

猴子变人的神话除民间广为流传外，还在许多藏文古籍中有着详略不同的记载，如《玛尼全集》、《西藏王统记》、《贤者喜宴》等。在这些古籍的记述中，宗教色彩较浓，如讲猴子是经过观世音菩萨点化的，神猴受菩萨指派在贡布日山上修行，后又遵从观世音的旨意同岩魔女成婚。当群猴无食物时，是观世音菩萨从须弥山取来青稞、小麦、豆子、荞麦等撒到大地上，使大地长满不种自收的谷物。除神话传说和史书记载外，还有一些与猴子变人有关的遗迹和歌舞活动，如山南的泽当镇（藏语“rtsed-thang”译为汉语就是“玩要的坝子”)，相传是人类远古祖先猴子玩要的地方。紧靠泽当镇的贡布日山相传就是神猴修行的山，山上至今还有神猴修行时的洞穴，受到人们的朝拜。泽当一带每年还有戴猴面具、模仿猴子动作的歌舞活动。在拉萨新石器文化遗存曲贡遗址中，发现了一件浮雕猴头像，说明藏族猕猴崇拜有着极为悠久的历史，至少在4000年前藏族先民就有猕猴图腾崇拜。

5. 灵魂信仰

灵魂，藏语称“拉”(bla)。藏族民间相信灵魂与肉体是二元分离的，灵魂需要依附在一定的物体（肉体）之上，灵魂不灭可以转体。

在灵魂信仰方面，藏族民间普遍相信灵魂可以寄居在其他物体上，如寄居在树上的“bla-shing”灵魂树、寄居于山体的“bla-ri”灵魂山、寄居于湖泊的“bla-mtsho”灵魂湖、寄居于宝石的“bla-g·yu”灵魂玉等等。众多的寄魂物构成了藏族灵魂信仰特有的风貌。

藏族民间还有人体自身之灵的观念，这就是对“pho-lha”（阳神或男神）和“dgra-lha”（战神或敌神）的信仰。与男神（阳神）相对的还有女神（阴神），男神位于右肩，女神依附于左肩。藏族民间认为阳神是命灯。男人的右肩有盏灯，假如弄灭了这盏灯，人就会死亡。一般来说，越是身体健康的人，这盏灯就越明亮；越是身体虚弱多病的人，这盏灯就不太明亮，甚至昏暗欲熄。命灯旺的人，白天血气旺盛，恶鬼不敢靠近，就是晚上，恶鬼也不敢侵犯。据说鬼怕光亮，它若想害人，首先得弄灭这个人的命灯。人们忌讳别人拍自己的肩膀，尤其忌讳女人拍男人的右肩，就是出自阳神是命灯的观念。①

战神是一种保护神，也依附于人体的右肩。战神既保护个人，也保护氏族或部族。每个人都有自己的战神，打仗时，它帮助主人战胜敌人，保护主人的安全。在藏族著名长篇英雄史诗《格萨尔王传》中，经常可以见到对战神的描绘。

藏族民间还有“央”（g·yang）的信仰和观念。“央”意为“福泽”或“运道”。“央”是藏族万物有灵观念的特殊表现形式。在人们看来，所有物质的东西（包括生命体和无生命体）的背后都存在着“央”（灵气），如马有马央，牦牛有牦牛央，黄金亦有央。如果一个人想卖掉他的马或牛羊，就会从其牲畜背上揪下一撮毛，以示把“央”留在家里，不致流失，否则家畜会不兴旺。许多地方在大年初一拂晓，人们争相到泉水处抢背第一桶水，认为水中的“央”会在新的一年给家庭带来福运和吉祥。在传统结婚仪式上，当新娘离家之际，娘家人要举行“央固”的招福仪式，希望把姑娘的“央”留在家里。在人们看来，姑娘的出嫁有可能招致娘家“央”的流失，招福仪式的目的就是把“央”留在家中。

藏族民间对出生神和土地神的信仰亦与灵魂崇拜有关。藏族称出生神为“格拉”（skyes-lha），地方神（或家乡神）为“域拉”（yul-lha），土地神为“希达”或“萨达”（gzhi-bdag 或 sa-bdag，有人译作“土主”）。格拉意为“出生神”“或生命神”。民间认为每个人出生都有生神，每个村庄或每个区域拥有共同的出生神。域拉是整个村庄的保护神，祭祀该神可使风调雨顺、防雹除霜、五谷丰登。与域拉相联系，人们还信仰“希达”，“希”意为区域或根基，“达”意为主宰者，也是一种地方神祇，其作

① 格勒：《藏族早期历史与文化》第 442 页，商务印书馆，2006 年。

用与“域拉”相似，祭祀该神通常是在山顶搭垒巨石或石柱的标志物。西藏各地都有受到当地民众信奉的域拉或希达，如后藏江孜一带最大的希达名为“波沃希达”。在藏语中“波沃”为祖父之意。“波沃希达”居于江孜北面最高的山峰上，其下方是广阔的江孜平原，“波沃希达”是江孜地区民众共同信仰的山神①，可见地域神灵与灵魂观念和祖先崇拜亦有着密切的关系。域拉、希达和格拉三神在民间有时不易分清，他们都是村寨的守护神，能够保护人畜平安、风调雨顺。三神中除希达的依托处神垒建在山峰顶上外，格拉和域拉的神垒建在离村庄较近的山上或村中心。

6. 巫师与巫术

藏族民间巫师因职能不同、地域差异而有着不同的称谓，常见的有拉巴“lha-ba”（神汉）、阿巴“sngags-ba”（咒师）、巴卧（dpav-bo）等。

巫师的传承有神授、世袭、师承三种情况。所谓神授，是指突患重病而又痊愈者，或久睡数日大梦初醒者，他们回忆起曾与神灵遨游，接受神的旨意和教诲，于是能念咒诵经、施行巫术，此人即被视为神授。二是世袭，即父传子、子传孙，世代相传的。三是师承，即拜师学艺而成为巫师。②

藏族民间巫师不是职业宗教者，平时参加生产劳动，只有在某种仪式上，或进行占卜施行巫术时，才享有神圣的荣光。

藏族民间巫术有祈求巫术、诅咒巫术、驱鬼巫术等。

青藏高原气候多变，冰雹、暴风雪时有发生，对农牧业生产和人畜、财产构成极大威胁。藏族地区的祈求巫术，主要用于防雹、求雨或免除其他灾害。求雨巫术可在旱情发生时举行，也可在旱情发生前的每年固定时日举行。祭献巫术多在驱鬼巫术不奏

---

① 郑堆：《西藏人的一生——以江孜地区为例》，见“中国藏学网”2008 年 9 月 15 日。另见徐平、郑堆：《西藏农民的生活——帕拉村半个世纪的变迁》第 248 页，中国藏学出版社，2000 年。

② 周锡银等：《藏族原始宗教》第 154 ~ 158 页，四川人民出版社，1999 年。

效之后举行，以求鬼怪精灵大发慈悲，不再作祟。诅咒巫术又称“魇胜咒人”或“魇胜巫术”，是一种诅咒仇敌，以期达到危害对方的巫术，如村寨中谁家丢失了财物，这家人可请巫师来施行诅咒巫术。巫师先在家中布置一法坛，然后念诵专门的咒语，请神灵降临。诵毕，巫师执刀杀鸡，口中又念念有词：“偷儿必死，或生病害病，走路跌倒……”一般反复三次，便一刀把鸡头砍下，并将鸡头抛到寨外的远处。还有的先将被咒者的姓名、属相、本命年等内容书写到一张纸上，然后由巫师念咒经，并且边念边跳，大意是：“请各路神灵帮助，让某某不得好死……”诵毕，将写有被咒者的姓名、属相、本命年等内容的纸条放入牦牛角或其他物件中，送到村外深埋于地下，并宰杀牲畜祭献山神。有的干脆将写有被咒者的姓名、属相、本命年等内容的纸条烧掉，也可达到同样的目的。① 驱鬼巫术既有巫师主持施行的，也有普通百姓自发搞的，如过藏历年时的驱鬼活动便是典型的民间驱鬼仪式。

7. 占卜与梦兆信仰

藏族民间占卜术主要有以下几种：

鸟卜。鸟卜的历史久远，敦煌文献中就有对鸟鸣占卜的记载。P. T. 1045 号藏文写卷便是“以乌鸦叫声来判断吉凶”的文书②。藏族民间仍有通过观察鸟叫的方法预测吉凶的。

线卜。以牛羊毛线绳作为工具的占卜方法。“从没有阉过的公羊右肩胛剪下的羊毛，织成由五股线组成的无色粗毛线。占卜之前，要给占卜师依次祈请的护法神供奉朵玛，祈请护法神应验占卜。祈请完毕，占卜师坐在占卜桌前，将五股拧紧的毛线一圈一圈放松，用右手抓住毛线较粗的一端，抬起胳膊将五根细线徐徐抛到背后，以便毛线搭在占卜师的肩上，然后用手迅速地将毛线摆在占卜师面前的桌子上，仔细观察毛线和桌面撞击所自然形

---

① 周锡银等：《藏族原始宗教》第 187～189 页，四川人民出版社，1999 年。

② 王尧、陈践：《吐蕃的鸟卜研究——P. T. 1045 号卷子译解》，载《敦煌吐蕃文书论文集》第 96～102 页，四川民族出版社，1988 年。

成的曲线结节。最后，占卜师可以查阅线卜卦书，从中找到相应的占卜结果。”①

箭卜。以箭为工具的占卜术。方法多种。其方法之一是：“首先将标有数字的一把箭插在一高颈容器内，接着摇荡（插）箭容器，直至一支箭或数支箭从瓶里蹦出来，然后根据蹦出的箭所标示的数字，查阅箭卜卦书得出相应的占卜结果。”②

骨卜。以羊和牛的肩胛骨作为卜具的占卜术。其基本方法是将羊或牛的肩胛骨烧灼后验其纹，听其声，以判断吉凶。如“肩胛骨上左方的裂纹又长又直者为吉兆，右方裂纹又长又直者则为凶兆；反之，肩胛骨左方裂纹又短又乱者为凶兆，右方又短又直者为吉兆”。③ 藏族骨卜历史悠久，在敦煌古藏文残卷中就发现有吐蕃羊骨卜辞④，记录了骨卜释辞，涉及从军国大事到平民百姓日常生活的各个方面。

民间占卜术还有骰子卜、鼓卜等方式。

藏族民间梦兆有吉兆和凶兆之分，其释梦较有特点。⑤ 常见的吉兆有：

梦见自己的身体或衣物被屎尿弄脏；梦中听见鼓声和喇叭声；梦中得到了丰富的食物或衣服等，预示将有财喜。如果梦见帐房失火，则要发大财。

梦见自己骑马上山（坡），是运气亨通的预兆；如果所骑的是匹白马，那么运气更好。如果梦见死人，预示自己将交好运。

梦中拾得黄金；梦见骑狮虎、骑神马驭天龙；梦见自己涉水

---

① ［奥地利］勒内·德·内贝斯基·沃杰科维茨著，谢继胜译：《西藏的神灵和鬼怪》第547页，西藏人民出版社，1993年。

② 同上。

③ 周锡银等：《藏族原始宗教》238页，四川人民出版社，1999年。

④ 王尧、陈践：《吐蕃时期的占卜研究——敦煌藏文写卷P. T. 1047、1055号译释》，载《敦煌吐蕃文书论文集》第74～95页，四川民族出版社，1988年。

⑤ 周锡银等：《藏族原始宗教》第217～219页，四川人民出版社，1999年。另参见群沛、诺尔布著，向红笳译：《西藏的民俗文化》相关内容，载《国外藏学研究译文集》第九辑，西藏人民出版社，1992年。

过河或降落在高山顶上，是有所成就的预兆。

梦见自己或别人把酥油灯点燃了，这是将增福增贵的征兆。

梦见旭日初升，或是雨雾退去，太阳出来，预示健康安乐；久病者会很快痊愈。

梦见奶牛或两只奶牛顶角，预示将怀孩子。

常见的凶兆有：

梦见银子或银制品，或是拾得了银子或银制品，预示将发生纠纷。

梦见自己倒骑驴子、骆驼、猴子等动物朝南方走；梦见自己在沙漠（地）中或是灰中行走爬行；梦见穿黑色衣服的人拿着鞭子或铁（木）棒之类的东西追赶自己等都是凶兆，会遭厄运。

梦见别人或自己的帐篷、房屋、墙垣倒塌；梦见牙齿脱落都是要死人的征兆。

梦见拾到各种刀具或其他能伤人的利器，预示将有口舌之灾。

梦见自己或别人在点酥油灯的时候点不燃，则预示无论干什么事情，都不会有好结果。

梦见自己身上爬虫子；梦见自己被狗、狼或其他动物咬伤，预示自己即将患病。

梦见自己被兵器所伤，梦见自己被士兵追赶；梦见坠入深渊；梦见血、大火、闪电等，这都是危险将至的征兆。

藏族民间信仰还有许多其他表现形式，其信仰行为与活动方式繁多。由于藏族民间信仰的综合性特征，它与苯教和佛教的信仰行为与活动方式是交织混融在一起的，我们将在佛教信仰部分集中介绍。

二、苯教信仰

1. 苯教简况

苯教，藏语称为本波（bon-po），是佛教传入藏地之前的一个古老宗教。苯教是以西藏地方的自然崇拜为基础，在外来宗教文化的影响下产生的。后又与佛教文化相融合，对西藏文化的发展产生了巨大影响。

在苯教发展的早期阶段，吸收了许多原始崇拜的内容，致使不少学者长期视苯教为原始宗教，忽略了它同原始宗教的重大差别：原始宗教是泛神论的自然宗教，苯教已是体系化的人为宗教。苯教有创始人，有系统的教义教法，有经典、信徒和寺院，这是自然宗教无法比拟的。尤其是后期经过佛苯斗争后的苯教，其面貌同自然宗教差别更大，而倒是与佛教文化颇有相似之处。

在西藏历史上，苯教曾显赫过相当长的时间。在佛教未传入前，苯教既是普通群众的重要信仰，又是统治者治理王政的工具。藏史古籍载："从聂赤赞普至赤德祖赞之间，凡二十六代，均以苯教治理王政"，可见其当时显赫的地位。在佛教传入后的相当长时期，苯教作为一股强大的政治势力仍左右着吐蕃王室，作为强大的宗教力量影响着吐蕃社会。公元8世纪中后期，苯教在同佛教的斗争中败北，在政治上威风不再，势力逐渐衰微。藏传佛教诸教派形成后，苯教更受排斥和歧视，被贬斥为"黑教"，影响愈不如前，多在边远地区传播。以至不少人认为苯教已销声匿迹，或以为苯教已失却作为一种宗教的特点而成了藏传佛教的一个教派。

其实，苯教远没有销声匿迹，仍广泛存在于藏土，势力和影响仍相当大。根据笔者调查，西藏各地现有苯教寺庙100余座，僧人数千名，信教群众众多。除昌都和那曲地区苯教寺庙和信徒较集中外，昌都有苯教寺庙50多座，那曲有苯教寺庙30多座，拉萨、林芝、日喀则、阿里都有苯教寺庙和信徒。① 此外，在四川、青海、云南等藏区也有苯教寺庙和信教群众。作者在昌都和日喀则等地考察了著名的则珠寺、丁青寺、郭棍寺、热那雍仲林等著名苯教寺庙，调查了苯教信奉集中的村寨和群众，了解了苯

① 关于苯教的现状，可参见顿珠拉杰：《西藏苯教简史》"苯教现状"部分，西藏人民出版社，2007年。才让太：《苯教的现状及其与社会的文化融合》，载《西藏研究》2006年第3期。

教在当地社区的作用和影响，始知苯教和苯教文化在西藏和藏区仍具有相当广泛的影响。则珠寺的法会，昌都、那曲、四川、青海等地的信徒都去参加，盛况空前；林芝本日山是苯教最大的神山，转山朝圣者络绎不绝。而苯教寺庙、苯教壁画、苯教经典、苯教法器、苯教法事、苯教服装等同藏传佛教亦有较大差异。转经念诵形式也不相同：佛教转经时视顺时针为“正转”，逆时针则为“外转”；苯教则相反，推崇逆时针转经，视为“正转”。信佛群众念诵六字真言，苯教信徒则念八字明咒。

当然，不能不看到，在长期的佛苯斗争中，特别是在佛教取得绝对统治地位之后，苯教为了自己的生存，适时地在内容和形式方面做了许多改变，吸收了不少佛教的内容，致使一般人难以分辨佛苯的区别。但是，无论从内容到形式、从文化表象到哲学思想，佛教和苯教都有重大区别。

2. 苯教的历史发展

相传苯教的创始人为辛饶·米沃且（gshen-rab-mi-bo-che），实际上辛饶·米沃且是对苯教的系统化作出杰出贡献者。苯教最早源于魏摩隆仁（vol-mo-lung-ring），而魏摩隆仁在何处则有不同的解释。有人认为在大食，有人认为在象雄，还有人认为在西藏的西部某处。在苯教徒心目中，这块地方是神圣的乐土，永远不会消亡，哪怕这个世界最后毁于烈火之时，它也会腾升上空，和天国里另一个苯教圣地合二为一，被称为什巴叶桑（srid-pa-ye-sangs）。

这一绝妙的境地，苯教徒是这样描绘的：魏摩隆仁位于世界的西部，成为八瓣莲花的形状。当然，它的上空也呈现出八个轮柄的轮形。中间有一座九层雍仲山俯瞰大地，这九层雍仲山的含义是：“九个卍字形的山峦”，“卍”和“九”字在苯教中都具有深奥的含义。卍是符号形式，文字形式是“g·yung-drung”，标志着永生、永固、永存，加上du，意思是“具有咒力的永恒苯教”。“九”在苯教中具有特殊意义，认为大地从里到外共有九层，天国最初也有九层，后来发展成十三层（十三在苯教中

苯教“八字明咒”刻石

苯教名寺——则珠寺

也是吉祥数字)，苯教的教义称为九乘经论，雍仲山有九级。九层雍仲山是魏摩隆仁的中心，整个魏摩隆仁被海洋包围着，海洋之外又有陡峭的雪山环绕。根据经典的描写，魏摩隆仁可能位于西藏象雄，尤其是冈底斯山和玛旁雍错一带。①

苯教的发展经历了三个阶段，展现了苯教在西藏的演变过程。第一阶段为“笃苯”（brdol-bon）阶段。“笃苯”即所谓自在苯教，盛行于第一代藏王聂赤赞普所开始的“天赤七王”时代。土观·罗桑却季尼玛所著《土观宗派源流》记述道：“笃苯

① 丹珠昂奔：《藏族文化发展史》（上）第444～445页，甘肃教育出版社，2001年。

者，聂赤赞普过六世到赤德赞普时，卫部的翁雪纹，有名叫辛氏家族的一个童子，年十三岁，被鬼牵引，走遍藏地，他到了二十六岁时始进入人世。由于非人鬼类的力量，故说什么什么地方，有什么什么鬼神，它能作如何如何的祸福，应当作这样的供祀，或作禳祓送鬼等术，始能效云，就这样便产生了各种说法。……当时的苯教只有下方作镇压鬼怪，上方作供祀天神，中间作兴旺人家的法事而已。"① 第二阶段为"洽苯"（vkhyar—bon）阶段。"洽苯"，意为游走苯，指自外流传来的苯教。始自第八代赞普止贡赞普，盛行于吐蕃王朝建立前的数百年间。据说止贡赞普时，吐蕃地区的苯教徒无法超荐震慑凶煞，特意从吐蕃西北部的克什米尔、勃律、象雄等地请来了三位法力超群的苯教徒，"其中一人行使除灾巫术，修火神法，骑于鼓上游行虚空，开取秘藏，以鸟羽截铁，显示诸种法力。一人以色线、语言、活血等作占卜，以决祸福休咎。一人则善为死者除煞，镇压严厉，精通各种超荐亡灵之术。"② 据说"洽苯"融合了外道大自在天派的许多内容。第三阶段为"觉苯"（bsgyur-bon）。"觉苯"意为翻译苯，指佛教传入西藏后，佛苯相互斗争和相互融合、苯教徒改佛典为苯典而形成的苯教。"觉苯"阶段又分为前中后三期。前期据说是由绿裙班智达将邪法与苯法相杂而成。中期是赤松德赞时下令苯教徒改宗信佛，而杰卫绛曲不从，乃与苯教徒篡改佛经为苯经，为此很多苯教徒遭诛杀，遂藏经于地下，后世掘出，为苯教"伏藏法"。后期"觉苯"是在吐蕃末代赞普朗达玛灭佛后，藏地娘堆（今日喀则江孜一带）的辛古鲁迦在达域卓拉地方将大量佛典改为苯经，如将《广品波若》改为《康钦》，《二万五千颂》改为《康穹》，《瑜伽师地论》改为《苯经》，《五部大陀罗尼》改为《白黑等龙经》等。此时的苯教，已是佛苯互融后有严密理论体系的宗教。

---

① 土观·罗桑却季尼玛著，刘立千译注：《土观宗派源流》第194页，西藏人民出版社，1985年。

② 同上。

3. 苯教的神灵信仰

早期的苯教崇奉众多的神灵鬼怪，其宇宙观念具有特色。霍夫曼在《西藏的宗教》一书中指出："按照古代西藏的信仰，世界分为三部分，即天、气和地。有时称天、地和地下。"① 在三界分别居住着不同的神灵，即龙神、年神和赞神。

苯教继承了许多原始信仰，如崇拜自然界的日、月、星辰和大山，相信天界的存在，相信非凡的人物来自天界，最后能返回天界，光绳是他们上下天界的工具，而位于天地之间高耸入云的大山，则是天与地的结合处，连接着天上人间，因而苯教十分崇拜大山，尤其是象雄境内的著名神山——冈底斯雪山被称为灵魂山、"九重雍仲山"。

苯教的神灵系统十分复杂，除上面所列的天、地和地下的几类古老而原始的神灵外，早期苯教还将民间所信仰崇拜的土地神、灶神、阳神、战神、箭神等统统纳入自己的神灵体系中。在苯教系统化和理论化之后，苯教神灵家族中又增加了许多新成员，如所谓"最初四尊"即萨智艾桑、辛拉俄格尔、桑波奔赤和辛饶·米沃且，"塞喀五神"即贝塞恩巴、拉部托巴、卓却卡迥、格措和金刚橛（降魔橛）等。② 佛苯融合后出现的新的神灵，已失却了早期苯教神灵的原始性和拙野性。这些神灵大多供奉于苯教的庙宇殿堂，与普通民众的生产生活并无直接关系，一般不为民间所知晓和供奉。

苯教的仪式复杂而繁多，诸如婚嫁丧葬、传宗接代、延寿增福、避灾免祸、招来财运、预祝丰收、驱除恶魔、治疗疾病、求神打卦等都有完整而系统的仪式，而从事这些仪式的又是苯教巫师。苯教巫师众多，因其职能不同又分为不同的类别，如"恰贤类"（pya-gshen），主要职能是占卜吉凶；"楚贤类"（vphrul-gshen），主要职能是从事巫术活动，以"阿年"（A-mye）为其

---

① 霍夫曼著，李有义译：《西藏的宗教》第 5 页，中国科学院民族研究所编印，1965 年。

② 丹珠昂奔：《藏族神灵论》第 62 ~ 64 页，中国社会科学出版社，1990 年。

代表。如今的阿年以防雹和占星两项活动为主，尤以施行巫术防雹闻名，被称为“防雹喇嘛”；“都尔贤类”（dur-gshen），主要职能是与各种鬼魂打交道；“朗贤类”（snang-gshen），其职能为祈福禳灾。① 苯教巫师仍活跃于藏族民间。

三、藏传佛教信仰

1. 佛教的传入与发展

佛教最早传入吐蕃的时间，一般认为始于第28代赞普拉脱脱日聂赞，实际应为松赞干布时期，即公元7世纪初。松赞干布的文臣吞弥桑布扎创制（或规范）文字，翻译了《宝云经》等经典；赤尊公主和文成公主先后同松赞干布联姻，虔诚信佛的两位公主分别带入了释迦牟尼佛像，并建立大昭寺和小昭寺，使佛教从古印度和汉地进入吐蕃。译经和佛像的传入，标志着佛教在西藏的真正传播。②

佛教在吐蕃的立足与发展并不是一帆风顺的，经历了同苯教长期复杂的斗争。佛苯斗争贯穿于整个吐蕃王朝的历史，历时二百余年。

赤松德赞时期，修建了西藏历史上第一座佛法僧三宝齐全的寺院桑耶寺，延请菩提萨埵（寂护）和白玛迥乃（莲花生）等印度佛学大师和汉僧来藏传法，剃度僧人，大规模翻译佛经，排斥和打击苯教，使佛教在西藏得以立足和发展。赤祖德赞（热巴巾）亦大力推行佛教，然而苯教势力并没有善罢甘休，他们设计谋杀了赤祖德赞，拥立其兄长朗达玛为赞普。朗达玛上台后封闭寺庙、毁坏佛像、镇压僧人、烧毁佛经，佛教遭到了毁灭性的打击，西藏佛教历史上恢弘的“前弘期”至此终结。经过近

① 格勒：《藏族早期历史与文化》第446～458页，商务印书馆，2006年。

② 佛教信仰部分的资料参考引用的主要书目有：王辅仁：《西藏佛教史略》，青海人民出版社，1982年。王森：《西藏佛教发展史略》，中国社会科学出版社，1987年。班班多杰：《藏传佛教思想史纲》，上海三联书店，1992年。克珠群佩主编：《西藏佛教史》，宗教文化出版社，2009年。

一百年的沉寂，由阿里一带的“上路弘传”和甘青一带的“下路弘传”，佛教在西藏再度得以复兴和传播，开始了所谓“后弘期”的辉煌历史，藏传佛教的众多教派也逐渐形成。

2. 藏传佛教主要教派

要在割据一方的封建势力范围内弘传佛教，必须依靠或取得地方豪酋们的支持和扶持。而地方首领同样需要一种思想来武装本土民众，以利于自己的统治，二者相互依赖，相互需要。加之传承世系不同和修持方法相异等原因，藏传佛教在形成时出现了许多教派，影响大的主要有四大教派。

宁玛派（rnying-ma-pa）。俗称“红教”，是藏传佛教教派中最早的一个教派，宁玛，有“古”和“旧”之意。此派自称其教法传自吐蕃时期的莲花生大师，尊莲花生为祖师，并以传承和弘扬吐蕃时期所译密咒和伏藏为主，其教义、行为、仪轨中带有较多苯教文化的成分。

萨迦派（sa-skya-pa）。俗称“花教”，是藏传佛教教派中影响较大的教派之一。“萨迦”意为灰白色的土地，因该派的主寺萨迦寺背靠一片灰白色的山崖，故名萨迦寺，由寺名衍生出地名和教派名。另外，该寺墙壁上涂有象征文殊、观音、金刚手菩萨的红、白、蓝三色花纹，故俗称“花教”。

萨迦派创立于11世纪，创始人为贡却杰波（dkon-mchog-rgyal-po　1034～1102）。13世纪中叶，在西藏纳入中央政权的行政管辖过程中，该派僧人起了积极作用，一度成为西藏地方政治势力的代表，该派僧人还成为管理全国各地佛教事务的帝师，有力地促进了西藏与祖国内地的关系和藏传佛教的发展。

萨迦派有几位著名人物，被后世称为“萨迦五祖”。即贡噶宁波（kun-dgav-snying-po　1092～1158），建立了萨迦派显宗的主要教法“道果教法”，称为萨迦派第一代祖师。索南孜摩（bsod-nams-rtse-mo　1142～1182），佛学造诣精深，著述颇丰，是萨迦第二代祖师。扎巴坚赞（grags-pa-rgyal-mtshan　1147～1216），萨迦第三代祖师。萨班·贡噶坚赞（sa-pan-kun-dgavrgyal-mtshan 1182～1251），萨迦第四代祖师。自幼随伯父扎巴坚赞受戒出家，是西藏第一位被称为精通大小五明的学者，故获“萨迦班智达”称号。萨班不仅是一位博学的学者和宗教领袖，还是一位卓越的政治家。1244 年他接受蒙古阔端的邀请赴凉州与之会晤，为祖国统一和西藏发展作出了重大贡献。八思巴（vphags-pa 1235～1289），萨班的侄子，萨迦第五代祖师。1260 年，忽必烈即帝位，封其为国师。后又奉命以藏文字母创制蒙古新字，受封大元帝师。

噶举派（bkav-brgyud-pa）。俗称“白教”，是藏传佛教的一个重要教派。“噶举”的意思是“教授传承”，注重密法的修习，而密法的修习全靠师徒关系口授心传。不落文字，口耳相传是该派的一大特点。

噶举派于 11 世纪中期形成。噶举派的第一代祖师玛尔巴（mar-pa 1012～1097），生于洛扎，曾三次访印度，四次入尼泊尔，谒见 108 位大德，遍求各种教授，其高足有米拉日巴。米拉日巴（mi-la-ras-pa 1040～1123），是噶举派的第二代祖师，生于后藏，生活坎坷，历经磨难，成为西藏第一位即身获得正果的僧人。由于玛尔巴和米拉日巴在修法时都沿印僧习惯穿白色僧衣，故俗称“白教”。噶举派有两个传承系统：香巴噶举（shangs-pa）和达波噶举（dwags-po）。香巴噶举创始人琼波南交，曾多次赴印度学法，晚年在后藏香地方建香雄雄寺等 108 座寺院，收徒数以万计，开创香巴噶举派。后来香巴噶举逐渐衰微，以致谈到噶举派时通常指达波噶举。

达波噶举创始人为达波拉杰（dwags-po-lha-rje 1079～1253），其门徒创建了四大支系，其中帕竹噶举又分出八支小系，构成噶举派“四大八小”系统。如下：

- 达波噶举
  - 噶玛噶举
  - 蔡巴噶举
  - 帕竹噶举
    - 止贡噶举
    - 达垅噶举
    - 主巴噶举
    - 雅桑噶举
    - 卓浦噶举
    - 修赛噶举
    - 叶巴噶举
    - 玛仓噶举
  - 拔戎噶举

噶举派在西藏宗教、社会和文化上影响甚大，地位独特。该教派出现了许多著名的佛学大德和高僧，产生了许多政治家和文化大家，藏传佛教的活佛转世制度亦由该教派首创。

噶当派（bkav-gdams-pa）。教戒派，最初源于阿底峡，后由其弟子仲敦·杰哇迥乃（vbrom-ston-rgyal-bavi-vbyung-gnas 1005～1064）于1056年正式创建。“噶”意为“佛语”，佛的“教诲”；“当”意为“教授”或“教戒”。“噶当”是指该派以佛的一切言教作为僧人修习的教戒指南。仲敦巴于公元1045年迎请阿底峡前往卫藏弘扬佛法。阿底峡在卫藏地区传法达9年之久，仲敦巴一直跟随大师。1054年阿底峡大师在聂塘圆寂后，仲敦巴便成为阿底峡信徒的师长。仲敦巴于1056年建热振寺，自此噶当派以热振寺为根本寺院，逐渐形成噶当派。仲敦巴有三位著名弟子：博多哇（po-to-ba）、京俄巴（spyan-snga-ba）和普琼哇（bu-chung-ba）。博多哇知识渊博，著述颇丰，受人尊崇，弟子达千余人，开创噶当派中的“教典派”支系；京俄巴20岁进热振寺，师从仲敦巴，一生门徒众多，多传授噶当派教授，遂创噶当派“教授派”支系。

噶当派以修习显宗为主，强调修习次第，主张先显后密。公元15世纪时宗喀巴在噶当派基础上创立了格鲁派。

格鲁派（dge-lugs-pa）。俗称“黄教”，是藏传佛教形成最晚的一个教派。“格鲁”意为“善律”，以学阶严格、戒律严明、教义完备著称。又因该派僧人穿戴黄色衣帽，故俗称“黄教”。

宗喀巴·洛桑扎巴（tsong-kha-pa-blo-bzang-grags-pa 1357～1419），生于青海宗喀地方。宗喀巴7岁出家，学习显密教法10年后去卫藏地区深造，广泛寻师问道，钻研噶当教法，逐渐形成自己的思想体系，著《菩提道次第广论》、《密宗道次第广论》等著作，成为最有名望的学者。

15世纪初，宗喀巴针对当时的宗教弊端，进行了一场宗教改革。措施主要有：针对当时各教派戒律松弛的问题，制定了一套严格的戒律，提倡僧侣身体力行，严加恪守。对各教派的教义教法兼收并蓄，集其大成，著书立说，创立了一个庞大的、次第井然的教义教法系统，成为格鲁派的理论依据和行为准则。复兴旧寺，建立新寺，形成以寺院为中心的宗教据点。1409年，宗喀巴在拉萨以东建立甘丹寺；1416年，其弟子绛央却杰在拉萨以西建哲蚌寺；1419年，另一弟子释迦也失（绛钦却杰）在拉萨以北建色拉寺，成为格鲁派在拉萨的三大寺，为格鲁派日后的发展奠定了稳固的基础。格鲁派还将噶当派的许多寺院改为格鲁派寺院或立为属寺。广收门徒，高徒众多，其中即有日后被追认为一世班禅的克珠杰和被追认为一世达赖的根顿珠巴，这些门徒对格鲁派的发展起了重要作用。外出传法，创立法会，积极扩大社会影响。1409年，宗喀巴在拉萨举行了规模宏大的祈愿法会（smon-lam-chen-mo），极大地提高了宗喀巴的知名度和格鲁派的影响。

格鲁派的创立和发展尤其是格鲁派掌握政权之后，西藏政教合一制度更加完备，宗教势力渗透到西藏社会的各个领域，给西藏社会带来了极其深刻的影响。

3. 活佛转世制度与达赖、班禅活佛系统

活佛转世制度是藏传佛教的重要特征之一。活佛，藏语称为“朱古”（sprul-sku），蒙古语称“呼图克图”。活佛转世制度源于灵魂不灭理论和佛教的佛、菩萨圆觉解脱、化身降世、普度众生思想的融合。世间的芸芸众生，无论是人还是动物，生命完结后还会再次转生，其肌体泯灭后灵魂不会消亡，灵魂会附体在另一躯体内再现。即所谓灵魂不灭、生死轮回，“化身再现，乘愿而来”。活佛转世得到信教群众的普遍认同。

藏传佛教最早采用活佛转世的是噶玛噶举派。噶玛噶举的创始人为笃松钦巴（dus-gsum-mkhyen-pa　1110～1193），从师于达波拉杰，于1147年在康区建噶玛拉顶寺，1187年在拉萨堆龙地方建楚布寺。噶玛拔希（krma-pag-shi　1204～1283）求学于笃松钦巴的再传弟子崩扎巴，成为噶玛噶举派的高僧。1251年蒙哥继汗位，噶玛拔希于1256年受邀去蒙古会晤蒙哥汗。据说蒙哥汗赐给他一顶金边黑色僧帽和一颗金印。为了巩固噶玛噶举派势力，该派僧人第一次采取了活佛转世制度，将1284年出生的让琼多杰（rang-byung-rdo-rje　1284～1339）立为噶玛拔希的转世活佛，并追认笃松钦巴为第一世活佛，噶玛拔希为第二世活佛，让琼多杰为第三世活佛。由于蒙哥汗赐予噶玛拔希金边黑帽，此派便成为噶玛噶举派黑帽系。该派活佛系统一直延续至今，已传十七世。

达赖、班禅两大活佛转世系统均属于格鲁派。达赖喇嘛的称号始于1578年。当时第三世达赖喇嘛索南嘉措受蒙古土默特部首领俺答汗邀请，前往青海讲经说法，俺答汗赠予“圣识一切瓦齐尔达喇达赖喇嘛”的尊号，这便是“达赖”尊号的由来。1652年，五世达赖阿旺洛桑嘉措前往北京朝觐顺治皇帝，翌年被封为“西天大善自在佛所领天下释教普通瓦赤喇达喇达赖喇嘛”，达赖喇嘛这一封号及其在西藏的宗教和政治地位才被正式确定下来。至今达赖喇嘛世系已传至十四世。达赖喇嘛被信教群众尊奉为观世音菩萨的化身。

“班禅”的称号始于1645年。当时格鲁派受到后藏噶玛噶举控制的藏巴汗政权的威胁，卫拉特蒙古和硕特部的固始汗应四世班禅和五世达赖的邀请，于1641年率军队入藏，帮助格鲁派消灭了藏巴汗地方政权，赠洛桑确吉坚赞以“班禅博克多”的尊号。1713 年，康熙皇帝正式册封五世班禅洛桑益希为“班禅额尔德尼”，确立了班禅喇嘛系统的宗教和政治地位。至今班禅世系已传至十一世。“班禅”被信教群众视为无量光佛的化身。

4. 信仰行为与活动方式

藏族信教群众的信仰行为和活动方式主要有以下类别：①

供奉三宝。这是藏族群众最普遍的一种宗教信仰行为。对佛法僧三宝的供奉，是一种善念和善行，有无量功德。供奉三宝，主要是供奉神佛。藏区人家无论殷实与否，都要供奉神佛，富裕之家设经堂，一般人家起码也有简易的神龛。经堂内设置佛、菩萨像，框以神橱，前供酥油灯、净水和鲜花果品等物，早晚顶礼膜拜。经堂内还收藏有各类经书，多寡不等，视屋主的经济条件而定。拉萨地区居民的神龛内多供奉“师徒三尊”（rje-yab-sras-gsum），即宗喀巴、克珠杰和贾曹杰这三位对格鲁派的创立和发展做出巨大贡献的佛教大德。藏东地区有的主供莲花生大师。

念诵经文。藏区即使是非僧尼群众，每日也要念诵经文。最常见的是反复念诵“六字真言”：唵、嘛、呢、叭、咪、吽。据说，“六字真言”是一切佛经浓缩概括的结晶：“唵”，表示“佛部心”，念诵此字时，自己的身、口、意与佛相应成一体；“嘛”、“呢”，表示“宝部心”，念诵可得“如意宝”，获取幸福；“叭”、“咪”，表示“莲花部心”，象征佛性如莲花般纯洁无瑕，诵此可排除一切邪见；“吽”，表示“金刚部心”，象征无坚不摧，诵此可依赖佛的法力，克服任何困难，获得成就。由于念诵“六字真言”简单易行，故群众极易接受。除此之外，还要念诵各种祈祷词，有消灾的、求福的，等等，可视神佛对象和诵者的要求不同而加以选择。其中，念诵《皈依颂》是最主要的一种。

① 该部分内容除作者的实地调查材料外，还主要参考引用了关东升主编：《中国民族文化大观·藏族、门巴族、珞巴族》第 120 ~ 122 页，中国大百科全书出版社，1995 年。才让：《藏传佛教信仰与民俗》，第 64 ~ 68 页，民族出版社，1999 年。

磕长头

转经轮

煨桑

转经与朝圣。转经活动一般分早晚两次进行，主要是绕寺庙、神殿和佛塔进行。有的地方群众转神山圣水也属于转经的范围。拉萨地区信教群众有围绕以拉萨大昭寺神殿为中心的“转三廓”活动：“朗廓”（nang-skor 内圈），系在大昭寺内回廊围绕觉卧佛主殿转一圈；“八廓”（bar-skor 中圈），即绕大昭寺及其周围建筑群转一圈，形成闻名遐迩的八廓街；“林廓”（gling-skor 外圈），环绕拉萨老城区转一圈，包括今天的林廓东路、北路、西路和南路。转绕林廓实际上礼拜了拉萨城区内几乎所有的寺庙和神佛，如大昭寺、布达拉宫、药王山千佛崖、小昭寺、功德林、仓孔寺等大小寺院和神殿都在林廓绕行的圆环内。转一圈林廓至少需要 3 个小时。作者在西藏考察时曾多次与藏族大妈和老奶奶一道转林廓，最快一次用时 4 小时，最慢一次用时 9 小时，原因是老奶奶沿途见神佛就拜，还多次喝茶休息。拉萨还有一条转经路叫“孜廓”（rtse-skor），又称为“颇章秀廓”（po-brang-zhabs-skor），就是围绕布达拉宫转。每当清晨或傍晚，一群群男女老少，有的是全家出动，有的还牵着家犬或领着“神羊”，沿着规定的路线，口诵“六字真言”，手转嘛呢轮，进行这一神圣的佛事活动，借此抒发对神佛的一片虔诚。

藏族信教群众有去寺庙朝佛和神山圣水朝圣的习惯。每个寺庙或神殿前，人们往往络绎不绝，跪拜者此起彼伏，以致阶前的青石被磨得光滑如镜，天长地久甚至人形凹现于石上。每当马年，虔诚的信徒会不远千里去佛教圣地冈底斯山朝圣；羊年去朝拜纳木错湖，猴年则去杂日神山转山。这就是民间所讲的“马年转山、羊年拜湖、猴年绕林”之说。

磕长头。磕长头也叫“磕等身头”，人们按照既定的目标，或为避灾、治病、忏悔、朝佛等目的，磕头前往某一著名寺院，或某一圣地。有的从家乡出发，磕头前往拉萨朝佛。从出发地开始，用自己的身体去丈量行进的路程。其基本姿势是：双手合十，上举至头顶，后移至喉部，再下移至胸间，然后俯身直卧，两臂前伸，额头着地，用手在地划一印记，或将一石子放于指前，起身站立走到印记处，即算完成一次。如此千万次重复进行。这种磕头需要巨大的献身精神和坚忍不拔的毅力。通常绕着寺院磕长头的比较多，绕寺磕头的数量即磕多少圈，是根据自己的发愿。磕长头异常艰辛，一般都戴有护膝和护掌。一些佛殿、经堂门口的地板上，在无数信徒不断磕头的作用下，年深日久，在石头和木板上都留下了深深的痕迹。

转经筒（轮）。经筒有大小两种：大的如巨桶，直径1米左右，高约两米，多安置在寺庙神殿周围的长廊通道上，人们一边

迎风飘舞的经幡

嘛呢堆

行走，一边用手推动旋转；小的经筒则可拿在手里，直径不足10厘米，高仅10厘米，用手摇动。经筒内放有经文，外部刻有六字真言和其他宗教符号。据说转动一次经筒，就等于将经书诵读了一遍，是一种省心省力省时的好办法。藏族老人平日习惯在清晨前往寺院，用手转动经轮，绕顺时针转寺院，无论春夏秋冬坚持如一。藏区还可见到利用水力或风力推动的经筒。

贡献与布施。贡献是信教群众对神灵、活佛、寺庙等进行的奉献活动，可以献财（金银财宝等）、献物（粮食、酥油、皮张等）和献力（服劳役）。贡献一般是自愿的，贡品的多寡不拘。所谓“一文不算少，千金不为多”，自己可量力而行，但群众往往是倾其所有，以明诚心。布施是佛教徒修行“六度”之首，源于释迦牟尼佛化身摩诃萨埵、舍身饲虎等故事，是佛发大慈大悲心的表现。这里指的是群众的布施活动，有条件的人家对寺庙僧众和贫苦群众均可发放布施，以积累资粮修福德。

煨桑与放风马。煨桑是藏族古老的祭祀形式，是用松柏枝、坎巴花等香料和糌粑面点燃以祭神。在寺庙、神殿以及神山、神水等每一处供神的地方，都设有煨桑炉。在节庆场合和一些宗教活动时，通常是整日香烟缭绕，经久不散。

风马，藏语称“隆达”。风马有纸制或布制的，其图案为中间是奔走的马，四角写着大鹏（khyung-chen）、龙（vbrug）、狮（seng-ge）和虎（stag）。据说风马是山神需要的骏马。放风马是向山神献祭，乞求保佑。另外，风马还表示自己或本村、本部落的运气，倘若你的风马冉冉升入高空，说明神灵喜欢，接受了你的贡物；如果风马落地不升，就表明你交上了厄运，得设法祈禳。布印的风马也有插在屋顶高处的，也含有盼望增长运气的意思。[①] 放风马时，先煨桑，在滚滚腾起的烟雾中，抛撒风马，念诵祝词：

---

① 丹珠昂奔：《藏族神灵论》第19~20页，中国社会科学出版社，1990年。

今日风马升起来，
袅袅升向空中；
没有升起的风马，
请连连升起。
天地满是吉祥，
风马哟，愿你都升入高空。

挂经幡与堆“嘛呢”。经幡在藏区随处可见，五颜六色，组合成阵，飘飘扬扬，蔚为壮观。经幡印有佛像、经文和其他宗教符号，被看做是神佛的一种化身，任何人不得加以亵渎。逢年节或重大的宗教节日，经幡还要更新增添。

在藏区各地山顶上或十字路口，常见“嘛呢堆”，即垒起一堆石头，上有佛像和“六字真言”的石片，石堆顶插有经幡、挂有哈达，摆放牛头（角）。人们经过此地，必须下马步行，不能高声喧哗，或做其他不敬的动作；要顺时针绕石堆 1 周或 3 周，默念经文，然后在石堆上放置一块白石，以示敬神祈福。

放生。放生是一种活祭仪式。放生有两种：一种是寺庙和僧徒的放生，多以整个寺庙或扎仓的名义进行；一种是世俗官吏或有钱人家的放生，多以家庭的名义进行。俗人放生，通常找一节日，也有因病或消厄运，先向神佛许愿，然后择日放生的。所放的祭牛、祭羊，身挂彩色布条，让其自由自在地生活在山上，或养至老死，任何人不得鞭挞、使用或宰杀，否则即是犯下了罪过。①

---

① 丹珠昂奔：《藏族神灵论》第 21 页，中国社会科学出版社，1990 年。

第二节　门巴族信仰习俗

一、自然崇拜和神灵信仰

万物有灵观是门巴族的古老信仰。门巴族认为，山有山神，树有树精，水有水怪，风雨雷电、地震水灾，乃至人的生老病死都有超自然的神灵在驱使。为免灾祈福，人们敬奉鬼灵，供献牺牲，举行各种繁缛的巫术活动。

在门巴族的宗教观念中，把宇宙分为三层境界，即天上、地上和地下。与此相应的神鬼是“拉”、“赞”和“鲁”。宇宙的最高层是“天”，是天神“拉”的住地。天界的“拉”们为保护人类可以离开天界来到人间，住于山巅，称作“格拉”。宇宙的中间层是空间和大地，是“赞”居住的地方。“赞”是对游神厉鬼和精怪的总称。在门巴族的信仰观念中，空间充斥着“赞”。山川、峡谷、草木等也都附着“赞”。“赞”有善、恶之分。地下是宇宙的最底层，是“鲁”神居住的地方。人们认为，江河、泉水、湖泊等是“鲁”神栖身之所，在水中生活的鱼类、地下穴居的动物如蛇、蛙、虫等都是“鲁”神的化身。

门巴族对神山圣水十分崇拜，每年在夏季和冬季都要转神山和神湖。

在墨脱门巴族各村寨，都有为数不少的山鬼地灵，树精水怪。它们或善或恶，有时善恶集于一身，影响着人们的精神世界和生产生活。

东波村：“东珠达杰”，一神石，男性，善灵。

亚让：“罗布曲杰”，巍峨的山体，男性、善灵。

米衮：“龙拉杰姆”，巨树，女性，善恶兼备。

玛迪：“玛哈德瓦”，一巨石，性别不定，善恶集于一身。

米日：“森东朗措”，一湖泊，女性，善恶兼备。

德兴："达龙"，石岩，有虎豹等自显印迹，性别不定，善恶兼备，每年需祭祀。

荷让："阿巴云达杰波"，雅鲁藏布江中的一块怪石，冬季水枯时露出水面，是德兴和荷让一带的厉鬼，男性。"当坚嘎让"，一山体，男性，系铁匠死后所变，恶鬼。

文朗："宗增本顿"，系文朗村背后的七兄弟峰，善灵，男性；"次仁坚额"，系文朗村背后的五姊妹峰，女性，善灵，向其祭祀，生儿育女可如愿。

得哥："阿司杰波"，一山峰，男性，善灵。

马尔崩："却本拉姆"，七棵巨树，直冲霄汉。女性，善恶兼备。

西约："德本松玛"，一山体，男性厉鬼，危害极大。

巴登："白玛朗措"，一湖泊，女性，善恶兼备。

乌那："巴瓦本顿"，七座山峰，善灵七兄弟。男性。

约儿东："西格曲丹"，一岩石，有一滴泉常年滴水，男性，善灵。

勇培："阿颇多吉扎增"，又名"洛荣钦角杰季达波"，意为"南部18沟壑之王"，系一险峻高山，为墨脱门巴族崇拜的最大的山神，男性。门巴族每年都要向其祭祀，祭祀地点在其山下一个叫"阿颇颇章"的地方，祭品有长刀、长矛、小刀、土枪、各种粮食、衣物、哈达等。人们在每年藏历一月跳神时，首先要跳祭它的宗教舞。参加酬神舞的有4名巫师、两名喇嘛、两名信使、4名持刀武士、4名持箭武士，1人扮作山神。山神居中，其他人分列两旁，另有专人击鼓。每次需跳半天。跳神时，如山上顿时大雾弥漫，暴雨骤至，人们相信这是感动了"阿颇多吉扎增"；如果山上不起雾，没下雨，则意味着"阿颇多吉扎增"不为所动，需再次跳酬神舞和增加供物，不然便会遭到灾难。平时，人们经过神山时，不能大声说话，不能放屁，不能往山上吐唾沫、扔杂物、拉屎撒尿，不然，山神会扔石头，违禁者不死即伤。

背崩："扎西旺杰"，一巨石，巨石旁有两株大树，男性，善恶兼于一身。

布迥："辛达拉姆"，一怪树，女性，恶灵；"白玛玉措"，一湖泊，女性，善恶兼备。

格林："加瓦日额"，一山峰，男性，善灵；"达帕右永"，两块怪石，是一对夫妻；"日那旺钦"，一山峰，男性，"辛吉巴东"，系一大瀑布，女性精灵。格林一带门巴族信奉的 4 个精灵，均是善恶兼备、喜怒无常的山灵水怪。

德儿工："桑朵白日"，一山峰，男性，善灵；"康卓多桑"，形似一石桥，女性，善灵。"桑朵白日"和"康卓多桑"后被纳入宁玛派的神灵系统。

萨噶："措达衮布"，一湖泊，女性精灵，善恶集于一身。

西让："坚吉热吉玛"，一山峰，系一女性精灵。神话讲，该精灵只有一只眼、半边脸、一个乳房和一颗牙齿，常翻手为云，覆手为雨，喜怒无常。

增白："阿颇夏热"，怪石，男性厉鬼。

格登："拉崩松"，一乱石嶙峋的岩山，男性；"鲁崩"，一山峰，从山上流出的水呈白、红、黄、蓝和青蓝色，人们认为是地下鲁神聚居之所；"增达阿颇"，系一形状奇特的草山，男性；"增归罗布扎堆"，一树干高大的密林，男性；"托格"，亦为一密林，女性。

多嘎："阿扎巴瓦"，一山腰密林，女性精灵；"玉曲贡顿"，一山峰，男性，善鬼。它们均善恶兼备。

嘎登："玉嘎央塞"，一草山，男性，善鬼。

龙勒："东那嘎波"，一小湖，湖旁有怪石和奇树，人们认为是男性精灵所居之所。"嘎玛安日杰波"，一密林，男性精灵，树木严禁砍伐，砍伐树木者将患麻风病。

加热萨："增嘎多吉"，一山体，男性；"阿布西让"，一密林，女性；"帕雄阿布"，一小湖，女性精灵；"德旺阿布"，雅鲁藏布江边的一座山岩，奇险，为男性厉鬼的化身和住所；"阿布绸格”，一狰狞巨石，系男性厉鬼。[①]

门巴族的神灵家族还有许多成员，无需一一罗列。从上面所介绍的神灵成员可以看到，门巴族的神祇大都是可感可触、与人们现实生产生活密切相关的山川大地、林木湖海，而缺乏抽象的神灵；神灵中，女性神灵占有很大的比重，而且多与水、湖相关，男性神灵则多与石、山、树干相关。这些都反映出门巴族神祇的自然性与原始性，还保留着浓厚的原始宗教神灵的色彩。

二、巫师与巫术

门巴族的巫师种类繁多，根据职能的不同，可分为驱鬼巫师和请神巫师。驱鬼巫师有“顿龙肯”和“巴窝”，由男性充任；请神巫师有“巴莫”和“觉姆”，由女性充任。

“顿龙肯”注重杀牲祭祀，作法时无特殊穿戴，法器很少，仪式简单易行，多为祈神送鬼，以求吉利平安。“巴窝”的送鬼仪式复杂。若病者家要请巴窝跳神送鬼时，祭主家需准备大量的酒肉、食物和祭品。巴窝同助手“曲本”到祭家，将祭品摆放于搭设的祭台前，火塘中焚烧柏树枝和吉米辛树枝叶。巴窝身披“萨蒙”神衣，头戴“仁安”神帽，右手拿双面手鼓，左手持法铃，在烟雾弥漫中开始作法。巴窝趺坐于地，边击鼓，边念念有词，进入迷狂状态。室内烧一大锅开水，巫师将烧红的石头投入沸水中，蒸汽弥漫，用树叶蘸沸水洒在自己身上，以示自己是“神体”。边洒边唱：“天上的大雪向我降吧，山谷的大风向我吹吧，妖魔鬼怪跟我来吧，疾病祸灾抛向我吧……”念诵中，巫师挥舞长刀，在室内转圈，节奏由慢而快，从室内挥舞到室外，将恶鬼赶走。仪式结束后，在病家门口的木梯旁插置两束新鲜树枝作为标志，在楼上进门处用刺树枝叶搭成拱门状，3 天内严禁他人上梯入室，以防带入恶鬼。

---

① 关于墨脱门巴族神灵信仰的资料，是笔者 1986 年在墨脱进行文化考察时搜集的，提供材料的有益西平措、罗桑、珠巴等门巴族老人。1992 年和 1993 年，笔者又两度增补核实，提供材料的有罗布次仁、米久、尼玛等门巴族老同志。

墨脱门巴族僧人做法事

巴莫和觉姆女巫的主要职能是祭神。巴莫一般是举行定期的祭神仪式。觉姆的主要职能也是祭神，同时兼事跳神送鬼。觉姆作法时，身披一块红色毯状的神衣，头戴3个或9个称作“冗浪”的银制饰物，颈挂串珠，手戴铜镯，在祭台坐定后，先大声“啊”3次，接着念诵咒语，演唱专门的请神曲调。演唱时，全身发抖，近乎迷狂，似与神灵对话。仪式通常从太阳刚升起时开始，中午结束。仪式时觉姆端坐祭台，不用法器，只念诵和演唱请神咒语，请神毕，再大声“啊”三次仪式即告结束，不杀牲献祭。

门巴族巫师无世袭，多为师传。成为巫师者大多为久患重病后治愈之人。

据对墨脱四措近两代人中巫师情况的不完全调查，巫师共有

48名，其中女巫26人，男巫22人，女巫占巫师总数的54%强。[①] 门巴族女巫有两类，即“巴莫”和“觉姆”，她们自称是女神的化身；而藏族苯教巫师中几乎没有女巫。门巴族巫师中女性占较大的比重，反映出门巴族苯教与门巴族原始宗教的直接继承关系，因为在原始宗教活动中女性占据重要地位。

“巴莫”系女巫，其主要职能是祭神，一般是定期为人们举行祭神仪式。每年藏历一、二月间，门巴人家家户户都要迎请“赞”和“坎卓”两女神，九、十月间庄稼丰收后则欢送两女神，这种仪式称为“奴夏巴”，均由巴莫主持。巴莫施法时，头戴“仁安”神帽，两耳旁悬挂纸扇形的“仁安乃”饰物，额部和颈部缀挂若干串珠，身披“沙热”神衣。在助手“曲本”的帮助下，在祭主家点燃“古玛薪”树枝叶。熏烟缭绕中，巴莫左手持铜铃，右手持手摇小鼓，口诵咒语，在一竹席铺就的神坛内来回走动或跳跃，同时摇晃身子和头部，摇铃击鼓演唱祭词。一次“奴夏巴”仪式需两三个小时，多在白天举行，目的是祈求祭主家平安吉利，庄稼丰收。

“觉姆”亦为女巫，其职能既可祭神亦能跳鬼，多为祭神。觉姆在作法前，需先进行米卜，用自带的称为“削丝过木”的米筛筛米，根据呈现的卦象，判断需祭祀哪方神灵，所需祭品以及病人的吉凶。

作法前，觉姆还需到河溪旁将自己的手、头洗干净，然后请助手摆放供物。祭台一般设在祭主家的正房。在房梁上横一竹竿，上面悬挂银质避邪物9个、花色背带9条、围裙9条、铜锅9口，以及弓箭、箭筒、衣物、布、长刀等若干。悬挂物上还缀以染色的棉花制作的花朵。悬挂物下方摆一方桌，上面放置竹盒3个，里面盛着饭、菜、香蕉、黄瓜及各种鲜花。方桌前摆放一个作法时用的坐垫。坐垫旁设一小木凳，上面放芭蕉叶和米或玉

① 西藏社会历史调查资料丛刊编辑组编：《门巴族社会历史调查》（二）第57页，西藏人民出版社，1988年。

米面，此系觉姆保护神之祭品。当助手“儿得”在火塘内烧起古玛薪枝叶，整个房间烟雾弥漫时，觉姆开始作法。

觉姆作法时，身披一块红色毯状的沙热神衣，头戴3个或9个银制饰物，颈挂串珠，手戴铜制手镯，边念咒语，边向房内四周抛撒玉米粉或米粒，然后在祭台的坐垫上坐下。觉姆坐定后，先“啊……”三次，接着唱专门的曲调，边演唱，边全身发抖，意为觉姆的灵魂从墨脱到主隅接请自己的保护神的旅途艰辛。然后，每当觉姆喊到某神或某鬼的名称时，“儿得”就向祭台上撒些米、面、祭品或酒等。演唱内容多为叙述一些门巴族的神话、传说、历史等。觉姆请来神或鬼后，还要送走神或鬼。作法结束时，觉姆再“啊……”三次。觉姆的宗教仪式，一般是太阳初升开始至中午止。觉姆作法时坐于垫上，不跳跃，没有神鼓、摇铃等法器。

“顿龙肯”系男巫。与巴莫和觉姆作法时不同，顿龙肯注重杀牲献祭，但法器少，也无特殊穿戴。顿龙肯的职能主要是送鬼。

顿龙肯送鬼仪式一般是在下午至晚上进行。他作法时不唱不跳，只是念咒语，也不需要法器，但送鬼仪式必须在村外草坝或河溪旁举行。出村前，顿龙肯将祭物摆放在病人跟前，念咒语后才将祭物送到村外的祭地。送鬼前，杀猪或牛，筑灶支锅，祭肉煮熟后仪式开始。届时，顿龙肯在地上摆放三排祭品。第一排是7个大铜锅。第二排是贵重的衣服和首饰。病人家的衣饰不够时，需向邻居和亲朋借用，用后归还。摆放时先要在地上铺垫一层芭蕉叶。第三排是5~7个邦穷，盒底铺垫一层芭蕉叶，盛装大米饭。米饭的四周放蔬菜，最上层置放煮的祭肉（肝、心、肚、肠等内脏各部位的肉都要放一点，以示祭献的是全牲）。祭品准备毕，巫师念念有词，呼叫各种鬼灵的名字，最后呼叫3个需要重点祭祀的鬼灵：阿毕桑吉卓玛、辛巴什达那波、卓年赤勒旺曲。巫师一边将食物抛撒四方，一边祷告：

你所需要的都准备好了，
你吃吧、穿吧、用吧！
这是病人奉献的，
请把病人的灵魂放回吧！
放时，请将套在灵魂上的绳索解开！
放时，请将钉在灵魂上的钉子拔掉！
放回的灵魂要像鸡蛋一样完美无缺！
放回的灵魂要像洗澡后一样的干净！
放回的灵魂要像树刚剥皮那样新鲜、洁白！①

巫师念诵完毕，由助手、病家亲属和几位乡邻一道去林中砍回一大把树枝，看树枝上有无一种叫“永布”的白虫，如没有永布还要念咒，再一次去砍树枝。巫师将永布虫用棉花轻轻包起，带到病人的睡卧处，塞进病人的头发里，表示将灵魂找回来了。送鬼仪式结束后，所有供物除留一份给病人外，其余都分发给在场的人吃。当顿龙肯一行人回到病人家时，病者家人向他们身上抛撒一点灶灰，以防止害人鬼入室。同时，家人还要在入门的梯子旁插上一枝带叶的树枝，3 天内禁止他人进入室内。

巴窝在门巴族人心目中是法术最高的巫师，既能祭神送鬼，还能举行各种巫术活动。巴窝多由男性充任。

巴窝的宗教活动频繁而复杂，我们兹举其施术治病和禳解巫术的片断以窥其特点。

巴窝为病人施术治病时，头缠红、白两色布巾，戴一“仁安”神帽，胸前挂满串珠，身上斜披白带子，端坐高凳上敲鼓。巴窝面前放一托盘，盘中盛有玉米粉，上面立有玉米棒子若干。施术开始，他的身体东摇西晃，节奏由慢而快，同时挥刀起舞，状似疯人。病人屋中烧一大锅开水，巴窝将烧红的石头投入沸水

① 西藏社会历史调查资料丛刊编辑组编：《门巴族社会历史调查》（二）第 45 页，西藏人民出版社，1988 年。

中，满屋蒸汽弥漫。巴窝用树叶蘸沸水洒在自己身上，现出不怕烫的神情，以示自己是“神体”；又在病人身上涂上酥油，然后洒沸水。若还有人要求治病，可事先围坐在屋内，巴窝向病人洒水时一并洒向他们。巴窝口中唱道：

天上的大雪啊向我降吧，
山谷里的大风啊向我吹吧，
妖魔鬼怪啊跟我来吧，
灾难祸殃啊集于我身吧……

病人病重时巴窝还要挥舞着刀从室内到室外，意味着把鬼赶走。

巴窝除送鬼跳神外，还有一个重要的职能是对诅咒巫术的禳解。墨脱有一种叫“安”的诅咒巫术，据说是一种十分厉害可置人于死地的黑巫术。施巫术者将被咒人的名字、年龄写在一张纸条上，装入牛角中；或将被咒人的头发、指甲、衣服残片等物装入牛角中，念咒后，将牛角埋在被咒者家的墙角或进门的木梯旁，有的则埋在离被咒家较远的乱石堆下或大树下。被咒人很快会头痛恶心，患重病，直至死亡。当病家怀疑是遭人施了“安”时，必须请巴窝来禳解。届时，巴窝到病家，问清病人的姓名和年龄，用大米面和玉米面做成面坨，放于绕塞内的“曲雄”神龛前，同时摆放香蕉、米饭、鸡蛋及病人的衣服等物，由助手曲本点燃“古玛薪”枝叶。巴窝身披法衣、头戴神帽，手拿法鼓，佩挂法刀，先坐于地板上击鼓念咒，请求神灵附体。巴窝脸色渐渐变白，全身颤抖，然后猛地跳起，左右晃动，一边击鼓，一边念念有词。念词内容由助手翻译给众人听，主要是问询是什么鬼灵作祟、病源来自何方等。助手要不时抛撒米粒、小麦等粮食。经过一番问询后，巴窝拔出法刀，念诵着跳跃着出了家门，在病家的室外或墙体，或门边用法刀画一个圆圈，病家立即在巫师画圆的地方挖，将挖出的符咒烧掉后，仪式即结束。据说巴窝每次寻找符咒都很准，这更增加了人们对巴窝的信仰和对巫术的神秘感。

三、藏传佛教信仰

藏传佛教的宁玛派、噶举派和格鲁派在门巴族地区都有影响，以宁玛派影响为最大，是门巴族信奉的主要教派。

宁玛派在公元11世纪前后便已传入门隅，继后是噶举派。相传噶举派高僧都松钦巴曾到门隅传教，但噶举派在门隅的影响远不及宁玛派。

17世纪中叶，格鲁派在全藏占统治地位后，五世达赖喇嘛即派门巴族喇嘛梅惹洛卓嘉措到门隅执掌政务，传播格鲁派教义。1680年，洛卓嘉措将达旺寺这个宁玛派大寺改宗格鲁派，并进行了扩建。然而，在门巴族的佛教信仰中，藏传佛教格鲁派并不占优势，宁玛派则备受人们推崇和信奉。宁玛派没有严格的清规戒律，组织松散，僧人可以居家劳动，娶妻生子。特别是它在内容和形式上及收了一部分原始苯教的东西，同门巴族传统的自然崇拜和神灵信仰较为接近，易为门巴族所接受。而格鲁派严格的宗教戒律与门巴族传统的宗教心理格格不入，难以为人们所接受。

随着藏传佛教各教派的传入，一座座佛教寺院在门巴族地区相继建立，一批批僧人应时而生。至20世纪50年代，门隅地区已有佛教寺院及经堂40余座，僧人近千人，墨脱有寺院和经堂近40座，僧人300多人。影响较大的寺院有达旺寺、仁钦崩寺等。

门巴族的佛事活动同藏区相应教派的活动大体相同。藏传佛教在门隅的传播和发展过程，也是被门巴族地方化和民族化的过程，门巴族社会发展的特殊性，使门巴族地区的藏传佛教乃至整个宗教信仰都具有自己的鲜明特征。门巴族信仰的原始神祇进入了佛教神祇的行列，步入了佛堂庙宇，同佛祖菩萨一道受纳人们虔诚的朝拜和祭献；门巴族巫师与佛教喇嘛地位平等，不分轩轻，都受人们的尊崇，享有崇高的地位。原始宗教信仰、苯教信仰和藏传佛教信仰的互融共生、杂糅并存，是门巴族信仰习俗的显著特征。

第三节　珞巴族信仰习俗

一、自然崇拜与精灵信仰

珞巴族信仰原始宗教。珞巴族传统的生产方式和生活方式，是孕育和诞生珞巴族原始宗教信仰的现实土壤，万物有灵和灵魂不灭观念是珞巴族的信仰基础。珞巴族的原始宗教有着丰富的内容和多种崇拜形式，有繁多的祭祀仪式和繁缛的巫术活动，它深刻地影响着珞巴族社会生活的各个方面。

自然崇拜在珞巴族宗教体系中占有突出地位。珞巴族崇拜日月星辰、山川大地、江河湖泊。在他们看来，自然万物像人一样是有性格和灵性的，各种神秘的自然现象，如日月升落、风雨雷电、地震洪水等都有一种超自然的神秘力量在驱使，这就是精灵或鬼怪，他们称为“乌佑”。在他们的观念中，山有山鬼，树有树精，水有水怪，世上的万事万物，乃至人的生老病死、吉凶祸福、庄稼丰歉都由精灵主宰。

用于祭祀的兽角

天体崇拜是珞巴族自然崇拜的重要内容。太阳崇拜是珞巴族天体崇拜的重要组成部分。珞巴人认为，太阳是正义的使者和化身，它带给人间光明和温暖，备受人们崇拜。太阳为女性，名“冬尼”。珞巴族许多部落，在举行大型仪式时，要选出一条大而肥壮的牛，由主妇象征性地宰杀，祭祀太阳精灵。在博嘎尔部落，人们在离房屋不远处搭有一个称为“嘎热”的棚架，架上用红色颜料绘画太阳形象，每年春秋两季举行祭日活动。届时，在“嘎热”架前放置一块木板和一口锅，木板上摆放酒、肉、饭等祭品，点燃松柏树枝，巫师高声诵祷词，盛赞太阳的威德。诵祷毕，杀鸡若干，将酒、饭洒向空中。祭祀毕，人们在神架前集体聚餐，唱歌跳舞。举行神判时，也多在神架前举行，双方当事人须面向神架发誓，请求日灵做出公正的判决。人们视日灵为人间真理、法则和正义的监护神。

珞巴族居住在高山峡谷地区，十分崇拜山鬼石灵。在他们的观念中，崇山峻岭、悬崖峭壁、石窟洞穴，都是乌佑隐居的处所。因此，每当人们狩猎、出征或外出交换均需祭祀山上的乌佑。

水、火崇拜也是珞巴族自然崇拜的内容之一。珞巴人认为江河中有水鬼，湖泉中有精灵。平时，人们将鸡、鸡蛋、大米等祭品投入水中，供奉水鬼。严禁往湖、泉、江河中吐痰、扔脏物，严禁砍伐湖边、泉源和江畔的树木。人们对火极为崇拜，视火为神圣的灵物，由专司火的乌佑管理。

图腾崇拜是珞巴族宗教信仰的崇拜形式之一。珞巴族各部落所崇拜的图腾物达百余种之多，主要有动物、植物和无生物三类。常见的氏族图腾有虎、豹、野牛、狗、鹰、青蛙、蛇、太阳、月亮等。这些图腾均与珞巴族的经济生产和日常生活紧密相连，其中动物图腾占绝大多数，与珞巴族狩猎生产活动密切相关。

鬼魂信仰与祖先崇拜是珞巴族原始宗教信仰的重要内容。珞巴族称灵魂为“亚洛”。亚洛平常寓居于人的肉体之中，只有在做梦、生病或死亡时亚洛才离开肉体，但亚洛不会死亡，只是转向了别的去处。珞巴族有着浓烈的祖先崇拜情感。在他们看来，祖先的魂灵是氏族和村寨的护佑者，是子孙后代的保护神。珞巴族创造了大量的祖先神话，有对女始祖的颂扬，更多的是对父系祖先丰功伟业的讴歌。

二、巫师与巫术

珞巴族从事宗教活动的巫师分作两类，一为卜卦师，称作“米剂”，另一类为祭司，称作“纽布”。米剂由男性充任，主要职责为卜卦问鬼，杀鸡看肝，也可以主持一些祭鬼禳灾的宗教仪式。米剂作法时，没有复杂的法器和神衣。“纽布”的法力远比米剂大，他通晓卜卦师的司职范围，能胜任卜师的一切宗教活动。他还能自由往来于鬼蜮世界，直接同鬼灵对话，具有驱邪镇鬼的特殊本领，被视为人间世界与鬼灵世界的特殊使者和通话人。祭司一般由久患重病或精神失常的病人愈后充任，不限男女。在珞巴族社会中，女巫占有较大的数量。祭司根据法术的高低分为大中小三种，其中大纽布是巫术活动中最具权威的施行者，可以主持跳鬼酬神、除病禳灾和神判等大型宗教仪式。纽布施法时，需穿缀饰有虎牙、豹子和鹰羽的“吉拉布”法衣，持“索布夏”法刀和“达吉日邦梅尼”法杖，在称为“吉箩”的法笸箩中作法。

巫师“纽布”作法

珞巴族巫术活动繁多，仪式繁缛复杂。常见的有驱鬼巫术、招魂巫术、诅咒巫术、压魂巫术等。巫术活动均由巫师主持。占卜和神判也是巫师的重要活动。珞巴族常见的占卜方法有鸡肝卜、米卜和鸡蛋卜等。

鸡肝卜是珞巴族主要的卜卦方法，盛行于各部落。卜卦时，米剂或纽布席地而坐，一手持鸡一手持刀，口诵咒语，杀鸡取肝，根据鸡肝上的卦位与卦符所呈现的颜色、粗细、明暗、凹凸、圆扁及血脉纹路的曲直、折向、起讫点等卦象，进行占卜释疑，判定吉凶。占卜一次，常需杀鸡数只或数十只。

米卜有三种方式。一是巫师自备一碗水，将米粒投放水中观察卦象。二是巫师握米于掌中观卦象。三是巫师抛撒米粒观卦象。

鸡蛋卜，有两种方式。一种是烧烤鸡蛋。以蛋壳裂开，流出清水或泡沫为吉兆；蛋壳碎裂，发出爆炸声，蛋白蛋黄四溅为凶兆。另一种是煮鸡蛋。若鸡蛋裂开为凶兆。鸡蛋不裂，熟后取出去壳，用头发丝将鸡蛋从正中切成两半，取出蛋黄在口中轻轻嚼咬，根据蛋黄硬块的多少和大小判定狩猎的收获大小。如硬块多而大预示能猎获大兽，硬块小会猎获小兽，没有硬块则不会有收获。

珞巴族的信仰自成体系，具有浓郁的民族特点和地域特色。

三、梦兆信仰与禁忌

珞巴族把梦分为“好梦”和“坏梦”两类。所谓“好梦”，即吉兆；所谓“坏梦”，即凶兆。释梦多以传统经验为参照，在一般情况下，无须延请巫师；只有遇到凶兆时，才请巫师施行法术，诵咒祈祷，以求排灾解难。

博嘎尔部落的梦兆信仰，可以反映出珞巴族征兆信仰的一般特征和普遍性。例如：

梦中摘吃青冈果，预示本人将被人杀害。

梦中杀牛，预示灾祸将降临。

梦中杀猪，预示将遇不幸。

梦中猎获一只虎，预示本人将要杀掉一个人。

梦中过吊桥进退两难，预示亲朋中有人要死亡。

梦见大水冲断吊桥，预示双亲将亡。

梦中自己长出双翼腾飞，或爬吊索，预示亲朋中将有人死亡。

梦中拾刀后又丢失，或张弓而不能发箭，或烟斗掉入水中，预示自己的儿子将亡。

梦见已故父母召唤或跟随其后，预示本人将生病而亡。

梦中攀梯来到鲜花盛开的地方，预示本人将遭他人杀害。

梦中太阳落山，预示双亲命短。

梦中月亮落山，预示双亲生病。

另外有一些梦兆，虽不能确指其征果，但都被视为凶兆。如：

梦中搬运铜锅，兆示搬运尸体，为凶兆。

梦中猎获一只熊或水獭，自己拖着它们走，为凶兆。

梦中遇见铜锅，是凶兆。

梦中与人械斗并失败，是凶兆。

梦中与一位漂亮姑娘同床，为凶兆。

梦中到河中钓鱼，并获丰收，为凶兆。

凡有凶兆，如梦中到河中钓鱼并获丰收，需延请巫师卜卦，按照梦见小鱼杀小猪、梦见大鱼杀大猪的祭祀习惯，举行祭魂跳鬼的仪式，以祈求平安。

梦的吉兆，举数例以窥一斑。

梦中进入牛羊圈，并牵走了牛羊，预示狩猎丰收，械斗胜利。

梦中拾青冈果背回家中晒干，预示当年丰收。

梦中未借助工具平安渡过深水河，预示庄稼、狩猎均可丰收。

梦中到大河边，河面上突然升起吊桥，预示械斗、狩猎和交换顺利。

梦中捆绑仇人带回家，预示狩猎丰收。

珞巴族的禁忌繁多，这里主要介绍生产禁忌和语言禁忌。

珞巴族的农业生产禁忌是与祭祀相伴而生的。举凡砍伐、烧荒、播种、收割等活动，都要杀牲祭祀，随之而来的便是大量的禁忌。米古巴部落每年举行集体祭地活动，祭祀毕，严禁村人进入庄稼地，严禁外人进村。其除草祭祀亦如此。他们在第一次除草前，在地的中央立一根分杈的木头、杈两旁捆木板，在杈的底部放一木制男性生殖器。祭台搭成后，杀鸡祭祀“阿莫”和“沙塔”乌佑，以求丰收。仪式毕，任何人不得入庄稼地，如有违禁，庄稼将歉收，当事人必须赔偿，并重新举行祭仪。登尼部落在举行免除雹灾的有关仪式后，人们十日内不能离开庄稼地，甚至不能到别的村子去。为了使庄稼免受虫灾、兽灾及其他自然灾害，一些地区农业禁忌的时间长达三月之久。

珞巴族的狩猎禁忌繁缛复杂。在狩猎对象上，不得捕猎图腾动物。若无意中猎杀了图腾动物，需举行仪式以避灾祸。在狩猎前的制毒过程中，切忌他人知晓，任何人不能偷看。即使是无意中撞见了制毒，人们认为该毒品将失去效力，撞见者要赔偿损失。出猎前一天晚上，禁止与妻子同床。如果是个人和小集体行猎，秘密做好出猎前的准备，天不亮就出发，不能让外人知晓，不能让人发现下套和安毒箭。如发现有人跟踪、偷看，可以用箭射杀而不承担任何责任。

猎人离家后，门口插新鲜树枝，三日内外人不得入内。狩猎期间，家人不能扫地、洗衣、杀牲，禁止到庄稼地干活。不然猎人不仅打不到猎物，还会在狩猎过程中摔死或发生其他不测事件，诸如会被野兽伤害，被毒箭误伤等。妻子在月经期间，猎人不能外出行猎。猎人经过的路，月经期妇女不能走。第一次猎获的野兽，不能拿到他人家里，其他人则可以到猎人家共享。新的一年吃第一次猎获物后，不能出远门，更不能过河，等等。

珞巴族的语言禁忌集中反映在狩猎活动中。狩猎时的语言禁忌又集中表现在对所猎对象的称呼上，不能直呼野兽的名称，而要通过隐语的方式表达。崩尼和崩如人在外出狩猎时，不能像平时称獐子那样叫“秀贡”，而要改称为“阿蒙”，意为“很细的东西”。苏龙人则改称“姆希耶”，意为“细嫩竹梢”，而不能像平时那样称“姆祖瓦”。不能像平时那样称猴子为“细比耶”（崩尼）、“波容”（崩如）、麦稀（苏龙），而称作“阿列毕”（叶子人）或“胜列毕”（树叶人）。如野牛，不能称“希毕”（崩尼）、“希期瓦”（崩如）、“阿希”（苏龙），而要改称为“阿屋布”、“木里喂喂”、“阿嘎阿毕”，意为“高个子”。如老虎，不能称“巴德”（崩尼和崩如）、“阿外波娃”（苏龙），而改称“阿巴布”（崩尼，意为叔叔）、“阿洛多瓦”（崩如，意为大叔）、“多洛尼”（苏龙，意为那边的人），等等。博嘎尔人在行猎过程中称呼野兽也是采用代用名。如不能直称猴子为“雪别”，而改称为“乌佑阿窝”，意为鬼灵的孩子。对狗熊忌讳直称“削冬木”而改称“削嘎”。对野羊不能直称“博日”而改称“削另”。对獐子讳称“索嘎”而改称“削贡”，等等。人们认为语言有一种神秘的魔力，如果直呼其名，野兽能感应到，猎人会一无所获，行猎时还会发生意外。

外出行猎的前一天晚上，猎人不能同妻子讲话，出猎时不能声张，外人不能打听猎人的去向，家人不能给外人讲。行猎中谨言慎行不能说错话。狩猎回家后一天不能同家人说话。崩如、崩尼人在狩猎活动中，语言禁忌尤为突出，如安设地套捕獐子，一天不能讲话。架设围栏捕野牛，十天内不能同他人讲话。人们认为，在进行这些活动时讲话，动物会受惊吓，从而无法猎获。

人们在过神山圣水时，不得大声喧哗，更不能呼叫嬉戏，否则会冒犯山鬼水灵，带来不测之灾。

第四节　僜人、夏尔巴人信仰习俗

一、僜人信仰习俗

僜人历史上长期生活于深山密林中，以采集、狩猎和刀耕火种的原始农业为生。与特定的生产力水平相联系，在信仰上信奉原始宗教，崇信鬼灵。达让话称鬼为“肯农”，格曼话叫做“格斜”。[①] 僜人认为，在大自然和人们生产生活的各个领域和方面鬼灵无处不在。山有山鬼，树有树精，水有水灵。人的生老病死、吉凶祸福均与鬼灵有关，因而对鬼灵极为敬畏。根据鬼灵对人的危害程度的不同，鬼亦有大鬼、中鬼和小鬼之分。为了避凶趋吉，僜人盛行杀牲送鬼。送小鬼通常杀鸡数只，仪式简单，一般人都能举行。送中鬼和大鬼要杀猪、牛等大牲畜，仪式复杂，必须由具有威望的大巫师主持。

巫师被人们认为是沟通人间世界和鬼灵世界的使者和通话人，具有特殊的本领与神通。僜人达让话称巫师为“刮”，格曼话称为“格卜英”。[②] 僜人巫师多是自然产生的，少数为家传。巫师平时不脱离劳动，为人做送鬼活动时可以获取一些酬劳。

僜人送鬼活动繁多，从内容和形式上划分主要有四类。

一是治病送鬼。僜人相信人患病是鬼灵作祟所致，过去有病都是送鬼治病，活动频繁。送鬼前，先请巫师占卜，以确定致人患病的是何种鬼灵，决定用什么祭品供奉。如系小鬼作祟，杀鸡祭奉，通过一定的仪式将鸡宰杀后送到户外即可。如系大鬼作祟，则必须杀牛祭奉，仪式复杂，送鬼规模大。和平解放后，缺

---

① 中国社会科学院民族研究所：《僜人社会历史调查》第 275 页，云南人民出版社，1990 年。

② 中国社会科学院民族研究所：《僜人社会历史调查》第 167 页，云南人民出版社，1990 年。

医少药现象得到了一定的改变，乡乡都建有卫生院。但是，由于传统观念的根深蒂固，许多人仍奉行送鬼治病。

二是送死者鬼魂。僜语称为“达洛亚”。僜人认为人亡故后其灵魂尚存，亡灵对生者尤其是亲人威胁很大，必须通过特定的仪式将魂灵送到“有太阳，有月亮，气候适宜，吃穿不用愁”的好地方。僜人丧葬仪式繁缛，活动甚多，社会财富耗费很大。

三是为消灾避祸而送鬼。这是一种集体送鬼形式。为避免和预防地震、洪水、泥石流、瘟疫等严重灾难，由村人集体出资，请大巫师带领全村人在特定的祭台前杀猪杀牛，祭奉鬼灵，以禳灾避祸。目前此类送鬼活动已不举行。

四是称为“德雅”的送鬼活动。“德雅”是僜人规模最大的送鬼活动。“德雅”在丰年举行，要送所有的大鬼，以答谢鬼灵没有降灾，祈求继续关照。一些富裕户为了夸耀财富，希望鬼灵护佑今后更加富裕，也举行“德雅”活动。过去举行一次“德雅”少则杀牛 5 ~6 头，多则 10 多头，杀鸡、猪数十头（只），富裕人家都要准备几年才能举行，有时几家联合举办。亲戚、朋友和村人全都参加活动，豪饮狂吃数日方散。

如今，僜人信灵拜鬼的传统信仰观念和崇拜形式虽然还有保留，但送鬼活动从数量到规模都已大为减少，尤其是接受过现代教育的僜人年青一代大都不再像祖辈们那样信灵送鬼，僜人的传统信仰习俗正在发生着深刻的变化。

二、夏尔巴人信仰习俗

与僜人信灵拜鬼的原始宗教信仰不同，夏尔巴人的传统信仰既有以自然崇拜和鬼灵崇拜为特征的原始信仰，还有多神崇拜的苯教信仰以及藏传佛教信仰。[①]

---

① 夏尔巴人信仰部分的主要参考资料为：中国社会科学院民族研究所民族学室编：《夏尔巴人资料汇编》（内部资料本），1979 年。刘洪记：《夏尔巴人习俗述略》，载《中国藏学》1991 年第 3 期。袁超俊：《夏尔巴人概况》，载《西藏研究》1989 年第 1 期。

夏尔巴人主要居住在喜马拉雅山脉中段南坡，他们与珠穆朗玛峰等 8000 米以上的数座世界最高峰相邻而居，喜马拉雅山区的特殊自然地理环境给夏尔巴人的生产生活带来了巨大影响，在他们的信仰习俗中有着深刻的反映。在夏尔巴人的传统信仰中，对山神的崇拜占有重要地位。在人们的观念中，巍峨的高山，突兀的山峰，幽深的沟谷，茂密的原始森林，湍急的河流溪涧，都有神灵在主宰和支配。定结县陈塘镇是我国夏尔巴人主要居住地之一，位于喜马拉雅山脉南坡的珠峰东南侧，与尼泊尔王国的基玛塘相望。该地海拔在 2040 米到 5500 米之间，境内山谷陡峭，河流湍急，原始森林遍布，与外界联系极为困难，人们从事着刀耕火种的传统农耕，辅之以采集。在信仰上，当地村民对与他们生产生活密切相关的山神、土地神、树精、水灵等怀有深深的敬畏，无论是耕种采集登山，还是外出远行，人们都要祭祀神灵，凡有重大举动都要占卜作法以祈福禳灾，保佑庄稼丰产、人畜平安。苯教在夏尔巴人的信仰中也有一定地位。苯教的念咒作法同人们的自然崇拜往往并不能划出明显的界限，在夏尔巴人的丧葬礼仪上，人们的鬼魂崇拜仪式往往同苯教与藏传佛教同台共祭。

夏尔巴人大都信奉藏传佛教，在夏尔巴地区建有藏传佛教庙宇和经堂。藏传佛教的萨迦派、噶举派和格鲁派都有人信奉，但信仰最为广泛的是藏传佛教宁玛派。人们的信仰活动主要有念诵六字真言、转经朝圣、请僧人做法事等，其藏传佛教信仰观念和行为与藏族相似。

第八章　节日文化

西藏节日文化，丰富多彩，绚丽缤纷，独具特色。

节日的形成经历了一个漫长的历史过程。民族节日的源头，大都渊源于古老的原始宗教祭祀活动。在远古时代，由于生产力水平的低下，先民们无法解释各种神秘的自然现象，对诸如冰雹水患、地震火灾、瘟疫疾病等天灾人祸更是无能为力，认为自然界及人类社会生产生活的一切领域和方面都有一种超自然的神秘力量驱使，这就是精灵或鬼怪。为了氏族的生存繁衍，人们向鬼灵祈祷乞求，供献牺牲，以求得鬼灵的庇佑，这样就产生了各种祭祀活动。与当时特定的社会生产力水平相联系，其时的祭祀活动只能是集体进行，且规模小，时间不固定。随着社会的发展，生产力水平的不断提高，财富的不断增加，使大规模的祭祀活动有了物质保证。同时，人们经过长期的生产实践活动，逐渐熟悉了自然环境、季节变化，认识了动物、植物的生长规律与自然环境和气候的关系，掌握了最早的天文、历法知识，为祭祀活动时间的相对固定提供了可能。这样，原始宗教祭祀活动便逐渐从小规模和时间的不固定向大规模和时间相对固定的方向发展，最后发展到固定的季节和时间从事大规模的集体祭祀活动，久而久之，相沿成习，便形成了民族的节日。藏族每年各地的春播节、望果节，珞巴族登尼部落的“姆洛科”节、崩如部落的“隆洛德”节，墨脱门巴族每年二月的集体祭祀活动、错那门巴族藏历六月举行的“曲科尔”祭祀活动，以及门隅门尼玛三部每年进行的大型祈祷活动，都是节日渊源于宗教祭祀活动的生动例证。

节日文化是一种综合的文化现象，它是民族文化的储藏库，汇聚着一个民族政治、经济、宗教、社情等方方面面的文化事项。西藏各民族社会历史发展的差异和居住地域的不同，使西藏的节日文化呈现出形态各异、多姿多彩的特点。我们既可以看到仍处于节日发展初级阶段的珞巴族和僜人的传统节日，又可见到佛教文化高度发展的藏族宗教节日，还能看到既受藏族文化深刻影响，又保持浓郁的民族和地域特征的门巴族、夏尔巴人的节日。西藏的节日文化为我们展现了一幅绚丽多姿、恢弘壮观的民俗生活画卷。

第一节　藏族节日文化

一、节日概述

藏族节日源远流长。从肇始于远古先民祭祀土地神灵以佑庄稼丰产的祭祀活动到雅隆河谷及全藏农区的大规模集体祭祀仪式的“望果”节，至今已有近2000年的历史。从曾以麦熟为岁首的年节到过使用藏历推算出的新年已历千年之久。因苯教的兴盛、佛教的传入和藏传佛教的发展而产生的众多宗教节日，其历史最短者亦有数百年。藏族的节日，均有着久远的历史和厚重的文化积淀。

正因为藏族节日历史的久远，文化内蕴的丰富，在其长期的发展流变过程中，从内容到形式都发生了许多变化，承载着不同时期不同方面的文化信息，加之一些节日之间文化现象交互重叠，功能和作用互相渗透，故而难以对藏族节日进行准确的分类，如“雪顿”节（意为吃酸奶的节日），最初本是与牧事活动密切相关的节日。夏季草场水草丰美，牛羊肥壮，是产奶的旺季，此间人们制作大量酸奶饮宴，以庆丰收。藏传佛教形成后，各教派尤其是以戒律严明著称的格鲁派，规定藏历四月至六月的几十天内僧人不得出寺，安心在寺内念经修行，至六月底才开禁。解禁后僧人纷纷出寺下山，世俗百姓为他们施舍酸奶，饮宴娱乐。寺院也以酸奶招待长时间苦修的僧众，并举行野宴游乐活动。这时的“雪顿”与宗教活动拉上了关系。17 世纪中期，雪顿节上开始增加藏戏演出，以后演变为全藏性的藏戏会演，西藏各地的几大著名剧团会聚拉萨演出藏戏，并形成了一套固定的节日仪式。节日的开幕仪式是藏历六月三十日清晨在哲蚌寺举行的规模盛大的展佛活动。

对这样一个节日，归类为生产性节日显然已不妥，划入宗教类节日也感牵强，虽然它有着浓厚的宗教气氛。实际上，“雪顿”节在后期已演变为以演出藏戏为主的游乐型节日。

根据藏族节日的内容、形式和功能，似可将节日分为四类，即岁时年节、生产节日（包括农事节日和牧事节日）、宗教节日和游乐型节日。由于藏族节日内涵的丰富性和复杂性，有的节日较难归类，可按不同的标准归入不同的类别。

藏族节日的基本特征为宗教性与世俗性的统一，神圣性与娱乐性的统一。此外，地域性特征和互融性特征亦十分明显。

二、岁时年节

年节文化是藏族节日文化的重要内容。藏族年节文化地域色彩浓郁，礼仪习俗丰富。为全面了解藏族的年节文化，我们选择了拉萨、昌都、日喀则和林芝这四个典型地区的新年习俗，以观藏族年节文化的风貌。

1. 拉萨地区藏历新年

这是藏族人民最隆重的传统节日。藏历十二月初，人们便开始忙碌过年，家家户户培育青稞青苗，供于佛龛前的双柜之上，以预祝来年粮食丰收。十二月中旬，各家纷纷用酥油和面粉炸出形状各异的“卡赛”（果子）。新年前夕，每家都要精心准备一个叫“竹索切玛”的五谷斗（盒）。斗用木料制成，盒的外部绘有各种吉祥的花纹图案。木盒内部从中隔为两半，左面装麦粒或炒熟的青稞粒，右面装酥油糌粑。糌粑和麦粒都堆积成金字塔形，上插青稞穗和称为“孜卓”的饰品。“孜卓”形似令牌，两面顶端各贴用彩色染制的酥油塑造的太阳、月亮和彩色酥油塑成的八瑞相。有的人家还准备一个彩色酥油塑的羊头（洛果），亦可用陶瓷品代替。这一切都具有喜庆丰收，预祝来年风调雨顺、人畜两旺的含义。除夕前两天，各家进行大扫除，摆上新卡垫，贴上新年画。

十二月二十九日，人们把灶房打扫干净，并在正中墙上用干面粉绘上“八吉祥徽”（八吉祥徽包括金鱼、胜幢、宝塔、白海螺、莲花、金轮、吉祥结和宝瓶）。傍晚，不论大小家庭都要做“帕土”（面疙瘩），天黑时，全家依长幼次序就位坐定，开始吃“土巴”（煮熟的面疙瘩），藏族称为“古土”。吃完土巴以后举行送鬼仪式。这种仪式起源于民间驱鬼避邪的习俗，颇为隆重。在这个仪式过程中，必须做两种“帕土”：其一是具有各种象征意义的形状，如太阳象征富有、威严和荣誉，经书则象征聪慧、有学识，鼓象征不可靠、两面人等。其二，一些帕土中包有石子、辣椒、木炭、羊毛等物，石子表示心肠硬，木炭预示心黑，辣椒表示嘴如刀，羊毛说明心肠软。吃到这些东西的人，都要即席把面疙瘩中的石子、辣椒、羊毛等象征性物品吐出或从碗中捞出来，任凭家人说笑取乐。吃完“古土”天色已晚，驱鬼的时候到了。一般家中女主人将剩的“古土”倒入一陶罐中，端出门外，男主人手执点燃的麦秆到各房间内边挥舞边喊叫，令妖魔鬼怪都出来。此时女主人要径直走出院外，不能回首。她把陶罐连同里面的“古土”一起扔到街心，男主人也将驱鬼剩下的残火扔到街心。女主人返回时为她献上“哈达”或在其身上撒点糌粑。二十九日晚的八廓街烟火缭绕，喊声四起，各家都忙着驱鬼，把一年的不吉和霉运都统统赶走，祈盼来年吉祥安泰。

除夕晚上，家家户户将房屋内外打扫干净，室内铺上新卡垫，在正屋佛龛前用各式“卡赛”摆放“碟嘎”。“碟嘎”是由形状不同的油炸面食垒起的供品。最下几层放状如耳朵的“苦过”，其上是长条形的“那戛”和形似大麻花的“木东”，再上放圆盘状的“布鲁”，顶层是勺子形的“宾多”。然后用各类糖果点缀其间。“碟嘎”位于佛龛前藏柜的正中，其他供品以此为中心向两边排列。家中有什么美味食品都可作为供品摆上一份，一般摆上八样，以求吉祥。“碟嘎”两边要摆上绿茵茵的青稞苗，预祝新的一年能获丰收。供桌上还必须有一个羊头。

大年初一清晨，主妇天不亮就起床熬制“观颠”，家人在起床前必须喝上一碗。主妇去井边打回新年的第一桶水。家人喝完“观颠”后即刻起床，互致新年祝福，梳洗打扮后全家人一道吃人参果米饭“卓玛折塞”，喝早茶。天刚亮，邻居街坊热闹的新年互拜便开始了。每家由两人代表家人去拜年，一人端“切玛”盒，一人提青稞酒壶，挨门去邻居家拜年。人们互致“扎西德勒平松措”（意“吉祥如意大圆满”）的新年祝词，主人让客人“切玛曲”（尝“切玛”），客人会抓一小撮糌粑粉向上撒三下，以示敬奉天地神灵，然后放少许于口中品尝。双方互相敬酒，或干杯或喝“三口一杯”。新年早晨，互相拜年的人越来越多，酒已喝很多，拜年毕回到家时，往往已飘飘欲仙。

清晨邻居间拜完年后，家人不再外出，各家闭门欢聚。

从初二开始走亲访友，人们互相拜年祝贺，唱歌跳舞，欢度佳节。活动一般持续数天。

大年初三，家人及左邻右舍的亲友共聚房顶，举行“托苏”仪式，插换房顶上的五色经幡，点燃桑烟敬神，祈祷神灵保佑全家人四季平安、家业兴旺。

传统藏历新年期间，拉萨正逢一年一度的传召大法会开始，人们除欢庆新年佳节外，还汇入人潮观看有关法事活动，特别是正月十五的酥油花灯节。有条件的人家在新年期间欢庆十多天，一般到正月十五酥油花灯节后才结束。

现在拉萨地区的藏历新年既有浓厚的传统色彩，又充满现代生活气息。一般说来，农村过藏历年保留传统的东西较多，城镇则变化较多。城镇居民和职工在新年期间既精心准备各种传统食品，又购买具现代色彩的美食佳酿、各式糖果。既喝传统的“古土”，又外出订餐或在家吃团圆饭。除夕之夜许多人更是通宵不眠，或看电视录像，或唱“卡拉 OK”，或打麻将玩扑克。大年初一，过去除街坊邻居外忌讳串门，现在人们大年初一互相拜年敬酒，请客来家或外出赴宴已不鲜见。娱乐方式很多，活动内容丰富多彩。节日期间，拉萨市的大街小巷灯火通明，宾馆酒楼的歌厅舞厅和影院全部开放，宽阔的布达拉宫广场装饰一新，处处张灯结彩，一派喜庆祥和气氛。既可见围绕布达拉宫、大昭寺礼佛的人群，身着节日盛装唱歌跳舞的人们，又可见衣着时髦新潮，潇洒地玩着桌球、跳现代舞等现代娱乐活动的青年男女。传统与现代的交织，使节日变得更多姿多彩。

2. 日喀则地区藏历新年

日喀则地区俗称后藏地区，地域辽阔，文化底蕴厚重，民风淳朴，其习俗礼仪同拉萨地区有一定差异，年节文化亦如此。在日喀则，过去传统新年比拉萨早，称为“索朗洛萨”（so-nam-lo-gsar），意为“农民新年”，时间是藏历十二月一日开始过年，比拉萨地区过藏历年恰巧前推一个整月。可能这是一个古老的年节习俗，仍带有以麦熟为岁首的痕迹。现在日喀则地区除个别地方外，藏历新年基本上统一为正月过年。

日喀则地区的年节礼俗极为丰富,[①] 除从十二月初开始的一般物品筹备外，年节的主要活动是从十二月二十九日开始。十二月二十九日这天要举行称为“古恰”的活动，即把室内室外彻底打扫干净。在院子里燃起一大堆火，让烟雾弥漫整个山谷。除此之外，要在屋的正厅、窗户、厨房等的梁、门、壁、柱和木斗拱上，用土碱或糌粑画上表示吉祥的八吉祥图。男人将家里东西

---

① 日喀则新年材料除笔者调查外，主要引自次旺搜集、邓留生译：《后藏地区的新年》，载《邦锦花》1988 年第 4 期。

北3个方向所象征密宗事部三怙主的佛部文殊、金刚部金刚手和莲花部观音的“嘛呢堆”用白漆、红土、烟汁涂成白、红、黑三色，然后，男人洗“古扎思令江巴”头。

人们认为男人们在十二月二十九日洗头，家里会吉祥，工作会如意，头发会长得又黑又长。与此相反，二十九日妇女没有洗头的习惯，据说妇女二十九日洗头是不吉利的。同时，媳妇和女儿不管是谁，都要把新年初一早晨煮粥的小麦砸成扁状，阿妈用面团粘净衣饰以及家畜的套颈索和耳饰上的灰土，洗净坐垫、小茶几、藏柜、大小银碗、野牛角、糌粑模子等，还要把敬神用的供品、油炸食品、“竹索切玛”、酒新、茶、人参果预备好。

二十九日晚，在一个断了一只耳柄的陶罐里，放一个用面或糌粑捏成的鬼怪替身，在替身周围撒些酒糟、熬过的剩茶叶和少许垃圾，准备好后，先在家里的佛像前摆上供品，后由家里的阿爸阿妈开头，往各人的碗里盛上满满一碗面块汤，大家都喝三大口，然后把剩余的往放替身的陶罐里倒，同时嘴里说：“粥新我吃了，剩下的给你，一、二、三”，一滴一滴地倒九次，然后开始驱邪。

驱邪时拿一点揉好的面捏在手心，把手印清楚地印上去，捏成一个瘦长的圆形，嘴里祈祷说：“带走邪气、带走邪气，一年十二个月三百六十天，鬼魔、波折、病痛、战争、灾荒、霜冻、冰雹等灾害一个不留地全部消除。”接着诅咒：“洗的话没有不洁白的，熏的话没有不干净的，我背的话比一根羊毛还轻，你背的话比一根金子还重。”说完各自从衣服的下摆撕下根一丝线，把“替身”包起来，吐一口唾沫，用锅底或灶里的烟灰抹成黑色，放进罐子里。有的村寨还给家畜驱邪。

驱邪完后，人们开始用火把赶鬼。一个男人举着火把到各个房间边熏屋边高喊：“出来吧，出来吧。”一直赶到门外。同时，一个中年妇女在火把的前面拿着装有“替身”的烂陶罐，走到屋外将其扔在三岔路口。青年们点燃刺柏树枝和植物秆，伴随着火爆声对“替身”起哄：“腰间别着缺口瓢的老太婆，呜呜！黑奶头重的老太婆，呜呜！吃豌豆的黑屁股老太婆，呜呜！食生面糊的老太婆，呜呜！”

送鬼的人们回来时，老阿妈和媳妇在房门后迎接。拿火把的男子带回一块白石头交给老阿妈，阿妈没有等男子进屋就问：“你从哪里来?”男子道：“我从欢喜的地方来。”阿妈又问：“我带着如意宝，现在你到哪儿去?”男子答道：“我到幸福的地方去。”问答完毕，把“神石”交到阿妈手里，阿妈在“神石”上粘上酥油花，媳妇给他献上“酒新”。同时从老阿爸开始，用大木碗斟上青稞酒，转着圈尽情地喝，喝完酒都献上“竹索切玛”。在大家的右肩粘上吉祥的酥油花，在带回“神石”的男子的脖子上挂着送给英雄的哈达。老阿妈把“神石”供奉在主室生日神或护法神前，当做家里的宝贝。

有些地方还有这样的习俗：当驱鬼的人回到自家门口时，家人紧闭大门向门外的人问道：“说说咱们的门有什么特色。”门外人唱道：“开门！开门！门楣是黄金做的；开门，开门！门槛是绿翡翠做的；开门，开门！门框是紫琥珀做的；开门，开门！门板是红檀香木做的；开门，开门！门闩是白海螺做的；开门，开门！……”里面的人点上火把，准备好水和糌粑，当驱鬼人进大门时，用火挡住他们，边撒糌粑边泼水，这样可以阻挡跟回来的鬼灵。

送鬼结束后，大家按座次坐好，开始喝“古土”面块汤。喝“古土”时都希望自己的碗里不要有背着小孩的面块、刺蒺藜、歪脖子懒汉、鼓、碎瓷块、白面块、木炭、辣椒、油菜子、果核、青稞、外绕线、大肚子等面块，因为这些东西都是不好的征兆。如背着孩子的面块表示那人在外面有搞出私生子的危险；吃到有鼓的面块，说那个人会在朋友之间挑拨离间；吃到大肚子的面块，表示那个人将有个大肚子；吃到油菜子的面块，意思是为完成自己的事情，最会拍别人的马屁；吃到有木炭的面块，表示那人有一颗黑心；吃到有刺蒺藜的面块，说那人脾气坏、粗暴；吃到有瓷碗碎块的，表示那人吃饭时，给人白脸，干活时躲到一边去了；吃到有果核的面块，表示那人喝了罚酒，立刻烂醉，并对别人发酒疯；吃到有两面派的面块，表示那人爱管闲事；吃到有辣椒的面块，表示那人爱得罪人，或者喜欢骂架；吃到歪脖子懒汉的面块，表示那人对工作又怕又懒；吃到有茅草的面块，表示那人的胃比水池还大，咽喉比马尾还细；吃到有背青稞的面块，容易得传染病；吃到有葱的面块，表示那人爱放臭屁，等等。与此相反，不管是谁，大家都希望自己碗里有太阳、月亮、上师三宝、白石块、羊毛、小麦、牛粪、盐、糌粑、佛经、内绕线、四方形小垫等面块。因为吃到有月亮的面块，表示那人的心像天空中的月亮一样明亮；吃到有太阳的面块，表示那人福气大，他和照亮众生的火一样；吃到有上师三宝的面块，表示那人表里一致，忠心正直；吃到有白石块的面块，表示那人心地善良；吃到有羊毛的面块，表示那人性情比羊毛还温柔；吃到有牛粪的面块，表示那人经常有好运气；吃到有盐的面块，表示那人像藏北盐湖一样好；吃到有四方形小垫的面块，表示那人可成为宗教徒。喝古土时，常常笑声不断，气氛欢快热烈。

年三十这天，也叫“弥漫焦臭的最后一天”。男子要到离家很远的土坎陡岩边去烧焦大年初一早上敬献的羊头。不能在家或附近烧羊头，否则会冒犯神灵引来灾祸。

大年初一，礼俗活动很多，年节的喜庆达到高潮。鸡叫头遍时，家里的媳妇或大女儿便起床熬酒，然后把熬好的酒送到家人睡的地方，喝饱后大家接着睡觉。

鸡叫三遍时，有些人家带着“切玛”、糌粑去取“四新”——从别人家牛粪里取“牛粪新”，从夏种地里取“土新”，从水源处取“水新”，从狗窝里取“粪新”。在取“四新”时，要在上述四个地方撒糌粑粉。对来抓取“四新”的人，主人发现并抓获后作为惩罚要浇他一瓢水。取“四新”的人回到自己的家里，给“土新”粘上酥油花，供献在男神跟前；把“水新”放在正屋的护法神跟前，当作供水供上；将“牛粪新”粘上酥油花，放进牛棚里；“粪新”粘上酥油花，放在厕所里。这种活动表示能防止霜灾雹害和招财引福。

天快亮时，人们穿戴打扮后，一些人到山冈上插风马旗，一些人去取“手纹水新”，即天还未大亮，但手纹能看清楚时去取“水新”。到山上去插风马旗的多为青年男女，他们带着柳枝上缀着彩绫、彩色羊毛线、彩色羊毛的风马旗和糌粑面、青稞酒，在山冈高高的顶上烧香，插风马旗。人们都异口同声地祈祷山神，声音高亢地呼喊：“吉吉嗦嗦，愿善神得胜”的祭祀语，又在地上撒糌粑粉，并说：“丰收啰，好丰年啰”！祈祷来年还丰收。男女青年插完风马旗后，比赛看谁下山快，第一个到达山脚的人，奖励三杯酒，落在最后的罚四杯。这时男女青年跳起欢庆丰收的“果谐”舞，还唱起表示男女青年相互爱慕的歌，歌词内容十分丰富。游戏完后，为表示吉祥，互相在右肩上粘酥油，或者在脖子上挂上英雄哈达，然后回到自己的家中。

去取“手纹水新”的一般是家里的老阿妈、媳妇和小孩。他们打扮一新后，在水桶或皮桶的脖子上系上哈达或白净的羊毛，在桶口上粘酥油花，带上神香、糌粑粉、彩色羊毛、青稞酒等，到达取“水新”的地方后，把彩色羊毛挂在河两岸的树枝上，然后烧香祭祀水神，祭祀后小孩子开始玩耍游戏，有的跳舞，有的唱歌，有的踢毽子，有的玩羊拐子，尽兴玩耍。

早晨太阳升起时，还要取叫做“尼夏曲被”的“水新”。“尼夏曲被”意为“太阳升起时的水新”。取“尼夏曲被”水新时，在水桶上用哈达或羊毛打成一个圆圈结，在桶口粘上酥油花，带上神香和糌粑粉。取“水新”前，先在河岸边烧香祭祀，装水时，太阳在山顶露出笑脸的时间要和装满水桶最后一瓢水的时间一致，据说这是办事有运气的征兆，如果太阳在山顶升起的时间和装满水桶的时间不一致的话，就会不吉利。取“尼夏曲被”水新时，邻里乡亲一同前往。

上述活动结束后家人聚在一起，首先是父母，然后是兄弟姐妹，按长幼次序为每个人献上“竹索切玛”，献的人说：“吉祥如意”，受献的人说：“吉祥如意、圆满昌盛，阿妈仪容端庄贵体安康，长长久久获得安乐，明年这个时候，生机勃勃再相见。”

新年第一天的早晨，不能把牛粪扔到外边，不能把外边的客人叫到家里，不能去别人家里做客，也不能把家里的东西借出去。假如把牛粪扔到外边，把东西借给别人，会失去马牛羊的财运，会失去五谷的营养，永远也富不了。

初一早晨，阿爸阿妈也不能骂孩子，说粗话，甚至要非常注意地把水缸装得满满的，但不能溢出，否则也是不吉利的象征。初一早晨，也叫“初一油光光”，不但要给孩子头上抹许多油，还把烟灰和油混合起来，把家畜的角抹得亮光光的，挤出酒糟给家畜吃，富裕人家还用藏酒醪糟喂家畜，让家畜也大醉，给家畜献“酒新”和“竹索切玛”，在角尖上粘上酥油花，还把家畜的耳饰和旧颈套换成新的，这时阿妈把右肩上叫做“五宝帔”的披单横着祈祷说：“本地的地神明鉴，家中的家神明鉴，没有战争和饥荒，没有霜冻和雹灾，天雨适时降下，年景雨水常常调匀，财富福禄昌盛，人畜安康无恙。”

相应的还祭祀天上的天神，地上的“赞”神和地下的龙神。

祭祀祷告后，全家人开始吃早饭。阿爸阿妈给家中所有的人一份食物：一盘肉、一个羊头、一块血肠。分完肉，阿妈把五升粮食酿的青稞酒放在座次的中间，在酒壶和壶口边粘上三大朵酥油花，上面横放一把酒瓢，媳妇或大女儿拿着酒壶，从父母开始，轮流着一杯又一杯地敬。然后阿妈盛粥，粥里面放有奶渣、人参果、肉等。喝粥时，惩罚是严格的，谁要是喝不完的话，不但要在他的头上倒麦粥，还要罚喝一瓢青稞酒。喝完粥后要喝饭后酒。饭后酒是放在木碗或牛角里，斟的酒要喝得一滴不剩，如果木碗里剩下一滴酒，就要罚“滴酒”再倒一大碗。之后，人们喜欢玩什么，就玩什么。

大年初二，吃完早饭后，家里的老人带着孩子去祭祀土地神和护法神。每一家人都穿上最好的服饰，带上青稞酒和各类油炸食品。到了祭祀土地神的地方，一位老年人把神香和“切玛”

糌粑粉集中在一起，献上“酒新”。然后做好一个大的神香堆，一个小伙子爬上为土地神插旗的地方，插上风马旗后，大家排好队，声音高亢地祭祀土地神并祈祷说：“吉吉嗦嗦，愿善神得胜利啰！好丰年啰。”祭祀完土地神后，去祭祀护法神。祭护法神时，要带上神灯、哈达。朝佛的同时，一个男孩手里拿着“竹索切玛”，一个女孩子手里捧着酒壶，向在附近的乡亲、邻居、亲戚、朋友拜年。

第三天，根据家里经济状况，在自家屋顶献神烟祭神，插上招来运气的经幡。从第三天起，人们开始走亲访友，互相拜年。

新年多少天无固定的期限，主要根据自身的条件和当地的风俗。过完年的那天晚上，有些人家要举办“新年散宴”。酒宴完后，每人拈上一点“竹索切玛”里的糌粑粉，声音高亢地祈祷说：“吉吉嗦嗦，愿善神得胜！”

现在日喀则地区过新年，除在农村还保留着传统习俗外，城镇居民的年节礼俗已发生了较大的变化。同拉萨地区一样，现在的年节礼俗是传统与现代交融，更富情趣和特色。

3. 昌都地区藏历新年

昌都地处藏东三江流域，人杰地灵，民风粗犷。男子素有“康巴汉子”美誉，女性温柔善良。昌都一带风俗与其他地区差异较大，从年节习俗看，亦有其特点。

过年前的准备工作与拉萨和日喀则相似，清扫房屋，制作食品，绘吉祥图案，吃“古土”等，但昌都一带过年，家家必须炖牛头或羊头。人们常说：“藏族过年吃牛头，汉族过年放鞭炮。”认为过年不吃牛头羊头，等于没有过新年。

大年初一，全家老小一大早起床，当雄鸡初鸣后，老年人进佛堂烧香供祭，叩头礼佛。青年男女背上水桶到河边、泉边或溪水边争抢新年第一桶圣水。到河边的人，先煨桑，在桑烟中撒五谷、“苏糌”（酥油、糌粑合拌的粉，专门用来焚烧、祭神、祭亡灵）等，敬新年之神，并祈祷世上所有的生灵吉祥安康。

初一早餐时，一家人穿好新装，按辈就座，家庭主妇双手举起切玛盒，祝全家新年“扎西德勒”。按辈分从高往低依次用拇指、食指和中指捏拿“切玛”向空中撒三下，敬酒、敬茶时用无名指在碗中蘸一下，向空中弹三次，表示敬奉三宝或天地神灵。年轻人为长辈献哈达祝福长寿，长辈回敬年轻人万事大吉、事业有成。相互祝福后，享用早餐糌粑、酥油、奶渣、饼子、果子、人参果、牛羊肉等。

初一这一天，一般一家人欢聚，互不走访。初二亲朋好友相互拜年，敬献哈达。

初三是朝佛日。人们穿上最华丽、昂贵的盛装，佩戴各种珍贵的装饰品（九眼珠、红珊瑚、金银首饰、护身盒、银刀等）。早餐后，手捧哈达、藏香、熬好的酥油、柏树枝、果子等，成群结队涌向朝佛路上。人们一边煨桑，一边转寺院，借此机会互相展示自己的服饰。此时人们会议论，谁的衣服最华丽、最昂贵，谁佩戴的装饰品价值高；哪家的小伙子英俊潇洒，哪家的姑娘漂亮迷人等。转完寺院后，人们纷纷来到寺院内各大小神殿向佛尊献哈达，为酥油灯添油，为家中去世的人布施，焚烧写有逝者名字的纸片，给乞丐发放食物或钱财。

在农村牧区，部分群众到寺院转经朝佛，多数人要到神山祭山神。人们把马具装饰一新，驮上丰盛的饮食，穿好盛装，佩戴护身盒、长刀、藏式火药枪，如同出征，骑马奔驰到自己所崇拜的神山集会。先在山顶的嘛呢石堆上竖起五颜六色的经幡、煨大堆桑火，供祭品，向天空抛撒五谷和“龙达”（风马旗）祝福运气亨通。鸣放火药枪，放开嗓门高声吼喊“拉加罗”（意为神胜利），诵嘛呢经，并祈祷山神的保佑。

初三这一天，不管是朝佛转寺院的城乡居民，还是转山祭山神的农牧民群众，到下午人们都会自发地聚集在大街小巷，农牧区则在草坪上，一边喝青稞酒，一边跳舞。昌都城镇的居民喜欢跳粗犷奔放的锅庄；芒康、左贡一带的群众喜欢跳轻柔优美的弦子舞；丁青、类乌齐等地的群众喜欢跳牧区“卓舞”和热巴舞。

初四亲朋好友开始相互拜年，直到正月十五。[①]

4. 林芝地区新年

林芝一带古称工布，境内森林茂密，山清水秀，尼洋河贯穿其间。由于自然环境的差异和长期同外界的阻隔，工布文化自成一体，其年节礼俗也独具地域特色。

工布新年为每年藏历十月一日开始。这一习俗相传已有一千多年的历史。传说在吐蕃时期，一支魔国军队入侵西藏，赞普命令工布土王阿吉王率领工布青壮年组成军队前往抵抗。出征之时正值秋收后的九月，将士们惋惜不能喝上过年的青稞酒，不能吃上过年的点心，也不能围着松柏枝点燃的篝火跳激越欢快的舞蹈。为了鼓舞士气，阿吉王决定把新年提前到十月一日来过，将士们便义无反顾地出征，并取得了战争的胜利。为了纪念当年英勇征战的将士，每年的十月一日，工布人民都要献三牲为将士们守夜，久而久之，便形成了十月一日过工布年的习俗。

工布年有几个颇具特色的活动：

赶鬼。九月二十九日傍晚，家家户户都“赶鬼”。晚上，人们举着火苗呼呼的松枝火把，跑进每一间屋子，从怀里抓出早准备好了的拇指大的黑白石子，哗啦啦地朝角落里砸去，口里不停地喊叫：“鬼，快滚出去！等着瞧”，有的人家还朝火把上泼烧酒，立刻腾起熊熊的火焰，发出嘶嘶的声音，赶鬼仪式显得更有气势。当他们认为所有的“鬼”确已逃出了自己的房子时，就用松烟和旺波树把门挡严实。工布人认为，这样做，“鬼”便无法回来了，可以快快乐乐地欢度新年。

请狗赴宴。除夕之夜，人们把过年的食物端端正正地摆在木盘里，或放在长长的木板上，有糌粑团、桃子、核桃、酥油、奶渣、人参果、青稞酒等。茶和酒装在核桃壳内，准备妥当，主人把狗唤来，很有礼貌地说：“舒服的狗，快乐的狗，请进餐吧！”

---

① 李光文、杨松、格勒主编：《西藏昌都——历史·传统·现代化》第389～390页，重庆出版社，2000年。

如此三次，狗开始吃。据说，有经验的狗，这时显得非常庄重，把所有的食物都嗅嗅，然后决定吃点什么。有些狗却乱叫狂吠，打翻盘子，掀倒茶酒，主人认为不吉利，便把这不识抬举的“贵客”轰走。工布人认为狗吃什么、不吃什么，都是神的指使，因此全家人诚惶诚恐，注视着狗的每一个动作，吃了糌粑或饼子，预示粮食丰收，相反，狗如果先吃肉，则是来年六畜不旺会闹瘟疫的恶兆。

吃“结达”。狗吃饱了，人再吃年饭，围着火塘坐一圈，烤着暖烘烘的青冈柴火，喝着青稞酒、酥油茶，吃一种特殊的食品——结达。“结达”是用酥油、牛奶、面粉、红糖或白糖做成的圆面团，戳在尖尖的木棍上，伸进火里烤，熟一个吃一个，味道香甜，风味独特。

这天晚上一定要吃饱，胀得肚子鼓鼓囊囊的。据说半夜里鬼还来背人，不吃饱，身子骨轻轻的，说不定被鬼背跑了。吃得很饱，鬼才背不动。

背水。新年初一，鸡叫头遍，工布人都要出门，放火药枪，迎接新年的到来。主妇们赶紧背起水桶，带着青稞酒和“措”（祭神用的糌粑团），到水源处背水，在水边煨桑，让袅袅青烟召唤神灵。回家路上，不管遇到什么人，都不能回头，不能讲话。若回头或讲话，水桶中的“央”（神气）就会消散。

祭丰收女神。大年初三，在太阳刚刚升起时，每家每户的妇女着节日盛装，带上贡品和青稞酒，来到自家最好的一块庄稼地里，祭祀丰收女神。他们在地里竖起一根长长的木杆，木杆上挂经幡，下挂一把麦草，麦草象征丰收女神的宝座。用石头在木杆前搭个祭台，在台上摆好各种供品，煨烧青草香枝，通知田地的保护神，来接受供奉和膜拜。人们用特殊的调子高喊三声：“洛雅拉姆、洛雅拉姆（意为丰收女神），请用餐吧!”然后，围着祭台唱歌、跳舞，娱乐丰收女神，请求保佑庄稼丰收。没有女人的人家，男子也有去地中祭祀丰收女神的习俗。①

三、生产节日

藏族的生产性节日分农事节日和牧事节日两类。农事节日主要有春播节和望果节，牧事节日有牧羊节和种类繁多的赛马节。

1. 农事节日

春播节。春耕前，西藏各地都有规模大小不一的节日活动，或以村寨为单位，或三五户联合，集体举行仪式，祭祀掌管庄稼丰收的土地神。因各地气候有别，举行活动的时间和礼仪习俗不尽相同。

根据物候特征和择算的开播吉日，村人着盛装，带上酒、糌粑和各种供品，到地中祭祀土地神。祭祀地点通常选在当年最先破土开耕的最好耕地上。人们竖经幡，燃桑香，献供品，念祷词，祭祀土地神，祈求神灵保佑当年风调雨顺，无虫、霜、雹等灾害，庄稼丰收。祭祀毕，人们始破土耕田。西藏各地传统的耕作方式均为二牛抬杠。此时的耕牛打扮一新，牛的前额抹有象征吉祥的酥油，头上悬挂彩结，轭木上插旗幡，有时牛尾也用彩线装饰。日喀则一带在耕牛头部插用牦牛尾做的“热阿”。“热阿”涂三色，下红中黑上白，有时“热阿”上部用白色的鹰羽扎制。许多人家把“热阿”置放于耕牛那两只高挑的牛角上。新耕第一犁通常由德高望重的长者把犁，播撒第一把种子则推举与当年属相相合、大家公认有福运的妇女承担。耕犁的是福运，播撒的是希望，人们格外重视。当天只象征性地耕作一小片田地，然后大家聚集田间地头，饮酒欢庆。正式的耕种是在三五日后。此间，人们利用闲暇，尽情欢乐。

望果节。“望果”节是西藏农区一年一度预祝丰收的节日。“望”（vong）藏语意为“田地”，“果”（skor）是“转

---

① 参见普布多吉：《工布新年的来源与习俗》，载《西藏民俗精选本》（藏文版），民族出版社，1999 年。林继富：《西藏节日文化》，西藏人民出版社，1993 年。米林县统战部提供：《工布年的来由》（藏文）。

参加望果节的人们

圈”，“望果”就是“绕田地转圈”。这个“转庄稼地的节日”流行于山南、拉萨、日喀则等农区，没有固定的日子，一般是在农作物成熟之际进行。

望果节是一个十分古老的节日，最初是祭祀土地神以祈丰收的大地崇拜仪式，流行于雅鲁藏布江流域的广大农区，尤以雅隆河谷最为盛行。据史料记载，到第九代赞普布代贡杰时（约当公元2世纪），引进了苯教内容。其主要活动为：以村落为单位，绕本村土地转圈。队伍最前面由捧着祭香和高举旗幡的人引道，苯教巫师举“达达”（五色彩箭）和羊右腿领队，后面紧跟手拿青稞穗和麦穗的村民。转完田地后，把谷物穗入谷仓，以“收地气”，求丰收。①

8世纪后期，藏传佛教宁玛派兴盛，“望果”活动遂带有宁玛派色彩，必须念咒语以祈佑丰产。14世纪始，格鲁派渐居统

① 赤列曲扎：《西藏风土志》第167页，西藏人民出版社，1982年。

治地位，“望果”活动更渗透了格鲁派色彩，游行队伍之前要举佛像、背经文。从这时起，“望果”活动成为藏族固定的传统节日，逐渐增加了赛马、射箭、唱藏戏等内容。

现在拉萨地区农村望果节的主要活动有骑马绕行田地和赛马等活动。在庄稼已成熟的开镰前夕，确定吉日过节。骑手提前一两日为马匹披红戴彩精心装饰后，于节日当天着节日盛装，汇聚于村口。人们在离家前，在灶台前放一束麦穗，向灶神敬献丰收的“粮新”，祈求灶神护佑。人们集中后，在通往田地的路口点燃神烟，然后骑手在前，背经书的老人们在后，绕着麦浪滚滚的庄稼地转圈。边转边念祷，祈愿粮食大丰收。转完田地后，人们集中于先前指定的地点，举行赛马、角力、歌舞等竞技娱乐活动，欢庆3~5天，然后开始紧张的秋收。①

西藏各地的望果节习俗大同小异。1997 年 9 月（藏历七月），笔者曾在措美县的一个乡村观看了村民的节日活动。当时全村男女老幼均穿节日盛装，集中于村寨内的寺庙广场前。出发前从寺中取出经书用红绸包裹，由几位年龄稍长的人背负，十多名男女青年高举旗幡走在队伍前面，后面走背经书的人，再后是着盛装提酒拿供品的村民和儿童，一路浩浩荡荡绕行田地。转完庄稼地后人们举行丰富多彩的娱乐活动欢度节日，整个村寨洋溢着热烈、祥和的气氛。

2. 牧事节日

牧业生产是藏族主要生产活动方式之一。生活在羌塘草原的牧民同农区人民一样，有着属于他们的与生产活动紧密相关的节日。最负盛名的节日非夏季举行的草原赛马会莫属，此外，还有一些区域性部落性的牧事节日。

那曲赛马会。藏历六月至八月，是藏北草原的黄金季节。万里长空碧蓝如洗，和煦的阳光照耀在广袤无垠的草原上。大地似

---

① 拉巴：《拉萨一带的望果节》，参见《西藏民俗精选本》（藏文版），民族出版社，1999 年。

铺设了柔软的绿毡，姹紫嫣红的山花竞相绽放，流水淙淙，牛羊徜徉。经历了长达数月冰封雪冻和寒风磨砺的人们，从四面八方聚集一起，尽情享受这一美好季节带给人们的欢乐。历史上，各个部落、宗（相当于县的行政建制）在水草丰美、牛肥马壮的夏季均举行赛马会，他们形象地称之为“亚吉”（dbyar-skyid），意为“夏乐”。现在，除那曲地区每年一度在地区所在地那曲镇举行大型赛马会外，各县及区乡还举行规模大小不一的赛马会。

那曲赛马会规模盛大，极为隆重。

节日前几天，藏北各地牧民身着艳丽的节日盛装，带上青稞酒、酸奶子等各类食品，带上各类图案美丽的帐篷、卡垫，骑着马，从四面八方涌向赛场。一时间，平时空旷平静的草原突然热闹起来，出现了一个神话般的色彩斑斓的帐篷城。

节日期间，赛马场上彩旗飘动。赛马场两边站满了观众，观看骑手们精彩的表演。人们不时为骑手呐喊助威，惊叹声、呼叫声不绝于耳，场面气氛极为热烈。

比赛项目有大跑、小跑、走马、骑马捡哈达、骑马打靶等项

赛马节

目。“大跑”主要是速度比赛，有起点和终点，鸣枪或吹哨为号，众马齐出，以到达终点的先后定名次。“小跑”和“走马”则除了比速度外，还得看马步是否平稳、走得是否好。骑马捡哈达、骑马打靶等马术表演比赛，一般在大跑、小跑、走马之后的日子举行。两种比赛均是分小组参赛。哈达横放在地上，靶子立在路边，比赛时一匹马在前引路，其主要任务是给后面捡哈达或打靶的马引导一条最佳路线，离哈达或靶子不远不近。第二匹马则紧紧跟随，骑手在飞跑的马上侧身挂体，捡起地上的哈达，哈达间隔横放，捡得多者为胜。如果是骑马打靶，则第二匹马的骑手同样是紧跟第一匹马从场地一侧横跑过去，在飞跑的马上从背上取下枪支，在头上旋转一周，瞄准马侧面的靶子开枪，然后要个花样，顺势将枪背在背上。有的地方还有骑马点烟、马背倒立等表演。

赛马会期间往往还穿插着举行摔跤、举重（一般是举石头，也有举沙袋的）等体育比赛。

赛马会的各种比赛拿名次者都有奖品，民主改革前的奖品多为哈达、马、牦牛、绵羊、长枪、藏银等。现在除哈达等物之外，还奖茶叶和人民币。

赛马会也是社交娱乐的集会。夜幕降临之时，人们自发地围成圆圈，唱歌跳舞。这是一年中难得的娱乐时光，也是年轻人追逐情侣的好时机。

藏北地广人稀，居住分散，人们难得集中，以前部落的头人都利用赛马会牧民集中的机会收税，并处理部落内一年来的各种事务。商人们往往也赶到赛马场交换商品。特别是大型的赛马会，更是进行商品交换的大好时机。赛马会实际上是人们进行娱乐活动、宗教活动、经济活动的综合性节日。①

现在，那曲地区一年一度的赛马会已闻名遐迩，成为藏北一年中最主要的节日活动。参加赛马会的人不仅有当地的牧民和单

---

① 格勒等：《藏北牧民》，中国藏学出版社，1993 年。

位职工，拉萨、山南、日喀则和林芝等地都有许多人前往，来自内地和海外的游客也蜂拥而至，有时参加人数达数万人。赛马会已成为集娱乐竞技、文化展示、旅游观光和经贸活动于一体的大型活动。

阿里“噶尔恰钦”节。“噶尔恰钦”节是阿里地区以赛马为主要活动内容的传统节日。相传这个节日始于公元1683年。当年，为了纪念在阿里与拉达克战争中取得的胜利，为了颂扬智勇双全的藏族将军甘丹才让拜桑布的辉煌功绩，在噶尔雅萨（意为执政官员噶尔本的夏居地）举行了隆重的庆功大会，举行了传统的赛马等活动。以后便形成定制，每年藏历八月初一至十五举行为期5天的“恰钦”（定例）盛会。

节日活动从藏历七月开始准备。由于阿里地广人稀，噶尔本官府于七月一日便向各宗（县）、各本（乡）头人送达通知，令其挑选骑手、训练马匹以及准备盛会上表演的“鲜舞”。

藏历八月初八日，全体参赛者到噶尔雅萨报到，九日，有关人员检查及核对马匹、骑士、配备的表演工具等。十日聚会、试赛、熟悉赛程路况后，在参赛马颈上盖官府印章。十一日上午，骑马比赛在极其隆重、热烈的气氛中举行。首先是大步疾驰式比赛。当东方刚出现鱼肚白，参加比赛的骑手们便立刻起身，为自己的赛马进行精心打扮，即用各种彩布把马鬃编织得笔直挺立，双耳间的长毛捆扎成一结，好似一彩棒插在脑门上，马尾巴也用各种彩布捆扎而成，宛若一根弯曲的敲敲槌。在马背上只盖一块薄垫，用肚带系好，还用黏性极强的红土在马后腿上印上“雍仲”或“六字真言”等，并给赛马喂一些新鲜牛奶、茶水或最洁净的泉水。

骑手们头戴锥形帽，身着无左袖衣。据传，这是当年甘丹才让拜桑布被敌军围困，尽力冲出时，敌军把他的帽子射飞了，他便立即撕掉左袖，在头上盘缠成锥形帽子，以后，阿里人民为了纪念他的勇猛和智谋，这一奇特的装扮法一直沿袭下来。

比赛开始前，骑手们一字排开，马有的嘶叫着，有的扬蹄而立，性子暴烈的马恨不能立即奔腾，骑手们双手使劲拉缰绳；有的马划破嘴角鲜血直流，有的骑手实在控制不住，马便扬长远去失去夺冠良机。当起跑令号角一声长鸣，顿时尘土飞扬，如箭矢齐发。在赛跑的过程中，骑手们必须掌握时间、地形、距离等，马的耐力、爆发力、速度都要求很高，骑手采取的对策也需高明，既要具备先声夺人的胆量，又要具备后发制人的谋略。

两名噶本坐在赛场终点的扎西唐杰（吉祥平地）看台上，左边按官衔大小落座，身着适于各自身份的服装。有佩戴各种得体装饰品的四名宗本、六个本的正副头人、各驿站头、根保等。右边坐着来自境外尼泊尔、印度喜马偕尔帮、北方帮和拉达克、库努、搁尔夏、巴尔提斯坦、觉良、克什米尔、卓尼等地邀来的客人、贵宾。而跑道的两边分别站立着前来观看比赛的众多百姓，个个翘首等待着渴望已久的本次大赛头号英雄的出现。

当冠亚军的马腾跃疾驰，跨过终点线时，所有在场的观众达到如痴如醉的地步，狂欢着，沸腾着，骑手不断博得人们经久不息的喝彩声及欢呼声。人们把手中无数条洁白的哈达投向空中，五六个妙龄女郎穿着华丽的藏装，给夺冠英雄奉献上阿喜哈达，敬上青稞酒。观众赞不绝口，奔走相告，比赛达到第一次高潮。

疾驰式项目赛完后，接着进行小跑的“步伐平稳式”比赛。参加步法平稳式比赛的骑手们在各自的赛马背上铺四种花色的垫子，表层的最为豪华漂亮，上面织有五彩缤纷的图案，马鞍子也十分昂贵美观，其基座由名贵的檀香木做成，外面用白银镶嵌，华贵雅致。骑手们头戴蒙古帽，身穿锦缎面的洁白羔羊皮长袍，边上镶着珍贵的水獭皮，足蹬黑色牛皮靴，英姿飒爽，他们一般都是成年人。其赛程及规则与大步疾驰式赛法相同。赛完后，两种赛法参赛者前十一名可获得奖品。

十二日上午，举行各种骑术表演活动。赛场上一批批威风凛凛的武装骑士催马扬鞭、风驰电掣般地来回奔驰。骑士们从藏袍兜里取出一块块石头，用力砸向一头用糌粑团做的身高约半米的野牦牛塑像，当它被砸碎后，将一把空烟斗搁在平地上。接着老、中、少三代骑手上场。先是少年骑着骏马疾驰过来，以其极敏捷的身子从腾越的马背上往右一倾，把烟草装进烟斗里，紧接着中年人也以同样的动作，用藏式火镰给烟草点燃火，最后，老年人胸有成竹地奔驰过来，以其十分纯熟老练的动作捡起烟斗，兴高采烈地边呼喊边抽烟扬长而去，他们这一令观众眼花缭乱、魔术般的动作，难度颇大，没有高超的技能和功夫是难以完成的。

接着，五名品貌出众的少女各自拿来一个大章嘎（藏币），分别放在跑道右边插有小旗、食指深的一个小土坑里，让身强力壮、英俊潇洒的小伙子们凭借各自高深的骑术，从奔驰的马背上伸手拾起章嘎，谁拾起小土坑里的章嘎，谁便是章嘎女主人心目中的王子，于是好汉美人成双成对，并得到在场观众的赞赏、敬佩和羡慕。然后骑士们在驰骋的马背上举起火药枪，转身向后面几十米远的靶子射击，弹无虚发，颗颗射中牛眼大小的靶心。在距下一个吊靶只有十多米的距离，他们又在顷刻间急速举起弓箭朝着靶子射去，观众发出震耳欲聋的欢呼声，最后骑士们自由自在地按照各自精湛的马术表演大展其才，有的在马背上比武对垒、有的在马背上直立、倒立、倒躺；有的在快速驰骋的马背上忽而左脚着地，忽而右脚落地；有的在腾越的马背上做前后滚翻动作及三百六十度转圈等难度极高的动作；有的在奔跑的马背上从地上伸手捡哈达、砖茶、硬币等；有的平躺在马背上，用右手把一碗酒自马脖子底下平端过去，又用左手极灵巧地接住，并不洒一滴地喝进肚里；还有两名骑手各骑一匹马，在并行奔跑中突然间同时跃起轻捷的身子互换坐骑……这些精彩纷呈的马术表演惊心动魄，扣人心弦，令观众惊叹不已。

当日下午，来自普兰、古格、日土、噶尔等地的老、中、少骑手欢聚一堂，开始跳为期四天的极富阿里地域特色的“鲜舞”。他们身着五彩夺目的服装，佩戴各种价值昂贵的装饰品，载歌载舞，平日宁静的噶尔雅萨此时成为欢乐的海洋。

盛会期间，还进行大规模的贸易交流活动。牧民用羊绒、牦牛绒、绵羊毛、各类皮张、盐、碱、药材，换取各类布匹、糖果、日用品、炊具、干果和装饰品等。旧友重逢，结识新友，还互约来年盛会上需要的各种商品，给双方带来极大的便利，这样，每次盛会都程度不同地促进了阿里经济的发展和繁荣。同时，还在此期间进行一年中最大规模的征收赋税活动，当地百姓一年中的部分劳动成果交付给政府。

今天，阿里地区取代恰钦盛会的是规模空前的物资交流会。①

江孜“达玛”节。“达玛”节是后藏江孜一带的传统节日，主要活动内容为跑马射箭。这个节日至今已有600多年的历史。

该节日起源于江孜。这个节日最初似与生产活动无关，属纪念性的节日。据传江孜法王绕丹贡桑帕的祖父帕巴桑布，是萨迦王朝的内务大臣，在当地百姓中颇有声望。他逝世后，他的弟子每年为他举行祭祀活动，后因战乱中断了。到公元1408年，绕丹贡桑帕任江孜法王，恢复了祭祀。时间从藏历四月十日至二十七日。从二十八日开始进行娱乐活动。活动内容主要是展佛、跳神、跑马、角力、负重等。这些活动全由法王的部下、兵丁、佣人承担。到了扎西绕丹帕（公元1447年）统辖江孜的时候，娱乐活动中增加了骑马射箭。至此正式形成了江孜达玛节。

江孜达玛节一般为期三天，第一天举行简单的宗教仪式，并做赛前准备。第二天赛马。第三天射箭。比赛结束后，人们在近郊林卡欢宴几日。

如今，江孜达玛节仍每年举行，规模和活动内容都比过去大而丰富。节日期间，参加表演的人均着古装，打扮成当时的兵丁和官员模样。除举行传统的赛马、射箭、角力、抛石等活动外，还增加了许多现代娱乐项目。当地和远道而来参加盛会的人们均穿华丽的节日盛装，带着丰盛的食品，尽情歌唱饮宴，欢度佳

---

① 慈仁杰博：《阿里地区传统的“噶尔恰钦”盛会》，载《西藏艺术研究》1995年第3期。

节。节日期间，还举办大型物资交易活动。江孜达玛节的影响正一天天扩大。

四、宗教节日

藏族宗教节日繁多。仅就藏传佛教而言，几乎每月都有一个或数个节日；藏传佛教的每一个教派，几乎都有属于本教派独有的节日；就是一个教派内部的不同寺庙，也有不尽相同的节日。以下是一些具有普遍性和典型性的宗教节日。

1. 默朗钦姆与觉阿却巴节

“默朗钦姆”即传召大法会，“觉阿却巴”指正月十五的酥油花灯节。酥油花灯节举办于传召法会期间，可视为传召法会的一部分。

传召法会始于1409年，是藏传佛教格鲁派创始人宗喀巴为纪念释迦牟尼神变降伏妖魔而创设的。佛教祖师释迦牟尼在天竺舍卫城，于藏历火龙年（公元前511年）正月初一至十五，与外道师斗法，比赛神变，最后击败了六外道师，取得了胜利。法会最初集中色拉、哲蚌、甘丹三大寺的僧众在大昭寺释迦牟尼佛像前诵经祈愿。后来祈愿法会日益隆重，祈祷日期渐长。五世达赖喇嘛时，传召法会定于藏历正月初四起，至二十五日迎请弥勒佛后方才结束。

传召大法会期间，四方僧人云集拉萨。在大昭寺内诵经祈祷，讲经辩经，考拉让巴格西学位。虔诚的信徒们纷纷来添灯供佛，向众僧发放布施。

正月十五是释迦牟尼以神变最终战胜六外道师的日子。这天三大寺的活佛和僧众举行盛大法会祈愿供佛，将传召法会推向高潮。晚上，拉萨市八廓街搭起各种花架，有的高达一二十米，上面摆放五颜六色的以彩色酥油塑成的人物、花卉、鸟兽、吉祥徽等造型。有的宏伟高大，气势不凡；有的精巧玲珑，纤纤妩媚；有的凌空而立，恰似雀跃；有的成屏连片，似立体画卷。花灯点燃，宛如群星，五彩缤纷的景象仿佛把人带入了神话世界。人们在夜幕降临之际纷纷拥向街头观看花灯，高歌起舞，彻夜不眠。

2. 萨嘎达瓦节

藏历四月称“萨嘎达瓦”（即氐宿月）。相传佛祖释迦牟尼于此月降生、成道和圆寂，故笃信佛教的藏族人十分看重此月，一般不杀生，不吃肉，转经朝佛，广行善事。有“此月行善一事，可积万善功德”之说。

萨嘎达瓦期间，各大小寺院举行各种佛事活动，民众则广事转经朝佛，焚烧神烟。拉萨一带，人们从萨嘎达瓦的第一天开始，就去八廓街和林廓路转经，到藏历十五这一天，转经达到高潮。从凌晨直到天黑，人流如潮，川流不息，转经人数可达十万之众。此间，乞丐也云集拉萨，转经路上处处可见他们的踪影，乐善好施的转经人会视财力或一毛或五毛逐一分发。萨嘎达瓦月期间，尤其是十五这一天，众乞丐都会有不菲的收入。

3. 珠巴次西节

藏历六月四日，是释迦牟尼初转法轮的日子。僧俗人众于这天去附近佛寺庙宇和神山巡礼朝圣，故又称为“六四转山节”。过去，上、下密院的众僧人向大、小昭寺，布达拉宫的帕巴拉康等的佛尊献千供、百供，拜佛的人们敬奉供灯和哈达。拉萨群众有往附近的帕邦卡、曲桑、普布觉、色拉乌孜、吉仓夏怒（东西岩洞）、米乌琼寺、日甲桑丹林等寺庙朝圣的习俗。转山结束后，人们在野外搭起帐篷或围幔，尽情游玩。

4. 仲确节

“仲确节”是藏东类乌齐一带最悠久的传统节日。在藏语中“仲”即“供奉”，“确”为“修习”的意思。从字面上解释，“仲确”即“修行仪轨节”，每年藏历六月十五日举行。

据史料记载，类乌齐仲确节始于14世纪前期。1320年，类乌齐寺第二代法台乌金贡布主持修建类乌齐寺大殿查杰玛，历经6年才竣工。大殿的修建所耗资财巨大，所用民工甚多，其财物大多来自信教僧俗群众的慷慨捐赠，用工主要由信教群众义务提供。为了答谢僧俗群众的资助和庆祝寺庙的建成，大殿竣工后，乌金贡布举行了盛大的称为“仲确”的酬神答谢宗教活动，以后便沿袭下来，于每年藏历的六月十五日举行活动。由于类乌齐寺在藏东地区的特殊地位，加之类乌齐大坝宽阔，藏历六月的类乌齐又正是山清水秀、水草丰美的好季节，有著名的神山圣地供人们转山朝圣，又能进行互通有无的民间贸易，所以参加人数日众，使“仲确节”的规模和影响越来越大。除康区外，影响远及川、青、甘、滇和卫藏等藏区。每到仲确节，各地前来参加节日的信教群众和商人云集类乌齐，使仲确节逐渐演化为一种集民间商贸、宗教仪式和民间文艺活动于一体的传统节日。据介绍，历史上在仲确节期间远道而至的商人除甘、青、川、滇的藏族商人外，还有从内地来的汉族商人和印度、缅甸来的外国商人，有时参加节日的人数达数万至十万之众。

“仲确节”分寺院宗教仪式和民间世俗活动两大方面的内容。类乌齐寺从六月十五日开始，寺院僧人全体早早集中于查杰玛大殿，诵经做法事，由此开始了长达45天的称为“央乃”的宗教法事活动。“央乃”类似于“斋戒”月，此间僧人不得随便离开寺院住地，以免外出踩死虫子等生灵。参加“央乃”的僧侣与“仲确节”关系不大，但此间寺院接受参加节日的信教群众的大量布施，法事结束后每人都会分到一份布施的钱物。寺院要派专人为“仲确节”念经祈祷和做法事，通常派6~10名僧人到德青颇章神山的“曲弥嘎布”处和神山顶上做法事。僧人到这两处神地后，先煨桑，然后念诵经咒，栽插绘有牛羊马形状的木板，这是献给护法神的祭品。在仪式的最后，还要埋一宝罐（瓶），内装五种粮食、五种珍宝、绸缎、木块和写有经咒的经文，目的是敬奉山神，祈求风调雨顺、国泰民安。僧人们天不亮就上山，要傍晚做完法事才返回寺中。“仲确节”结束后，他们同其他僧人一道参加“央乃”活动。

仲确节期间的民间活动最为丰富，主要有民间商贸、转寺转塔和民间歌舞等活动，但最主要的活动是转德青颇章神山。

1997年藏历六月十五日（公历8月18日），笔者同几位藏族朋友一道参加了“仲确节”转山活动。转山时按习惯先绕查杰玛大殿转一圈，边绕行边转动硕大的嘛呢经轮。经过千千万万信仰者双手的抚摸打磨，大殿外圈的嘛呢轮已是黝黑油亮、平滑光洁。接着，离开寺庙往北行，不远处便是卡玛多塔林，有108座佛塔。人们到类乌齐寺朝圣时，都要到这里来转佛塔。

转完塔林，继续往前，不一会便来到一条溪水潺潺的山沟。沿着山沟蜿蜒的小道开始上山，我们走走停停，一路谈笑风生。沿途圣迹很多。上山不久便见到岩石旁建了一座小屋，内有类乌齐寺创建人桑吉温足印的岩石，人们纷纷进屋朝拜，虔诚的长者还要双手合十用头去顶礼神石。再往上爬便进入幽深的林荫小道，树枝上挂满了经幡小旗和一些破旧衣服，一问向导才知是当地人的一种习俗。人亡故后，家人将死者送往寺院前不远处的天葬台“金科尔卡”，死者的一些遗物则送到神山上，这样有利于亡者早日进入极乐胜境。据说死者的灵魂是经过这条道走向转生之路的。往上行看到一个斜坡上布满了大大小小的用石头搭建的石楼房，有二层的，有三层的，有的搭了七八层，这是人们为来世修建的房屋。按习俗，搭房的石头必须自己找寻，不能随便拆别人的墙建自己的屋，这是犯禁之事。再往上便到了称为“巴多冲朗”的人亡故后灵魂进入中阴重新转生的必经之路，其实只是几块天然岩石自然拱搭而成的一个约几米长的狭窄小洞。据说人活着时钻过此洞，以后亡故时灵魂会很快转生。转山的有人去钻洞，有的径直从旁走过。我的同事和朋友洛桑平措提出要我和他一道去钻“巴多冲朗”，其他人在一旁鼓动，我欣然同意。洛桑平措这康巴汉子虽然壮硕，但身体轻巧灵活，很快就钻了过去。我则有些肥胖，动作很是笨拙，费了不少劲才钻出洞，居然还得到了他们的喝彩。

一路上，还见到了能治胃病的石头，能为来世储藏粮食的磨糌粑石，然后到达离山顶不远的“曲弥嘎布”。

“曲弥嘎布”是一清澈甘甜的山泉，出水量很大。在曲弥嘎布处有高大的嘛呢堆，这是群众自发用一块块石头长期垒搭起来的，人们称其为“喇托”。转山人到泉旁，都要洗脸、沐浴、喝几口山泉，连背上的小孩也要放下用灵水为其洗浴。据说这样可以洗去不洁，今后成长无病无灾。

类乌齐寺的6名僧人在泉水一侧的草坡上搭了一个帐篷，正在诵经吹号做法事。转山的群众纷纷向喇嘛献哈达和献钱供奉。

趁僧人喝茶休息的间隙，我问他们念经诵咒到何时，他们说要到下午。法事活动到傍晚才结束，最后一项活动是埋“萨居奔巴”（直译为“地脉宝瓶”）。问诵经和埋宝瓶的目的是什么，答曰主要是祭奉龙神和山神地灵，祈愿风调雨顺，庄稼丰收，牛肥羊壮，无病无灾。我很想看埋宝瓶的仪式，但仪式要傍晚才举行，而我们与师傅约定最晚下午5时返县，只得放弃。

“曲弥嘎布”的山坡上绿草茵茵，一群群转山的人就在草坡上围成一圈席地而坐，有的则钻入附近的树林和花丛中。人们取出随身携带的油饼、烙饼、熟的牛羊肉、风干肉开始野餐。人们喝着青稞酒和酥油茶，一边喝一边说笑。有的则在林中高歌，在坝上欢舞，在溪旁嬉戏，漫山遍野都是转山的人流和野餐的人们，到处是欢声笑语，人们在山清水碧的神山环抱中尽情游玩。

离开“曲弥嘎布”往前走，路已十分平缓，这是一条通往山口的小路，路上风景如画。山坡上长满了五颜六色的小花，漫山遍野一眼望不到边，美不胜收。而山脚下的类乌齐大坝和周围苍翠绵绵的群山尽收眼底，还可见到转山的人流从山脚一直蜿蜒而上直至“曲弥嘎布”的山坳。游德青颇章神山的确令人心旷神怡，是一次难得的美的享受。

到了山口，但见一巨大的嘛呢堆和迎风猎猎飘舞的经幡林。嘛呢堆上除一般石块外，还有许多精美的刻石。有的刻六字真言，有的刻有密密麻麻的经文，有的石片上雕刻菩萨造像，刻石精美，造像生动。而经幡林的规模很大，大大小小的经幡栽立了一大片，经幡在山口的大风中飘舞飞扬，发出震人心魄的啪啪声。

我们在山口转完嘛呢堆后，又在草坡上游玩和放飞从山下带来的纸风马。转山的人们都从山下买有纸风马上山放飞。放风马是“仲确节”转山时的一个重要内容，随着“风马”的渐渐飘远，人们祈祷山神接受祭奉，护佑虔诚的子民无病无灾，并带来好运和吉祥。

由于下雨，下山的路既陡且滑，一路是跌跌撞撞的小跑。下山的途中，只见路边的山谷中扔满了牦牛头骨，很多头骨上刻有六字真言，横七竖八的一堆堆一片片堆放在山谷中。牦牛是人们日常生活和生产中最重要的东西，献牦牛头骨表达了人们对山神最无私最虔诚最慷慨的献祭。

待下得山来，类乌齐草坝上已是帐篷林立，人群簇簇，人潮涌动。到处是欢声笑语，连早晨在镇上做生意的大卡车也凑热闹地开到了草坝上。吆喝声讲价声歌声欢叫声和着流行歌曲及汽笛声汇聚成嘈杂无章的混声音响，平时静无人迹的类乌齐大坝如今浸润在浓重的节日气氛中。

“仲确节”过去一般举行 2～4 天，除转山外主要是举行物资交流会。“仲确节”在马年最热闹，人们要绕转神山 13 圈，而平时则无具体规定。

我们在大坝上同乡亲们一道喝酒唱歌，尽兴玩耍，直到天色将晚才乘车离开类乌齐返回县府所在地桑多镇。

5. 斯莫钦波节

“斯莫钦波”意为大型表演，是扎什伦布寺一年一度规模盛大的宗教节日，主要活动是表演密宗金刚神舞，即俗称的“跳神”。

斯莫钦波创始于七世班禅丹白尼玛，距今已有近二百年的历史。这个节日原是跳神驱鬼的纯宗教活动，经长期的发展，已演化为日喀则地区隆重的传统节日。如今，斯莫钦波的影响不断扩大，早已超越了地域界限，已成为全藏引人注目的宗教艺术盛会。

斯莫钦波于每年藏历八月举行，具体日期由星算学家推算。近年来，举行的日期已相对固定，一般于藏历八月四日至六日举行，历时 3 天。八月三日，参加跳神的僧人和乐师等全班人员按演出的要求进行试跳和考试，同正式表演唯一的不同是不穿戴神服和面具。

八月四日，跳神在专门修建的宽大的金刚神舞院举行。表演开始前，首先出场的是十几位身穿绛红袈裟，肩披绛色披风，头戴“孜夏”（鸡冠形）僧帽的高大喇嘛，扛着八面旗帜鱼贯而出。这八面颜色不同的旗帜分别代表扎什伦布寺的八位护法大神。喇嘛们展开旗帜，用木支架插于舞台两侧，每树一旗，喇嘛们便扔撒糌粑粉，观众高呼“曲晓”（神胜利），全场烟雾弥漫，吼声震天。旗幡插毕，庞大的乐师队伍出场，乐队人数多达五六十人，主要乐器有大法号、腿骨号、唢呐、铜钹、羊皮鼓等。乐师就座后，表演才正式开始。

“斯莫钦波”金刚神舞

“斯莫钦波”跳神节上的乐师

3天的表演内容和程序有严格的规定。第一天和第二天的演出内容各有16段。第一天以表演黑色大神乞丑巴纳为主神的羌姆（神舞），并以焚烧“朵玛”结束。第二天是具誓阎王唐青曲杰为主神的羌姆，第三天表演六长寿舞等，其后是世俗性娱乐活动。

“羌姆”起源很早，公元8世纪桑耶寺建成后的庆典上，莲花生大师结合当时藏地的土风舞首创这一形式。经长期的发展，“羌姆”已成为藏传佛教各教派重要的宗教活动仪轨，各教派的重要寺院都有“羌姆”活动，只是举行的时间、节日的名称不同而已。西藏寺院中影响较大的几个“神舞”节除扎什伦布寺的“斯莫钦波”外，还有昌都寺的“古庆”节、热振寺的“帕邦塘廓”节以及萨迦寺的冬季大法会、每年岁末的布达拉宫跳神等。

6. **拉波堆庆**

藏历九月二十九日为“拉波堆庆”（降神节）。这一节日的来源为，释迦牟尼成佛后与佛母摩耶夫人传法，于九月二十九日从佛乐胜境来到人间。同时诸神仙也降临凡尘了解民情，巡视黎民百姓对神佛的信仰情况。这天，人们纷纷到寺院朝佛献祭，焚香转经，接济乞丐，广做善行，祈愿神佛保佑万物生灵，以虔诚的心态和缭绕的桑烟迎接神佛的降临。

7. **白拉日垂**

“白拉日垂”意为吉祥天母节，每年藏历十月举行，对大昭寺的护法王尊吉祥天母进行隆重的祭供。关于这个节日的起源，民间流传着生动的传说：

大昭寺的守护神母玛索杰姆有3个女儿。大女儿叫白拉扎姆，二女儿叫东赞杰姆，三女儿叫白拉协姆。3个女儿都很不争气，令母亲非常气恼。小女儿白拉协姆一天到晚只知道玩，母亲让她帮捉虱子她都不肯，母亲咒她满身长虱子，后来白拉协姆神像上满是小白鼠。二女儿东赞杰姆爱顶嘴，母亲咒她沿街讨饭，后来东赞杰姆的像被画在八廓街东南隅的石头上，靠自己乞讨和人们供养为生。大女儿白拉扎姆淫乱放荡，母亲咒她一生没有丈夫，即使有也只能一年见一面。母亲的咒愿实现了。白拉扎姆的情人是住在拉萨河南岸的赤宗赞，两人每年只能十月十五日相会一次。

“吉祥天母节”活动从十月十四日开始。这天清晨，将大昭寺的吉祥天母（白拉扎姆）像迎请到大昭寺顶圆廊下，于黎明时分沐浴。男女老少蜂拥前来祭祀供奉，木鹿寺僧众举行隆重的祭神仪轨和会供。当天晚上，迎请天母像至觉吾（释迦牟尼）佛殿，与觉吾佛对坐。十五日旭日东升，僧人们用头顶着天母像来到八廓街。这时许多善男信女纷纷向天母敬献哈达。继而来到八廓街东北的甘丹大经杆处，由拉萨土地神恰次从噶玛夏前来向天母敬献哈达、顶戴敬礼。此后至八廓街东南与天母妹妹东赞杰姆相会，并将天母像面朝拉萨河南岸的赤仆地；同时赤仆地也有僧人将赤宗赞的塑像面朝北，表示两相会面之意。最后返回大昭寺，迎坐在原来的宝座上。这天许多人隆重焚香、施食。

后来，这个日子在民间渐渐演变为一个具有特殊意义的纪念日。妇女们在这一天刻意梳妆打扮，外出游玩，到白拉扎姆神像前焚香祈祷，为自己的将来许个好愿。

8. 甘丹安曲节

甘丹安曲节又名燃灯节。藏历十月二十五日，是藏传佛教格鲁派祖师宗喀巴圆寂日，西藏各地的寺院和普通人家都点供灯祭奠宗喀巴大师。

拉萨地区夜幕刚刚降临，八廓街大街小巷便隐没在飘摇闪烁的酥油灯海中。桑烟弥漫，香火缭绕，沿街楼顶上摇曳的酥油灯火苗在微风中舞动，似乎整个世界都挂满了酥油灯，转经的人流川流不息，到大昭寺前人们将桑枝一把把投入香炉，许多人把风马旗撒向空中，以求好运。昌都地区，人们除家家在房顶、院墙或窗户边点一排排酥油灯，到就近的寺院拜佛转经、焚烧桑烟外，还有一个习俗，就是镇上的儿童在节前两三天纷纷出门，挨家挨户去化钱或食物，留待节日时享用。人们认为，儿童们这几天化来的钱物是宗喀巴大师所赐的福力，面对前来的孩子，每户人家都会或多或少给一些钱物。“安曲”节晚上，儿童们聚在一起，一边集体念诵经文赞颂宗喀巴大师，一边共同享用化来之物，通宵达旦地玩耍。[①]

五、游乐型节日

从严格意义上讲，藏族的大多数节日都具有游乐的性质，肃穆庄严的宗教节日也都具有娱神娱人的双重功能；而所谓“游乐型”节日，也或多或少带有宗教的色彩。

1. **林卡节**

夏日的西藏，阳光明媚，风和日丽，树木成荫，草绿花红。人们习惯从藏历五月开始走出庭院，到浓荫密布的林卡或山花烂漫的草坪，搭起帐篷或围幔尽情游玩，享受大自然的恩赐。五月十五日，藏语称“赞林吉桑”，意为“世界焚香日”（有人译为“世界快乐日”）。相传这一习俗起源于赤松德赞时期，是为纪念桑耶寺的成功修建而举行的盛大焚香祭神活动。这天，各地广为焚烧香柏枝，逛林卡也达到高潮，故而人们又称之为林卡节。

其实，林卡节的称谓并不确切，在冬长夏短的西藏高原，人们十分珍惜夏季风和日丽的美好时光，整个夏季人们有闲都会外出逛林卡，而“赞林吉桑”这一日仅是漫长的逛林卡活动中的一天或开始。有趣的是，现代的五一节、六一节、八一节都已成为林卡节的一部分，并出现一次次节日的高潮。十月一日国庆节，拉萨等地的人们取了一个新名：“林秀”，意为林卡节结束日。一般“十一”以后不会有人再去逛林卡了，因气候已逐渐变凉，又快临近寒冷的冬季。

林卡节的活动是丰富多彩的，也是极富情趣的。三五成群的人们在林苑内搭建帐篷或拉起围幔，饮着酒，吃着带来的丰盛食

① 李光文、杨松、格勒主编：《西藏昌都——历史·传统·现代化》第395页，重庆出版社，2000年。

物，掷骰子、打牌、下棋、打克郎球，各种娱乐形式应有尽有。更多的是饮酒唱歌，欢快起舞。歌声、欢笑声不时从座座围幔内传出，飘荡在林苑上空。当夕阳染红林苑时，摇摇晃晃的人们才哼着小曲相扶而归。

西藏各地在夏季都有与逛林卡相似的娱乐活动，只是叫法不同。有的地方叫“亚吉”，意为夏乐，有的称“萨列”，耍坝子之意，还有的叫“日堆”，即转山游玩。如昌都，每年藏历五六月间，人们携带生活用品和足够的食物，外出安营扎寨，到水草丰茂的草坝或景色优美的山林间尽情玩耍，数日后方才回家。

2. 沐浴节

每年藏历七月上旬，当弃山星（藏语称嘎玛日西，即金星）从出现到隐没的七日内，西藏各地有一个群众性的沐浴活动。藏族民间认为，初秋之水有甘、凉、软、轻、清、不臭、饮不损喉、喝不伤腹八大优点。经弃山星照耀过的水均成药水，能治病除疾，强身健体，预防百病，因此人们纷纷在这一段时间到河边溪畔泉旁，沐浴洁身。

在拉萨等地，白天，人们在河边清洗家中的衣物铺盖等，洗毕后就地晾晒于河滩上，五颜六色的图案布满了河滩，孩子们在一旁嬉戏玩耍。当夜幕降临、皎洁的月光映着河面，弃山星出现时，人们纷纷脱衣下河，开始圣洁的沐浴。无论男女老幼都沐浴在清凉的秋水中，洗去不洁和灾病。洗浴毕，各家背起大捆晾干的衣物，乘着朦胧的夜色尽兴而归。

3. 雪顿节

雪顿节，意为酸奶宴会节，是一个古老的节日。由于雪顿节活动内容逐渐演变为以藏戏会演为主，故又称藏戏节。节日从每年藏历六月三十日开始至七月上旬，历时十余天。传统的雪顿节活动方式为：藏历六月二十九日，各地藏剧团一早到布达拉宫向地方政府主管藏戏的“孜洽列空”报到，并举行简单的仪式表演；然后到罗布林卡向达赖喇嘛致意，晚上回哲蚌寺。六月三十日，在哲蚌寺举行展佛活动，然后各剧团联合演出一天藏戏。七月一日，来自各地的剧团在罗布林卡进行联合演出。七月二日至五日，由江孜、昂仁、南木林、拉萨4个地方的剧团轮流各演一天戏。节日期间，地方政府机关放假，全体官员集中在罗布林卡陪达赖喇嘛看戏；中午噶厦设宴招待全体官员，席间要吃酸奶。拉萨广大市民和郊区农民也着盛装，带上吃喝用品，前往罗布林卡观看演出。

现在的雪顿节保留着浓郁的传统特色，其主要活动仍由展佛拉开序幕，继而进行长达数日的藏戏表演。

雪顿节的开幕式非常隆重。藏历六月三十日清晨，天不亮哲蚌寺内外便汇聚了数以万计来自四面八方观看展佛的僧俗群众和游人。晨曦初露之时，在高举旗幡的仪仗队的导引下，在低沉雄浑的法号声中，数百名青壮年喇嘛和信教群众抬着几十丈长的巨幅唐卡佛像缓缓走向展佛台。当巨大的唐卡在展佛台上徐徐展开时，法号声声，香烟弥漫，无数洁白的哈达投向展台，数万善男信女轮番涌上台前观瞻朝拜。展佛活动持续半天，此间，由藏戏团在展佛台前的平台上表演藏戏，午后，到哲蚌寺甘丹颇章院内继续表演。展佛期间，人们转佛堂庙宇，拜佛祖菩萨，许多人还到哲蚌寺后山去转经朝圣。

从七月一日开始，罗布林卡内每天都有各藏剧团的精彩藏戏表演，观众人山人海，游人如织。罗布林卡内人头攒动，各种娱乐活动、风味小吃应有尽有。

近年来，随着西藏旅游事业的发展，每年参加雪顿节的海内外游客越来越多。许多大型经贸活动和文化活动也在雪顿节期间举行。雪顿节如今已成为西藏最具影响力的民族节日盛会。

第二节　门巴族节日文化

门巴族节日文化，既有着本民族长期历史发展而固有的文化特色，又带有受周边民族文化影响的明显印记。

一、节日的种类

门巴族节日主要有两大类型：一类是宗教节日；另一类是岁时年节。

1. 宗教节日

宗教节日，包含原始宗教祭祀节日和藏传佛教节日两类。

如前所述，节日大都源于原始宗教祭祀活动，门巴族许多节日保留了原始宗教祭祀活动的遗风。错那县勒布门巴族在每年藏历六月庄稼成熟时要过“曲科尔”节。其时，邦金一带和全勒布的人齐聚基巴村，朝拜勒布地区最大的寺庙扎嘎寺和乌坚岭寺。人们在喇嘛和扎巴的带领下，背经书举经幡，围绕村庄和庄稼地转一周，祈求神灵保佑，人丁兴旺，无病无灾，粮食丰收。群众自备酒饭，在地头田间载歌载舞，整个活动进行2～4天。显然，“曲科尔”节在早期是祈望庄稼丰产而举行的原始宗教祭祀活动，佛教传入后，则带上了佛教影响的深深印迹：过去组织领导节日活动的是巫师，而今换成了僧人，过去只转地头田间向鬼灵祈祷，而今还要转寺庙求神佛护佑，但目的仍十分明确，祈望庄稼丰产。

墨脱门巴族在庄稼开播前的二月，各村寨要集体出资延请巫师举行跳神送鬼仪式。每户人家平均负担粮、酒、肉等食物，既作为巫师的享用，又供全体村民集体会餐共食。这个集体祭祀活动，目的在于乞求鬼灵护佑，使庄稼不受虫灾，风调雨顺，获得好收成。在庄稼成熟的六月，要过“曲科尔”节，其活动同勒布相似，目的是祈求神佛保佑，庄稼获得丰收。在门隅“门尼玛三部，每年都要举行隆重的祭神活动，同时进行赛马、跳神等活动”①。这些节日，均产生于原始宗教祭祀活动，并与人们的生活密切相关。

---

① 益西赤列：《我的家乡——门隅》，参见《西藏文史资料选辑》（二）第76页，西藏政协文史资料研究委员会编印，1984年。

佛教传入门隅后，随着各地寺庙的兴建，佛教的影响不断扩大，成为人们普遍接受的信仰，佛教节日也逐渐为人们所熟悉和接受。在门巴族地区影响较大的节日有3个：一是萨嘎达瓦节；二是达旺大法会；三为主巴大法会。

萨嘎达瓦节，是藏传佛教纪念佛祖释迦牟尼诞生、成道和圆寂的日子。藏历四月十五日这一天，如同西藏各大寺庙一样，门隅的所有寺庙也不分派别念经祷告，举行法事活动。届时，门巴族善男信女前往寺庙转经，烧香拜佛。每户均要出一定数量的糌粑、酥油和青稞酒，交给寺庙，喇嘛将糌粑做成“措”① 分给大家吃，众人互相敬酒吃喝，晚上家家户户房前屋后点酥油灯，庆祝一天。从此日开始，全村男女开始干农活。这个本是纪念佛祖的节日被门巴族视为祈求水草丰美、五谷丰登的祭祀活动，并作为进入农时的标志。门巴文化对藏传佛教文化的改造可见一斑。

达旺大法会，在每年的藏历十一月二十九日举行，历时3天，主要活动是跳神。这是门隅地区影响最大的宗教活动。其时，达旺寺所属各寺庙僧人及各地僧俗群众云集达旺，观看跳神表演。在这个活动中，除宗教跳神外，演员还要演出门巴族传统戏剧《卓娃桑姆》和跳牦牛舞等。同时，群众除唱歌跳舞外，要举行许多自娱性的游艺活动，如拔河、射箭、角力、赛马等。

主巴大法会，是墨脱宗全宗性的大法会，在丰收年的十一月至十二月间举行，历时3～18天不等。这个法会规模大，甚为隆重，丰收之年，年年举行，歉收年则不举行。主要活动有念经、跳神、演出宗教戏剧等。十一月正是农闲季节，又逢丰收，人们都愿参加。群众自备酒、肉、粮食，欢聚一起，白天饮酒观看跳神表演，夜晚在野外平坝上点燃篝火，载歌载舞，通宵达旦。

2. 岁时年节

年节，门巴话叫“洛萨”，借自藏语，错那门巴族过新年时间同藏区大致相同，墨脱门巴族则有所不同。

---

① “措”：指宗教活动时的供品，由糌粑、酥油等揉制而成，法事毕可食用。

错那门巴族过新年是从每年藏历的元月初一开始，到元月十五日结束，时间与藏区相同，庆祝活动亦相似。墨脱门巴族虽然依据藏历推年算月，但他们一年中却有两个新年：一是十二月新年，一是元月新年，而以十二月新年最为隆重。

十二月新年是墨脱门巴族富有特色的岁时年节。从藏历十二月初一开始，人们要欢度佳节 10～15 天。届时，人们着盛装，互相拜访庆贺，欢聚一起，唱歌跳舞，饮酒狂欢。以十二月为岁首过新年的习俗，可能是门巴族古老的岁时习俗。藏历传入后，逐渐取代了门巴族原始的物候历，人们采用藏历纪年，传统的岁时习俗受到很大冲击，但仍以十二月为岁首过新年。

元月新年是从藏历元月一日开始，节日时间为 2～3 天，远不及十二月新年隆重热闹。

二、节日活动与礼俗

门巴族节日活动内容丰富多彩，不论是宗教节日还是岁时年节，都有许多有趣的礼俗和活动。下面介绍主巴大法会和年节礼俗。

1. 主巴大法会

主巴大法会是墨脱最隆重的宗教节日，在丰收之年的十二月中下旬举行。人们经过一年的辛勤劳作后喜获丰收，又刚过完喜庆的新年，大家备酒备肉，踊跃参加这一难逢的宗教盛典。

法会的第一天，主要活动是跳德羌（生殖舞）和夏瓦羌（鹿舞）。生殖舞和鹿舞各跳半天。

“德羌”在上午跳，舞者仅 1 人。舞者头戴木雕面具，赤裸上身，用木炭在胸部、背部和胳膊上画纹饰，下体穿短裤，阴部拴挂一个木制男性生殖器（用“卡让欣”木做成，长约一拃，涂深红色）。跳“德羌”的必须是寺庙中有较高地位、有威望的上层喇嘛，如翁则或罗本。先由一名“曲称巴”、两名举芸香的僧人以及两名吹喇叭的僧人在前开道，舞者再缓缓登场。他先摸摸木制生殖器，又摸摸自己的鼻子，踏着鼓钹的节奏（伴奏的僧人在广场旁的阿康即钟鼓房中），抬右脚，身体往左侧摆动，放下右脚抬左脚，身体往右侧摆动，接着左旋，右旋，不时地旋转一周，做各种象征性的动作，绕着广场跳完一圈才结束。据说，德羌有惊天地、泣鬼灵的神力，跳完“德羌”后，再晴朗的天也会乌云滚滚，天色变暗。如果舞者跳完后天气没有变化，还要重新跳一遍。

下午跳“夏瓦羌”。跳之前，先举行“吐儿达”仪式：两名身穿绣缀有虎纹的缎料衣服，头戴鹿面具的僧人，抬一个祭祀神架，安放于广场正中，口中念诵祷词，祭祀天灵地祇，并将一根白棉线纺制的哈达献挂于神架上，边跳边退场。仪式毕，跳羌人出场，仅 1 人。他穿戴同举行仪式的人，但戴的鹿面具更为逼真。面具是用“卡让欣”木制作的，鹿角是“秀巴欣”木所做。舞者模拟鹿的各种动作，或轻盈跳跃，或驻足观望，形态逼真。

第二天和第三天，表演宗教戏剧“巴多”。戏剧由两部分组成。第一部分表现猎人捕杀小鹿、野牛、羚羊等的狩猎活动；第二部分表现猎人因杀牲造孽在地狱中受审的情形。戏剧故事性较强，出场人物多，除猎人表演各种舞蹈动作外，还有象舞、大鹏舞、狗熊舞、野猪舞、猴舞、虎舞、狮舞，等等。每个角色都由两人装扮，戴与角色相合的木制面具，同时上场。无旁白，不介绍剧情，也不歌唱。演出中，不时穿插一个叫“巴巴”的小丑的滑稽表演。“巴巴”同时负责维持舞场的秩序。

第四天，跳“霞纳羌”（黑帽舞），12 人或 16 人登台。他们头戴藤篾帽或竹编帽，帽边檐包裹一层黑布，帽顶插孔雀翎，帽前檐缀几根缨穗，垂至眉梢，帽后檐吊挂一根红色或绿色彩绸，长及臀部。舞者的脸膛涂抹炭黑，鼻尖上也抹成黑色。出场时，每人右手持一盏燃着的供灯，左手握一把孔雀翎编扎的拂尘，口中发出“嗡”的吼声，翩翩起舞，节奏由慢而快，要绕场跳 3 圈。

跳完“霞纳羌”后，还要跳“阿杂惹”和“白杂惹”舞。据说阿杂惹是靠近下珞瑜地区的印度土著人，身材瘦小。跳阿杂惹舞时，舞者着花色长衣，戴黑、绿或白颜色的木雕面具，面具鼻子长，面呈笑脸，头饰是包头，与木雕面具连为一体。白杂惹舞的装束同阿杂惹舞相同，只是面具一律用白色。舞姿滑稽诙谐，常令观众捧腹大笑。

第五天，跳“多吉卓勒”，即金刚神舞。一般人不能跳此舞，只有寺庙的活佛才有资格跳。多吉卓勒舞的面具由“卡让欣”木做成，比一般的面具大，形象庄严威赫，以示佛法神威。舞者身着华丽的缎料衣服，胸前拴挂一块锦缎围裙，围裙上用红、黄、天蓝三色绣有各种神佛形象，胸口处戴一大铜镜。舞者背对观众出场，双手叉腰，动作缓慢沉稳。

跳完多吉卓勒后，主巴法会的主要活动便结束了，僧人转入念经活动。

跳完多吉卓勒的当天，活佛要为群众摩顶。其时，等待摩顶的善男信女，在“曲称巴”的安排下排好队，先由 4 名僧人各举一面小鼓，每两人一组围着活佛转一圈，然后在广场正中和四周击鼓跳跃，意为驱走所有灾害。接着，活佛一一为群众摩顶，翁则给群众一小包药丸，扎巴给群众活佛加持过的净水。同时，十多名穿戴漂亮的未婚少女向群众分发炒玉米粒。当晚，在广场上点燃篝火，僧人同群众一道唱歌跳舞，活佛要给跳舞的人敬献“热古”（用棉线织的哈达）。

整个法会期间，群众白天饮酒观看表演，夜晚点燃篝火，载歌载舞，常通宵达旦不散。

2. 年节礼俗

门巴族的年节礼俗，引人入胜。

墨脱门巴族以十二月为岁首，为过好新年，从藏历十一月开始，就要做过年的准备，如宰杀猪羊、酿酒、炸饼、缝制新衣、打扫房屋，等等。

大年初一早上鸡鸣第一遍时，全家人就起床，穿上新衣服，互致问候祝福后，每人喝一碗用酥油、奶酪、“邦羌”和鸡蛋煮制的饮料（平时只有产妇才喝）。然后，全家人一起，用猪头肉

（切成小块）、猪骨头（砸碎）掺上大米熬粥，作为新年早餐。天亮前，全家食肉粥，天亮后，才开始喝酒。初一不互访，亲人欢聚一室，饮酒畅叙家常，互相祝福。午餐饭菜丰盛，全家人围坐一起，每人面前放一个“邦穷”，内装煮熟的猪肉及肝、心、肚、肠（猪的各部位都要有，以示全牲）和大米饭，每人一碗带肉的汤及辣椒。此外，每人面前还有一个“邦穷”，盒中装两个油炸米面饼和一个灰灰菜饼，称作“吉尔当”，另装称为“甲日”的一大块猪肉。吃饭时，只吃属于自己的那份饭菜，“吉尔当”和“甲日”一般不吃，可用绳子穿挂保存留待以后享用。

从初二开始，门巴族以村寨为单位，全村人集中在一起，轮流去各家聚餐。轮转的顺序，村人在节前就已民主商定，每户负责一天，包管全村人的酒肉饭食。一些贫穷的人家无力独自承担，可以两家或三家联合，而一些鳏寡孤独无依无靠的人则无需准备，理所当然地同村人一道聚会赴宴。任何不相识的外乡人这时到了门巴村寨，都将作为尊贵的客人受到热情款待，享受美味佳酿。全村每户轮流招待，一般的村庄轮转一遍要十多天，大的村庄要转二十多天。这期间，欢歌笑语不绝于耳，人们除载歌载舞欢度佳节外，还举行射箭、抱石、跳高、拔河等体育竞技和游戏活动，整个村寨沉浸在欢乐的海洋中。

错那门巴族过新年是从藏历元月初一至十五日为节庆日子，这是一年中最隆重的节日。从藏历十二月开始，人们便着手准备过年的东西，每家每户都要酿制大量的青稞酒。临近新年前夕，家家户户要大扫除，把屋内屋外收拾干净，用面粉调成糊状，在门、墙和椽条上面涂上各种吉祥图案，以示新年吉祥如意。十二月二十九日除夕之夜，各家均要喝一种用面团、肉块等9种食物煮的粥，以示生活富足。许多人家还准备一个叫“切玛”的五谷斗，内装炒青稞、糌粑面等物，预祝来年风调雨顺、五谷丰登。

大年初一清晨，各家主妇争相早起，抢先到平常汲水的地方背回第一桶水，认为新年最早背回的水是雪山顶上狮子流下来的奶汁，象征财富，背到第一桶水最吉利。第一个背水的人要在汲水的地方抹酥油，撒糌粑，供“沙朗”（用面粉和糖炸的油果子）等，以祭祀神灵。大年初一合家欢聚，不走亲串户。

从大年初二开始，人们走村串户，探亲访友，相互道喜。到别人家串门时，妇女必须走在前面先进屋，切忌男子先进屋。门巴人认为，新年时来客是妇女，预示着家中猪牛会多生母畜，是六畜兴旺的好兆头；若第一个来客是男子，则为不吉利，其时的男子属于不受欢迎的人。

十几天的节日期间，人们欢聚一处，唱歌跳舞。一首萨玛酒歌这样唱道：

高举玉觞吧满饮三杯，
放开音喉吧高唱酒歌；
心中的话儿尽意地说，
欢乐的歌儿尽情地唱。

良辰美景啊何时能再来？
亲朋好友啊何时再相聚？
愿今日相聚永不分离，
愿明年今日重逢此地。

节日期间除唱歌跳舞外，还开展多种形式的游艺活动，如拔河、角力、抱石头、射箭等，都是人们十分喜爱的活动。

节日期间还有一个大型活动，就是门巴戏的演出。各村寨都有业余戏班，届时演门巴族传统剧目《阿拉卡教父子》和《卓娃桑姆》等。一场戏一般要演 2 ~ 3 天。这些戏班还到其他村寨演出。勒布地区有名的戏班是勒村和麻玛村的，这两个戏班常应邀去他村演出。邦金一带的戏班也到勒布演出。门巴戏演出期间，全村不分男女老幼都去观看，甚为热闹。

藏历十五日，是整个节日的最后一天，全村男女集体聚会，共同分享各家准备的美味食品。家家房顶上竖立旗杆，悬挂经幡，祈福禳灾。至此，整个新年节庆结束。

第三节　珞巴族节日文化

珞巴族节日是在珞巴族的原始历法产生后逐渐形成的，渊源于古老的原始宗教祭祀活动，尤其与农业祭祀活动有密切联系。

一、节日的种类与礼俗

珞巴族的节日，就其内容和活动时间看，可分作农事节日和岁时年节两类。

1. 农事节日

“姆洛科”节。这是登尼部落每年三四月春播开始前举行的一个部落性的大型节日。人们要提前几周准备好大量献祭用的禽畜。节日期间的祭祀以氏族为单位进行，主要祭祀与土地有关的“基洛”、“基鲁”精灵夫妇和一个称作“基里利亚里”的神灵。祭祀地点是在村内菜园内的氏族祭台上进行，牺牲有大额牛、猪、鸡和狗等。节日期间，人们尽情玩乐，进行各种游艺活动。这是一个旨在使土地增强肥力的春季节日。

“莫朗”节。这是登尼部落的又一个大型节日，一般在每年的一月或二月的第一天举行。这个节日的主要活动是身着最好服饰的男性青少年，在祭司的带领下排成单行到各村去游行。他们经过田地时沿途撒播一些米粒，祭司念诵祷词，男性儿童和青年们高举闪亮的长刀，发出有节奏的喊声，直到队伍到达村子。青年们挥舞着巨大的竹制男性生殖器，边唱边舞。从节日的活动内容可以看出，莫朗节是一个象征丰收和繁殖的节日。

“隆洛德”节。这是崩如部落春耕春播开始前举行的仪式，在每年一月或二月举行，具体日期由巫师占卜确定。该节时间较长，前后历时25天。节日期间不得宰杀牲畜，以免引起乌佑的不满而带来灾难，因此需在节前就杀好猪牛，做成肉干供节日食用。“隆洛德”节是一个地域性的节日，由几个氏族或相邻的村子联合举行。节日期间，各村相互走访和宴请，并举行抱石、跳高和射箭等体育活动。①

珞巴族崩尼部落的农事节日繁多，节日多以氏族和家庭甚至以各家各户独自过节的方式进行。常见的节日有：

“尼乌”节。“尼乌”，意为“开始播种”，即“播种节”。具体日期各户自定。主人杀鸡卜卦择定吉日后，在选定节日的当天上午，主人先象征性播种一小块旱稻，然后回家酿酒，杀鸡祭祀管土地的精灵。下午才正式开播。晚上邀请村中的近亲到家中饮酒唱歌，祝贺播种顺利。旱稻播完后，要过“尼雅”节，“尼雅”即“播种完毕”的意思，“尼雅”节也是各家独过。

“尼波布”节。“尼波布”，意为“盖田间小房”，这是崩尼人为夏收做准备的一个节日，约在六月左右庄稼成熟时过。崩尼人为了使庄稼不受鸟兽糟蹋和防止霉烂，要在田间地旁临时搭建一间简易房子，作看守庄稼和充当库房用。收割时，先将粮食堆放在屋中，割完后才分批背运回家。搭建小房，即预示着即将收割，搭建完小房的当晚，要请家族近亲前来饮酒唱歌，预祝丰收。

“安地若木”节。“安地若木”，意为“庆祝割完旱稻”，这是崩尼人在收割完庄稼后庆祝丰收的节日。仪式隆重。在收割完庄稼数日内，主要杀鸡看肝择定庆祝的日子，并准备丰盛的野兽肉、家畜肉和鱼等，酿制大量的酒，请全村人到家里饮酒吃饭唱歌。由于各家选择的日子先后不一，故村内数日或十几日内都充满欢乐的气氛。②

除上述常见的农事节庆外，有的部落还有一些特殊的节日，如崩如部落的“笼德”节，便是崩如落部为祈求幸福、富裕，

---

① 《珞巴族社会历史调查》（二）第294页，西藏人民出版社，1989年。

② 同上，第295页。

在氏族范围内举行的节庆活动。这个节日不是每年举行，而是三年才举行一次，具体日期由纽布杀鸡看肝确定，一般在四月份举行，历时5天。节日的第一天，全氏族只留一人在家。其他所有人手中拿一根长约60厘米的木棍，上插各种野花，集体列队到某一山上。到预定的地点后，各自将木棍栽插到地上，在木棍前面，用荆棘条搭一个长数米的篱笆，叫“学笼纳”。搭完后，由纽布念经，全氏族人一起动手插上野花。仪式完毕，全体会餐饮酒唱歌，一直在野外待到天黑才回村。回来时，每人都带野花回家，插在房屋的四周、猪圈和仓库上。其后的4天里，人们互相走访道贺，唱歌跳舞，并举行射箭、抱石等游艺活动。

2. 岁时年节

珞巴族各部落的年节无统一和固定的日期，一般是在庄稼收获和月亮圆缺12次时举行，庆祝丰收和预祝即将到来的又一轮农事活动风调雨顺。珞巴族常见的年节有：

“洞更谷乳木”节。这是希蒙部落一年中最大的节日，意为过年，在每年藏历十二月中旬左右举行。人们在一年辛勤劳作之后，为庆祝丰收，杀猪宰牛，欢度佳节。富家在过节时要宰杀很多猪、牛，连皮砍成块，分送给同姓家族，也送一些肉给母系亲戚。宰杀的牛头盖骨，要挂在长屋的墙上，长年积累，世代流传，以炫耀富有。父系家长在杀完禽畜之后，一个月不出门，由父系亲族前来帮助舂米、酿酒，干一些杂活。人们互相请客，在长屋内同吃同喝，欢歌起舞，充满欢乐的节日气氛。

“梭龙社”节。这是巴依部落的节日，在每年的一月左右举行，具体日期由纽布（巫师）杀鸡看肝择定。节日时间为5天。节日开始的第一天上午，全部落的妇女穿着节日盛装，背着竹筐，上山采摘一种称为“果戈木”的树叶（此树叶在收割季节垫筐底用），上放若干稻谷，高高兴兴地回家，以示新的一年获得丰收。回到家后，将采回来的树叶捆绑在房梁上，用大米磨粉后拌的粉浆洒在树枝和房梁上，以示吉庆和祈求丰收。节日期间，人们走亲串户，饮酒唱歌，举行抱石、射箭和对歌等活动，庆祝丰收。

“旭独龙”节，又称“梭笼能”，这是崩尼部落的年节。在庄稼收割入仓后月亮圆缺计算到12次时（约在二月）举行，具体日子由巫师择定。届时，人们用一根木棍，贴上各种鸟雀的羽毛，纽布居中念诵咒语，人们围绕巫师跳舞，嘴里发出“哦、哦、哦”的呼声，挥舞着贴有羽毛的棍子，以驱赶鬼魔，庆祝丰收。节日时，妇女穿戴最好的衣服和首饰。为欢度佳节，家家户户都带来酒肉，同吃同乐，饮酒狂欢，对唱歌曲，讲唱神话故事。

米古巴部落一年要过两个年节。由于他们同门巴族和藏族交往密切，门巴族、藏族文化对米古巴部落影响较大，他们对新年的称呼便借用了藏语，年节日期的确定也以藏历计算。他们一年中过的两个节日是：

“居尼巴洛萨”，意为“十二月新年”。过节前要准备近一个月时间，主要是上山打猎、捕老鼠和下江捕鱼。过节时衡量一家的贫富，不是看穿着的好坏，而是看肉类的多少，同时还要酿制大量的酒。十一月二十九日，家家户户开始杀猪。三十日，各户在自家的粮食仓库内杀鸡，有多少种粮食就要杀多少只鸡，并祷告神灵，以祈来年种地时不烂种和庄稼获得丰收。这一天准备各种丰盛食品。新年的第一天凌晨，当公鸡第一声啼叫时，即杀大鸡一只，将鸡肉用清水煮熟全家分食，彼此祝福新年幸福，人人身强体壮。节日休息七八天。节日期间人们访亲会友，并习惯在新年时举办婚事，欢度年节再加婚宴的喜庆，更增添了节日的欢乐气氛。

“堂波洛萨”节，即“正月新年”。节日时间为9～10天。人们从十二月二十九日开始做节日准备，基本活动与“居尼巴洛萨”相同。“堂波洛萨”过完后，人们便开始准备各种农事活动。

二、节日的特点

珞巴族节日活动丰富多彩，礼仪习俗别具特色。从珞巴族各部落节日活动看，主要有以下几个方面的内容和特点：

首先，珞巴族节日还保留着节日发展初级阶段的某些特征。从上面我们介绍的珞巴族若干节日可以看出，大多数部落的节日时间并不固定，一般都是在岁末或岁首举行，即根据月亮圆缺和物候的变化而确定大致时间，具体时日则由巫师卜卦选定。这是同珞巴族社会发展的历史阶段和科学技术的发展水平相一致的。同时，我们看到，珞巴族的节日活动同原始宗教祭祀活动杂糅一体，密不可分，几乎难以找到与原始宗教祭祀活动无关的节日。珞巴族节日渊源于宗教祭仪的印迹至为明晰。

其次，珞巴族节日具有多功能的特点。一般说来，最初的节日总是与农事活动密切相关，举行各种祭祀活动是为了庄稼丰产，珞巴族许多节日祭祀活动都反映了这一点。“莫朗”节上青年挥着大型竹制男性生殖器跳舞的活动，看上去似乎与农事活动无关，实际上也是有一定联系的。因为在人们看来，作物的丰产同兽禽的增殖、人类的繁衍一样，离不开生殖。人们把自身的生殖功能神化，赋予它无所不能的功能，因而在节日里跳生殖舞就不奇怪了。珞巴族节日活动还兼有祈求福祉、富裕和平安等多种功能。“梭龙社”节，人们庆祝丰收，祭祀“阿岛贡德”乌佑，感谢它保护庄稼获得了好收成，同时，还祈求它护佑人们上山时不掉下悬崖，下河不致溺水，行猎不被兽伤，保护人们的平安。崩如部落的“笼德”节，更是以祈求富裕和幸福为目的的节庆活动。就社会交往来说，珞巴族通过节日期间的互相走访和友好往来，对于增进氏族与氏族之间、部落与部落之间的了解和友谊，促进氏族和部落的团结无疑起到了十分重要的作用。

再次，神圣性与自娱性的统一。珞巴族节日活动有神圣庄严的一面，因为在渊源于原始宗教祭祀的节日活动中，人们祭灵祀鬼也是虔诚的。但是，人们举行的节庆活动还有其欢乐和愉悦的一面，即经过一年的辛勤劳作，庄稼喜获丰收。为了抒发这种欢愉的情感，也出于在长期紧张劳作后自我调节身体的需要，人们在节日期间，除享用一年中难得吃到的各种美味食品外，还唱歌跳舞，举行摔跤、抱石、射箭、跳高等各种游艺活动，痛饮狂欢数日不散。

最后，是民族文化的储藏库和传播中心。珞巴族的节日习俗像一个巨大的宝库，全面展示了珞巴族的民族文化。这里可以看到古老的祭祀礼仪、古朴的共食观念，以及氏族部落组织结构、原始宗教活动等物质精神文化的特征。珞巴族的节日活动又是一个传播民族文化的大课堂。讲唱历史传说和神话故事是珞巴族节日活动中不可或缺的内容。那些具有渊博知识的巫师纽布、米剂和部落的长者，向年轻人讲唱民族的起源、部落的历史和祖先的故事，向他们传播氏族部落谱系知识。年轻人在这里学到了关于民族的知识，学到了歌舞和竞技，他们又传给后人，一代代继承下来。珞巴族规模宏大的《创世纪》，就是在节日和祭典中传唱，经一代代人口耳相传而流传至今的。

第四节　僜人、夏尔巴人节日文化

一、僜人节日文化

僜人有自己的传统历法，以每年种植早玉米为岁首，以月亮的阴晴圆缺记日数月，称年为“格能”（达让语）或“年吾”（格曼语），月为“哈罗”（达让语）或“来依”（格曼语）。月亮圆缺 12 次为一年，每年分冷热两季。冷季称“呷斜”（达让语），热季称“呷背岗”（达让语），两季交替于僜历的“门哈罗”（十一月），约相当于公历 1 月。下面是僜历与公历对照表。①

① 中国社会科学院民族研究所编：《僜人社会历史调查》第 266 页，云南人民出版社，1990 年。

僜历与公历对照表

月序	达让语	格曼语	相当于公历月份
1	细哈罗（热月）	特敏来依	3
2	塔哈罗（热月）	哈流来依	4
3	达吉哈罗（热月）	亚细来依	5
4	贝哈罗（热月）	亚东来依	6
5	仓哈罗（热月）	梅亚来依	7
6	马丁哈罗（冷月）	得梅格西来依	8
7	达更哈罗（冷月）	得梅那恩来依	9
8	马吾哈罗（冷月）	那恩来依	10
9	令哈罗（冷月）	阿告卜来依	11
10	惹啊哈罗（冷月）	拉阿工来依	12
11	门哈罗（交替月）	根底来依	1
12	藤那哈罗（热月）	马格让来依	2

僜人的节庆既与传统历法相联系，又无固定的日期。通常是在每年七、八月庄稼收割后举行祭鬼送灵的大型活动，在每年春播前也举行祭祀活动，以求掌管庄稼丰歉鬼灵的护佑，使庄稼获得好收成。

“德亚”，是僜人最隆重、最盛大的祭鬼送灵活动，其目的是“丰收了，富裕了，祈求平安”，已演变成具有节日性质的活动。举办“德亚”必须准备大量的牛、猪、鸡、兽肉以及大量的粮食和酒等物资，日期确定后，便通知远近的亲友届时赴会。

通知亲友的方式是在举办活动前四五天托人口头通知，并采用结绳记事的方法。提前将打着结的绳子分送到被邀请人的家里，有几个结就表示应在几天以后动身。客人接到表示邀请的绳子后，每天除去一结，最后就是应邀赴宴的日期。当天不能到达的要提前启程。同村的亲友则口头邀请。即使主人不讲，亦可携带一些酒、粮食等礼物参加活动。

客人要带着礼物在预定杀牛的前一天到达。带礼物，品种不拘，数量不限。这天黄昏时，男女主人背着筐子，请来帮忙的男性达绕（姻亲）跟在后边，接受客人们带来的礼物。小件礼物装进筐内，大件礼物则由达绕提着。男主人将客人送礼的情况、价值的多少告诉达绕，使其记住，以便在结束活动客人回家时，分送大体相当的牛肉让客人带走。

客人头一天晚上吃猪肉，第二天杀牛后吃牛肉。

事先要邀请有达绕关系的男女达绕来帮忙。男达绕杀牛并主持分肉，女达绕做饭煮酒。达绕要早来一天，晚走一天。牛尾两侧的肉送给男达绕，猪尾两侧的肉送给女达绕。

杀牛时，把牛角拴在门旁立好的木架上，从牛颈背部用刀砍断颈椎，再从肋旁向心脏刺进一刀。牛倒地将死之时，杀牛的人举刀横跨牛身往返跳跃，高声呼喊，跑回房内再跑出来继续跨过牛身跳跃，然后剥皮开膛，把腹腔内的血用手捧出放在锅里煮吃。

在杀牛位置的上方立一木柱，上面插着猪蹄形状的木棒，下边放着小的猪、牛模型并涂着红色斜纹，还要挂上活的公鸡、母鸡等。在杀牛位置的下方，用几根树枝搭成祭台，上面铺上芭蕉叶，涂上牛血，并放上猪牛的蹄尾等祭品，祭后不再收回，任其腐烂。主人有几个妻子就在祭台上摆几个小竹筐，筐内铺芭蕉叶并放上一个箭头。杀牛后射出箭头表示把鬼送走。

巫师在杀牛时站在牛头前边敲鼓，手执一束草，口中念念有词，边舞边念诵祷词，为人们祈祷吉祥，祈求消灾去祸。

每次德亚，至少杀一两头牛，多则杀三四头牛甚至十几头牛，杀牛越多，越能显示主人的富有。

德亚活动举行三五天不等。德亚期间，除吃肉喝酒外，还要尽情咏唱。歌曲是传统的调子，歌词则即兴编唱，往往有男女对唱，通宵达旦。老人则讲述古老的人类起源、历史迁徙等神话故事，这时也是男女青年社交活动的良机。[①]

如今，僜人已较少举行德亚的送鬼活动。在同藏民族的长期交往中，藏族的节日习俗对僜人产生了较大的影响，僜人已逐渐习惯过藏历年等节日，节日文化的形式和内容变得更加丰富。

二、夏尔巴人节日文化

夏尔巴人有丰富的节日文化。从节日的内容和性质看，主要可分为三类：一是年节及其礼俗，二是生产性节日，第三类是宗教性节日。夏尔巴人的传统节日宗教气氛浓厚，多有僧人参加，许多节日更是由僧人主持。

1. 岁时年节

夏尔巴社会通行藏历，过去纪年数月择日均使用藏历，新年的确定亦依藏历计算。我国境内定结县陈塘区的夏尔巴人，还保留着古老的年节礼俗，新年要过三次。藏历十二月一日过“道洛”(togs-lo，意为“盼年”)，藏历正月初一过“杰洛”（rgyal-lo，意为国王年），藏历二月初一过“米洛”（mi-lo，意为平民年）。[②] 而樟木口岸立新乡的夏尔巴人过去是藏历正月过新年，民主改革后，由于受到驻扎在当地的部队和机关的影响，将新年日期改成了元旦，现已成习。每逢新年来临，家家户户都要更换经幡、杀羊宰牛、换粮酿酒、准备柴薪、打扫房屋、粉刷墙壁。新年这天清早每家都要去泉边或溪边打一桶清水用来洗脸。穿衣前要用自己的手抚摸一下全身祝祷长寿，然后着盛装，洗脸。家人在起床洗漱后，先聚在一起向神佛敬献哈达，并在神佛像前摆一供桌，供上大米、糌粑、饼子、油条、净水、水果等。食物周围撒糌粑面和放酥油坨。一切布置完后开始进餐（有的家庭在

---

① 杨毓骧：《滇藏高原考察报告》第29页，刊《民族调查研究·专刊第三集》云南省民族研究所，内部铅印本。另见《僜人社会历史调查》第170～171页。

② 次仁平措：《夏尔巴人的民族属性问题》，载《西藏研究》（藏文版）1990年第1期。

前一天晚上睡前布置好)。新年这天多为自家欢聚，忌外出探亲访友。从初二开始走亲访友，年轻人也开始相邀欢聚。初二、初三、初四这三天，家中的长辈要在家接待客人。有的村寨女儿女婿上门要送酒、油条和三个鸡蛋，还要送一个用油条、萝卜丝炒的菜，上面再放点酥油表示吉祥如意。村中的老人普遍受尊敬，逢年过节，每户都有人去拜访村中年迈的长者，为长者祝福并送些礼品，老人也要给一些回赠。馈赠礼品以单数为吉利，忌送双数。在拜访长者时如果家中有年前出生的孩子，父母往往把孩子抱去让老人给摩摩顶，以示祝福。

新年一般休息十天左右。节日期间，人们唱歌跳舞，还举行射箭、掷骰子等活动。

2. 生产节日

“噢啸”节。多在公历4月下旬或5月上旬择日举行，目的是为庄稼提供神的保护。仪式当天早晨，村民们选出代表到诺阿[①]家进行拜访。诺阿则事先请喇嘛到家做好“朵玛”摆在供桌上，等代表们一进门，喇嘛就站到供桌前开始念经，有钹鼓伴奏，同时主人竖立一木杆，上系经幡和小旗（小旗平时存放于庙内，过节时取出使用）。代表们在诺阿家吃完早饭后，从木杆上解下小旗由一男孩举着走在前面，后跟两名着盛装的女孩，两名拿钹的喇嘛，一名托着装有代表四方保护神“托马”铜盘的老者，三人托着经书，最后是村民。队伍每走一段停一下，放“托马”于显眼处并念祈祷经。待人们绕村里土地一周将四个“托马”放完后返回诺阿家，仪式即告结束。绕村田放“托马”的目的是由四个“托马”形成一个抵御妖魔鬼怪的围墙，使庄稼不受侵犯，故该节又被称为“护村田”节。

“底瓦尔”节。意为牛节。境内该节逐渐淡化，境外仍很盛行，时间为每年尼历七月九日至十四日。[②] 境内此节无具体日

---

① 诺阿：村民选出的负责村中某项具体事务的代表。

② 袁超俊：《夏尔巴人概况》，载《西藏研究》1989年第1期。

期，多在公历8月初举行，称夏酒节或牛节，时间仅一天。

夏酒节。夏酒节是所有养牛户在离开村子到高海拔牧场去驻牧之前，为保护牛羊不受灾害而进行的一种祈祷仪式，故又称为牛节。祈祷仪式由养牛户共同请喇嘛主持，届时，喇嘛做各种祭品陈列于祭桌之上，诵一段经后，一手端起装谷物的铜盘子，一手翻书诵经，在列举一遍神、喇嘛和圣水的名字后，把盘中的谷物撒向空中，仪式即告结束。仪式结束后，每个牧户要赶自家的牛羊从祭桌前通过，然后进入围栏。牛入圈后，主人还要燃香在每头牛的头前晃一晃，为牛消灾，在每头牛的耳朵、肩毛、尾巴上系上红丝带，把酥油点在牛的头、背、两肋及脚上，并在牛背上倒些牛奶。在做上述动作时口中还不停地念诵祈祷经。待为所有牛羊做完祈祷之后，便打开围栏门放牛羊出去。

傍晚时分，所有参加夏酒节的牧户都聚集在一起共进晚餐，晚餐由参加的牧户轮流提供，每户要招待一次。所以夏酒节的天数有长有短。

耕牛节。每年的十月二十四日举行。举办这一节日主要是夏尔巴人认为耕牛一年四季为人们耕田犁地十分辛苦，是为了酬谢耕牛终年的勤劳而举行的。每年耕牛节期间，夏尔巴人每家每户都要对自己的牛进行精心打扮，有的给牛角上套上用各色鲜花编织的花环；有的给牛头上戴以用丝绸制成的花朵；有的在牛尾上缀以各种鲜艳的花串，相互比美。并且要喂以最好的饲料，然后把牛牵到事先在山坡上用竹条搭起的竹棚边，棚里燃起篝火，烧好奶茶，喝青稞酒、吃炸果子，男女老少尽情吃喝歌舞，欢度牛的节日。①

3. 宗教节日

夏尔巴人的宗教节日较多，主要有驱鬼节、赎罪节、多姆则节、马尼林多节等。

驱鬼节。驱鬼节一年举行两次，分别是公历4月和10月，

---

① 卞登：《夏尔巴人的牛节》，载《西藏民族宗教》1993年第4期。

两次活动均由“拉瓦”[①] 组织。活动开始先在村庙里集体进行一个“奇里姆”驱鬼仪式，此仪式由两名喇嘛主持，旨在赶走威胁村庄的魔鬼。而后举行聚会，聚会及仪式所需由村民共同出资。聚会后，每家每户在当晚点燃火把在自己家每个房间来回走动，并发出“噢噢”的叫声，把家中的凶神恶煞赶走。此节类似藏族除夕前驱魔送祟的活动。

赎罪节。时间是公历5月底或6月初，为期3天。目的是洗刷罪过增加功德。赎罪仪式在寺庙举行，由村里选出的3个“拉瓦”组织。除点灯用的酥油和主持仪式喇嘛的饭食外，其余开销均由村民分摊。

第一天上午，人们聚集到寺庙分主次坐定，妇女和平民男子坐中间过道或后排，有地位者坐祭台的右角处。僧人们念经，直至天黑。中间休息一两次。第二天上午参加赎罪者都要打赤脚绕嘛呢堆和寺庙转圈，转圈越多，积功德就越深。转后听喇嘛讲解赎罪节的来历，听喇嘛念祈祷经，听经时要反复磕头，磕头的数目不限，但至少要在90个以上。第二天为斋戒日，时间为一昼夜，此间不许进食和回家。第三天寺里发放布施。没参加赎罪节的人也可领取土豆、青稞面、大米和爆玉米花等食品。布施完后，僧人在乐器伴奏下念经，与此同时，由组织仪式的“拉瓦”等向主持仪式的喇嘛敬酒，敬酒毕，由喇嘛为在座的所有人进行“沐浴”，即在头上洒几滴水。沐浴完毕，仪式即告结束。

“多姆则”节。在赎罪节后的一个月内举行，但无具体日期。节日为6天，节日期间所有人都去参加庆祝，如不能参加全过程，也要参加一至两天。“多姆则”节是一个村民大团聚的节日。节日期间的活动由村民选出的八九名“拉瓦”负责组织和准备，其费用也由他们人均分摊，这些拉瓦每年换一次，由村民轮流担任。节日期间除个别活动在寺庙举行外，一般是村民自由玩耍。僧人和一些艺人也都趁此机会向人们展示他们的才艺，以

---

① 拉瓦：村民选出的负责组织宗教活动的代表。

酥油、糌粑和米饭为原料，塑造出各种花草、人物及鸟兽放于祭台上供人观赏，然后在祭台上方的墙上挂一绘有“曼荼罗”的佛画。庆祝活动开始时，由喇嘛、“拉瓦”和村民组成的一支队伍，按顺时针方向绕寺转圈。为首的喇嘛端着酒碗在乐器的伴奏声中边走边洒酒以祭神灵，绕至寺庙的每个角落时都要把代表四方保护神的“托马”立在一块石头上，意思是让神保护寺庙的安全。队伍绕寺一周后回寺院。进寺后两名僧人开始吹长筒法号，其他僧人以钹、鼓、腿骨长笛应和，在乐声中，为首的喇嘛走到寺庙主殿的大门前接过别人递给他的一个象征魔鬼的糌粑面人，用短剑将面人砍碎扔进台阶下事先挖好的坑内，旁边的僧人便用土把坑填平浇水渗实，而后用 3 块石头层层叠压把坑盖严。最后所有在场的僧人都站在填平的坑周围诵经奏乐，并把脚踏在土坑的石头上。诵经毕，第一天的活动结束。在“多姆则”节期间，每天都有活动，共要消灭 3 个象征魔鬼的面人，每消灭一个面人，都要举行一定的仪式。

在“多姆则”节的 6 天里，不管“拉瓦”家穷富，都得支付节日的消费，所有附近的居民在此节日期间一律平等，都可享受“拉瓦”的款待和有担任“拉瓦”的义务。

“马尼林多”节。是在寺院里举行的宗教舞蹈节，一般为期 4 天。具体日期没有统一规定，由各个村落自定。节日期间以僧人活动为主。第一天系僧人进行演出前的排练，排练时每 6 人为一组，有喇叭、钹、鼓和大号伴奏。中午，村民们前往寺庙布施干辣椒（干辣椒将分发给全寺僧人）、酒和硬币等礼品。

第二天中午，村民们身着节日盛装，带着食品、酒及供品到寺庙，老年人手摇经轮绕寺转经，妇女多提前赶到寺门口向前来参加活动的人分赠玉米酒“巴卢”，以此向人祝福并为自己取得功德和名声。村民进寺后先布施礼品，一高级喇嘛负责收礼品，另一高级喇嘛手提一铜壶给每个送布施的人用“圣水”净身。得到“圣水”的人如获甘露，细细品尝，最后把手上的水珠抹在头上。净完身，喇嘛还发给每人一粒用“圣水”、面粉和香料做成的“救命丸”及一小勺藏红花糖水让人吃掉。

第三天，寺庙内进行宗教舞蹈表演，村民前往观赏，表演结束后，青年男女载歌载舞直到深夜。

第四天要举行一个名叫“西维金萨”的宗教仪式。仪式前，僧人在寺院里先用泥土筑一方形祭台，祭台四周用木板圈起，上面用干沙土画一图案，图案系三红两白相间的5个同心圆，圆中心画有4个人像，祭台四角画4个黄色弦心向中心的弦月，月亮缺处画一站式金刚，图案画好后用干牛粪盖好。然后寺院的“曲本”把两个“托马”面人中的一个放于祭台上，一个放在祭台旁。祭台上的面人用花瓣装饰后和祭台上的干牛粪等一起烧掉。祭台旁的面人代表凶神，将在仪式结束后扔到河里。

午饭后，僧人们坐在各自的位置上，并在乐器的伴奏下诵经。祭台上的牛粪和安放于牛粪中的若干盏酥油灯在天黑时点燃，需不时添加木柴，为首的僧人还要用一长柄勺把酥油熔化后倒入火中，直至祭台上的东西烧成灰烬。火熄灭喇嘛诵经停止。“马尼林多”活动也就此结束。①

① 夏尔巴人部分，主要参考引用刘洪记：《夏尔巴人习俗述略》，载《中国藏学》1991年第3期。

第九章　游艺习俗

游艺是人们的娱乐方式。人们在劳作的闲暇，在节日、聚会、婚庆等喜庆场合，通过各种形式的游艺活动，不仅可以消解长期劳作带来的紧张、枯燥与压力，求得心里的愉悦与平衡，还能增进社会成员间的交往与了解，培养团结、协作精神，增强社会凝聚力。一般说来，游艺习俗包括民间竞技和民间游戏等活动，每一个民族都有与其特有的生产生活条件和社会文化背景相联系的娱乐方式，西藏各民族亦如此。

第一节　藏族游艺习俗

藏族游艺活动的种类多、内容丰富，且产生的历史十分久远。

早在远古时代，藏族先民便在实践中创造了许多与生产劳动密切相关的游艺形式，如射箭、抛石等。吐蕃时期，藏族的游艺活动已经得到了相当的发展，藏文史料和西藏寺院、宫殿的壁画都有许多记载和生动的反映。当时定型的游艺形式已经有下棋、打马球（波罗球）、骑射、赛跑、角力等，还有许多杂技类游艺。如藏文史籍《拔协》记载了桑耶寺落成典礼上的许多杂技类活动："只见从刀帕地方驰来七个骑骆驼的人，他们边跑边交换骆驼，有的在奔驰的骆驼上挥舞刀剑，有的二人举着一幅横幡等。”“只见一位姜氏老者，头顶13根紫檀木梁，在主殿庭院中疾驰，然后将木梁放在门槛边。那些木梁，一个普通人连一根也拿不动。还有人在很多桦木柱上奔驰。树端有一身上燃火的魔术师，松木上栖着小鼠探头向四方窥视”。[①] 在桑耶寺乌孜大殿东

桑耶寺壁画中的体育竞技场面

门内左侧回廊和中层回廊上，至今仍有反映当时竞技和游艺的壁画，内容有举重、射箭、摔跤、赛跑和赛马等。这些壁画虽然是18世纪修缮桑耶寺时重绘的，但在很大程度上继承了早期壁画的题材和风格。值得一提的是，吐蕃的打马球活动当时在吐蕃已十分流行，且有很高的竞技水平。马球之戏传入长安，成为唐朝朝野风靡一时的体育活动，吐蕃队曾在与唐宫廷队的比赛中屡战屡胜。唐朝时汉地杂技传入吐蕃和吐蕃马球传入长安，不仅丰富了各自的娱乐方式，还是汉藏民族友好交往、互相学习、互相影响的生动例证。

经过千百年的发展，藏族的游艺已形成了以骑射、角力、棋

① 拔塞囊著，佟锦华、黄布凡译注：《拔协》第44页，四川民族出版社，1990年。

艺、田径和智谜等为代表的综合性娱乐方式。今天，藏族优秀的传统游艺形式得到了继承和重视，许多传统形式如赛马、马术、摔跤、射箭、抱石等被列为各级运动会的比赛或表演项目，新的竞技和娱乐方式如登山、现代球类和田径等不断出现，丰富着人们的业余生活。总之，现在的游艺形式更丰富，活动的内容更精彩。

一、民间竞技活动的种类与特点

藏族的民间竞技活动主要有骑射竞技、角力竞技和田径竞技三大类，活动形式有赛马和马术、赛牦牛、射箭、抱石、摔跤、拔河、赛跑等，形式多样，内容丰富，极富民族特色。

1. 赛马与马术

赛马是藏族民间最古老和最盛行的竞技活动和娱乐方式之一。藏族社会赛马活动的兴盛有着深刻的社会与历史文化根源。藏族是一个善骑射的民族，古代以能骑善射、民风强悍著称。吐蕃时代，藏族铁骑四处征战，曾北进西域，南抵印度，东临唐境，征南昭，占陇右，跃马横刀于青藏高原。骑射之术是藏族古代男子必备的基本技能。《汉藏史集》一书中记载了藏族男子的9种技艺和9种游艺，包括射箭、抛石、跳跃、掷骰子、下棋、测算、赛跑、抛套索、游泳等技能。① 藏族长篇英雄史诗《格萨尔王传》中，有一部专门讲述少年格萨尔通过赛马比赛获得王位的史诗《赛马称王》。赛马活动最初产生于藏族古代部落社会，历经千百年的传承发展，至今仍是最受人们喜爱的竞技娱乐活动。

藏族赛马有丰富的文化内涵，从相马、驯马到赛马都有一系列礼俗活动。

---

① 达仓宗巴·班觉桑布著，陈庆英译：《汉藏史集》第252页，西藏人民出版社，1986年。

赛牦牛

盛大的锅庄舞

藏族善于相马，有一套从实践中总结出的选择马匹优劣的方法。[①] 根据马的口齿、体形、毛质、步态等将马分为其林（音译）、甲达、都瓦、母庆、如欧五类。

长相：上等的凤凰脸形，中等的山羊面孔和下等的鹿子脸蛋。

腿形：优等的牛腿、次等的鹿腿和劣等的山羊腿。

蹄形：上部美观像木碗，边沿磨损似铜瓣花，陡直短小如铁猪蹄，以上三种蹄形的马最佳。四边卷缩蹄心无凹陷，蹄面平平无后踵，周围无边又圆滑，此三种蹄形马较差。四弯三直的蹄

① 主要参考引用金果·次平：《西藏骑射活动详说》，载《西藏旅游》1999年第2期。

形，属中流马。

马的口齿：像野骡齿、绵羊齿、驴齿者奉之为上三等；像骆驼齿、犬牙、牛齿者视之为下三等；像虎牙者，列中等。

毛质：毛粗且长似鹿毛或短而壮似虎毛的视为最佳，软且长似狐毛的欠佳，短似熊毛的视为最差，毛似驴毛不软不刚的算为中等。

按用途主要将马匹分为走马和跑马，其选取又有不同。

头长、头顶与鼻子之间窄狭而鼻梁略凸，圆鼻孔，眼睛黑亮略带三角形，头顶凸又高，双耳高耸而又薄，肩胛骨大，外肋及髋部宽又大，四蹄高厚，脖子细长，鬃丰而长，尾稀而长，前腿像箭一般直，而后腿像弓一样弯曲，步伐稳健的白色或红色骏马用为走马。

四肢粗大，胸部宽大，尾骨短小，颈部粗，骨节圆，四蹄大的骏马则为跑马之材。

各地驯赛马都有一套行之有效的独特调教方法。

藏北草原的牧民们把参加赛马看得非常重要，早早就着手准备。参赛的马不再用于生产劳动，以使其养精蓄锐。在冬季三九寒天（专指藏历十月、十一月和十二月的二十九日这三天）的上午，要给马洗冷水澡。牧民们认为，这样可使夏季赛马时，马跑得快，奔驰起来呼吸不困难。为了比赛时不影响呼吸，一般不给赛马喂特别的精饲料，尤其不能喂油腻食品，马的最佳饮料是在山羊奶中放冰糖。快到夏天的时候开始驯马，训练要循序渐进。起初每隔一周练跑一次，每跑完毕后要给马洗一次冷水澡。比赛临近的最后一周，练跑频率增加，上、下午各跑一次，完毕淋浴一番，洗完后要用羊牛毡将马身裹好保暖。赛马在整个比赛期间除了上场比赛，其余时间全部给包在毡子里。当雄地区在参赛前 40 天到两个月时间内，每天深夜把赛马浸泡在冰冷的河水里，次日凌晨才遛马，给马梳洗。经冰水浸过的骏马，骨骼清奇，跑势凌厉，富有耐力。

赛马的形式主要有速跑和走马两大类，速跑主要看速度，以先到终点为胜。走马既要看速度，又要看马的步态，要求步伐平稳、四蹄不乱。

赛马时，不仅比马的速度和步态，还比人马协同配合的马术。马术比赛的主要形式有马上倒立、马上直立、仰睡、马上跳跃、捡哈达、敬青稞酒和马上射箭射击等。关于赛马和马术比赛的情况，在本书“节日文化”部分已有较详细的介绍，兹不赘述。

2. 赛牦牛

牦牛是青藏高原特有的体形高大的动物，自被藏族先民驯养为家畜后，便与人们的生产生活密不可分。人们耕种离不开牦牛犁地，搬迁离不开牦牛驮运，日常生活离不开牦牛的皮、毛、肉、奶及其制品。可以说，藏族人衣食住行所需的一切物质材料都离不开牦牛。

牦牛不仅给藏族人提供物质产品，还给藏族人带来精神享受和愉悦。在重大节日和大型聚会场合，赛牦牛成为藏族人重要的娱乐方式。

赛牦牛同赛马的竞赛规则大致相同，以比速度先到终点为胜。不同的是，牦牛赛的赛程短，一般为200米左右，且牦牛性野，不易调服，容易在场上“违规”，不是将骑手掀翻在地，就是胡乱冲入人群。竞赛前，骑手用彩线彩绸将牦牛打扮一新，两只高挑的牛角上还用涂有彩色的牛尾和鹰羽装饰，在牛背上安放骑鞍。比赛时，发令员一声令下，群牛齐出，在骑手的指挥和催促下争相往前。但是，牦牛一般都无大赛经验，也不像马一样与人配合默契，常常不听骑手的指挥，胡乱冲撞。在观众震耳欲聋的呼喊声中，在骑手焦急的催促下，牦牛往往得到的不是奋勇争先的鼓励，激起的反而是压抑已久的野性复苏。他们东突西撞，撅屁股、拧脖子、掀尾巴、腾跳起越，大有舍得一身剐，敢把骑手摔下“牛”的气概。许多骑手经不住牦牛撅、腾、掀、拧的折腾，还未到终点就被摔下牛背，失去夺冠的机会。有的牦牛驮着骑手直接冲入观战的人群，引来观众的惊呼和躲避，更多的是观众的笑声。赛牛场上，气氛热烈，观众情绪高涨，欢笑声不绝于耳。获胜的骑手和牦牛都会得到奖励。对牦牛的奖励通常是给它披红挂彩，以彰显优胜者的荣誉。

赛牦牛至今仍是人们十分喜爱的趣味性很强的竞技活动。在雪顿节、运动会等大型节庆场合，赛牦牛常作为竞技和娱乐项目之一，为节日增添欢乐与喜庆。

3. **射箭**

射箭是藏族男子必备的技能之一，射箭比赛过去是藏族男子的“专利”。藏族的射箭比赛以称为“碧秀”（响箭）的形式最为著名。“碧秀”过去主要流行于林芝地区，现在已是西藏颇负盛名的传统竞技项目。

响箭的原理主要在于箭头的构造。一般的箭头为铁质实心，而响箭的箭头为木质圆锥形，箭头上钻有几个小孔（多为 4 个），箭离弦后因空气振荡而发出尖利的叫声。“碧秀”比赛，当射手张弓举箭劲射时，离弦的箭带着尖利的呼啸声射向目标，顿时赛场上回荡着响箭特有的声响，令人紧张和兴奋。响箭比赛分长距离和短距离赛，短距离比准，长距离比远和准。其他形式的射箭比赛，规则相似，以比远、准决胜负。

4. **抱石**

抱石藏语称为“朵加”，这是一项已有一千多年的古老竞技活动，在吐蕃时期就已流行，一直沿袭至今。在桑耶寺壁画中，有专门反映抱石活动的场面：画面上有 4 人同时参加抱石竞赛，但动作各异。一人正准备从地上抱起石头，两人已将石头抱于胸，一人已将石头扛上肩部，眉开眼笑，好像他已胜券在握。四位参赛者皆秃头，外穿长袍，系腰带，内着紧身裤，脚穿长筒靴。两名头戴盔帽、身穿长袍的裁判在一旁仔细观看。①

抱石比赛所用的石头多为椭圆形，有大小和重量不同的型

① 何周德、索朗旺堆编著：《桑耶寺简志》第 31 页，西藏人民出版社，1987 年。

号，往往还要在石头上抹酥油以增加比赛难度。比赛时，赛手先弯腰抓握石头，屏息提神，调整好姿势，将石头抱至双腿上，然后掌握好角度，挺身将石头举到肩膀上，要求赛手身体不得晃动，保持挺直姿势，然后将石头平稳地放回地面。由于石头抹有酥油，易打滑，抱石过程中石头滑落，可以再次抱石，但对成绩有一定影响。如果石头举过肩部，但身体不稳，或放石时不是平稳地用手放下，而是抛下，也影响成绩。比赛的胜负以所抱石头的重量决定，如果参赛选手举起了同样重的石头，则要参考抱石过程中是否有失误等来确定优胜者。“朵加”活动现在常作为运动会的比赛或表演项目。

5. 抛石

藏族的抛石活动形式多样，各地在比赛规则和活动形式方面有所差别。阿里一带流行插上代表将军和士兵的石块作标靶进行抛石的项目，后藏地区流行插上“阿力”即标靶进行的投石比赛，山南等地流行插上牦牛犄角作靶的比赛，还有各地垒石作标进行的比赛，更有极富民族特色的用“乌尔朵”抛石器进行的比赛，等等。抛石是一项具有广泛群众基础的竞技项目。

“乌尔朵”系藏语译音，意为飞石索，用毛线纺织而成。“乌尔朵”本是狩猎和放牧牛羊时使用的工具，现在仍在放牧时广泛使用，同时又成为颇具藏族特色的一个传统竞技项目。

“乌尔朵”呈带形，长约两米，两端窄而中部宽。正中是一宽约4厘米、长约8厘米的椭圆形宽带，用以包放投掷的石头。绳的一端有套圈，使用时可将右手的食指套于圈内。比赛时，选手站成一排，将“乌尔朵”对折，夹石于绳的正中宽带内，扣食指于套圈，并用拇指压住，无套圈的另一端夹在食指和中指之间，然后举起“乌尔朵”在身旁均匀挥转成弧形，速度由慢而快，发出“呼呼”声响，当旋转到高速度时，对准目标，猛地将夹在食指和中指之间的一端放开，石头在惯性作用下呈弧线抛掷出去直击目标。“乌尔朵”比赛以掷远或掷准为判断胜负标准。掷准比赛时，一般设靶于百米开外，参赛选手按顺序轮流抛石，抛石次数一般为二至三次，以击中靶子为胜。若一轮下来有多人击中，则进行第二轮竞技，将未击中者淘汰出局，从而产生优胜者。掷远比赛时，一次定胜负，以抛掷最远者为冠军，依次录取名次，给予奖励。

6. 摔跤

摔跤，藏语称为“北嘎”，这也是一种斗智斗勇的角力比赛。藏式摔跤历史久远，在许多寺院的壁画中都有反映摔跤活动的内容，其中尤以桑耶寺壁画最为著名。根据壁画描绘的场景，当时的摔跤虽然也是二人对抗进行的比赛，但比赛时是几对选手同时进行，画面上共有 12 人分 6 组同时比赛。参赛选手一方着红色短裤，一方着白色短裤，均跣足。比赛双方均全力以赴，紧张搏斗，有的打得不可开交，有的刚开始交手，有的则已分胜负。比赛时设有两名裁判，身穿藏式长袍。一名裁判手拿着有藏文“1”字的木牌站立于方桌上，另一名裁判手持“2”号木牌立于桌旁，仔细观看选手的竞赛，以便给获得第一、二名的选手颁发获奖凭证。此外，还有 3 名妇女手持哈达，准备献给优胜者。周围的观战者兴高采烈，手舞足蹈，品头论足。整个壁画把当时摔跤的场景描绘得逼真传神、惟妙惟肖。

今天的藏式摔跤接近柔道。选手着藏袍，系宽腰带，比赛时各自搂住对方腰部，用手和腰部的力量将对手摔倒，不能用腿脚蹬踢，以摔倒对手为胜。

7. 拔河

藏族各地的拔河赛有多种形式，而以称为“押架”的拔河赛最具特色。“押架”拔河又称为“大象拔河”，已有几百年的历史。有双人比赛和四人比赛两种形式。如双人比赛，取一粗索，两端挽圈，参赛的两名选手各自将绳索从裆间穿过，经过腹部，将圈套于脖颈上。比赛时，双手着地，身体呈俯卧状，手脚并用往前拉爬，直到把对手拉过中线；如为四人比赛（双方各为两人），比赛形式相同，只是在绳索的两端双分别接出一根绳，使绳索的两端分别有两股绳，长度一致，同样挽圈。比赛时参赛双方的两位选手平行俯卧于地，同时用力，合力将对方拉过中线为胜。“押架”拔河不是直接用手拉绳，而是靠脖颈和身体的力量，手脚只起辅助作用。“押架”是很受群众欢迎的竞技游艺活动。

8. 赛跑

赛跑是古代藏族男子“九艺”之一，是民间盛行的竞技活动。同藏式摔跤、抱石和赛马等传统竞技一样，赛跑也是历史十分久远的竞技形式。桑耶寺壁画中，描绘了古人赛跑的场面：有14人参加比赛，分别穿红、白、绿三色短裤，戴帽跣足，你追我赶，争先恐后。有的选手边跑边喊，有的左顾右盼似在寻找同伴，有的因抢跑道发生争吵而引起裁判的注意。[①] 整个画面生动形象地展现了竞争激烈的赛跑场面。藏族民间举行的赛跑比赛各地没有固定的规则，比赛距离的长短因时因地而异，主要比速度和耐力。在设定的距离内，以先达终点为胜。

藏族的传统竞技活动还有许多形式，如跳高、跳远、游泳、攀索、斗牛等，西藏各地大至一个地区，小至一个村寨都有一些带有浓厚地域色彩的民间竞技活动，不仅活跃了当地人民的生活，还极大地丰富了藏族传统体育竞技活动，成为优秀的藏族文化遗产的一部分。

二、民间游戏娱乐活动

应该说，唱歌跳舞是藏族民间娱乐活动的重要形式和内容。除此之外，藏族还有许多游艺娱乐方式，常见的有下棋、弹克郎球、掷骰子、放风筝、猜谜、踢毽子等斗智斗艺的游艺。

1. 二王棋

二王棋是在藏族民间广泛流行的娱乐形式，各地称呼有所不同，拉萨地区称之为“杰布坚增”，意为王之争胜；日喀则称

① 何周德、索朗旺堆编著：《桑耶寺简志》第32页，西藏人民出版社，1987年。

“达孜鲁孜”，意为“虎、羊之玩”；林芝地区叫“杰布坚联”，即王之争王之意。玩棋不受条件限制，画棋盘于地，以小石子为棋子，在节日或劳作闲暇，茶余饭后，可随时随地进行比赛。下棋时，有3种形式略有不同的棋盘。

第一种是画纵横线各5条、斜线6条，在中央轴线端画一内有十字的倒置三角形，作为“王宫”或“虎穴”；第二种是棋盘画法相同，唯两侧中轴线各有一“王宫”或“虎穴”；第三种是将棋盘画成纵横线各9条、斜线14条，四方中轴线各有一“王宫”或“虎穴”，共4个王宫（虎穴）。3种棋盘下法相同。兵（羊）有两种布局法：一是把兵（羊）全部沿边缘线布好；二是先在边缘内田字处布下若干兵（羊），余兵（羊）握在手里堵王。王（虎）居中心点，跳一步用一线双头平衡一担挑的办法吃兵（羊）。王（虎）被堵时只许在一路，兵每轮只走一步。如王（虎）将兵（羊）吃尽，或使剩下的兵（羊）无力堵王（虎），或无力将其逼入王宫（虎穴）时，王（虎）方即为胜；反之，兵（羊）将王（虎）围进王宫（虎穴）即胜。①

2. 藏围棋

藏围棋，藏语称为“密芒”。“密”的意思是“眼睛”，“芒”为“众多”，故“密芒”被人称为“多目棋”或“多眼棋”。“密芒”在历史上产生很早，敦煌吐蕃文献中就有朗日论赞（第31代赞普）手下重臣琼保·帮色苏孜善弈棋的记载：“与每人弈棋，当一局中其对手将败北时，即帮助对手，令其取胜。”②

藏围棋棋盘上有纵横17条线路（289目），与纵横19条线路的现代围棋有一定差别。竞赛双方各执白、黑棋子。在比赛规则上，藏围棋每局均由执白棋的一方先走。何人执白棋由竞赛双

① 关东升主编：《中国民族文化大观·藏族、门巴族、珞巴族》第242页，中国大百科全书出版社，1995年。

② 王尧、陈践译注：《敦煌本吐蕃历史文书》第126页，民族出版社，1980年。

方赛前先猜：一方抓一把棋子让对方猜单和双，猜对者执白棋，猜错则执黑棋。一局赛完后，下一局便轮换执白。对弈前，先在棋盘上交叉摆放黑白棋子各6枚，然后开始下棋，因而藏式围棋不让子，如果双方实力悬殊，通过“贴目”办法解决。具体“贴目”多少由双方对局前商定。藏式围棋可两人对下，也可多人分成两方对下，同一方人可共同商定对策和战术，如当天赛不完可封盘次日继续下，直到决出胜负。藏围棋是一种高级竞智娱乐项目，过去多为上层人士所为。

3. 掷骰子

掷骰子藏语称为“秀纠”，是民间十分盛行的游戏活动。在藏族古代，掷骰子本不是娱乐活动，而是占卜打卦的重要形式，尤其在吐蕃时期掷骰子占卜十分盛行。后来，掷骰子逐渐演变为一种娱乐形式，从神坛走向民间，成为男子必备的“九艺”之一。

掷骰子所用的骰子一般为骨制品，为大小约1厘米的正方体，有6面，每面分别刻有1～6个排列有序的圆点，代表不同的数字。掷骰子时所需的器具简单：一对骰子，一个木碗，一个圆形皮制软垫，软垫直径约20厘米，垫内填塞有一定弹性的牛羊毛、毡子等物；一些计数物（藏语称为“踵布”），海贝、豆粒或小石子，以海贝为佳，数量最好108枚；区别物（藏语称为“拉吉”），需3种各9枚，以颜色或形状区分，常用藏币、铜板或金属圈充任。

掷骰子游戏一般3人玩，也可2人、4人或6人玩。4人是2人的变化形式，6人则是3人的变化形式，以对家为一组。玩掷骰游戏时，人们先铺垫子于地，将皮制骰垫置于中央，旁放木碗和骰子，周围摆放一圈计数物“踵布”，玩者盘腿坐于垫上围成一圈，每人捡1种9枚“拉吉”，然后按顺时针方向轮流将骰子放入木碗内旋转后扣于骰垫上，根据骰子显示的点数从头拨数同等数量的踵布，并在此点位置上放置拉吉，这样轮流掷骰直到拉吉下完，谁先将自己的9枚拉吉走至108个踵布的尽头即为胜者。角逐期间，可互相厮杀，互相碰吃，或退回起点，或停赛一轮，精彩激烈。玩掷骰游戏者均为男性，玩时大呼小叫，极为投入，气氛热烈。许多人边掷骰子边唱骰子词，诙谐幽默。由于掷骰游戏简单易学，不受时间、地点、人数和环境的限制，是人们在劳作闲暇时最常见的游戏方式。

4. 弹克郎球

弹克郎球藏语称为“吉韧”，是一项趣味性强、男女老少均可参加的游戏活动。弹克郎球需设一面1米见方的球台，台面四角各有1个小洞兜，需白黑两色的扁圆形球各9枚，另需1枚红色球子置于球台中心，1枚白色球子供双方弹击球子使用。比赛分两人单打或4人双打，以谁先将己方的9枚球弹入角洞为胜。因此在比赛时，既要考虑尽快将己方球弹入角洞，又要注意给对方的进球设置障碍，故意将对方的棋子打散打乱，阻止其顺利进球。这是一项动静结合、老少皆宜的趣味游戏，很受人们喜爱。

5. 放风筝

放风筝是卫藏一带流行的季节性的娱乐活动，以拉萨地区最为盛行。

风筝，拉萨话称为“企毕”，意为“飞鹰”；书面语称“秀恰”，类似于汉语的“纸鸢”。传统的风筝均为自己制作，多用竹篾做骨架，用藏宣纸糊就，呈菱形，多为白色。风筝线轱辘称为“扩罗”，像个车轮，用小圆木和木板做成，有轴心和轴杆，风筝线缠绕在轱辘上。风筝线称为“姑巴”。藏族放风筝时多为互相争锋“打架”，因此对风筝线极为重视，往往要在结实的丝棉线上再涂抹一层碎玻璃胶，故有人称风筝线为玻璃线。玻璃胶的制作是用糌粑、猪皮、鳔胶、细玻璃碴儿与温水搅拌均匀而成，放风筝前在线上涂抹一层玻璃胶，使线结实而锋利，有利于在风筝斗架时割断对方的风筝线而取胜。

藏族放风筝很讲究季节，一般是在“望果节”之后约8月至10月的秋季。此时的西藏天高气爽，秋风习习，正是农民秋收打场的季节。人们认为放风筝可引来大风，利于打场脱粒，因而鼓励大家尽情地放风筝。但是，如果早于“望果节”之前放，会早早将风招来，到麦收扬场时风力就不足，会严重影响打场的进度和质量。因此，早放风筝会招来农民的不满甚至唾骂，人们都会自觉遵守这一习俗和禁忌，抓住每年秋收时节的几个月尽情放飞。

人们过去放风筝一般是在自家屋顶平台上，也有在广阔的原野上放飞的，既有自己放飞取乐，但更多的是放风筝打架的，尤其是青少年和孩子们，他们更富挑战性，放风筝总会与人交战争斗。风筝交战有许多技巧，重要的一条是要设法将自己的风筝压住对方的风筝线，这样就抢占了制高点，掌握了主动权，容易将对方的风筝线割断。人们放风筝常常忘了吃饭和休息，乐此不疲，沉浸在极度的兴奋和快乐之中。至今，放风筝仍是人们十分喜爱的活动，风筝的种类、形式更为丰富。

6. **踢毽子**

踢毽子是藏族姑娘特别喜爱的游戏活动。姑娘们平时踢毽玩耍，藏历新年期间更是姑娘们踢毽子的大好时光，居民区的大小巷内充满了姑娘们踢毽子时的欢笑声。

藏族姑娘做毽多用鹰羽，将鹰羽毛染色后插在用布条包扎好的铜钱上，一个漂亮的毽子便做成了。鹰羽毛平时在集市上可以买到，藏历年前夕，是鹰羽毛买卖的旺季。姑娘们将平时积攒的零花钱用来买鹰羽毛，有时父母也为女儿买，让女儿高高兴兴地过年。藏历年期间，男子喜爱掷骰竞技，妇女喜欢唱歌跳舞，小姑娘们则喜欢聚在一起踢毽子。谁的毽子做得好会受到他人的钦羡，谁的毽子踢得好会得到他人的赞扬，踢毽子成为姑娘们重要的娱乐形式。

7. **老虎捉羊、找羊毛球**

这是藏族儿童的游戏活动。

老虎捉羊。先用游戏方法确定孩子各自的角色：一个孩子闭上眼睛俯卧于地，其他孩子伸出食指放在他身上，另一个小孩用拳头敲着叠在一起的手指问：“虎，一二三四猜猜是什么？”趴在地上的小孩说："羊。"于是手指叠在最上面的孩子即被确定为"羊"。用同样的方法，确定两只"虎"、一个"猎人"、一只"狗"和数只"羊"，游戏即可开始。玩法是："虎"追扑"羊"，追上后在"羊"头上拍一下，被捉的"羊"就变成了"虎"，直到把"羊"捉尽，游戏便结束。

找羊毛球。先由孩子报各自的角色名称，如"我是太阳"、"我是月亮"、"我是星星"等，然后由一个年龄稍大的孩子担任裁判。当所有的孩子按规定转身闭眼时，裁判很快将一裹有石头的红羊毛球藏好后，说道："天亮了，太阳出来了。"这是裁判向孩子们发出的可以寻找的信号，孩子们听到后便急忙转身四处寻找羊毛球。在这个过程中，裁判故意用些假暗示迷惑小孩，制造紧张气氛。若有人找到了球，要悄悄藏好向裁判跑去，如果被别的小孩发现，则互相争夺，非常激烈。直到最灵敏的孩子夺得羊毛球，跑到裁判处领奖，游戏才算结束。①

藏族儿童游戏很多，比如还有找牛犊、猜谜语、骑牛羊赛跑等。

第二节　门巴族游艺习俗

门巴族的游艺活动丰富多彩。在欢快的节日、喜庆的婚礼、劳作的闲暇，门巴族都喜欢举行各种游艺活动，或角力，或竞技，或斗智，常常是参加者踊跃，观战者云集，欢声笑语不绝。

一、民间竞技活动的种类与特点

门巴族的竞技活动与其所处的自然环境、生产活动方式和生活习俗密切相关，其竞技活动常见的项目有：

① 关东升主编：《中国民族文化大观·藏族、门巴族、珞巴族》第134页，中国大百科全书出版社，1995年。

1. 拔河

拔河，墨脱门巴族称“巴加惹比”或“江姜巴”，意为“拉藤索”。这是墨脱门巴族男女老少都十分喜欢的一项活动，多在节日、婚礼等喜庆场合举行。其时，选择一个平坝，将一根长约50米、两拇指粗的藤索作为比赛的器具，村人自愿组合分成参赛的两队，每队20人或30人不等，男女混合编队或男、女队对阵都行。比赛时，用一根竹棍或石头作为中线，一方被另一方拖过中线即为输。裁判由没有参赛的村人担任，赛完一轮后，换位再赛，以两轮定输赢。若比赛的结果是一胜一负，也不再赛第三轮便结束比赛，握手言和。比赛时，围观的村人总是向着较弱的一方，尤其是偏心女队，当见其快输时，妇女们常常是蜂拥而上，使女队转败为胜，男子汉们只得无可奈何地认输。比赛场上气氛热烈，欢声笑声不绝于耳。

2. 射箭

射箭，门巴语称“米嘎巴”。这是门巴族男子乐于参加的一项体育活动，分集体比赛和个人比赛两种，以集体比赛为主。届时，根据自愿组合的原则参赛者分成两队，每队5~8人不等。参赛者自备弓箭。弓就是人们日常打猎所用的弓，箭则多用韧性强的“梨欣”竹制作的竹箭，一律用竹箭头而不用铁箭镞。箭靶用粗芭蕉树的主干做成：砍断芭蕉后，截取主茎一段，长约80厘米，剥去外层，将一面削平，使其宽约25厘米左右，在箭靶正中用黑炭画圆圈，作为靶心。箭靶需要两个，分别供参赛的双方使用。比赛时，选择一稍平坦的地方，将两个箭靶平行立放在距射箭人30米左右的地方，两个靶的间距3米左右。参赛的双方各出数人（一般5人左右）比赛，一个队射一个箭靶，两队轮流出场，每人限射两箭。待双方相等的参赛者都射完箭后，在裁判的主持下，查看双方的箭靶，以中箭多的一方为胜。如果双方射中了同样多的箭，则看射中的位置，以射中靶心或靠近靶心多的一方为胜。输方集体向赢方敬酒献歌，赢方会毫不推辞，开怀畅饮，露出“趾高气扬”之态。献酒毕，一轮比赛便告结束，接着又进行下一轮比赛。

3. 抱石

抱石，门巴语称为“龙普勒”。这是青年男子参加的活动，既可在节日期间举行，又可在劳作休息时的田间地头举行。节日期间的“龙普勒”活动所抱的石头多是事先准备好的大圆石，而平常的抱石比赛则是就地取材，不管是圆石还是条石，只要参赛选手认可即行。抱石比赛的竞赛规则简单，只需将重石举到胸口处即达到要求，抱起石头后可以放在自己的双膝上休息，可以贴着身体往上挪动，但一旦将石头抱离地面便不能随便放下，否则视为犯规而判输。抱石头是一种角力活动，其输赢主要看所抱石头的大小和抱石所达到的高度，冠军往往不止一人，只要抱相同大小的石头而又都达到竞赛要求，都会被视为赢家而受到他人的尊重，接受他人的敬酒，享受大力士的殊荣。

4. 投石

投石比赛，门巴话称“德过尔”。这是男女老少都参加的活动。投石比赛有两种方式，一种是准备一个直径约 5 厘米的圆石，在距投石者 10 ~ 12 米处画一个直径约 40 厘米左右的圆圈，比赛时，以投进圆圈内次数的多少判胜负，以进石多者为胜。另一种方式是在距投石者 10 米左右插立 6 ~ 8 根竹棍，比赛时，以投石击倒竹棍多者为胜。

5. 摔跤

摔跤比赛，门巴话称“白达普”，是青年男子参加的活动。比赛时，双方互相用左手抓对方腰带，右手抱住对方上身，可以用脚绊对方，谁先倒地即为输。

6. 跳高

跳高比赛，门巴话称“曾林巴”，是青年男女参加的体育活动。比赛时，由两人拉直一根藤绳，绳离地约 1.3 米，由参赛的人依次跳跃，绳的高度由低到高逐渐升级，以跳得高者为胜。未成年的少年儿童也玩跳高游戏，他们拉线的高度在 50 ~ 80 厘米，也是由低到高逐渐抬高高度。拉线人不能拽紧藤绳，只能轻轻拉线，这样没有跃过的人不至于被绊倒。

7. **跳远**

跳远比赛，门巴语称“林邦”或“穷穷玛”，青少年均喜欢参加。比赛多选择在一个较宽大的草地上进行，不用挖坑松土，只需将地上的乱石杂物清理掉。比赛时，画一条线或摆放一根竹棍作起跳的基准线，可以助跑，跳一次画一道线以记录其远近，每人限跳一或两次，以跳得最远者为胜。

8. **攀藤索**

攀藤索，门巴语称“若安布”。这是在节日期间举行的体育活动，青年男女和少年儿童均可参加。准备粗藤索一根，长度50~100米均可。挖坑栽立两根木桩，木桩高度1.8~2米，将藤索牢牢拴在两根木桩上。如果有两根间距合适的树可将藤索直接拴在树上。比赛时，人们手脚并用，从木桩的一头攀越到另一头，以攀越又快又稳者为优胜，常有人攀越不及一半便从藤索上掉下来，引来观者的阵阵笑声。少年儿童也喜欢攀爬，一般要有大人保护，以免出意外。在墨脱门巴族中，还有一种玩藤索的方法，就是在木桩上平行牵拉数根（最少两根）粗藤索，人们脚踩藤索而过，艺高胆大之人还要在索上跳跃，做各种引人发笑的动作，常有技术不佳或不慎者从索上掉下来。玩藤索的体育活动是对现实生活中过溜索和过藤网桥的模拟和训练，是一项锻炼人们体能、技能、意志和智能的娱乐活动。

二、民间游戏娱乐活动

门巴族游戏主要有儿童游戏和青少年的一些竞技性较强的娱乐活动，常见的活动有：

1. **过家家**

过家家，门巴语称“娃杂朵刚当觉”，意为“小孩做饭做菜”。过家家是一种具有表演性的儿戏，表演人生礼俗和日常生活，多为女性儿童玩耍。一群姐姐带着自己的小弟弟、小妹妹们聚拢在一起，姐姐们或扮演“爸爸”、“妈妈”，或扮演“丈夫”、“妻子”，或其他凡属需要扮演的人物，小弟弟、小妹妹成为姐姐们演出的配角。“演出”完全是即兴的，她们模仿成年人的样子上山拾柴、背水、做饭、煮茶，常常以土当饭，以小木棍作柴，用树叶代替菜。他们不仅表演家务劳作活动，还表演诸如迎礼、待客、求亲、婚娶……凡日常生活中能引起孩子们特别兴趣的、留下深刻印象的，都会在孩子们的“舞台”上再现出来。过家家，完全是虚拟的和象征性的，没有特别的服装和道具，没有特殊的时间和场地，也没有特设的内容和程式，真正是儿童天性的自由表现。

过家家是门巴族女性儿童自我创作、自我表演、自我娱乐“三位一体”的儿戏活动，所以拒绝年龄稍大的男性儿童和成人们围观，如发现有旁观者，“演出”立即停止。

2. 荡秋千

荡秋千，门巴语称“炯格普”，是男女儿童都喜欢玩的游戏。荡索取自一种称为“如”的韧性极强的藤索，将“如”搭挂在树枝上或房梁上，在藤两端的结合处打上结。荡秋千时，一个小孩坐在藤索上，双手抓紧藤索，另一人从背部往前推，藤索便荡起来，越荡越高。

3. 捉迷藏

捉迷藏，门巴族语称“空古玛”，是男女儿童均喜欢玩的游戏。捉迷藏没有场地限制，多在麦地或玉米地中玩，有时也在村寨内玩。玩时，一人在指定的地点等候，待其他人藏好发出信号后才去找，谁被发现就是下一个找人的人。有时要专门指定一人监视寻找的人是否犯规。

4. 打鸟

打鸟，门巴话称“卡嘎巴”，是男性儿童的游戏活动。其时，十多个男孩集中行动，将鸟常去的竹篱笆团团围住，用石块打，用竹箭射。箭是用一种叫“崩”的芦苇秆做的，箭头竹制，叫“毕页”，长约 3 厘米，有平的和尖的两种，平箭头只是玩耍，打鸟时多用尖箭头。打鸟时，顽皮的儿童常将种植的南瓜、黄瓜、喂养的鸡、猪等物作为靶子，乱石乱箭横飞，常常是鸡飞猪叫，孩子们则快乐不已。

5. 顶牛

顶牛，门巴话称“旁玛夏让白”，意为“额肩相顶”。顶牛，不仅是门巴族男性儿童喜欢的游戏活动，也是门巴族青年男子十分喜欢的一项角力活动，具有体育的性质。儿童顶牛有单人对顶和四人一组两两对阵。单人对顶，参赛的双方双膝、双手着地，头顶头或肩对肩，要求左肩对左肩或右肩对右肩，双方用尽全力往前顶，不允许用手碰对方的身体。力量大者会将力量弱小者一步步顶出规定的界线。四人一组两两对阵的顶牛为，一个人作背负者，双手五指交叉紧握，双臂向前方伸直，头埋在两臂之间；被背负者扒于背负者的肩背上，双臂伸直，双手五指交叉叠摞在背负者紧握的双手上，两人向上伸出的双臂如同犀牛角状。竞技开始，两两相对，双方背负者勇猛前冲，“牛角”互相撞击；每撞击一次，双方同时后退一步，再猛冲向前，顶撞“牛角”。如此往返多次，以首先倒地一方为败。青年人顶牛都是一对一的较量，十分激烈。

6. 背人转圈

背人转圈，门巴话称“傍邦玛”。这是青年男女和少年儿童都喜欢的游戏，既在喜庆的婚礼和节日期间玩，也在劳作闲暇和平时玩，没有时间和场地的限制。背人转圈，由一个人作背负者，另一人扒在背负者的背上，可以男背男，女背女，亦可以女背男，男背女，背负者总是力气大的。待被背负者扒好后，背负者急速跑动，故意颠簸被背负者；或原地急速转圈，转得头昏眼花时又反向转圈，转到一定的时候突然将被背负者放下，被背负者头昏目眩，分不清东西南北，常常会摇摇晃晃站立不稳，甚至摔倒在地，引来观者的阵阵欢笑声。

7. 对谜歌

门巴族有谜语游戏，而用对歌形式出谜和揭谜最具有民族特色。对谜歌由两人对唱，无性别区分，同性二人对唱或异性二人对唱均可。使用的曲调，门巴语称“卡萨喜扎”，也是这种歌唱形式的名称。门隅门巴族的一首对谜歌唱道：

女：你如有本事，
　　举个“1”的例子。
男：我虽无本事，
　　但知犀牛一只角。
女：你如有本事，
　　举个“2”的例子。
男：我虽无本事，
　　但知羊有两个奶头。
　　……

接着回答“灶架有3条腿”，“黄牛有4个奶头”，“手有5个指头”，“昴宿有6颗星”，“天界有七仙女”，“狗有8个奶头”，“猪有9个奶头”，“鹿有10个角叉”，“织机有11个机件”，“箭筒里装有12支箭”，“每月13日月如面”，“每月14日月如轮”，“15日黄昏月即出”，“16日牦牛睡熟月方出”，“17日狗睡熟时月方出”，“18日小偷活动月方出”，“19日黎明时分月方出”，“每月20日月成半”。

门巴族对谜歌融汇了门巴族人民的生产和生活经验，表现了门巴族人民的聪明才智。门巴族情歌也常以对谜歌的形式，考验对方的敏捷和智慧。

第三节　珞巴族游艺习俗

珞巴族竞技与游戏是为了训练技能、智能和体能的娱乐活动，与珞巴族的生产、生活密切相关，有着最现实、最直接的功利目的。

一、民间竞技活动的种类与特点

在节日、婚礼和大型宗教祭祀场合，珞巴族除唱歌跳舞以愉悦神祇和人外，还举行丰富多彩的竞技活动，其中以角力和技艺竞技为主。常见的活动项目有：

1. 射箭

射箭是珞巴族最喜爱的群众性体育活动，主要在男性中开展。比赛中使用的弓箭就是人们在狩猎和械斗中应用的弓箭，只是箭头多用未涂毒的竹箭头。靶子的选定较随意，往往以树干、树叶、竹竿等作为箭靶，或在木板的中央用木炭画一个圆圈，靶距 80 米左右。比赛时，参赛者在自己的箭上做一标记，轮流张弓举射，每人可射箭 3 支或 5 支，以中的多者为胜。其时，观者如云，喊声震天，热闹非常。

珞巴族有许多赫赫有名的射箭能手。博嘎尔部落的达登在第一届全国运动会上获个人射箭全能比赛第一名，在全国大型比赛中，他为西藏拿到了第一块金牌。

2. 跳竿与触高

男女均可参加。跳竿前，先选两根竹竿（竿的一侧保留若干约 5 厘米长的枝杈），按一定距离分别插立于地上，另选一根竹竿横搭在两根直立的竹枝杈上。跳跃时，可助跑，但助跑的距离一般不能超过 10 步远，要求越竿和落地时双脚尽可能并拢，越竿只能腾空而不能跨越。以跳得高者为优胜。

触高比赛男女均可参加。其方法是：在房梁上拴一根绳索，并在梁的上方斜挂芭蕉树叶。参赛者一手持一根长约 30 厘米的竹针，在原地双脚起跳后，另一只手迅速抓住绳索，与此同时，用竹针刺梁上的芭蕉叶，以刺着点最高者为优胜。

3. 攀高

攀高比赛也是男女均可参加的一项体育活动。先在地面上挖两个深坑，竖立两根大树干，一根高约 8 米，一根高约 2 米，根部加桩固定，间距 10 米左右（周围如有可利用的两棵大树，则不必做这些准备）。然后，将一条粗大的绳索或藤索的两端分别拴在两根树干的顶端。比赛时，参赛者轮流上场，站在低的一端下面，双手抓住绳索，双脚离地，用腿勾挂绳索，双手交替往上攀。在攀缘过程中，必须5次将勾挂的脚从绳索上放下，身体悬空，再勾脚上攀，以达到点最高为胜。女性攀缘时，不需做悬空动作，腹部还要拴挂一根保险绳。攀高运动实际上是对过溜索桥的模拟训练，因为攀高的姿势动作就是过溜索桥常用的姿势动作。攀高令观者感到惊心动魄，同时这又正是培养勇敢精神所必需的。

4. 摔跤

男性参加的体育活动。两人相抱腰部，以摔倒对方使其背部着地为胜。比赛时，双方相抱后不能松手，不能用拳击人，不能用脚勾、踢对方，腰部以上不准接触，否则，判其违规。

5. 举重石

男子参加的体育活动。所选的大石，依各自的体力而定。举重者两腿直立，躬身，双手抓举大石，举至与肩部平，然后将大石从肩部向身后推出落地，同时要抓举者将大石推出后仍原地站立不动，否则视为违反规则。举重石以所举最重者为优胜。

6. 掷石头

这是男子的活动。参赛者使用一块重量大致一样的石头，右手掌心向上握石并举至齐眉，在原地或从五六步远助跑到规定界线，将石头从肩部上方的耳侧掷出，以掷得最远者为胜。另一种掷石方式为参赛者先在地上画一个直径约1米的圆圈，每人握一大小相当的石头，轮流进圈内，用力将石头抛出，以抛得最远、最高（以一棵树为测高基准）者为优胜。

7. 断木杆

男女均可参加。先在地上牢固竖立若干根3~4米长、手臂粗的木杆，也可将木杆悬空牢固地横架木杆上（如有合适的两棵树可以横架木杆，则无需木架），高度与人胸齐。比赛时，参赛者手持锋利的珞巴砍刀轮流上场，每人限砍三刀，以一刀断木杆者为优胜。

8. **投扎枪**

男子参加的体育活动。参赛者右手举一支竹制扎枪，在规定的界线内起步或不起步，将扎枪投出，以击中目标者为优胜。目标可选树干、小竹篓等物，甚至可选鸡等活物作靶子。

二、民间游戏娱乐活动

珞巴族游戏主要有儿戏及青少年的一些自娱性竞技活动。珞巴族游戏是与体育紧密结合的，连许多儿戏活动也与体育竞技密切相关。珞巴族常见的儿戏有：

1. **跳绳**

珞巴族男女儿童都喜欢的游戏活动。将绳索或皮索横拴在立起的两根竹竿或两棵树干中间，离地面 30～50 厘米不等，小孩依次纵身跳跃玩耍。有时一群孩子分作两组，互相比赛，以哪组跳过绳索的人数多和跳得高而取胜。这个游戏连青少年甚至成人男女都喜欢，同小孩游戏所不同的是竞技性强，绳索拴的高度一般在 100～130 厘米左右，以跳得高者为胜。

2. **捉迷藏**

男女儿童间的游戏活动。活动场地不限，在田边地头，在竹丛树林，在村寨室内都可举行。游戏时，由一个孩子在室外或指定的地方等候，其他孩子躲藏起来，躲藏好后，发出可以寻找的信号。谁先被发现或被抓住，即为下一次的寻找人。

3. **过家家**

这是女孩具有表演性的游戏。一群小姑娘聚拢在一起，模仿成年人的家务劳作和其他活动，她们有的扮演“爸爸”、“妈妈”，有的扮演“哥哥”、“姐姐”和其他人物，找来各种“道具”，如竹篮、竹棍、绳索、树枝、石子等，模仿大人的样子上山拾柴、背水、舂谷除壳、煮饭等。

4. **射竹箭**

这是男性少儿喜爱的游戏活动，类似成年男子的射箭比赛，只是随意性强，随时随地都可进行。少儿的射箭游戏，用的是特制的竹弓箭。竹弓用竹条弯成，细绳和皮条绷弦，弦长45厘米左右，箭以细竹竿代替，无箭头。靶子是随意选定的，常以树干、竹枝、石头作靶子；一些顽童以鸡、猪、狗等动物为靶子，射得鸡飞狗吠猪乱跑，孩子们则拍手顿足，欢天喜地。

珞巴族对弓箭有特殊的感情。凡男孩出生时，其长辈、亲友和邻居都要赠送竹弓竹箭致贺。从此以后，弓箭便伴随珞巴族男性走完一生的旅程，直到去世以后还要将弓箭作为陪葬品。

5. 抓牛戏

这也是男孩玩的游戏。由一个孩子装扮成一头雄性大额牛，手里拿着一根绑有绳子的棍子。另一个孩子充当猎手，在丛林中设法抓住这头大额牛，并将其带回村。玩这一游戏时，许多孩子前呼后拥，边跑边叫，甚为热闹。

6. 独脚跳

这是男孩女孩都爱参加的游戏活动。游戏时，以一只脚着地，比赛看谁跳的次数多，以一次独脚跳的多者为胜，双脚触地则违规。

7. 荡秋千

青少年男女都喜欢玩的游戏。用一根藤索作为荡索，将其一端牢牢拴绑在大树的分杈枝杆上，另一端与粗藤捆扎的硬圆圈相接。荡秋千时，人站在圆圈上，双手抓牢圈边，启动时由其他人推一下，然后依靠惯性和重力作用前后摆动，越荡越高。这是一项勇敢者的活动。儿童玩此游戏时，藤索上拴挂的是藤筐，小孩站立或坐于筐内，双手紧抓筐边缘，由其他孩子推动后晃荡。

8. 跳索

珞巴族跳索游戏活动产生较早，在父系祖先阿巴达尼神话中就讲到跳索。有一次，阿巴达尼不听他的妻子格辛雅明的劝告，非要去找恶魔格波伦布。格波伦布想暗害阿巴达尼，他邀请阿巴达尼跳吊索。吊索一端拴在高大的“日崩”树上，另一端拴在天柱上。阿巴达尼逞能，魔鬼们跳一下，阿巴达尼跳两下；魔鬼们跳两下，阿巴达尼跳三下、四下……阿巴达尼跳得正起劲时，格波伦布乘其不备，砍断了吊索，阿巴达尼从空中摔了下来。阿巴达尼本来有四只眼睛，脑后的两只眼睛就是这次摔掉的，被格波伦布偷去了……

跳索是珞巴族男女青年十分喜爱的游戏，属于一项比试勇敢与技艺的活动，多在重要的仪式和节日时举行。先在地上竖立一些高大的木杆，在木杆上绑缚若干根粗藤索，人爬上木杆站在藤索上跳跃，利用藤索的弹力将人高高弹起；或者由地下的人拉动缚在杆子上的绳索，使高杆摇晃牵引藤索，索上的人就被高高地推入空中，令观者心惊肉跳。

第四节　僜人、夏尔巴人游艺习俗

一、僜人游艺习俗

僜人是酷爱歌舞的民族。歌舞是他们千百年来娱乐活动的主要方式。人们在劳作闲暇时常聚在一起唱歌跳舞，节日喜庆场合更少不了歌舞。

僜人的传统民歌种类很多，演唱形式有单唱、对歌、领唱和合唱等多种形式。歌词多为即景而生，简朴生动，内容广泛，涉及社会生活的方方面面。从内容上看，有表现生产劳动的歌，有反映婚恋习俗的歌，有表现历史题材的歌，有揭示社会现象的歌，有表达祝福祈愿的歌，等等。

如一首表现欢聚、祝福的歌这样唱道：

辛勤劳动的汗水，
换来了丰盛的酒宴，
请来亲朋尝一尝。
我们亲帮亲、邻帮邻，

我们团结友爱，
我们欢聚一堂，
共同祝愿繁荣兴旺。

在僜人的民歌中，数量最多的是表现男女青年婚恋内容的歌。这些歌多是在节庆娱乐活动时唱，通常是对唱。通过对歌，不仅丰富了节日活动内容，还增加了彼此间的了解。这类歌对了解僜人的社会状况很有价值。有这样一首婚恋歌：

男：

我有胆量、有力气、劳动好，
我送猪牛给你家，
你我相爱，
会有幸福。
外族的姑娘我没见过，
别的姑娘家里我没坐过，
我真心诚意和你好，
我家就是你的家，欢迎你来坐。
天上的太阳我不买，
地上的山河我不买，
我就要买你，
愿和你相爱。

女：

我的父母兄弟都在，
请你把猪牛送足了，
要是能做到，
我会跟你去。
我像男子一样能打刀，
我能开荒、会种地、会纺织，

你家的猪牛我不要，
真诚相爱自然跟着你。

男女：

我爱你，你到哪里我都跟着你，
我们永不分离。
你飞上天，
我像鸟儿一样追上天。
你下河，
我像鱼儿那样跟到水里。①

僜人的舞蹈节奏较慢，跳时排成一字形，以脚踏地，手臂轻轻摆动。举行送大鬼的“德亚”活动时，跳舞场面甚为宏大。人们在平坝上摆上酒饭，边喝酒边跳舞，尽兴方归。

僜人的游艺活动除歌舞外，年轻人还喜欢参加射箭、攀树、投石和角力等比赛。这些竞技娱乐活动大都没有定型的规则，而是根据参赛者的意愿共同商定制订规则，还有着早期游艺习俗的某些特征。

今天，僜人的娱乐方式已大为丰富。许多人家有录音机、收音机。随着卫星电视的发展，一些人家还有了电视机，人们可以随时收听收看自己喜欢的节目。现代科技在僜人地区的传播与普及，不仅丰富了僜人的娱乐生活，更重要的是开阔了僜人的视野，打破了长期与世隔绝的封闭的界域，将世界的千姿百态呈现在了僜人面前。这一切必将深刻影响僜人的思想观念，加快僜人走出大山、融入现代社会的历史进程。

二、夏尔巴人游艺习俗

歌与舞，仍是夏尔巴人主要的娱乐方式。夏尔巴人尤其擅长

---

① 中国社会科学院民族研究所编：《僜人社会历史调查》第 269 ~ 270 页，云南人民出版社，1990 年。

跳舞，每当节日喜庆场合，人们常跳舞至深夜，以至通宵达旦不散。夏尔巴人跳舞时有乐器伴奏，乐器有口琴、六弦琴和“比旺”琴等。只要乐器声一响，男女老少都能闻乐声而翩翩起舞。夏尔巴人的舞蹈种类多，舞姿优美，跳舞时手脚、腰身和臂部动作灵活，吸收改造了尼泊尔舞的一些舞蹈语汇，很有特点。

夏尔巴人的游艺活动还有射箭、掷骰子、“擦嘎”、“科比”等形式。射箭为男子的活动，以射远或射准作为评判胜负的标准。射箭多是在大型节日聚会等场合举行。掷骰子游戏传自藏族，其规则和娱具同藏族一样，只是名称叫法不同。同射箭活动在大型节庆场合举行不同的是，掷骰子随时随地都可进行，成为男子日常娱乐的重要形式。“擦嘎”游戏带有赌博性质，玩具为10个半边的干桃核，以抛出桃核的正反面计算胜负。“科比”似投壶，在前方放一个小筒，玩时用小硬币投掷，以投进筒为胜。[①]

随着经济的发展和生活条件的改善，如今夏尔巴人的娱乐活动远比过去丰富，既有传统的娱乐形式，又接受了新的游艺方式。如人们在婚庆节日场合，既跳传统舞蹈，又跳现代交谊舞；既玩掷骰子、“擦嘎”，又打扑克下棋；既围坐一起唱传统歌曲，又听录音机、收音机和看电视，还参加各种现代体育竞技运动，如登山、探险、赛跑、打球，人们根据自己的喜好和特点，选择各种竞技娱乐活动。夏尔巴人，这一古老民族今天正焕发出勃勃生机，在世人面前展现出新的风采。

---

① 袁超俊：《夏尔巴人概况》，载《西藏研究》1989 年第 1 期。

参考文献要目

《五部遗教》(藏文),民族出版社,1988 年。

《莲花遗教》(藏文),四川民族出版社,1988 年。

巴卧·祖拉陈瓦:《贤者喜宴》(藏文),民族出版社,1986 年。

拔塞囊:《拔协》(藏文),民族出版社,1980 年。佟锦华、黄布凡译注,四川民族出版社,1990 年。

第吴贤者:《第吴宗教源流》(藏文),西藏人民出版社,1987 年。

达仓宗巴·班觉桑布:《汉藏史集》(藏文),四川民族出版社,1985 年。陈庆英译:《汉藏史集——贤者喜乐赡部洲明鉴》,西藏人民出版社,1986 年。

大司徒·绛曲坚赞:《朗氏家族》(藏文),西藏人民出版社,1985 年。赞拉·阿旺、佘万治译:《朗氏家族史》,西藏人民出版社,1988 年。

蔡巴贡噶多吉:《红史》(藏文),民族出版社,1981 年。陈庆英等译,西藏人民出版社,1988 年。

查同结布:《玛尔巴译师传》(藏文),四川民族出版社,1984 年。张天锁等译,西藏人民出版社,1989 年。

乳毕坚瑾:《米拉日巴传及其道歌》(藏文),青海民族出版社,1981 年。刘立千译:《米拉日巴传》,四川民族出版社,1985 年。

萨迦·索南坚赞:《西藏王统记》(藏文),民族出版社,1982 年。陈庆英等译注:《王统世系明鉴》,辽宁人民出版社,1985 年;

刘立千译注:《西藏王统记》,西藏人民出版社,1985 年。

五世达赖喇嘛著,刘立千译注:《西藏王臣记》(藏文),西藏人民出版社,1991 年。

多卡瓦·策仁旺杰:《颇罗鼐传》(藏文),四川民族出版社,1981 年。汤池安译,西藏人民出版社,1988 年。

丹增班觉:《多仁班智达传》(藏文),四川民族出版社,1986 年。汤池安译:《多仁班智达传——噶锡世家纪实》,中国藏学出版社,1995 年。

恰白·次旦平措等:《西藏简明通史》(藏文),西藏古籍出版社,1991 年。陈庆英等译:《西藏通史——松石宝串》,西藏古籍出版社,1996 年。

土观·罗桑却季尼玛著,刘立千译:《土观宗派源流》,西藏人民出版社,1984 年。

释迦仁钦德著,汤池安译:《雅隆尊者教法史》,西藏人民出版社,1989 年。

钦则旺布著,刘立千译注:《卫藏道场胜迹志》,西藏人民出版社,1987 年。

觉囊达热那特著,佘万治译:《后藏志》,西藏人民出版社,1994 年。

王尧、陈践译注:《敦煌本吐蕃历史文书》,民族出版社,1980 年。

王尧、陈践:《敦煌吐蕃文献选》,四川民族出版社,1987 年。

王尧、陈践:《敦煌吐蕃文书论文集》,四川民族出版社,1988 年。

王尧:《吐蕃文化》,吉林教育出版社,1989 年。

王尧:《吐蕃金石录》,文物出版社,1982 年。

王尧、陈践:《吐蕃简牍综录》,文物出版社,1986 年。

黄布凡、马德:《敦煌藏文吐蕃史文献译注》,甘肃教育出版社,2000 年。

《邦锦梅朵》编辑部编:《西藏民俗精选本》(藏文),民族出版社,1999 年。

次仁曲培著:《藏式菜谱》(藏文),西藏人民出版社,1993 年。

[法]R·A·石泰安著,耿昇译:《西藏的文明》,西藏社会科学院西藏学汉文文献编辑室,1985 年。

[法]R·A·石泰安著,耿昇译:《西藏史诗与说唱艺人研究》,西藏人民出版社,1994 年。

[法]古伯察著,耿昇译:《鞑靼西藏旅行记》,中国藏学出版社,1991 年。

[法]大卫·妮尔著,耿昇译:《一个巴黎女子的拉萨历险记》,西藏人民出版社,1997 年。

[意]G·杜齐著,向红笳译:《西藏考古》,西藏人民出版社,1987 年。

[意]杜齐、[德]海西希著,耿昇译:《西藏和蒙古的宗教》,天津古籍出版社,1989 年。[意]毕达克著,向红笳译:《西藏的贵族与政府》,中国藏学出版社,1990 年。

[奥地利]内贝斯基著,谢继胜译:《西藏的神灵和鬼怪》,西藏人民出版社,1993 年。

[美]巴伯若·尼姆里·阿吉兹:《藏边人家——关于三代定日人的真实记述》,西藏人民出版社,1987 年。

[英]F·W·托玛斯著,李有义、王青山译:《东北藏古代民间文学》,四川民族出版社,1986 年。

[俄]崔比科夫著,王献军译:《佛教香客在圣地西藏》,西藏人民出版社,1993 年。

[日]河口慧海著,孙沈清译:《西藏秘行》,新疆人民出版社,1998 年。

[印]沙钦·罗伊著,李坚尚、丛晓明译:《珞巴族阿迪人的文化》,西藏人民出版社,1991 年。

[英]克里斯托夫·冯·菲尤勒——海门道夫著、吴泽霖译:《阿帕塔尼人和他们的邻族》,中国社会科学院民族研究所油印本,1980 年。

[英]克里斯托夫·冯·菲尤勒——海门道夫著,吴泽霖译:《尼泊尔舍尔巴的经济生活》(《喜马拉雅山区的贸易者》一至四章),油印本。

中国社会科学院民族研究所民族学室编:《夏尔巴人资料汇编》,油印本,1979年。

《国外藏学研究译文集》第1~13集,西藏人民出版社。

(后晋)刘昫等:《旧唐书》。

(宋)欧阳修、宋祁:《新唐书》。

苏晋仁编:《通鉴吐蕃史料》,西藏人民出版社,1982年。

苏晋仁:《册府元龟吐蕃史料校证》,四川民族出版社,1981年。

西藏研究编辑部:《西藏志、卫藏通志》,西藏人民出版社,1982年。

西藏社会科学院西藏学汉文文献编辑室:《使藏纪程、西藏纪要、拉萨见闻记》(合刊),全国图书馆文献缩微复印中心,1991年。

西藏社会科学院西藏学汉文文献编辑室:《西藏地方志资料集成》(第二集),中国藏学出版社,1997年。

《中国地方志民俗资料汇编》西南卷(下),北京图书馆出版社,1991年。

西藏社会历史调查资料丛刊编辑组:《藏族社会历史调查》(1~6集)、《门巴族社会历史调查》(1~2集)、《珞巴族社会历史调查》(1~2集),西藏人民出版社。

中国社会科学院民族研究所编:《僜人社会历史调查》,云南人民出版社,1990年。

云南省民族研究所编:《滇藏高原考察报告》(内部铅印本)。

西藏自治区文物管理委员会、四川大学历史系:《昌都卡若》,文物出版社,1985年。

四川联合大学西藏考古与历史文化研究中心、西藏自治区文物管理委员会编:《西藏考古》第一辑,四川大学出版社,1994年。

中国社会科学院考古研究所、西藏自治区文物局:《拉萨曲贡》,中国大百科全书出版社,1999 年。

侯石柱:《西藏考古大纲》,西藏人民出版社,1991 年。

索朗旺堆等:《琼结县文物志》、《乃东县文物志》、《扎囊县文物志》,西藏自治区文物管理委员会,1986 年。

霍巍等:《吉隆县文物志》、《错那、隆子、加查、曲松县文物志》,西藏人民出版社,1993 年。

李永宪等:《阿里地区文物志》,西藏人民出版社,1993 年。

何强等:《亚东、康马、岗巴、定结县文物志》,西藏人民出版社,1993 年。

陈建彬等:《萨迦、谢通门县文物志》,西藏人民出版社,1993 年。

关东升主编:《中国民族文化大观·藏族、门巴族、珞巴族》,中国大百科全书出版社,1995 年。

赤列曲扎:《西藏风土志》,西藏人民出版社,1982 年。

徐华鑫:《西藏自治区地理》,西藏人民出版社,1986 年。

王辅仁:《西藏佛教史略》,青海人民出版社,1982 年。

班班多杰:《藏传佛教思想史纲》,上海三联书店,1992 年。

扎雅著,谢继胜译:《西藏宗教艺术》,西藏人民出版社,1989 年。

常霞青:《麝香之路上的西藏宗教和文化》,浙江人民出版社,1988 年。

丹珠昂奔:《藏族神灵论》,中国社会科学出版社,1990 年。

丹珠昂奔:《藏族文化发展史》,甘肃教育出版社,2001 年。

霍巍:《西藏古代墓葬制度史》,四川人民出版社,1995 年。

霍巍:《西藏西部佛教文明》,四川人民出版社,2000 年。

格勒等:《藏北牧民——西藏那曲地区社会历史调查》,中国藏学出版社,1993 年。

中国藏学研究中心社会经济研究所编:《西藏家庭四十年变迁——西藏百户家庭调查报告》,中国藏学出版社,1996 年。

刘瑞主编:《中国人口·西藏分册》,中国财政经济出版社,

1988 年。

于乃昌:《西藏审美文化》,西藏人民出版社,1989 年。

林继富:《西藏节日文化》,西藏人民出版社,1992 年。

林继富:《灵性高原——西藏民间信仰源流》,华中师范大学出版社,2004 年。

王贵:《藏族人名研究》,民族出版社,1991 年。

李光文、杨松、格勒主编:《西藏昌都——历史·传统·现代化》,重庆出版社,2000 年。

周锡银等:《藏族原始宗教》,四川人民出版社,1999 年。

才让:《藏传佛教信仰与民俗》,民族出版社,1999 年。

蔡志纯、黄颢:《活佛转世》,中国社会科学出版社,1992 年。

张宗显等:《西藏民俗》,甘肃人民出版社,2004 年。

孙林:《西藏中部农区民间宗教研究》,四川大学博士论文,2007 年。

刘志群:《西藏祭祀艺术》,西藏人民出版社、河北教育出版社,2000 年。

罗桑丹增等:《藏族民俗》,巴蜀书社,2003 年。

李涛等:《西藏民俗》,五洲传播出版社,2002 年。

《门巴族简史》编写组:《门巴族简史》,西藏人民出版社,1987 年。

《珞巴族简史》编写组:《珞巴族简史》,西藏人民出版社,1986 年。

李坚尚等:《珞巴族的社会和文化》,四川民族出版社,1992 年。

张江华等:《门巴族封建农奴社会》,四川民族出版社,1988 年。

王宏纬、鲁正华编著:《尼泊尔民族志》,中国藏学出版社,1989 年。

罗祖栋:《当代尼泊尔》,四川人民出版社,2000 年。

于乃昌编:《西藏民间故事》(第五集),西藏人民出版社,

1989 年。

冀文正:《西藏民间故事》(第六集),西藏人民出版社,1993 年。

李坚尚:《喜马拉雅寻觅》,山东画报社,1999 年。

《西藏民俗》、《中国藏学》、《西藏研究》、《中国西藏》、《雪域文化》(藏汉文)等刊物。

后　记

这一生我们与西藏和西藏文化有着很深的缘分。

20多年前，我们分别从陕西和四川赴藏插队。在藏数年的知青生活使我们对西藏文化有了真切的感受，对藏族普通百姓的生产和生活有了一定的了解。1977年末恢复高考后的首届招生，我们考上了同一所大学。虽然离开了西藏，但我们的学习和生活却与西藏紧密相关，那是因为我们就读的学校是地处陕西省咸阳市的西藏民族学院，我们所学的专业是藏族语言文学。

大学四年的系统学习，使我们对博大精深的西藏文化有了新的了解和认识。毕业后我们同时留校任教，从事藏语言文学和西藏文化的教学与研究，至今已历20余年。此间，我们多次赴藏进行社会和文化考察，不仅深化了对西藏文化的认识，更增加了对西藏人民和西藏文化的热爱。

对西藏民俗文化的介绍和研究，学界前辈和同仁已做了许多工作，并取得了丰硕的成果。由于条件的限制和其他一些原因，以往的成果在系统、全面和准确性方面似有不足。尤其是以往的成果多是对藏族民俗文化的介绍与研究，而对世代生活于西藏高原的古老民族：门巴族、珞巴族和僜人、夏尔巴人的民俗文化则较少涉猎。

我们早就有一个心愿，编撰一部介绍和研究西藏民俗文化的著作，这部著作应尽可能系统全面和准确地展示世居西藏高原的藏、门巴、珞巴、僜（人）、夏（尔巴人）等民族的民俗文化。

1996年，《西藏民俗文化研究》课题获原国家教委人文社会科学青年基金资助。为此，我们制定了详细的调查和写作提纲，搜集藏汉文资料，向藏族同事和朋友请教，并又一次赴藏进行文化考察。门巴族、珞巴族、僜人和夏尔巴人聚居的喜马拉雅山区留下了我们的足迹，昌都、那曲、林芝、山南和日喀则等藏区曾有过我们的身影。考察访问、咨询请教使我们掌握了大量的第一手资料，获得了许多在书本上难以得到的知识。

在调查和写作过程中，有许许多多的人帮助过我们。这里，我们由衷地感谢西藏大学藏学系索朗平措教授和布穷老师，他们在百忙中耐心为我们答疑解惑。感谢达尔杰老师和他的夫人卓嘎拉，多次陪同我们在大昭寺和八廓街调查。感谢藏族、门巴族、珞巴族、僜人和夏尔巴人众多接受过我们调查的普通百姓，他们的名字难以一一列举。他们介绍了当地的民风民俗，向我们提供了宝贵而重要的资料。我们的同事和朋友洛桑平措、强巴次仁、穷达、小次丹、次旺、多布杰、普珍、次珍、米玛次仁等，给予了许多帮助。在西藏的几次调查中，各地的有关领导给予了大力支持。还有许多朋友以不同方式帮助过我们。学界前辈和同仁的调查和研究成果，为我们的工作奠定了坚实的基础。没有他们的指教、帮助和辛勤工作，我们将一事无成。我们心存感激，永志不忘。

需要说明的是，民俗文化涉及人们生产生活的方方面面，纷繁复杂而具体琐细，地域特色浓而变化大。虽然我们尽可能地实地调查和核实材料，肯定还有不少欠准确和不妥当的地方。书中再版说明的不足、缺点和错误，我们将在以后加以改正和修订。期待着读者诸君的批评指正。

2003年春节于西藏民族学院

再版后记

《西藏民俗文化》出版以来，得到了学界同仁的好评和读者的喜爱，使印数不多的小书很快售罄，以致不时有朋友和读者来电来信索要和购买，这是作者未曾想到的。我们深知不是书写得好，而是持续不衰的西藏文化热和独具特色的西藏民俗文化的魅力使然。

这次再版，我们校正了第一版的一些失误，在保持原书面貌的基础上，增添了反映近年西藏民俗变化的部分内容。同时，根据朋友的建议，增加了“信仰习俗”一章，并配发了部分图片。由于修订时间仓促，肯定还有不少失误和欠妥当之处。

真诚感谢长期关心和帮助我们的朋友，他们是中国藏学研究中心的陈庆英研究员、黄维忠编审，西藏大学的丁玲辉教授、次旦扎西教授，中央党校的胡岩教授，四川师范大学的王川教授、邓前程教授，清华大学的王启龙教授，中央民族大学的周润年教授、曾国庆教授，四川大学的石硕教授、霍巍教授、徐君教授以及我们的同事索南才让研究员、孙林教授、周毓华教授、朱普选教授等，他们在本书的编撰、出版和修订过程中提供了宝贵的意见与无私的帮助。感谢那些来自西藏各地的藏族、门巴族和珞巴族的同学们，他们用家乡鲜活的民俗事例纠正或补充了本书的内容，遗憾的是不能将他们的所讲所述全部吸纳采用。

作者

2010 年仲春于

西藏民族学院

图书在版编目(CIP)数据

西藏民俗文化/陈立明，曹晓燕著.—北京：中国藏学出版社，2010.4（2025.5 重印）ISBN 978 – 7 – 80253 – 250 – 2

Ⅰ.①西… Ⅱ.①陈… ②曹… Ⅲ.①风俗习惯 – 西藏 Ⅳ.①K892.475

中国版本图书馆 CIP 数据核字(2010)第 062220 号

西藏民俗文化

作　　者 陈立明　曹晓燕
出版发行 中国藏学出版社
印　　刷 北京隆昌伟业印刷有限公司
开　　本 640×965毫米　1/16
印　　张 28.5
字　　数 383千字
版　　次 2010 年 6 月第 1 版　2025 年 5 月第 3 次印刷
书　　号 ISBN 978-7-80253-250-2/K·244

定　价： 48.00 元